《汉书·艺文志》

讲要

漢書藝文志講要

温浚源 / 著

社会科学文献出版社
SOCIAL SCIENCES ACADEMIC PRESS (CHINA)

前　言

一　《汉志》是什么?

历代纪传体史书、政书、方志等，将历代或当代有关图书典籍，汇编成目录，谓之"艺文志"。区分类例，始于刘歆《七略》。班固《汉书》首著《艺文志》，分六艺、诸子、诗赋、兵书、数术、方技六略。其后正史如《新唐书》《宋史》《明史》《清史稿》亦相继编纂《艺文志》。《隋书》《旧唐书》改称《经籍志》，性质则相同。清代学者对后汉、三国、两晋、南北朝、五代、辽、金、元各史原无艺文志者做了大量辑补工作，都另刊行世。艺文志的编纂，对研究历代图书文献，考订学术源流，颇具参考价值。

《汉书》有十志，《艺文志》是其中之一。《汉书·艺文志》是一本什么样的书?[①]《汉书·叙传》说："虙羲画卦，书契后作，虞夏商周，孔纂其业，纂《书》删《诗》，缀《礼》正《乐》，象系大《易》，因史立法。六学既登，遭世罔弘，群言纷乱，诸子相腾。秦人是灭，汉修其缺，

---

① 本书以《汉书·艺文志》为探讨主题，为行文简便，全书凡称《汉书·艺文志》或径直作《汉志》，或简称《艺文志》，后文中不再标注说明。

刘向司籍，九流以别。爰著目录，略序洪烈。述《艺文志》第十。"

古人以《诗》《书》《礼》《乐》《易》《春秋》为"六艺"，《新书·六术》曰："先王为天下设教，因人所有，以之为训；道人之情，以之为真。是故内法六法，外体六行，以与《书》《诗》《易》《春秋》《礼》《乐》六者之术以为大义，谓之六艺。"古人所谓"文"，指经书以外的文学百家之说。有六经，同时也包含解释六经的"传"，也就是通常所说的"六艺经传"。"艺文"是兼括六艺百家之名。因此，可以说《艺文志》是一份包括六艺及百家之学的文献总目录，但《汉志》不是西汉当时所传所有"旧书"的目录，而是刘向、刘歆父子所校"新书"的目录。《汉志》虽然不是当时所有文献的全记录，但它以"类"判"书"，很能反映当时世传文献的主体类型。

二 《汉志》的重要性

目录学相当于学问的清单，是读古书的基础知识，通过这门学问，来探究古书，摸清家底，才能"心中有数"。吴宓在 1919 年 11 月 10 日的日记中说："午，陈君寅恪来……谓宓曰：'欲治中国学问，当从目录学入手，则不至茫无津涯，而有洞观全局之益。'当谨遵之。"① 清代学者王鸣盛（西庄，1722～1797）在《十七史商榷》卷七"汉书叙例"条指出："凡读书，最切要者目录之学，

---

① 吴宓著，吴学昭整理注释《吴宓日记》II，生活·读书·新知三联书店，1998，第 90 页。

目录明，方可读书，目录不明，终是乱读。"同书卷二十二引金榜（1735～1801）之语说："不通《汉书·艺文志》，不可以读天下书。《艺文志》者，学问之眉目，著述之门户也。"又引姚振宗《汉书艺文志条理叙例》说："今欲求周秦学术之源流，古昔典籍之纲纪，舍是《志》无由津逮焉。"

以上数说均为知言之论，明白指示目录学是做学问中最要紧的事。而中国目录学的鼻祖当推西汉后期刘向、刘歆父子，章太炎称其"父子同业，不可割异"。从河间献王刘德到刘向、刘歆父子，我国的传统文献学逐步趋向成熟。刘向有《别录》，刘歆有《七略》，两书原书都已亡佚。清姚振宗《快阁狮石山房丛书》中有《别录》辑佚，《七略》的内容大致保存在《汉志》中，因此说《汉志》是中国目录学中最重要的文献，是当时公家藏书的分类目录，也是中国现存最早的文献目录。基于此，《汉志》的文献价值，怎样估量都不为过。

三　为什么要讲《汉志》？

除了上述理由之外，还有两个原因。

《汉志》纯为中国文化，"《隋志》则增入佛道，三教合一，此可延续至明末。……《汉书·艺文志》所载书目今大半不存，但是合诸当时的时代思潮，书目所含的实质内容便显，故《汉志》并不空洞。且书虽佚，但从后世所存之书中，可直接看出内容之延续性。"① 可以通过这份目录了

---

① 潘雨廷语。见张文江记述《潘雨廷先生谈话录》，复旦大学出版社，2012，第101页。

解古书的"存"和"亡","存"指留下了什么,"亡"指淘汰了什么。

《汉志》是研究先秦两汉文化以及学术史、思想史的必读文献。《汉志》不单可以考察先秦的著作,汉代流传的书也在其中,可以反映西汉时期学术文化的基本情况。即类求书,因书究学。熟读《汉志》《庄子·天下》《荀子·非十二子篇》《韩非子·显学》《淮南子·要略》,以及《史记·太史公自序》中收录的司马谈的《论六家要旨》,就可以大致掌握先秦和汉代的中国文化。[①]

《汉志》内容包括六艺、诸子、诗赋、兵书、数术、方技六略,收书三十八种、五百九十六家,总计一万三千二百六十九卷。每种之后都有小序,每略下面有总序。序对该类学术思想的源流与演变做了简要的阐述。梁阮孝绪《七录序》说:"昔刘向校书,辄为一录,论其指归,辨其讹谬,随竟奏上,皆载本书。"又说:"时又别集众录,谓之《别录》,即今之《别录》是也。"

刘向校书是在成帝河平三年(公元前26),朝廷"以书颇散亡,使谒者陈农求遗书于天下。诏光禄大夫刘向校经传诸子诗赋,步兵校尉任宏校兵书,太史令尹咸校数术,侍医李柱国校方技"。整个校书过程,由刘向总领其事。校书取得了非常显著的效果,《前汉纪·孝成皇帝纪》所谓"至刘向父子典校经籍,而新义分方,九流区别,典籍益彰矣"。至于校书的具体办法是什么,后面讲总序的时候会详

---

① 虽然《天下》不一定出自庄子本人,但《天下》对先秦学术的陈述相当有价值。《汉志》与《天下》的观点一致,绝非偶然。

细讲述。

朱一新《无邪堂答问》卷二"评读汉书艺文志"条："商榷学术，洞澈源流，不独九流诸子各有精义，即词赋方技亦复小道可观。目录校雠之学所以可贵，非专以审订文字异同为校雠也。"在同书卷四"答问诸书略分次第"条，朱一新又指出："若以近时目录之学为门径，则甚误。古人治目录者，若向、歆父子辈，盖与今之所治大异。读书当求心得，岂可徒事泛滥乎？近时目录，各有秘本，手钞成帙，不出数月，皆可殚见洽闻，此为藏书计，非为读书计也。短书碎记，览其序跋，烂熟胸中，究有何益？至如宋、元精椠，穷力搜罗，世间虽不可无此好事者流，要非我辈所亟。"

章太炎在《检论》卷二《征七略》一文中说："其书领录群籍，鸿细毕备，推迹俞脉，上传六典；异种以明班次，重见以著官联，天府之守，生生之具，出入以度，百世而不惑矣。"①

到《隋志》的时代，《汉志》上所载的书许多已经湮没无闻，本质上这是在野学人的自由取舍，而非政治的干预。

四　《〈汉书·艺文志〉讲要》缘起

《汉志》的重要性，前面已经做了交代。正因其重要，历代不乏研究者。南宋时，王应麟有《汉艺文志考证》。清以后，这类的著作就更多了，姚振宗有《汉书艺文志拾补》

---

① 章太炎：《检论》，上海人民出版社，2014，第 428 页。

《汉书艺文志条理》，孙德谦有《汉书艺文志举例》，顾实有《汉书艺文志讲疏》，张舜徽有《汉书艺文志通释》，陈国庆有《汉书艺文志注释汇编》。关于《汉志》的著作，还有不少。平心而论，要在这个基础上有新的成绩，实在不是一件容易的事。

2005 年，我给学生讲《汉志》和张之洞的《书目答问》。所用的《汉志》原文出自中华书局 1962 年出版的点校本《汉书》卷三十。每天一个课时，三十天大致讲述一遍。课程结束后，又费时二十余日，在 2005 年 8 月写出了初稿。2014 年，我因白血病于陆道培血液肿瘤中心住院做骨髓移植手术，住院期间对这部书稿做了修订。因本为讲课所写，所以名之曰"讲要"。这部讲要参考了十余种注释、研究《汉志》的文献，同时也博采其他与《汉志》相关的书籍、论文的意见，反复寻绎，间加己意于其中。

感谢父亲、母亲、弟弟、妻子长期以来对我的关心和照顾，尤其是在我病重期间对我的悉心照料。感谢医生、护士和师长、朋友在我生病期间对我的关心和帮助。这部书稿的完成，必须感谢你们！

因个人水平极其有限，讹误、错漏等想必不少，不敢云著述，聊当读书札记可矣，望博雅的读者诸君不吝指正为幸！

温浚源于北京东燕郊

2014 年 9 月 5 日晚

虑羲画卦，书契后作，虞夏商周，孔纂其业，纂《书》删《诗》，缀《礼》正《乐》，彖系大《易》，因史立法。六学既登，遭世罔弘，群言纷乱，诸子相腾。秦人是灭，汉修其缺，刘向司籍，九流以别。爰著目录，略序洪烈。述《艺文志》第十。

——《汉书·叙传下》

目　录

总　序

　　古人的书，序一般放在最后，如《史记》的最后一篇是《太史公自序》，《说文解字》的最后一篇是许慎的《叙》，《文心雕龙》的最后一篇是《序志》。

　　《汉志》有总序、大序、小序。总序是《汉志》的总说明，放在最前面。大序是各略的序，放在各略之后。小序是各类的序，放在各类之后。

　　读者将《汉志》的这三种序，与《四库全书总目提要》的四部总叙、四十四类小序对读，辨章学术、考镜源流，即略可知我国学术变迁之大势。

昔仲尼没而微言绝，七十子丧而大义乖。

　　这句话出自刘歆的《移书让太常博士》，此语必有所本，其用意在于攻讦今文学。春秋微言也，大义在其中，而弟子口受之。圣人之言，平易中蕴精深，则亦未尝以直书之说为定。

　　孔子名丘，字仲尼。常言孔子有弟子三千，贤人七十二①，这里说"七十子"是约数。开篇讲学术源流，源头

————————

① 《孔子家语》说是七十二，《史记·仲尼弟子列传》说是七十七。

是孔夫子和他的七十多个学生。在这一阶段，古代学术以孔子为中心，七十子谨守孔门大义。可以说在孔子以前，各种学说并无一致的思想，或者说没有形成如孔子般以仁道贯穿其中的中心思想。

微言，出《逸周书·大戒》："微言入心，夙喻动众。"朱右曾校释："微言，微眇之言。"汉人多用"微言"二字，如《家语》孔安国序："孔子既没而微言绝，七十二弟子终而大义乖。"范宁《春秋穀梁传序》："盖九流分而微言隐，异端作而大义乖。"李奇说是"隐微不显之言"，颜师古说是"精微要妙之言"，惠栋《周易述》卷二十二说："精微要妙与隐微不显义同。唐人不识字，更立一义。"《文选》卷四十三《移书让太常博士》李善注引《论语谶》（崇爵谶）曰："子夏六十四人共撰《仲尼微言》。"吕延济注曰："大义谓《诗》《书》《礼》《乐》之义也。"据此，则所谓"仲尼微言"，或指《论语》。"微言绝"则异说兴，"大义乖"则枝末生。

孔子承前启后，继往开来，默契天道，将原本属于官学的学术系统及相关典籍，融通成一种独特的思想学说，并以之传授弟子。《汉志》这种以孔子为中心源点的阐述，分之六略，于《诸子略》之下并有"九流十家"之说，并不是肯定六艺与诸子齐头并进，而是认为"九流十家"都是孔子学说衰落之后的产物。

西汉大儒重视引证，偏重"微言"；宋代大儒以阐发义理为主，多明"大义"。

接着讲孔子和七十多位弟子之后的情况。

故《春秋》分为五，《诗》分为四，《易》有数家之传。

当时无论是今文还是古文，都是"微言绝""大义乖"，近代以来，有学者认为《春秋公羊传》能传夫子之微言大义，并不可靠。

"微言绝""大义乖"之后，说经者不一其辞，纷争不已。照这里的讲法，无论今、古文，都有微言大义在，不只是《春秋公羊传》能传夫子的微言大义而已。

《春秋》分为五：《左氏》《公羊》《穀梁》《邹氏》《夹氏》。通常认为，"左氏"指左丘明，"公羊"指公羊高，"穀梁"指穀梁赤，至于"邹氏"和"夹氏"，则不详也。

《诗》分为四：毛氏、齐、鲁、韩。分别指毛亨、齐人辕固生、鲁人申培公、燕人韩婴。

而《易》有施、孟、梁丘等几家的传承。这些内容在后面的《六艺略》中会详细讲述。

战国从衡，真伪分争，诸子之言纷然殽乱。

《隋志》作"纵横"。古书"从衡"即"纵横"，"分争"即"纷争"，假借用也。

这里的"诸子"并不是上文所说的"七十子"，而是包括儒家在内的百家。孔门之外的传承是怎么回事？后面的《诸子略》会详细讲述。今人推崇的诸子"百家争鸣"在当时的情况是"殽乱"的一个局面，可以说当时的知识界一片杂乱。六艺道息，诸子争鸣，用白居易的话来说就是："于是乎歧分派别，而百氏之书作焉。"①

接下来讲秦的情况。

至秦患之，乃燔灭文章，以愚黔首。

燔（fán），烧。"黔首"是战国和秦汉时期对百姓的称呼，战国时已经广泛使用，含义与当时常见的"民""庶民"相同。《经典释文》卷一三："黑首谓民也，秦谓民为黔首。"王子今说："黑色是长年露天作业，承担体力劳动者的正常肤色。"②《韩非子·忠孝》、《吕氏春秋》、《史记·李斯列传》之《谏逐客书》、《吴越春秋》、《越绝书》，以及《龙岗秦简》《天水放马滩秦简·日书》③ 等，都有关于"黔首"的记载。

"燔灭文章"是禁书，"以愚黔首"是愚民。是时所最忌者，学古道古之士也。秦烧书始于商鞅，《韩非子》所谓"商君教秦孝公燔《诗》《书》而明法令"是也。

到了秦始皇时，烧书更至极致。秦烧书在始皇三十四年（前213），坑儒在始皇三十五年（前212）。《史记·秦始皇本纪》："非秦记皆烧之。非博士官所职，天下敢有藏《诗》、《书》、百家语者，悉诣守、尉杂烧之。有敢偶语《诗》、《书》者弃市。以古非今者族。吏见知不举者与同罪。令下三十日不烧，黥为城旦。所不去者，医药卜筮种

---

① （唐）白居易著，谢思炜校注《白居易文集校注》卷第二十八《策林四》六十一《黜子书》，中华书局，2011，第1571页。

② 王子今：《秦汉称谓研究》，中国社会科学出版社，2014，第15页。

③ 甘肃省文物考古研究所编《天水放马滩秦简》，中华书局，2009，第83～84、88页。

树之书。"《汉书·儒林传》："始皇兼天下，燔《诗》《书》，杀术士，六学从此缺矣。"孔安国《尚书序》："始皇灭先代典籍，焚书坑儒，天下学士，逃难解散，我先人用藏其家书于屋壁。"楚元王刘交好书，尝与鲁穆生、白生、申公，俱受《诗》于浮丘伯。伯者，孙卿门人也。及秦焚书，各别去。见《汉书》本传。此天下学士逃难解散之证也。

孔子和七十子死后，局面很混乱。孔门之外的诸子学也乱了，秦朝更是一片黑暗。

接下来讲汉代以来的典籍整理。

汉兴，改秦之败，大收篇籍，广开献书之路。

序文认为，到了汉朝，知识界才重见光明。礼贤下士，搜集文献，使各种学术并存共进。汉解秦禁，"改秦之败，大收篇籍，广开献书之路"。

余嘉锡有一个说法："萧何所收图籍，乃地图版籍之类，非《诗》《书》传记。且此图籍即秦物，不得谓'改秦之败'。余谓'大收篇籍'乃指孝文言之也，《移太常博士书》可证。"又说："本《志》此节，即约《移太常博士书》为之，必以彼书对照，方能了其文义。"①

刘歆《移书让太常博士》曰："汉兴……独有一叔孙通略定礼仪，天下唯有《易》卜，未有它书。至孝惠之世，乃除挟书之律。……至孝文皇帝，始使掌故朝错从伏生受

---

① 余嘉锡：《〈汉书艺文志索隐〉选刊稿（序、六艺）上》，载彭林主编《中国经学》第二辑，广西师范大学出版社，2007，第2页。

《尚书》……《诗》始萌牙。……至孝武皇帝，然后邹、鲁、梁、赵颇有《诗》《礼》《春秋》先师，皆起于建元之间。……《泰誓》后得，博士集而读之。"赵岐《孟子题辞》："孝文欲广游学之路，《论语》《孝经》《孟子》《尔雅》皆置博士。"

其他的相关记载还有以下内容。

《史记·萧相国世家》："沛公至咸阳，诸将皆争走金帛财物之府分之，何独先入收秦丞相御史律令图书藏之。"

《汉书·楚元王传》："楚元王交字游，高祖同父少弟也。好书，多材艺。少时尝与鲁穆生、白生、申公俱受《诗》于浮丘伯。伯者，孙卿门人也。及秦焚书，各别去。"

又《惠帝纪》："（四年）三月甲子，皇帝冠，赦天下，省法令妨吏民者，除挟书律。"

又《郊祀志》记载汉文帝十五年（前 165），"亲拜霸渭之会，以郊见渭阳五帝。……而使博士诸生刺《六经》中作《王制》，谋议巡狩封禅事"。

迄孝武世，书缺简脱，礼坏乐崩，圣上喟然而称曰："朕甚闵焉！"

书，著也。著于竹帛谓之书。在纸制造出来之前，削竹为简，连缀而成简编。到了孝武之时，"书缺简脱"，编简的绳子断了，则简脱落。

"礼坏乐崩"出自《论语·阳货》："君子三年不为礼，礼必坏；三年不为乐，乐必崩。"这不只是汉代的情况，应该说从春秋战国以来，都是这样的一个局面。

"圣上"指汉武帝，"闵"即"悯"。余嘉锡说："所谓'朕甚闵（悯）焉'者，即元朔五年诏书也。惟《武纪》及《儒林传》皆无'书缺简脱'一句，惟《刘歆传》载《移太常博士书》有之。"① 元朔五年，即公元前 124 年。汉庭向天下求遗书，应该是始于汉武帝。

于是建藏书之策，置写书之官，下及诸子传说，皆充秘府。

面对"礼坏乐崩"的局面，怎么办？"建藏书之策，置写书之官"，建藏书之策，置抄书的人。王维说"发求书之使，置写书之官"②，和这里是一个意思。东汉初，桓谭说"梁子初、杨子林所写万卷，至于白首"③，这个"写"就是抄书。古无印刷，书籍的传播主要靠传抄。

古代称宫中藏图书秘记的地方为"秘府"，也就是说，"下及诸子传说"，悉数收入秘府中去。这是汉朝对书籍的首次整理，即刘歆《七略》所谓："外则有太常太史、博士之藏，内则有延阁、广内、秘室之府。"

姚明辉说："汉初诸帝，高祖灭秦除项，日不暇及。文景崇尚黄老申韩。武帝立，田蚡、公孙弘先后为相，而董仲舒请尊孔氏，始尚儒术，表章六经。"

---

① 余嘉锡：《〈汉书艺文志索隐〉选刊稿（序、六艺）上》，载彭林主编《中国经学》第二辑，广西师范大学出版社，2007，第 3 页。
② 陈铁民：《王维集校注》卷十一《谢御书集贤院额表》，中华书局，1997。
③ 见《困学纪闻·经说》引《新论》。

至成帝时，以书颇散亡，使谒者陈农求遗书于天下。

这件事发生在公元前 26 年，这是汉代大规模且专人整理图籍之事。《汉书·成帝纪》："谒者陈农使，使求遗书于天下。"

谒者，官名。春秋战国时国君左右掌传达等事的近侍已经用这个名称。秦、汉属郎中令（汉改光禄勋）。司空曙诗《送李嘉祐正字括图书兼往扬州觐省》："儒官比刘向，使者得陈农。"后世一般以"陈农"指代搜求遗书的人。

《汉书·河间献王传》记献王求书之法甚详："从民得善书，必为好写与之，留其真，加金帛赐以招之。繇是四方道术之人不远千里，或有先祖旧书，多奉以奏献王者，故得书多，与汉朝等。"武帝、成帝的求书办法与献王大致相似。

刘歆《七略》曰："孝武敕丞相公孙弘广开献书之路，百年之间，书积如丘山。"

诏光禄大夫刘向校经传、诸子、诗赋，

战国时期置中大夫，汉武帝时始改为光禄大夫，刘向曾任这个职务。《后汉书·百官志》："光禄大夫比二千石。本注曰无员。凡大夫议郎，皆掌顾问应对，无常事，唯诏令所使。凡诸国嗣之丧，则光禄大夫掌吊。"

步兵校尉任宏校兵书，

步兵校尉，汉武帝始置，秩二千石，专掌位于长安西南郊上林苑的苑门屯兵。任宏曾任此职。

太史令尹咸校数术，

太史令，也称太史，相传夏代末已有此职。西周、春秋时太史掌管起草文书，策命诸侯卿大夫，记载史事，编写史书，兼管国家典籍、天文历法、祭祀等，为朝廷大臣。秦汉设太史令，职位渐低，主要掌管天时星历。魏晋以后修史的任务划归著作郎，太史仅掌管推算历法。

尹氏，师尹，三公官也，以官为姓，周有尹吉甫、尹喜，汉有尹咸、尹赏、尹齐，后汉有尹敏。《四术周髀宗序》："汉成帝时，学者问盖天，杨雄曰：'盖哉，未几也。'问浑天，曰：'落下闳为之，鲜于妄人度之，耿中丞象之，几乎，莫之息矣。'此言盖差而浑密也。盖器测影而造，用之日久，不同于祖，故云'未几也'。浑器量天而作，乾坤大象，隐见难变，故曰'几乎'。是时，太史令尹咸穷研晷盖，易古周法，雄乃见之，以为难也。"[1] 刘歆与尹咸的合作，始于汉河平年间（公元前28～公元前25），刘歆"受诏与父向领校秘书，讲六艺传记，诸子诗赋，数术方技，无所不究。向死后，歆复为中垒校尉。大司马王莽举歆有才行，为侍中太中大夫，光禄大夫，复领《五经》，卒父前业。歆乃集六艺群书，种别为《七略》。歆及向始皆治《易》。及歆校秘书，见古文《春秋左氏传》，大好之。时丞相史尹咸以能治《左氏》，与歆共校经传。歆略从咸及丞相

---

[1] （唐）李延寿撰《北史》卷八十九《信都芳传》，中华书局，1974，第2934页。

翟方进受，质问大义。"① 据此，则尹咸不仅校数术而已。

侍医李柱国校方技。

《汉书·张禹传》："侍医视疾。"颜师古注："侍医，侍天子之医。"② 《隋志》作"太医监"。陈直说："西汉太常、少府皆有太医令，少府太医令为宫禁之医，《外戚许皇后传》太医作大丸是也。侍医当为少府太医令之属官，《贡禹传》所谓侍医临治是也。又按：《百官表》阳朔二年（公元前23）有史柱国卫公为太仆，以柱国为名，盖取义于楚官。"③

刘向负责校雠"经传、诸子、诗赋"，任宏负责校雠"兵书"，尹咸负责校雠"数术"（占卜的书），李柱国负责校雠"方技"（医药方面的书）。

刘向、刘歆父子的校雠，是汉朝对书籍的第二次整理。《汉志》大体保存了这次整理的成果。

《续资治通鉴长编》卷四百六十五记范祖禹言："汉之时，以竹简写书，在天下者至少，非秘府不能备，非如后世以纸传写，流布天下，所在皆有也。刘向总校群书，非一人之力所能独了，故又用任宏等三人。然兵书、数术、方技皆为有用，非异端之学也。任宏等非异教之人也。"上面只是列举了几个有代表性的学术带头人，实际上还有其他学者参与了当时的整理，如顾实《汉书艺文志讲疏》所

---

① （清）唐晏著，吴东民点校《两汉三国学案》卷九，中华书局，1986，第451页。

② 另可参见《秦会要订补》一书《附录》部分收录的金少英《秦官考·侍医》。见（清）孙楷撰，徐复订补《秦会要订补》，中华书局，1959，第503页。

③ 陈直：《汉书新证》，中华书局，2008，第220页。

列举的杜参、班斿等。

每一书已，向辄条其篇目，撮其指意，录而奏之。

任宏、尹咸、李柱国等人每校订一部著作，刘向就"条其篇目"（定目次）。既说"辄"，又说"奏"，足见当时刘向与任宏、尹咸、李柱国等人对篇目的条陈与"指意"，是随时整理，间有交流，随时上奏，也就是说，《汉志》是他们几人商讨之后的结果。刘向校书，还对秘府所藏散乱杂糅的文献做了清理。

"撮其指意"，写提要，上奏汉成帝。

"录"指刘向的《书录》，附于原书的叫《叙录》，汇于一书的叫《别录》，是一部书目提要，大部分已亡佚，部分内容现在可见。

提要的内容是条陈该书的篇目，揭示该书的旨趣。这些单篇提要合在一起就是《别录》。可能在汉以前，故书多无篇目，或者说有篇目但次第彼此不同，到刘向校书时，始条理而论次之。现在我们看到《战国策》《管子》《晏子》《列子》《荀子》《邓析子》《说苑》等书的"叙录"，每说定著若干篇，可知现在传世之本，篇目的次第，都是刘向所定。善哉，章学诚之言："由刘氏之旨，以博求古今之载籍，则著录部次，辨章流别，将以折衷六艺，宣明大道，不徒为甲乙纪数之需，亦已明矣。"①

---

① （清）章学诚撰，叶瑛校注《文史通义校注》附《校雠通义·原道第一》，中华书局，1985，第952页。

《风俗通义》云："刘向典校书籍，皆先书竹，为易刊定，可缮写者以上素。"《汉书·成帝纪》记河平三年，"光禄大夫刘向校中秘书。谒者陈农使，使求遗书于天下"。

会向卒，哀帝复使向子侍中奉车都尉歆卒父业。

据《汉书》本传，"歆以建平元年（公元前6）改名秀，字颖叔云"，而《汉志》及本传、《王莽传》都写作"歆"，是避汉光武帝刘秀讳。

秦汉之时，侍中为少府属下宫官群中直接供皇帝指派的散职；西汉时又为正规官职外的加官之一，文武大臣加上侍中之类名号可入禁中受事。西汉武帝以后，地位渐高，等级直超过侍郎。

奉车都尉，官职名，汉武帝元鼎二年（前115）置，秩比二千石，掌御乘舆车。霍光曾任此官，兼光禄大夫。东汉属光禄勋，奉朝请（奉朝会请召），无员额。《后汉书·百官志》："奉车都尉比二千石。本注曰无员。掌御乘舆车。"

姚振宗《隋书经籍志考证》说："刘氏父子同校书时，除《艺文志》所叙各人外，有长水校尉杜参，见《艺文志》；五官中郎将房凤、光禄勋王龚，见《儒林传》；又有苏竟，见《后汉书》本传；又有太常属臣望，见刘秀《上山海经表》；又有太中大夫卜圭、臣富参、射声校尉立，见《管子书录》。"

歆于是总群书而奏其《七略》，

《隋志》："刘向《七略别录》二十卷，刘歆《七略》

七卷，剖析条疏，各有其部。歆嗣父业，乃徙温室中书于天禄阁上，著为《七略》，大凡三万三千九十卷。"陈国庆《汉书艺文志注释汇编》："温室，汉殿名，武帝建。《三辅黄图》载：'冬时处之温暖，故名温室。'"

《唐六典》卷十："秘书郎掌四部之图籍。分库以藏之，以甲、乙、景（丙）、丁为之部目。……乙部为史……十三曰略录，以纪史策条目。《七略》等三十部，二百一十四卷。"余嘉锡据此指出："《七略》至开元时犹存，而师古注引用甚略，似仅从他书转引，未见原书者。师古身为秘书监，而不读《七略》，深可怪也。"[①]章学诚在《校雠通义》中提出"宗刘"，认为要根据现实图书的发展情况，学习《七略》的目录学方法与理论，建立新的分类体系。

故有《辑略》，有《六艺略》，有《诸子略》，有《诗赋略》，有《兵书略》，有《数术略》，有《方技略》。

刘向校书，著有《别录》，刘歆继承父业，又著《七略》：

《辑略》 "辑"与"集"同，指各书的总要。中国最古老的系统目录就是刘歆的《七略》与班固的《汉志》，而《汉志》本于《七略》。《七略》中的《辑略》是"讨论群书之旨"，"最为明道之要"的一篇。诚如章学诚《校雠通义·原道》所说，如此重要的一篇，班固编纂《汉

---

① 余嘉锡：《〈汉书艺文志索隐〉选刊稿（序、六艺）上》，载彭林主编《中国经学》第二辑，广西师范大学出版社，2007，第5页。

志》时把它删掉了，"今可见者，唯总计部目之后，条辨流别数语耳"，但由此也可知"刘歆盖深明乎古人官师合一之道，而有以知乎私门初无著述之故也"。还有另一种说法认为，"总计部目之后"的"条辨流别数语"就是《辑略》的原文，即《辑略》在《七略》中是独立成一略的，在《艺文志》则分散在六略的各个部目之后了（参见王莱《校雠通义节驳》、王重民《校雠通义通解》）。实际上，《汉志》的总序应该就是取材于《辑略》。《辑略》属于流略之学，相当于我们现在说的"学术史"，是颇具特色的中国古典目录学，为中国学术史奠定了很好的基础，这是校雠学了不起的成就所在，追其渊源，与《庄子·天下》《史记·太史公自序·论六家要旨》之作相接应。

《六艺略》 六艺，指六经。为"王官学"。王官，指国之共尊。王官学在政府，就是古代先起的"贵族学"。汉武帝时期提倡以"王官学"来罢黜"百家言"，当时董仲舒屡言"更化"，提出"罢黜百家，表章五经"，便相当于今天的"新文化运动"。班固纂《汉志》，旧学的一派，归之《六艺略》；新学的一派，归之《诸子略》。

《诸子略》 诸子百家之学，为"百家言"。百家，指民间私家。百家言在社会，是后起的"平民学"。孔子以前，学问只在贵族手中，只有贵族学。孔子创立私学，开始把学术流传到民间，始有平民学。孔子是上承王官学，下启百家言的枢纽人物。

《诗赋略》 汉朝人讲他们的辞赋源于《诗经》之《雅》《颂》。章学诚则认为汉朝人的辞赋衍生于战国时期的纵横家言。六艺、诸子、诗赋这三项是文学，相当于现在我们说的人文学。

《兵书略》　分兵书为兵权谋、兵形势、兵阴阳、兵技巧四家。

《数术略》　分为天文、历谱、五行、蓍龟、杂占、形法六种。

《方技略》　兵书、数术、方技，这三项相当于技术，或者说方术。

总序概述了秦汉以来图书典籍的播迁经历，记载了刘向、刘歆父子奉诏校书的情况。除了《辑略》之外，前三者是人文学，后三者是技术，六项合起来，就是"学术"。

《七略》的排序很有讲究，他们认为六艺（经）是群书之首，排在最前，诸子排在第二，诗赋排在第三，兵书排在第四，数术排在第五，方技排在最后。到后来的《晋中经簿》和《隋书·经籍志》，以经、史、子、集四部分类图书，经部排最前，史学作为经学的附庸排在第二，子学是经与史的附庸排在第三，集学排在最后，都是受到了《汉志》的影响。民国时期，姚名达作《中国目录学史》①，书中画有一直观的通表，诸位取来对比就比较清楚了。

葛兆光说："《汉书·艺文志》把所有的知识分为六类，那是那个时候的知识、思想和信仰世界的实况，但是通常思想史却只注重前三类，而忽略后三类，可是出土文

---

① 该书 1936 年由商务印书馆刊行，1957 年重印，附有王重民作的后记，对原书进行订正，并对若干问题做了补充与说明。后有上海古籍出版社 2002、2007 年版，前者有严佐之写的导读。

献却有相当大的部分恰恰是'兵书'、'数术'与'方技'，天象星占、择日龟卜、医方养生、兵家阴阳的知识在古代随葬文献中的数量，表明它实际上在生活世界中占了相当大的分量，也常常是古代思想的知识背景。"①

不管如何，《汉志》的这种排序反映的是汉朝时期对学术的看法。诚如李零所说："这种意识形态对中国学术影响至为深远。中国辨伪学，尊经贬子，尊儒子贬诸子，尊文学贬方术，根子在这里。"

今删其要，以备篇籍。

颜师古注："删去浮冗，取其指要也。其每略所条家及篇数，有与总凡不同者，转写脱误，年代久远，无以详知。"

《隋志·经籍志》云："王莽之末，又被焚烧。光武中兴，笃好文雅，明、章继轨，尤重经术。四方鸿生巨儒，负帙自远而至者，不可胜算。石室、兰台，弥以充积。又于东观及仁寿阁集新书，校书郎班固、傅毅等典掌焉。并依《七略》而为书部，固又编之，以为《汉书·艺文志》。"

班固在刘向《别录》、刘歆《七略》的基础上"删其要，以备篇籍"，辨章学术，考镜源流。很显然，班固这里对《汉志》编纂之依据及取裁的交代，也是联系《汉志》与《七略》的关键。"删其要"应从两方面理解。一方面指在内容上删裁刘向、刘歆父子所作之各书"指意"，使其更为精简。"要"即指刘向、刘歆所"撮其指意，录而奏

---

① 葛兆光：《中国思想史·导论》，复旦大学出版社，2010，第102页。

之"的重要内容，这是颜师古注的说法，前人多有论述。另一方面是指删去《七略》著录的若干书目，所谓"删其要"是保留其要之意。

照上引《隋志》的意见，《汉志》的著录，虽以《七略》为基础，但光武中兴以后重新征集于中秘的书籍当是其中的主要内容，这份书目并不仅仅是删裁《七略》而成。盖丧乱之余，刘向、刘歆所编定之书尚存多寡，不无疑问，然《七略》既存，其体例则无亡佚问题。与之相近的意见参见王国维《汉书艺文志举例跋》。

序言之后，分为六艺、诸子、诗赋、兵书、数术、方技等六个部分，共收书三十八种、五百九十六家，总计一万三千二百六十九卷。每种之后都附有小序，每个部分之后有总序，对先秦、秦汉之际的学术思想和流变，做了简明扼要的叙述。具体的办法是：

第一，保留《七略》的六略三十八种的分类体系。

第二，新增入《七略》完成以后，刘向、扬雄、杜林三家在西汉末年所完成的著作。

第三，对《七略》所著录的图书基本上按照原来的情况保存下来，但对著录重复和分类不妥的地方加以适当的合并或改移，例如凡从某类提出的图书在总数下注明"出"若干家、若干篇，凡由于重复而省去的图书都注明"省"若干家、若干篇，凡增入或移入的图书都注明"入"若干家、若干篇。

第四，将《七略》中《辑略》的内容散附在六略之后和《诗赋略》除外的各种之后。

第五，删简《七略》中各书的提要，必要时节取为注释。

姚名达《中国目录学史》的《溯源篇》对《别录》《七略》《汉志》三者的关系做了说明："《别录》者，刘向等校书，'论其指归，辨其讹谬'之录，别集而成者也。《七略》者，刘歆取《别录》所载，'总括群篇'，'撮其指要'，'种别'而成者也。《汉志》者，班固取《七略》，'删其要'而成者也。班固对于《七略》，只下'删其要'之工夫，纵有差异，亦不过'出几家，入几家'而已，自注甚明，别无增改也。故由《汉志》可以想见《七略》之原状，由《战国策》《孙卿书》等书之叙录可以想见《别录》之原状。明乎《汉志》之小序即《七略》之小序，《辑略》为《七略》所有而《别录》所无，则《录》《略》之别灼灼然矣。"①

简单地说，《汉志》是刘歆《七略》的节本，《七略》是刘向《别录》的节本。目前，要了解早期的古书，读《汉志》是最好的办法。章学诚《校雠通义·补校汉艺文志》："《汉志》最重学术源流，似有得于太史《叙传》及庄周《天下》篇、荀卿《非十（二）子》之意。此叙述著录所以有关于明道之要，而非后世仅计部目者之所及也。"

上面讲了《汉志》的总序，接下来笔者把刘歆的《移书让太常博士》附录在这里，因为这篇文章与总序关系极密切，金克木说这篇文章是"汉代学术思想源流中的关键

---

① 姚名达：《中国目录学史》，上海古籍出版社，2007，第41页。

性文章"①，和总序对比来读，有助于更好地理解《汉志》。

《移书让太常博士》原文收录在《汉书·楚元王传》。又见于《文选》卷四十三、严可均辑《全汉文》卷四十：

> 昔唐虞既衰，而三代迭兴，圣帝明王，累起相袭，其道甚著。周室既微而礼乐不正，道之难全也如此。是故孔子忧道之不行，历国应聘。自卫反鲁，然后乐正，《雅》《颂》乃得其所；修《易》，序《书》，制作《春秋》，以纪帝王之道。

> 及夫子没而微言绝，七十子终而大义乖。重遭战国，弃笾豆之礼，理军旅之陈，孔氏之道抑，而孙吴之术兴。陵夷至于暴秦，燔经书，杀儒士，设挟书之法，行是古之罪，道术由是遂灭。

> 汉兴，去圣帝明王遐远，仲尼之道又绝，法度无所因袭。时独有一叔孙通略定礼仪，天下唯有《易》卜，未有它书。至孝惠之世，乃除挟书之律，然公卿大臣绛、灌之属咸介胄武夫，莫以为意。

> 至孝文皇帝，始使掌故朝错从伏生受《尚书》。《尚书》初出于屋壁，朽折散绝，今其书见在，时师传读而已。《诗》始萌牙。天下众书往往颇出，皆诸子传说，犹广立于学官，为置博士。在汉朝之儒，唯贾生而已。

> 至孝武皇帝，然后邹、鲁、梁、赵颇有《诗》、《礼》、《春秋》先师，皆起于建元之间。当此之时，一人不能独尽其经，或为《雅》，或为《颂》，相合而成。《泰誓》后得，

① 金克木：《蜗角古今谈》，载《金克木集》第五卷，生活·读书·新知三联书店，2011，第262页。

博士集而读之。故诏书称曰:"礼坏乐崩,书缺简脱,朕甚闵焉。"时汉兴已七八十年,离于全经,固已远矣。

及鲁恭王坏孔子宅,欲以为宫,而得古文于坏壁之中,《逸礼》有三十九,《书》十六篇。天汉之后,孔安国献之,遭巫蛊仓卒之难,未及施行。及《春秋》左氏丘明所修,皆古文旧书,多者二十余通,臧于秘府,伏而未发。

孝成皇帝闵学残文缺,稍离其真,乃陈发秘藏,校理旧文,得此三事,以考学官所传,经或脱简,传或间编。传问民间,则有鲁国桓公、赵国贯公、胶东庸生之遗学与此同,抑而未施。此乃有识者之所惜闵,士君子之所嗟痛也。往者缀学之士不思废绝之阙,苟因陋就寡,分文析字,烦言碎辞,学者罢老且不能究其一艺。信口说而背传记,是末师而非往古,至于国家将有大事,若立辟雍封禅巡狩之仪,则幽冥而莫知其原。犹欲保残守缺,挟恐见破之私意,而无从善服义之公心,或怀妒嫉,不考情实,雷同相从,随声是非,抑此三学,以《尚书》为备,谓左氏为不传《春秋》,岂不哀哉!

今圣上德通神明,继统扬业,亦闵文学错乱,学士若兹,虽昭其情,犹依违谦让,乐与士君子同之。故下明诏,试《左氏》可立不,遣近臣奉指衔命,将以辅弱扶微,与二三君子比意同力,冀得废遗。今则不然,深闭固距,而不肯试,猥以不诵绝之,欲以杜塞余道,绝灭微学。夫可与乐成,难与虑始,此乃众庶之所为耳,非所望士君子也。且此数家之事,皆先帝所亲论,今上所考视,其古文旧书,皆有征验,外内相应,岂苟而已哉!

夫礼失求之于野,古文不犹愈于野乎?往者博士《书》

有欧阳，《春秋》公羊，《易》则施、孟，然孝宣皇帝犹复广立《穀梁春秋》，《梁丘易》，大、小《夏侯尚书》，义虽相反，犹并置之。何则？与其过而废之也，宁过而立之。《传》曰："文武之道未坠于地，在人；贤者志其大者，不贤者志其小者。"今此数家之言所以兼包大小之义，岂可偏绝哉！若必专己守残，党同门，妒道真，违明诏，失圣意，以陷于文吏之议，甚为二三君子不取也。

六 艺 略

经本来是诸子未兴之前一切古籍的通称，后来仅仅用于称呼六种经过孔子整理或删订过的古书，即《诗》《书》《礼》《乐》《易》《春秋》，总名为"六经"。

"六经"之名，最早见于《庄子·天运》："丘治《诗》《书》《礼》《乐》《易》《春秋》六经，自以为久矣。"《荀子·劝学篇》也说："始乎诵经①，终乎读礼。"《礼记·经解》就说得更详细了："入其国，其教可知也。其为人也，温柔敦厚，《诗》教也；疏通知远，《书》教也；广博易良，《乐》教也；洁静精微，《易》教也；恭俭庄敬，《礼》教也；属辞比事，《春秋》教也。故《诗》之失，愚；《书》之失，诬；《乐》之失，奢；《易》之失，贼；《礼》之失，烦；《春秋》之失，乱。"

"六经"也叫"六艺"，因"六经"是本体，所以以"六艺"为名。"经"的别名叫作"术"，因此《礼记》称《诗》《书》《礼》《乐》为四术，也叫作"艺"，比如《史记·孔子世家》："中国言六艺者，折中于夫子。"《史记·伯夷列传》："学者载籍极博，犹考信于六艺。"《汉书》也

---

① 按：指《诗》《书》等。

称"六经"为"六艺"。经、术、艺又略有不同，经专指书籍，术、艺都指学术。"六艺"之学源远流长，是中国文化精髓所在。黄侃说："经学者，中国特有之大本学说也。毁之无伤，尊之无益。……故治经为四字诀，曰文、曰义、曰制、曰事。盖明文以通其词法，知义亦宣其意理，核制以观其典章，稽事以研其故实。然经书文采，不必尽善，制度不必尽备，史事不必尽详。故治经者，不可以史事求之，不可以制度求之，不可以文采求之。惟经有制度，其制度可考；经有文采，其文采可法；经有史事，其史事可信耳。"① 蒙文通也表述过类似的意见："自清末改制以来，昔学校之经学一科遂分裂而入数科，以《易》入哲学，《诗》入文学，《尚书》《春秋》《礼》入史学，原本宏伟独特之经学遂至若存若亡，殆妄以西方学术之分类衡量中国学术，而不顾经学在民族文化中之巨大力量、巨大成就之故也。其实，经学即是经学，本为一整体，自有其对象，非史、非哲、非文，集古代文化之大成、为后来文化之先导者也。"②

事实上，从战国到两汉，"六经"已经取得了"圣典"（sacred books）的地位，正如章学诚所说"六经皆先王之政典"，《汉志》把"六艺"归为一类，并列于其他各类之前，并非没有缘由。"六艺"后来成了儒家经典，事实上，"六艺"应该是中国文化共同尊奉的经典，是华夏文明的共同精神财富。《汉志》中，儒家不入《六艺略》，就已经充

---

① 尚笏、陆恩涌：《季刚师得病始末》，载《量守庐学记：黄侃的生平和学术》，生活·读书·新知三联书店，1985，第104页。
② 《蒙文通文集》第三卷，巴蜀书社，1995，第150页。

分说明了这一点。但"六艺"的传承，儒家的贡献最大，对其他诸家也造成了影响。

《六艺略》以古书为对象，分为《易》、《书》、《诗》、《礼》、《乐》、《春秋》、《论语》、《孝经》、小学等九种。每略的后面都有大序，每种书目的后面都有小序。各种小序偏重叙述经师的授受渊源。《论语》、《孝经》、小学三类的书是附录，所以总的标题在名称上还是称作"六艺"，而在分类和计数上则可以分别计入，这是本体和附体的关系。

章学诚认为《六艺略》中包含了六艺以外的三经，但三经不是正体，这正是标题和分类最精微的地方。

因为两汉有崇儒的背景，《汉志》首列六艺，而后诸家。《汉志》排定六艺的次序，与《礼记·经解》《庄子·天运》不同，这里是按照六艺在汉代出现的先后次序来排列的，此后为《隋志》《四库全书》仿用。

【易】

据《庄子·天下》《商君书·农战》《荀子·儒效篇》《礼记·经解》《贾子·六术》《春秋繁露·玉杯》，六艺的先后次序，都是以《诗》为首。但《汉书·儒林传》说："依功令，但载《易》《书》《诗》《礼》《春秋》五经，其余谓之传记。"《汉志》这里列《易》为首，就是依功令为序，"六艺"之文，以《易》为之源也。

《易》道"广大悉备，有天道焉，有人道焉，有地道焉"（《周易·系辞下》），西洋人一再称其为"中华古书"，其程序严密，其体系复杂，是中国文化之源，为群经之首，在汉代最先出，所以在《六艺略》中排在最前。

《易》：《经》十二篇，施、孟、梁丘三家。

余嘉锡说："古人之书，书于竹简，贯以韦若丝，则为篇；书于缣帛，可以舒卷，则为卷；简太多，则韦丝易绝；卷太大，则不便卷舒；故古书篇幅无过长者，而篇尤短于卷。其常所诵读，则又断篇而为章，以便精熟易记。故汉人五经诸子，皆有章句之学。"[①] 敦煌、武威、易县、江

---

① 余嘉锡：《四库提要辨证》卷十"新书十卷"条，中华书局，2007，第546页。

陵、阜阳、居延、临沂出土的汉简，以及马王堆汉墓的帛书，就是确实的物证。除缣帛、竹简外，石刻也是当时图书的一种类型。

李零解析家数的统计："班志所谓'家'，分两种，一种指人，指家法的代表人物，以一人为一家；一种指书，以一书为一家。……《六艺略》讲家法，是兼用两种概念，有人论人，无人论书，各类后面的小计，家数不一定等于书的种类。《诸子略》以下不分家法，家数才等于书数。……其他五略，多半是一人一家或作者不明，家数等于书数，一般不再说明。"

《易》为阐释事物变化原理之书，是揭示"变"与"动"的哲学，取"易道周普，无所不包"之意，故名《周易》。"易"又有"变易"（变化不居）、"简易"（执简驭繁）、"不易"（永恒不变）之义。而"变易"足赅《易》之全体大用。

《左传·庄公二十二年》："周史有以《周易》见陈侯者，陈侯使筮之，遇《观》之《否》。"《襄公九年》"遇《艮》之八。史曰：'是谓《艮》之《随》。……'姜曰'亡！是于《周易》曰'"云云。

书今尚存。这是今文经。颜师古注："上下经及十翼，故十二篇。"《易》由"经"和"传"组成，经分上下。《十翼》即《易传》十篇，是对《易经》的注解，包括：

彖上传　解释卦义。

彖下传　解释卦义。

象上传　解释爻义。

象下传　解释爻义。

系辞上传　解释全书义理。

系辞下传　系辞上下讲"变化之道"。

文言传　是揭示乾、坤卦经文的言语。

说卦传　说明每卦的形象。

序卦传　叙述六十四卦的顺序。

杂卦传　杂举众卦，错综其义。

《象传》上下、《象传》上下和《文言》，是附经之传。《系辞》上下、《说卦》、《序卦》和《杂卦》是离经之传。

秦朝焚书，但不禁《易》，这部书在汉朝最先出。汉宣帝、元帝时，有施氏（施雠）、孟氏（孟喜）、梁丘氏（梁丘贺）三家之传。

施雠，字长卿，沛人，与孟喜、梁丘贺俱从丁宽门人田王孙受今文《易》。马国翰《玉函山房辑佚书》有《周易施雠章句》一卷，胡薇元《玉津阁丛书甲集》亦有辑本，但不出马氏辑本之外。黄奭《汉学堂经解》亦有辑本，题《施犨易章句》，人名用字不同，未详何据。

孟喜，字长卿，东海兰陵人。朱彝尊《经义考·易四》辑有《孟氏周易章句》，王谟《汉魏遗书钞》辑有《周易章句》一卷，孙堂《汉魏二十一家易注》辑有《孟喜周易章句》一卷，张惠言《易义别录》辑有《周易孟氏》，黄奭《汉学堂丛书》辑有《孟喜易章句一卷附逸象》，马国翰《玉函山房辑佚书》辑有《周易孟氏章句附孟氏易图卦气图》。

梁丘贺，字长翁，琅琊人。马国翰《玉函山房辑佚书》

有《周易梁丘氏章句》一卷，胡薇元《玉津阁丛书甲集》有《周易梁丘贺章句》。胡氏辑本不出马氏辑本范围。

施、孟、梁丘之学立于学官，是官学。施雠、梁丘贺二家的书，遭西晋永嘉之乱，早已亡佚。而孟喜之书，后亦因没有师说而不传，到了唐代以后，就都不见了。所以说三家之学已亡佚。

私学则有费氏（费直）和高氏（高相）之学。

马王堆帛书①、上博楚简、双古堆汉简中都有《易》，与传世本有所不同。除出土文献外，现在所存最早的本子，是魏王弼注、晋韩康伯续注的《周易》十卷。唐时又有《周易注疏》十三卷，为王弼、韩康伯合注，加上孔颖达疏，是今世通行之本。此本被收入《四库全书》。

历代讲《周易》的书汗牛充栋，构成了包罗万象的易学史。

《易传周氏》二篇。字王孙也。

书已亡佚。考书类、诗类之例，知此处"易"字为衍文。

姚明辉说："'字王孙也'四字，是班氏的原注。"《汉志》全文，凡是班氏自注的文字都标注在书名的右下角，以下类推同例。

《汉书·儒林传》："雒阳周王孙、丁宽、齐服生，皆著《易传》数篇。""宽至雒阳，复从周王孙受古义，号《周氏传》。"朱彝尊《经义考》引胡一桂曰："丁宽师田何，而复

---

① 多用假借字，与通行本卦序不同。

师其同门之友，以受古义，可谓见善如不及者矣。"

《汉志》收的书，以先秦古籍为主，汉代的著述也收罗其中。以时间靠前的统摄时间偏后的，这是融通古今的一种著录办法。

下面的六种也都是讲《易传》的书。

《服氏》二篇。

姚振宗补作《易传服氏》。

已亡佚。"服""宓""伏"三字互相通假。颜师古注引刘向《别录》："服氏，齐人，号服光。"但《经典释文·序录》作"服先"，因形近而异。杨树达认为当作"先"："先者，先生之省称，如《梅福传》称叔孙通为'叔孙先'之比，以系尊称，故云号服先。若光只是其名，不得云号矣。《儒林传》称服生，盖史家以通语追改之。"

《史记·儒林列传》："自鲁商瞿受《易》孔子，孔子卒，商瞿传《易》，六世至齐人田何，字子庄，而汉兴。田何传东武人王同子仲，子仲传菑川人杨何。何以《易》，元光元年征，官至中大夫。"

《杨氏》二篇。名何，字叔元，菑川人。

《汉志》中的批注，凡是不题姓名的，都是班固自注，和《汉书·地理志》的体例一样。

已亡佚。杨氏，名何，字叔元，菑川人，汉武帝时期的五经博士之一。《易》学在当时实为显学。《史记·儒林列传》："田何传东武人王同子仲，子仲传菑川人杨何。何以《易》，元光元年征，官至中大夫。……然要言《易》者本于杨何之家。"王应麟引晁氏曰："《易》家著书自王同始，学官自杨何始。"

《汉书·儒林传》："（京）房者，淄川杨何弟子也。"据《史记·太史公自序》，司马谈师承有自，曾"受《易》于杨何"。司马谈《论六家要旨》引《易·系辞》，称《易·大传》，因谈受《易》于杨何，何自著《易传》，所以称孔子所著者为《易·大传》，以示区别，后人自此沿用。

《蔡公》二篇。卫人，事周王孙。

已亡佚。马国翰《玉函山房辑佚书》有《蔡氏易说》辑本一卷，题汉蔡景君撰。"景君"当是蔡氏之字。胡薇元《玉津阁丛书甲集》有《周易蔡景君说》，全同马氏辑本。

王先谦："李鼎祚《周易集解》上经谦卦称虞翻引彭城蔡景君说，疑即其人，或卫人而居彭者。"杨树达："马国翰辑《蔡公易传》序云：'虞称彭城，乃称其官号，如以南郡称马融，以长沙称贾谊。'王说本此。姚振宗云：'虞称彭城蔡景君，不云蔡彭城景君，马氏以此蔡公当之，恐未然。'姚说是也。"

《韩氏》二篇。名婴。

已亡佚。马国翰《玉函山房辑佚书》有《周易韩氏传》辑本二卷，胡薇元《玉津阁丛书甲集》有《周易韩婴传》辑本。

韩氏，名婴。王应麟："韩婴亦以《易》授人，推

《易》意而为之传。燕、赵间好《诗》，故其《易》微，唯韩氏自传之。涿郡韩生其后也，曰：'所受《易》即先太傅所传也。尝受《韩诗》，不如《韩氏易》深。'盖宽饶从受焉。宽饶封事引《韩氏易传》言'五帝官天下，三王家天下'。"《韩诗外传》有引《易》文，即《韩氏易》。

《王氏》二篇。名同。

已亡佚。汉人《易》学著述，始于王同。"汉兴，（田）何授东武王同子中、雒阳周王孙、丁宽、齐服生共四人。四人者，俱著《易传》数篇。王同授淄川杨何叔元、广川孟但、鲁周霸、莒衡胡、临淄主父偃。"[①]

《丁氏》八篇。名宽，字子襄，梁人也。

已亡佚。《玉函山房辑佚书》有《周易丁氏传》辑本二卷。

丁宽事田何，学成之后，又从周王孙受古义，号《周氏传》。《汉书·儒林传》："丁将军作《易说》三万言……今《小章句》是也。"陆德明《经典释文·序录》："刘向典校书，考《易说》，以为诸《易》家说皆祖田何、杨叔元、丁将军，大义略同。"余嘉锡说："施、孟、梁丘皆祖丁将军，则三家《章句》皆以丁氏为本，

① （清）黄宗炎撰，郑万耕点校《周易寻门余论》卷上，中华书局，2010，第 377 页。

故大义略同。特三家详而丁氏略，故以丁《传》为《小章句》。"①

王应麟："高相专说阴阳灾异，自言出于丁将军。艾轩林氏曰：'先秦之为《易》者，未有及理义也。自田何而后，章句、传说多矣。见于今者独有费氏之书，费氏旧亡章句，而学者宗王弼之说。至于京氏之阴阳占筮，其书虽存，视之为数术之流矣。《易》有圣人之道四焉，理义之学以其辞耳。王弼而下其说纷纷，不若象数之粗有所明也。'"

以上七种是《易传》。姚振宗说："以上自《周氏》至此凡七家，皆蒙上《易传》二字为文。旧本文相连属，如《隋志》之体。明天顺五年（1461），栝苍冯让重修福唐郡庠宋版犹存其行款。至嘉靖十六年（1537）广东崇正书院重修宋本，则惟存《易》《礼》如旧款，以此两叶犹是宋椠也。余皆同今本矣。"现存《汉书》最早刊本是北宋景祐（1034～1038）刊本，距离班固（公元32～公元92）近千年之久。《艺文志》部分，传抄本、刊本及现今排印本②最大的差异在于传抄本和刊本同类书目连续不转行，标点本则多将每一书单独成行。古书行文之际书名多省略，连续记载有一个好处，就是后人可以即类推求原书名；分行之后，各条独立，书名、作者反而易生混淆。③

---

① 余嘉锡：《〈汉书艺文志索隐〉选刊稿（序、六艺）上》，载彭林主编《中国经学》第二辑，广西师范大学出版社，2007，第6页。
② 即中华书局点校本。
③ 详参曾圣益《汉书艺文志与书目文献论集》，台北文史哲出版社，2013，第1页第2条脚注；乔衍琯《中国历代艺文志考评稿·史志的著录》，台北文史哲出版社，2008，第23页。

《古五子》十八篇。自甲子至壬子，说《易》阴阳。

《隋志》《唐志》不载，是书亡佚已久。《清史稿·艺文志》著录《古五子易传》一卷，不著时代，必是伪书无疑。马国翰《玉函山房辑佚书》、胡薇元《玉津阁丛书甲集》各有《周易古五子传》辑本一卷。

所谓"古"，是指用篆文写的书，以区别于用隶书写的今文。顾实说："名曰古者，以《礼古经》《春秋古经》《论语古》《孝经古孔氏》例之，盖古文也。"《班志》凡今文经，皆不加今字。凡今文与古文无大异者，皆不记今古文。《书》《礼》《春秋》《论语》《孝经》皆有古文经，惟《易》《诗》无之。

《初学记》卷二十一"文部"引刘向《别录》："所校雠中《易传》《古五子篇》，除复重，定著十八篇，分六十四卦，著之日辰。自甲子至于壬子，故号曰《五子》。"可见此书虽然是说《易》阴阳，但实际上是卜筮之类的书。章学诚《校雠通义》卷三认为"其书当互见于数术略之阴阳类"，是错误的意见。

"五子"指甲子、丙子、戊子、庚子、壬子。《汉书·律历志》："日有六甲，辰有五子。"注云："六甲之中，唯甲寅无子。"李零认为："《管子·五行》把一岁五分，就是以五子配五行。此书可能是古文本，故冠以'古'字。"

《淮南道训》二篇。淮南王安聘明《易》者九人，号"九师法"。

《隋志》和《唐志》已不见著录，是书亡佚已久。《王维集》卷十《魏郡太守河北采访处置使上党苗公德政碑》所谓"淮王九师之《易》",即是书也。黄奭《汉学堂经解》有《周易淮南九师道训》辑本一卷,马国翰《玉函山房辑佚书》有《周易淮南九师道训》辑佚一卷,两人皆不及杨树达《周易古义》所采为备。

《初学记》卷二十一"文部"及《太平御览》卷六百九引刘向《别录》:"《淮南道训》十二篇。所校雠中《易传》《淮南九师道训》,除复重,定著十二篇,淮南王聘善为《易》者九人,从之采获,故书中署曰《淮南九师书》。"章太炎作《七略别录佚文征》,认为此处当从《初学记》及《太平御览》之说作"十二篇"。

淮南王刘安聘请懂《易经》学问的九个人,号称"九师法"。这个"法",景祐本、殿本、南雍本、闽本都作"说"。

陈朝爵《汉书艺文志约说》:"淮南九师《易说》今不可见,必兼道家说《易》者。时《易》学专言象数,九师说当为《易》说别派,为王弼一派之先声。弼以老庄说《易》,后儒用为訾议。然观《乾》《坤》二卦,《乾》之用九以'无首'为吉,《坤》之六五以'黄裳'为吉,是与道家清静无为、卑弱善下之旨实相符契。"

《诸子略》的杂家类有《淮南内》和《淮南外》。

《古杂》八十篇,《杂灾异》三十五篇,《神输》五篇,图一。

既然叫作"古",则可能是古文家之说。所谓"杂",

可能与《礼记》集诸家之学为一书相似。

皮锡瑞《经学通论》之"论阴阳灾变为易之别传"说:"《汉志》易家有《杂灾异》三十五篇,是易家本有专言灾异一说。而其传此说者,仍是别传而非正传。汉儒藉此以儆其君,揆之易义,纳约自牖,与神道设教之旨,皆相吻合。可见人臣进谏之苦心,亦不背圣人演易之宗旨,而究不得为正传者。"

神输,颜师古注引刘向《别录》:"神输者,王道失则灾害生,得则四海输之祥瑞。"刘大钧《周易古义考》:"据此数语考之,《神输》大旨与《易阴阳》及帛书《要》篇所云'五官'、'六府'、'五正'之旨同,故为古义无疑。"

李零认为:"《古杂》《杂灾异》《神输》是合三种为一书。《古杂》可能是灾异家的杂说。《神输》五篇下有'图一',小序不统计,大序也不统计。这可能是最早的易图。"

《孟氏京房》十一篇,《灾异孟氏京房》六十六篇,五鹿充宗《略说》三篇,《京氏段嘉》十二篇。

同上例,这是合四种书为一书。

京房,字君明,顿丘人,曾经做过魏郡太守。《汉书·京房传》云,建昭二年(公元前37)二月朔,上封事曰:"少阴倍力而乘消息。"又曰:"臣前以六月中言《遁》卦不效,法曰:'寒,涌水为灾。'至其七月,涌水出。"又曰:"少阴并力而乘消息,戊子益甚,到五十分,蒙气复起。此陛下欲正消息,杂卦之党并力而争,消息之气不

胜。"《后汉书·五行志》注引京房《易占》。魏高堂隆引
《易传》"上不俭，下不节"云云。孙堂《汉魏二十一家易
注》有《京房周易章句》一卷，张惠言《易义别录》卷五
有《周易京氏》，黄奭《汉学堂丛书》有《京房易章句》
一卷，马国翰《玉函山房辑佚书》有《周易京氏章句》一
卷，王仁俊有《周易京氏章句》一卷，王保训《木犀轩丛
书》有《周易章句》，胡薇元《玉津阁丛书甲集》有《周
易京氏章句》，以上七种，皆是清人辑本。

　　《孟氏京房》书今残缺，《汉书·儒林传》："京房受
《易》梁人焦延寿。延寿云尝从孟喜问《易》。会喜死，房
以为延寿《易》即孟氏学，翟牧、白生不肯，皆曰非也。
至成帝时，刘向校书，考《易》说，以为诸《易》家说皆
祖田何、杨叔元、丁将军，大谊略同，唯京氏为异，党焦
延寿独得隐士之说，托之孟氏，不相与同。房以明灾异得
幸，为石显所谮诛，自有传。房授东海殷嘉、河东姚平、
河南乘弘，皆为郎、博士。繇是《易》有京氏之学。"章
学诚《校雠通义·汉志六艺》据此则认为"《孟氏京房》
当互见于数术略之杂占或五行类"。这是正确的意见。《孟
氏京房》《灾异孟氏京房》是京房述孟氏之学。另外一篇
可能是京房的学生所述京房之学。

　　《太平御览》卷四引京房《易说》云："月与星至阴
也，有形无光，日照之乃有光，喻如镜照日，即有影见，
月初光见西方，望已后光见东方，皆日所照也。"

　　《四库全书》收录《京氏易传》三卷，入子部术数类。
《简目》云："汉京房撰。房传焦氏之学，故言术数者，称
焦、京。而房之推衍灾祥，更甚于延寿。其书凡十四种，

今佚十三，惟此书以近正得传。今世钱卜之法，实出于此。"是书又有《津逮秘书》本、《汉魏丛书》本、天一阁刊本、《学津讨原》本。

《汉书·律历志》全为刘歆所作，《续汉志·律历志》则为京房所作。[①]

段嘉，《儒林传》作"殷嘉"[②]，东海人，为博士，是京房的弟子。

按：京房之《易》，自谓出自孟喜，又专言阴阳灾变，故书称《灾异孟氏京房》。顾实说："京房之学，出于孟喜；段嘉之学，出于京房。故曰《孟氏京房》《京氏段嘉》。"严可均《铁桥漫稿》云："孟喜受易家阴阳，授之焦赣，焦赣授之京房，孝文立博士，迄东汉末，费直行，京氏衰，晋代犹有传习者。至《隋志》亡《段嘉》十二篇，《唐志》又亡《灾异》六十六篇中四十三篇。历宋入明，而《汉志》之八十九篇，仅存三卷。"

《汉书·五行志》多有引述《京房易传》；《汉魏丛书》编目中有《京房易传》，但在正文中题为《京氏易传》。其内容、风格迥异于《汉书》的引文，经学者鉴定，可能是宋朝的伪作。[③]

---

① 参见（唐）魏徵《隋书》卷十六，中华书局，1997。
② 参见清洪颐煊《读书丛录》卷二十："颐煊案：《儒林传·京房传》：'房授东海殷嘉、河东姚平、河南乘弘，皆为郎、博士。''段''殷'字形相近。"
③ 参见 Rafe de Crespigny, *Portents of Protest in the Later Han Dynasty*：*The Memorials of Hsiang K'ai to Emperor Huan*, Canberra：Faculty of Asian Studies, 1976，pp. 70 – 72。近年来的研究成果见郭彧《京氏易源流》，华夏出版社，2007。

《章句》，施、孟、梁丘氏各二篇。

《六艺略》中所列书，一般有经、传、说解和章句四种。"章句"与"传"不同，"传"在经外，或附于经，"章句"则分章分句，是对经师教授经书分章、断句、释义之作，开后世注疏之先河。"章句"的体例与"解故"也不同，详可参沈钦韩《汉书疏证》卷二十四。

《汉书·儒林传》："汉初立《易》杨氏博士，宣帝复立施、孟、梁丘之《易》，元帝又立京氏《易》。"《隋志》："梁丘、施、高亡于西晋，孟、京有书无师。"

汉儒治学有二途，或为博士之学守章句以通一经，或为通人之学主训诂而举大义。施、孟、梁丘氏各自守持家法，三家所持经本略有异同。

《史记·淮南衡山列传》索隐中还提及"《易》家有救氏注"，又桓谭《新论》："《连山》八万言，《归藏》四千三百言，汉世盖有二《易》矣。"《隋志》："《周易》二卷，《子夏传》残缺，梁六卷。"《经典释文·序录》："《子夏易传》三卷，卜商。"以上五种《易》，均不见今本《汉志》著录。

凡《易》十三家，二百九十四篇。

施雠、孟喜、梁丘贺、周王孙、服光、杨何、蔡景君、韩婴、王同、丁宽、京房、段嘉、五鹿充宗，刚好十三家，书也是十三种。

由于文献传播既久，或脱或误，每略结尾处在总结各略家数及篇数的时候，可能有的不准确。"二百九十四篇"

并没有包括图在内。史学海《汉书校证》："第一条云《易经》十二篇，施、孟、梁邱三家，盖三家各十二篇，共三十六篇，如此乃合总凡二百九十四篇之数。"

接下来是《易》学小序。

《易》曰："宓戏氏仰观象于天，俯观法于地，观鸟兽之文，与地之宜，近取诸身，远取诸物，于是始作八卦，以通神明之德，以类万物之情。"

《汉书·刘歆传》称"歆及向始皆治《易》"，所以《汉志》的小序喜欢引《易》和孔子的话。这里的引文见《系辞下》。"太昊德合上下，天应以鸟兽文章，地应以龙马负图，于是仰观象于天，俯观法于地，中观万物之宜，始画八卦。卦有三爻，因而重之为卦六十有四，以通神明之德。"①《纲鉴易知录》的这段文字与此很相似。

"宓戏氏"，即"伏羲氏"，古书也有作"伏牺氏""宓牺氏"的，都是同音同义。宓戏画卦，言《易》之创始。

《系辞》说："易者，象也。"《说文·易部》"易"字下引《秘书》："日月为易，象阴阳也。"可见《易》是一部用自然现象解释宇宙万理的书。汉儒给出了另外的解释，《易纬乾凿度》："《易》一名而含三义，简易也，变易也，不易也。"郑玄依此义作《易赞》及《易论》云："易简一

①　（清）吴乘权等辑，施意周点校《纲鉴易知录·五帝纪·太昊伏羲氏》，中华书局，1960，第5页。

也，变易二也，不易三也。"唐人孔颖达说："易者，变化之总名，改换之殊称。"到了朱子作《周易本义》，说"易"还有"交易"之义。

《易》起源于八卦。八卦为☰乾、☷坤、☳震、☴巽、☵坎、☲离、☶艮、☱兑八种。八卦本是文字诞生以前替换文字的八个符号，创作者相传是伏羲，据说是取之于鸟兽文章与河图洛书，所以有图而无字。这八个符号代表了八个具体的形象和抽象的含义。

至于殷、周之际，纣在上位，逆天暴物，文王以诸侯顺命而行道，天人之占可得而效，于是重《易》六爻，作上下篇。

这一段讲周文王作《周易》。商纣王违逆天理，残害生灵，所谓"逆天暴物"是也。而"文王以诸侯顺命而行道"，所以"天人之占可得而效"，"于是重《易》六爻，作上下篇"。

重卦之人有多种说法：郑玄说是神农；王弼说是伏羲；淳于俊说是伏羲因燧皇之图而制八卦，神农演之为六十四；孙盛以为是夏禹；司马迁等认为是周文王。《淮南子》："伏戏为之六十四变，周室增以六爻。"

接下来讲孔子作《易传》。

孔氏为之《彖》《象》《系辞》《文言》《序卦》之属十篇。

一般认为《十翼》是孔子所作，但欧阳修（1007 ~

1072）《易童子问》卷三认为《易》之《十翼》各有瑕疵，并以大量的例证说明《系辞》《文言》等篇"繁衍丛脞""自相乖戾"，皆非孔子之作。

《十翼》是否为孔子之言，仍有争议。清代姚际恒、康有为等认为《易传》非出自孔子之手。近代学者如钱穆、冯友兰、顾颉刚、李镜池、张舜徽、高亨、戴君仁等也都一致否定孔子作《十翼》。他们所持的主要理由是《易传》与《论语》在思想上有显著的差异，而且语法方面也有显著的不同；此外《文言》多用对偶句，与《荀子》风格相近；《彖》《象》两传韵语通押的现象，与《诗经》、《荀子》、《老子》及《楚辞》中屈、宋两家作品相似。这些现象也都可以作为《易传》并非完全出于孔子之手的理据。

《十翼》当是七十子后学所记。

故曰《易》道深矣，人更三圣，世历三古。

三圣，指伏羲、文王、孔子。

三古，孟康："《易·系辞》曰：'易之兴，其于中古乎？'然则伏羲为上古，文王为中古，孔子为下古。"

及秦燔书，而《易》为筮卜之事，传者不绝。

秦焚书，有些书不烧，《史记·秦始皇本纪》说"不去者，医药卜筮种树之书"。《汉书·儒林传》记载："及秦禁学，《易》为卜筮之书，独不禁，故传受者不绝。"刘歆《移书让太常博士》也说："汉兴……天下唯有《易》

卜，未有它书。"班固的说法是"及秦燔书，而《易》为筮卜之事，传者不绝"。这些是秦火之后《易》的传受不绝的证据。

有些学者则不认同这样的说法，如沈文倬指出："（这种认识）完全是误解，班氏并无此意。改'书'为'事'，意义并无大异，而界限比较清楚，'传受不绝'实指筮卜之事。……筮卜之事原属奉常属官的职掌，传受自在官署。本来，既因筮卜之事而不禁其书，以后其书也只能用于筮卜，这是不言自明的。因此《易经》尽管没有被销毁，作为经学的传习，它和《诗》《书》一样，在秦汉之际也是中断了的。……还有，焚书也是为了'书同文字'，岂能容六国文字书本的继续流传，医药、卜筮、种树之书大部分是秦文字书本。当然也应有一部分是六国文字书本。规定'不去'的自以秦文字书本为限，对六国文字的医药、卜筮、种树之书，不是销毁，也得送入秘藏，禁止流通。"①

汉兴，田和传之。

和，当依殿本、景祐本，作"何"。田何字子庄（或作装），秦汉间淄川（今山东淄博市）人，徙杜陵（今陕西西安东南），号杜田生。他是西汉今文《易》学的开创者。

西汉立为博士的今文《易》学，都出于田何的传授。东武王同子仲、洛阳周王孙丁宽、齐服生等，都出自田何

---

① 沈文倬：《两汉经学史讲义》，载彭林主编《中国经学》第七辑（纪念沈文倬先生逝世周年专辑），广西师范大学出版社，2010，第7页。

门下。《高士传》记载："惠帝时，何年老家贫，守道不仕。帝亲幸其庐，以受业，终为《易》者宗。"曾圣益在《汉书艺文志述论之西汉学术》一文中指出："由孔子弟子之后有'数家之传'，且'传者不绝'，而后成田何一人传之，实亦颇悖于'纷然殽乱'之言，于此班固所言，当有所遗缺者。"[①]

讫于宣、元，有施、孟、梁丘、京氏列于学官。

王先谦曰："汉武帝立五经博士，《易》惟杨何。宣帝立施、孟、梁丘《易》。元帝立京氏《易》。见《儒林传》赞。"

学官，指博士官。东汉时期的虞氏世传《孟氏易》，著书很多，五传至三国虞翻，为今文《易》学之支流。

而民间有费、高二家之说。

费，指费直，字长翁，东莱人。费直本皆古字，号古文《易》，以授王璜，未得立。马国翰《玉函山房辑佚书》有《费氏易》辑本一卷，胡薇元《玉津阁丛书甲集》有《费直易》辑本，王树楠《陶庐丛刻》有《费氏古易订文》十二卷。

陈元、郑众皆传费氏学。建武中，韩歆上疏欲为费氏立博士，范升奏非急务。马融为《传》，授郑康成，康成作

---

① 曾圣益：《汉书艺文志与书目文献论集》，台北文史哲出版社，2013，第89页。

《易注》，荀爽又作《传》，自是费氏大兴。后来王弼以老庄解《易》，也是用费氏本，韩康伯补王弼之不足，唐朝时期孔颖达又作《正义》，今列为《十三经注疏》之一，最为通行。

《汉书·儒林传》："高相，沛人也，治《易》，与费公同时……自言出于丁将军，传至相。"两人同时，未立于学官。据《隋志》，高氏《易》亡于西晋。

胡培翚《研六室文钞》卷二《周易分传附经考》："《儒林传》云费直治《易》，'徒以《彖》《象》《系辞》《文言》十篇解说上下经'，谓其以十篇解说经义耳，非谓其以《彖》《象》《系辞》《文言》入卦中，如今所传辅嗣本也。《艺文志》云'唯费氏经与古文同'，未尝言其篇叙与三家异，则知费氏经犹是古文十二篇之旧，而析传附经，费氏不应受过矣。"

刘向以中《古文易经》校施、孟、梁丘经，或脱去"无咎"、"悔亡"。唯费氏经与古文同。

颜师古注："中者，天子之书也。言中，所以别于外也。"这里说的"中"应该就是前文说的"秘府"。

王国维《〈汉书艺文志举例〉后序》说《汉志》本"以中秘书目为国史书目"，此言得之。王氏后文列其"未达者一"曰："中秘之书亦有不入《汉志》者，如六艺类《尚书》有《古文经》四十六卷，《礼》有《古经》五十六卷，《春秋》有《古经》十二篇，《论语》有古诗二十一篇，《孝经》有《古孔氏》一篇，皆冠于诸家经之首。惟

《易》无古文经。然《志》言'刘向以中《古文易经》校施、孟、梁丘经……'，是中书确有《易》古文经，而《志》仅录施、孟、梁丘三家经十二篇，与《书》《礼》《春秋》异例。"①

古文学仅有费氏一家，在西汉时已经流传到民间，但没有立于学官，所以来源不明。王应麟引吕祖谦之言曰："汉兴，言《易》者六家，独费氏传古文《易》而不立于学官。《费氏易》在汉诸家中最近古，最见排摈，千载之后，岿然独存，岂非天哉？"

《经典释文》引古文，如"翩"作"偏"，"介"作"砎"，"枕"作"沈"，"繻"作"襦"。

宋儒讲《易》，分义理和图书两派。义理派的代表人物是胡瑗，继之者有程颐等人。图书派起源于陈抟，全本方士炼丹的理论，后人称为"道士《易》"。朱子作《周易本义》《易学启蒙》，兼有义理与图书两派之特点，影响极广，算是宋学讲《易》的代表。

清代研究《易》而名家的有不少，黄宗羲、毛奇龄、胡渭反对宋学之图书派，仍以汉《易》为宗。其他影响较广的有惠栋、张惠言、焦循、孙星衍、姚配中、丁寿昌等。近代的尚秉和、潘雨廷等也都是重要的《易》学家。

---

① 王国维：《观堂别集》卷四，载《观堂集林》（外二种），河北教育出版社，2001，第698页。

【书】

《书》又名《尚书》，"尚"与"上"通，取"上古之书"的意思，这是中国上古历史文献和追述远古事迹的汇编，包括典、谟、训、诰、誓、命六种体裁。也就是说，有的是谈话的记录，有的是讲演辞，有的是命令，有的是宣言。

《书》有今、古文之分。今通行《十三经注疏》本、《四部丛刊》本，是以伪《古文尚书》二十五篇，杂以《今文尚书》三十三篇①，共五十八篇，各附以伪孔安国的《尚书传》。

古代文献中一般称"史"，很少使用"历史"这个词，清末受日本的影响，"历史"一词才变得流行起来。

《尚书》古奥，加之今、古文真伪之辨，需要有专史来做梳理。如陈梦家《尚书通论》、蒋善国《尚书综述》、刘起釪《尚书学史》、古国顺《清代尚书学》、蔡根祥《宋代尚书学》、马士远《周秦尚书学研究》等皆是此类著述。而尤以程元敏《尚书学史》② 最为博大，治《尚

---

① 《今文尚书》三十四篇，去《泰誓》三篇，分《尧典》下半为《舜典》，而另加篇首二十八字，又分《皋陶谟》下半为《益稷》，故为三十三篇。

② 此书初版由台北五南图书出版有限公司于 1997 年刊行，后有上海华东师范大学出版社 2013 年本。

书》者务须参阅。

《尚书》:《古文经》四十六卷。为五十七篇。

《汉志》著录的书,除《易》类之外,均著录古文,而且还在该类的类序中特意说明古文经的内容。著录时,有讲究,曾圣益说:"《尚书》《礼》《春秋》置于各类之首,并于类序中说明其来源。在西汉未获立学官,不被朝廷所承认的古文经,至此不但与今文经并列,且位居首要。"①

上古史官有左、右二史分掌其事,左史记言,右史记事,言为《尚书》,事为《春秋》。所谓"尚书"就是上古时代史官所记的史料。这种史料篇目繁多,相传孔子对这些简策进行了删减整理,选存了一百篇,并给每篇作了序文。其时代上限断自唐虞,下限至秦穆公,总共 1700 余年。到战国以后,古籍遭秦楚火劫,毁坏了许多,尤其是《书》的亡佚最为严重。汉兴以来,口说和壁藏相继出世,一种是西汉口说的《今文尚书》,一种是孔壁所藏的《古文尚书》。

先说《今文尚书》的情况。自从汉惠帝除挟书之禁,经过十余年之久尚未得到《尚书》原本,也没有人能够讲诵它。到了汉文帝之时,听说济南伏生(名胜)是秦时的博士,能够讲说《尚书》,于是想将他征到京城来讲授,这时伏生已经九十余岁,不能远出,于是就令太常遣使掌故晁错去伏生家中学习。《经典释文》说当时伏生家中藏书,

---

① 曾圣益:《汉书艺文志与书目文献论集》,台北文史哲出版社,2013,第 127 页。

都亡佚了，全凭记忆，口诵了二十九篇经文，传授给晁错。
另有一种说法是：伏生年老，不能正言，言不可晓，使其
女传言教晁错。但《汉书·儒林传》说："秦时禁《书》，
伏生壁藏之。……汉定，伏生求其《书》，亡数十篇，独得
二十九篇，即以教于齐、鲁之间。"三说都有道理，未知孰
是。伏生口诵的二十九篇的文字是用汉时通行的隶体抄写
的，所以称这二十九篇为《今文尚书》。篇目是：《尧典》
一、《皋陶谟》二、《禹贡》三、《甘誓》四、《汤誓》五、
《盘庚》六、《高宗肜日》七、《西伯戡黎》八、《微子》九、
《泰誓》十、《牧誓》十一、《洪范》十二、《金縢》十三、
《大诰》十四、《康诰》十五、《酒诰》十六、《梓材》十七、
《召诰》十八、《洛诰》十九、《多士》二十、《无逸》二十
一、《君奭》二十二、《多方》二十三、《立政》二十四、
《顾命》二十五、《费誓》二十六、《吕刑》二十七、《文侯
之命》二十八、《秦誓》二十九。

　　上述二十九篇中，《盘庚》一篇分上、中、下三篇，
《泰誓》一篇也分上、中、下三篇，《顾命》一篇中另分出
《康王之诰》一篇。这样就多出了五篇，所以又有说是三十
四篇的。其中《尧典》合今本《舜典》，而只是缺《舜典》
篇首的二十八字；《皋陶谟》合今本《益稷》；《泰誓》与
今本《泰誓》异；《顾命》合今本《康王之诰》。

　　《古文尚书》又是怎么回事？据《经典释文》，《古文尚
书》是孔子末孙孔惠所藏。《家语》说孔腾字子襄，畏秦法
峻急，藏《尚书》《孝经》《论语》于夫子旧堂壁中。① 到汉

---

① 《汉纪·尹敏传》说是孔鲋所藏。

武帝末年，鲁恭王（刘余）坏孔子旧宅，以扩充他的王宫，在孔宅的墙壁里发现许多书简，内中就有《尚书》，还有《礼经》《论语》《孝经》等书，这批文献全是用古代蝌蚪篆文所写。孔子的十二世孙孔安国当时为朝廷博士，把书上的蝌蚪文字用汉隶改写了，和伏生所传的二十九篇校对增多了十六篇（一说二十四篇）。孔安国又受诏作传，值武帝末年，发生了巫蛊事件，国中起了大事，经籍道息，未得上奏朝廷，仅藏于家，私自传授。这是《古文尚书》的来源。其篇目除了和今文相同的部分之外，增多了十六篇：《舜典》一、《汩作》二、《九共》三、《大禹谟》四、《益稷》五、《五子之歌》六、《胤征》七、《汤诰》八、《咸有一德》九、《典宝》十、《伊训》十一、《肆命》十二、《原命》十三、《武成》十四、《旅獒》十五、《毕命》十六。

以上十六篇中，《九共》又分为九篇，所以《古文尚书》又可说有二十四篇。这种《古文尚书》，西汉时没有列为学官，东汉时没有师说，所以到了魏晋之际，便已亡佚。郑玄注书，只存其目。所以清代就有今文学家怀疑《古文尚书》可能出于汉代古文学家的伪造。

这以后又百余年，东晋元帝（317～322）时，忽然有豫章内史梅赜，奏上了一部孔安国作传的《古文尚书》。此书比伏生所传的文本增多了二十五篇，又从伏生所传的诸篇中分出来五篇，共五十九篇，并加了《书序》一篇，为四十六卷。这部书在社会上流行的时间最长，唐初诸儒作《尚书正义》，陆德明作《经典释文》，都用此本。收入《四库全书》的《尚书注疏》，也是这个本子。但宋朝学者吴棫、朱熹等已开始怀疑它的真实性，明朝的梅鷟则直斥其伪。到清代阎若璩作《古文尚书疏证》，列举一百二十八条证据；惠栋作《古文尚书考》，更发现其作伪的来源；丁宽作《尚书馀论》，进而证明是魏王肃的伪造；到崔述作《古文尚书辨伪》，则条辨得更为清楚。这二十五篇的目录如下：《大禹谟》一、《五子之歌》二、《胤征》三、《仲虺之诰》四、《汤诰》五、《伊训》六、《太甲上》七、《太甲中》八、《太甲下》九、《咸有一德》十、《说命上》十一、《说命中》十二、《说命下》十三、《泰誓上》十四、《泰誓中》十五、《泰誓下》十六、《武成》十七、《旅獒》十八、《微子之命》十九、《蔡仲之命》二十、《周官》二十一、《君陈》二十二、《毕命》二十三、《君牙》二十四、《囧命》二十五。

《古文尚书》乃孔壁所出，因藏于秘府，所以也叫"中古文"本。《古文尚书》只有孔氏一家。西汉末，刘歆崇奉古文，与今文博士争立学官。东汉马融、郑玄，虽杂糅今古，而仍偏袒古文。清江声作《尚书集注音疏》、王鸣盛作《尚书后案》、孙星衍作《尚书今古文注疏》、段玉裁作《古文尚书撰异》，皆以马、郑为依归。

《经》二十九卷。大、小夏侯二家。《欧阳经》三十二卷。

今文，书已亡佚。颜师古曰："此二十九卷，伏生传授者。"《史记·儒林列传》云："秦时焚书，伏生壁藏之。……汉定，伏生求其书，亡数十篇，独得二十九篇。"即伏生所传的《今文尚书》二十九篇。伏生之后，欧阳及大（夏侯胜）、小夏侯（夏侯建）三家分别立于学官，而大、小夏侯的传本为二十九卷，欧阳高传本为三十二卷，都是帛书，所以班固做了分别说明。

《隋志》说伏生口传二十八篇，后得《泰誓》一篇。刘歆说："《泰誓》后得，博士集而读之。"郑康成《书论》说"民间得《泰誓》"。二十九篇，是计卷。若计篇，则三十四，去《泰誓》，犹有三十一。李零认为三十二卷本是把《盘庚》或《泰誓》一分为三，不包括《书序》。

《传》四十一篇。

此书列在《经》二十九卷之后，《欧阳章句》及《大夏侯章句》《小夏侯章句》之前，其为伏生《尚书大传》是情理之中。无论欧阳还是大、小夏侯均为伏生《今文尚书》的传承者。

《玉海》卷三七引郑玄《尚书大传序》："张生、欧阳生从其学而受之，音声犹有讹误，先后犹有差舛，重以篆隶之殊，不能无失。生终后，数子各论所闻，以己意弥缝其阙，别为章句；又特撰大义，因经属指，名之为《传》。"

《尚书》今文学完成于伏生。《汉志》来源于刘向、刘歆父子的《七略》，可见《尚书大传》必经刘向、刘歆的校理。此书在西汉中期之后便已经开始流行。

《晋书·五行志》："汉兴，承秦灭学之后，文帝时，虑生创纪《大传》，其言五行庶征备矣。"《宋书·五行志》："逮至伏生创纪《大传》，五行之体始详。"可见"虑生"即"伏生"。

此书已残缺，这里只标明四十一篇，没有注明卷数，直至《隋志》及《经典释文》，才著录为三卷。《四部丛刊》著录《尚书大传》四卷，补遗一卷。清代以来有多种辑本，以皮锡瑞《尚书大传疏证》七卷较为完备。

《欧阳章句》三十一卷。

已亡佚。王谟《汉魏遗书钞》有《金文尚书说》辑本一卷，黄奭《汉学堂丛书》有《欧阳生尚书章句》辑本一卷，马国翰《玉函山房辑佚书》有《尚书欧阳章句》辑本一卷。

《汉书·儒林传》有欧阳生。杨树达引庄述祖之言曰："《欧阳经》三十二卷，《章句》仅三十一卷，其一卷无章句，盖序也。"

《经典释文·序录》："伏生口诵二十九篇，授济南张生、千乘欧阳生，生授同郡兒宽，宽又从孔安国受业，以授欧阳生之子，欧阳氏世传其业，至曾孙高，作《尚书章句》，为欧阳氏学。"

《后汉书·章帝纪》建初四年（公元79）十一月诏："孝宣皇帝以为去圣久远，学不厌博，故遂立大、小夏侯《尚书》。"是《书》初唯有欧阳，孝宣世立大、小夏侯。《七录》云："三家至西晋并亡，其说间见于义疏。"自汉讫西晋，言《书》唯祖欧阳氏。

《汉书·郊祀志》："欧阳、大小夏侯三家说六宗，皆曰上不及天，下不及地，旁不及四方，在六者之间，助阴阳变化，实一而名六，名实不相应。"

《后汉书·舆服志》："永平二年（公元59），乘舆服从欧阳氏说，公卿以下从大、小夏侯氏说。"

《大》《小夏侯章句》各二十九卷。

已亡佚。大夏侯指夏侯胜，小夏侯指夏侯建。《汉书·儒林传》："其先夏侯都尉从济南张生受《尚书》，以传族子始昌，始昌传胜，胜传从兄子建，建又事欧阳高，由是《尚书》有大、小夏侯之学。"

《欧阳章句》与《大》《小夏侯章句》都是帛书。

《后汉书·儒林列传》："中兴，北海牟融习《大夏侯尚书》，东海王良习《小夏侯尚书》，沛国桓荣习《欧阳尚书》。荣世习相传授，东京最盛。扶风杜林传《古文尚书》，林同郡贾逵为之作训，马融作传，郑玄注解，由是《古文尚书》遂显于世。"

《隋志》和《唐志》都不著录，是该书亡佚已久。马国翰有《尚书大小夏侯章句》辑佚各一卷，周寿昌说："今马氏辑佚说为《尚书大小夏侯章句》各一卷，然中多一说两引，究莫别孰为大小，不足据也。"陈乔枞有《尚书欧阳夏侯遗说考》一卷，在《皇清经解续编》。

《大》《小夏侯解故》二十九篇。

故者，古也。合于古，所以合于经也。"故"又同"诂"，《说文·言部》："诂，训故言也。"所谓"解故"，即"解诂"。刘歆以前讲训诂的比较多，《诗》之《鲁故》《齐后氏故》《韩故》，《书》之《大》《小夏侯解故》等都是讲训诂的，《春秋公羊传》中讲训诂的地方也比较多。

《隋志》："永嘉之乱，欧阳、大小夏侯《尚书》并亡。"

《欧阳说义》二篇。

已亡佚。《大》《小夏侯解故》与《欧阳说义》都是竹书。清人陈乔枞有辑本。

刘向《五行传记》十一卷。

已亡佚。《五行传记》即《洪范五行传论》，乃刘向集上古以来历春秋六国至秦汉符瑞灾异之记。《汉书·楚元王传》说："刘氏《洪范论》发明《大传》，著天人之应。"又《五行志》："刘向治《穀梁春秋》，数其祸福，传以《洪范》。"即此书也。

《五行志》多采之。李慈铭《越缦堂读书记》："读《汉书·五行志》，加朱二卷。此志多用刘向《五行传记》而兼采董仲舒、刘歆、京房之说。中垒以《易》《书》《春秋》推验阴阳，归本人事，虽间有附会支离，而学阐天人，明体达用，直逼江都。近儒王礼堂谓刘向不通经，未免高论骇世。"[1]

《隋志》："晋世秘府所存，有《古文尚书》经文，今无有传者。及永嘉之乱，欧阳、大小夏侯《尚书》并亡。济南伏生之传，惟刘向父子所著《五行传》是其本法，而又多乖戾。"

---

[1] （清）李慈铭撰，由云龙辑《越缦堂读书记》卷三"汉书"条，中华书局，2006，第165页。

刘向的著作，除了《五行传记》之外，见于本志的还有《稽疑》一篇；刘向所序六十七篇，班固自注"《新序》、《说苑》、《世说》、《列女传颂图》也"；刘向《说老子》四篇；刘向赋三十三篇。

《洪范五行传》，王谟《汉魏遗书钞》与黄奭《黄氏逸书考》各有辑本一卷，陈寿祺《左海全集》有《洪范五行传》辑本三卷。

《新序》十卷、《说苑》二十卷，见《百子全书》，又见中华书局出版的《新编诸子集成》。

《列女传》八卷。

刘向赋，见《汉魏六朝百三家集》。

又本传："（宣帝）初立《穀梁春秋》，征向受《穀梁》，讲论五经于石渠。"马国翰《玉函山房辑佚书》有《春秋穀梁传说》，不分卷。

《隋志》："《五经通义》八卷（梁九卷）。"不著撰人。《唐志》："《五经通义》九卷，刘向撰。"《玉函山房辑佚书》有《五经通义》，不分卷。

《隋志》："《五经要义》五卷，刘向撰。"今佚。

《隋志》："梁有《刘向谶》二卷。"亡佚。

《隋志》："《列士传》二卷，刘向撰。"

《孝子图传》不分卷，见黄奭《汉学堂丛书》。

《汉书·律历志》："孝成世，刘向总六历，列是非，作《五纪论》。"

《抱朴子·论仙》载刘向撰《列仙传》，见《秘书廿一种》。

《乐记》不分卷，见马国翰《玉函山房辑佚书》。

许商《五行传记》一篇。

书仅一篇，《隋志》已不见著录，亡佚已久。许商，字长伯，汉长安人，周堪的弟子，位至九卿。《汉书·儒林传》："商善为算，著《五行论历》。"《数术略》历谱类有《许商算术》。

《五行志》多采刘向、许商《五行传记》所述，上及春秋、战国。

章学诚《校雠通义·汉志六艺》认为刘向、许商《五行传记》都讲《尚书·洪范》，应该互见于五行类。

《周书》七十一篇。周史记。

颜师古注："刘向云：'周时诰誓号令也，盖孔子所论百篇之余也。'今存者四十五篇矣。"许慎称之为《逸周书》。西晋武帝咸宁五年（279），盗墓贼不准盗掘汲郡魏安釐王墓，出土竹简中也有《周书》，所以《隋志》又题为《汲冢周书》。牛运震《史记评注》卷一："刘歆《七略》、班氏《艺文志》皆载其篇目，则《逸周书》在西汉时具传于世，观太史公所引用采录可征也。特因晋太康二年发冢，亦得是书，是以有汲冢之名耳。"宋人李焘考定汲冢未出《周书》。明代恢复《逸周书》之名。

《汉志》著录七十一篇，颜师古称存四十五篇，今本包括序在内也是七十一篇，有十一篇有目无书，实存六十篇，其中四十二篇有晋孔晁注。主要是关于文、武、周公时的记载，大部分内容出自汉以前学者之手。考《左传》《管子》《墨子》《吕氏春秋》都引述过《逸周书》的文字，但今本是否汲冢所出，已不可晓。《四库全书》著录为十卷，入别史类。篇目如下：

卷一

度训解第一 度，法度；训，教也。解其义以示人，故曰度训解。唐大沛云："此篇大旨以立中为法度之准，以分微、敬微为王道之源，以教民次分为治平之要，以好恶同民为絜矩之用，而贵以慎始知终之心，盖内圣外王之至道，典、谟、训、诰之精义，大端具备矣。"

命训解第二 唐大沛云："此篇与前篇脉络相通。明王立法，奉若天道，故特提天命发论。"

常训解第三 陈逢衡云："四征、六极、八政、九德俱政治之要，所谓常训也。"

文酌解第四 "文"指文王。此篇旨意甚晦。

籴匡解第五 是篇讲救灾之方。

卷二

武称解第六 潘振云："止戈为武，得其当之谓称。此文王之所以明耻也。"

允文解第七 实有此文德谓之"允文"。

大武解第八 王念孙云："此篇文多讹脱，又经后人删改。"孙诒让云："此与前《武称》《允文》及后大、小《明武》诸篇，盖皆《周书阴符》之遗文。"

大明武解第九 陈逢衡云："此篇于攻城陷敌之法尤为精备，其作于伐崇、伐密时乎！篇中十因、十艺二节文体不类，疑非此篇所有。"

小明武解第十 《三坟补逸》："《小明武解》通篇皆韵语，文多奇古，然不类《书》体，类战国诸子书。《大明武解》亦多韵语，凡下字皆叶户韵。"

大匡解第十一 此篇与《史记·平准书》义有相通处。

程典解第十二 典，常法也。

程寤解第十三 缺。卢文弨据《艺文类聚》卷七十九、八十九及《太平御览》卷三九七、五三三所引补正部分正文七十余字。陈逢衡云："此篇纪太姒得吉梦，寤惊以告事，《周礼·占梦》所谓寤梦也。"

秦阴解第十四 缺。高似孙《史略》作"泰阴"。陈逢衡云："疑所阙殆如《史记·白圭传》'太阴在卯，穰；明岁衰恶'之义。"

九政解第十五 缺。丁宗洛云："上篇既言文王得太公，则此篇必系文王与太公论政之语。"

九开解第十六 缺。《史略》作"九闲"，诸本作"九开"。后《大开》篇有"九开"之语，可以参阅。《文政》篇中有九愿、九行、九丑、九德、九过、九胜、九戒、九守、九典，可能是《九开》篇错简。

刘法解第十七 缺。刘师培云："刘，当训虔刘。"

文开解第十八 缺。刘师培云："《六韬·武蹈》有《文启》篇，启与开同，或即剿袭此篇。"

保开解第十九 缺。陈逢衡云："保开者，明哲保身之谓。"

八繁解第二十 缺。刘师培云："《书钞》三十有'繁政害国，繁赋害财'二语，次于所引《武顺解》前，疑本篇佚文。"

卷三

酆保解第二十一 是篇首尾为战国时人伪造，中间则杂取兵家之言。

大开解第二十二 于鬯云："此篇中间多阙佚，以篇题'大开'知之。凡以大、小名篇者，皆以简编之多少别之，多则题大，小则题小。如前有《大明武》《小明武》两篇。"唐大沛亦同此说。

小开解第二十三 此篇当在囚羑里之前。

文儆解第二十四 疑此篇有残缺，义不甚明。

文传解第二十五 前有所"儆"（戒），后必有所"传"，故曰文传。

柔武解第二十六 内治以柔武为要，以德服人，不尚兵力，是柔武也。

大开武解第二十七 《史略》作《大武开》，下篇作《小武开》。凡以"开"命名之篇，皆诏告开发之义。

小开武解第二十八 陈逢衡云："是篇与《洪范》相表里，盖天人合一之学，周公所得于文考者也。"丁宗洛云："此二篇不言武事而皆以武为名，盖追述武王之武烈也。"

宝典解第二十九 丁宗洛云："郑伯熊曰：《商书》'典宝'之作，其以祖宗之物所当宝，而无德则失，固亦不可常乎？《周书》有《宝典》篇，疑传写者颠倒耳。"

酆谋解第三十 《史略》作"酆讲"，孙诒让谓当作"酆谋"。

寤儆解第三十一 潘振云："寤者，武王既梦而觉。儆者，言因梦而有戒也。"

武顺解第三十二 此篇训军制。陈逢衡云："是篇周家兵制之祖，犹是'其军三单'之遗制，故以三立法。前段兵制之推原，后段兵制之归束。太公兵法，此为上乘。"

武穆解第三十三 此篇训军政。唐大沛云："述古用武之道，正大简要，盖周先世相传之法也。《序》谓与《武顺》同时作，而文法则不类。至谓周将伐商，作此以训乎民，则未必然。"

卷四

和寤解第三十四 潘振云："武义深远，既稽古以示卿，必教礼胥顺，方可用武，当有以觉之。"

武寤解第三十五 潘振云："教与礼既顺，可用武矣。又当有以觉之，故次之以《武寤》。"

克殷解第三十六 朱右曾谓此篇非亲见者不能为。梁启超曰："吾侪读《尚书》《史记》，但觉周武王伐罪吊民之师，其文明程度，殆为'超人的'。倘非有《逸周书·克殷》《世俘》诸篇，谁复能识'血流漂杵'四字之作何解。"

大匡解第三十七 《史略》作"文匡"。可从。

文政解第三十八 陈逢衡云："《周书》以'文'名者凡五，曰《文酌》《文开》《文儆》《文传》《文政》。《文酌》义晦不可晓，《文开》亡，《文儆》《文传》皆文王时作。此篇作于武王时，篇首'开宗循王'，玩其意，'王'当作'政'，谓遵循文王之化也，故篇题曰《文政》。"

大聚解第三十九 与《文传解》相似。

世俘解第四十 顾颉刚云："古籍中'大（太）子'亦称'世子'，'大（太）室'亦称'世室'，可作此名比例。本篇所载，有俘人、俘车（禽御）、俘鼎、俘玉、俘兽之事，且所俘均有巨大数量，故以《世俘》为名。"郭沫若认为"《逸周书》中可信为周初文字者仅有三二篇"，《世俘解》即其一，最为可信。《克殷解》和《商誓解》次之。

箕子解第四十一　缺。

耆德解第四十二　缺。孙诒让云："《史略》正作'考德'，与序合，则宋本尚不误。《汉书·律历志》引《考德》逸文，即此。"

卷五

商誓解第四十三　庄述祖云："商誓者，武王胜殷，诛纣立武庚，戒殷之庶邦庶士庶民也。"

度邑解第四十四　丁宗洛云："通篇皆武王自言其所以建洛邑之意，而不言弃兴筑，观末段详言形胜，则应有城邑矣，故《史记》曰营周居于洛邑而后去。"

武儆解第四十五　唐大沛云："此篇次于《度邑》之下，亦真古书也，惜残阙不全，字多讹脱，不尽可解，故列之下篇。"

五权解第四十六　陈逢衡云："此篇为周公官礼之所本，后半反言以足其义，三机转轴在心，退藏于密，非可以外泄也，故专以'五权'名篇也。"

成开解第四十七　开，取"大开告用"之义。郝懿行曰："以下成王书。"

作雒解第四十八　是篇述武庚作乱本末及营建洛邑之事。

皇门解第四十九　庄述祖云："《皇门》者，周公告诫国子咨以善言也。"丁宗洛云:"此篇雄奇郁勃,的系周初文字。"

大戒解第五十 陈逢衡云:"此周王访于周公,公教以体群臣事,务在尊其位,尽其志,庶人才为我用也。后幅九备虽脱落不全,而篇名大戒,实取义于此,此篇当在《作雒》前。"

卷六

周月解第五十一 潘振云:"周月者,周正朔之月也。得贤所以为政,而改朔乃政之首务也。"《周月》从周正。

时训解第五十二 察物异、验气候,导君修德。刘师培云:"《周髀算经》虽有八节二十四气之名,而七十二候之分则始于本篇。"

月令解第五十三 缺。卢文弨据《吕氏春秋·十二纪》首补之。

谥法解第五十四 是篇当为周人所作,非周公所作。

明堂解第五十五 潘振云:"明堂者,通明之堂也。"

尝麦解第五十六 孙诒让云:"此篇记成王于尝麦之月格庙命大司寇正刑书以逆刑罚,之中遂以策书敕戒司寇及群臣州伯之事。"

本典解第五十七 潘振云:"言根本于心之常道也。"

卷七

官人解第五十八 刘师培云:"此篇之文附于《大戴礼记·文王官人》篇。又《治要》所引《六韬》,内言八征、六守,并与此篇多近,疑均上有所本。盖此为周家官人之法,始于文王,讫于武王,成王之时作辅之臣咸举斯言相勖,惟所举之词互有详略异同,此则周公述文王言以语成王也。自《大戴·曾子立事》篇以下，诸子多述其言，刘劭《人物志》亦本之。"

王会解第五十九　王应麟云："周室既宁，八方会同，各以职来献，欲垂法厥世，作《王会》。"

卷八

祭公解第六十　庄述祖云："祭公者，《祭公之顾命》也。"唐大沛云："此篇序穆王敬问祭公告王及三公之辞也。"

史记解第六十一　此篇历考败亡之迹，以示禁戒。

职方解第六十二　陈汉章云："此篇实周公之官职方氏者抄出别行，如魏文侯之乐人窦公抄出大司乐职，以为《乐书》也。"

卷九

芮良夫解第六十三　芮伯谏厉王及诫执政。

太子晋解第六十四　丁宗洛曰："作者殆亦默悲王室之不复振，故特记此篇欤?"

王佩解第六十五　唐大沛云："此篇百七十五字，而修己治人之道，治乱兴衰之故备于此矣，当录之以为座右铭。"陈逢衡云："通体皆格言，视丹书十七章犹为警切。"

殷祝解第六十六　疑本篇及下篇名"祝"字当作"说"。陈逢衡曰："此殷祝而系周祝之前，亦犹《殷献令》系于《王会》之后，盖皆以事类来附，故入于《周书》中也。"

周祝解第六十七　丁宗洛云："此篇纵横恣肆，颇近战国风尚矣。"

卷十

武纪解第六十八　潘振疑此下三篇为周敬王时作。

铨法解第六十九 铨，衡也。此篇盖有周一代铨选之法杂见于简册者，首尾或有脱谬。

器服解第七十 孙诒让云："此篇记大丧明器之目，可补礼经之阙。"丁宗洛云："器者，竹、木、金、石、陶皆是；服者，丝、布、麻皆是。一代制度，莫备于此，惜残缺过甚耳。"

周书序 或在书首。唐大沛云："此序盖战国时人编书者所作，时代先后每有颠倒，序语亦不尽可凭信，且残缺，间有误字。"

最早的注是晋人孔晁所作，清人注《周书》者有朱右曾、丁宗洛、潘振、陈逢衡、唐大沛、王念孙、俞樾、孙诒让、刘师培、陈汉章等，以朱注流传最广。

清卢文弨抱经堂本合众本校勘，为旧刊本中最完善者。今有黄怀信、张懋镕、田旭东撰《逸周书汇校集注》[①] 一书较完备，可以参考。

《议奏》四十二篇。宣帝时石渠论。

已亡佚。据《汉书·儒林传》，汉宣帝甘露三年（公元前51）于石渠阁大集儒生讨论经旨异同，参加讨论的有林尊、欧阳地余、周堪、张山拊、假仓等，帝亲称制临决，辑其议奏，成《石渠论》。准确说当名《石渠议奏》。李零说："这是其中论《书》的部分。下礼类、春秋类、论语

---

① 黄怀信、张懋镕、田旭东撰《逸周书汇校集注》，上海古籍出版社，2007。

类，也都有这种书。可见是把一书裁成四种。"

章学诚《校雠通义》卷二"焦竑误校汉志"条："焦竑以《汉志》《尚书》类中《议奏》四十二篇入《尚书》为非，因改入于集部。按议奏之不当入集，已别具论，此不复论矣。考《议奏》之下，班固自注：'谓宣帝时石渠论也。'韦昭谓石渠为阁名，于此论书。是则此处之所谓议奏，乃是汉孝宣时，于石渠阁大集诸儒，讨论经旨同异，帝为称制临决之篇，而非廷臣章奏封事之属也。以其奏御之篇，故名奏议；其实与疏解讲义之体相类。刘、班附之《尚书》，宜矣。焦竑不察，而妄附于后世之文集，何其不思之甚邪？"

既然石渠会议是诸儒辩经，则各经文本及传、记也当与议奏一并上呈，这就很好理解为什么宣帝时期立于学官的诸经文本能得以入藏中秘了。

凡书九家，四百一十二篇。入刘向《稽疑》一篇。

陈国庆："王氏《补注》本《尚书古文经》四十六卷、《经》二十九卷、《传》四十一篇为一行，即作一家计算，则适符九家之数。大、小夏侯《经》二十九卷，《章句》亦如之，若欧阳《经》作三十二卷，合计为四百二十二篇，多十篇。"

王国维《〈汉书艺文志举例〉后序》说："书家之刘向《稽疑》一篇，小学家之扬雄、杜林三篇，儒家之扬雄所序三十八篇，赋家之扬雄八篇，皆班氏所新入也。然班氏所见《七略》未录之书，固不止此，如《律历志》之刘歆《钟律书》及《三统历》，《天文志》之《甘氏经》、《石氏经》、《夏氏日月传》、《星传》，《五行志》之刘歆《洪范五行传》，皆班氏修书时所据者也。叔孙通《汉仪》十一篇，又班氏所上者也。"①

《易》曰："河出图，雒出书，圣人则之。"故《书》之所起远矣，至孔子纂焉，上断于尧，下讫于秦，凡百篇，而为之序，言其作意。

引《易》之语见《系辞上》。《尔雅》注："《河图》曰：'灵龟负书，丹甲青文。'"《文选注》："《雒书》曰：'秦失金镜，鱼目入珠。'""《中候》曰：'玄龟负图出洛，周公援笔以写。'"光武禅文引《雒书》。

朱熹《文公易说》卷二十三："《河图》与《易》之天一至地十者合而载天地五十有五之数，则固《易》之所自出也。《洛书》与《洪范》之初一至次九者合而具九畴之数，则固《洪范》之所自出也。《系辞》虽不言伏羲受《河图》以作《易》，然所谓'仰观'、'俯察'、'近取'、'远取'，安知《河图》非其中之一事耶？大抵圣人制作所由，初非一端，然其法象之规模，必有最亲切处。"

《书》为《尚书》的通称。《说文》："书，著也。""著"即所谓著作。可见"书"在古代已是著作之称。辜鸿铭称《书》是"book of records"（记录之书）②，这一翻译准确地定位了《书》是史书的性质。

---

① 王国维：《观堂别集》卷四，载《观堂集林》（外二种），河北教育出版社，2001，第 699 页。
② 王京涛：《西播〈论语〉回译——辜鸿铭英译〈论语〉详释》，东方出版中心，2013，第 31 页。

　　小序讲《书》史，以《河图》《雒书》为源头。《书》百篇由孔子编撰并作序。抉发"作意"（作者之意），见今本孔安国《传》中。据《书》序所录，《尚书》的篇数当是一百篇。除去各家所传七十一篇外，余二十九篇完全亡佚。

　　孔安国分《书》体为六种，也就是《三字经》所说的"有典谟，有训诰，有誓命，《书》之奥"。具体如下。

　　典，《说文》："典，五帝之书。"如《尧典》《舜典》。

　　谟，《说文》："谟，议谋也。"如《大禹谟》《皋陶谟》。

　　训，《说文》："训，说教也。"如《伊训》《太甲》。

　　诰，《说文》："诰，告也。"徐氏注："以文言告晓之也。"如《汤诰》。

　　誓，《六书统》："誓，从言从折，谓以言折其罪也。"如《甘誓》《汤誓》。

　　命，《玉篇》："命，教令也。"如《说命》《微子之命》。

　　《太平御览》卷六百九："《书》以决断，断者，义之证也。"后世的"纪事本末体"都是从《书》而出。

秦燔书禁学，济南伏生独壁藏之。汉兴亡失，求得二十九篇，以教齐鲁之间。

　　汉代传《书》，有今、古文之别。"今文"指汉时通行的隶书，古文本则出自孔子壁。

　　秦焚书，书禁极严，济南人伏生藏《尚书》百篇于壁中。随后兵起流亡，到汉定天下之时，广为搜求，只得二十九篇，因以教于齐鲁之间。

　　也有说汉时向天下征《书》，而伏生已丢失本经，且年事已高，汉文帝只有命晁错到济南从伏生受《书》，伏生仅靠记忆而传授，晁错以汉隶写定，始有写本。后来《古文尚书》被发现，就称伏生所传的为《今文尚书》。

讫孝宣世，有《欧阳》《大》《小夏侯氏》，立于学官。

欧阳生，字和伯，作《尚书章句》，世称欧阳氏学。西汉时立于学官。

沈文倬说："经学家们根据此文，都以为今文《尚书》三家师法分立是从宣帝时开始的。其实不然。从学术渊源上考察，欧阳学传自欧阳生，大小夏侯学传自张生，伏生后就分为两派；从实际情况上观察，在武、昭、宣三代，官学里立的是欧阳师法，当昭帝时，大、小夏侯学相继出现，问题就复杂起来了。"①

《古文尚书》者，出孔子壁中。武帝末，鲁共王坏孔子宅，欲以广其宫，而得《古文尚书》及《礼记》、《论语》、《孝经》凡数十篇，皆古字也。共王往入其宅，闻鼓琴瑟钟磬之音，于是惧，乃止不坏。

《书》有今、古文之别，《古文尚书》有真伪之别。

颜师古注："《家语》云孔腾……藏《尚书》《孝经》

① 沈文倬：《两汉经学史讲义》，载彭林主编《中国经学》第七辑（纪念沈文倬先生逝世周年专辑），广西师范大学出版社，2010，第21页。

《论语》于夫子旧堂壁中，而《汉记·尹敏传》云孔鲋所藏。二说不同，未知孰是。"《隋志》云："武帝时鲁恭王坏孔子宅，得其末孙惠所藏之书，皆古文也。"《史通》亦以为孔惠所藏，则又非颜师古所引二人者矣。

孝景帝时①，鲁恭王坏孔子壁，得《古文尚书》五十八篇，孔安国准备献给朝廷，因巫蛊事而中止。

孔安国者，孔子后也，悉得其书，以考二十九篇，得多十六篇。安国献之。遭巫蛊事，未列于学官。

巫蛊事，详见《汉书·武五子传·戾太子传》。陈国庆说："巫蛊是巫者用诅咒之术以蛊害人。汉武帝晚年好方术，方士及诸神巫多聚集京城，女巫且常往来宫中，教宫中美人度厄，辄埋木人而祭祀之。宫人每因妒嫉更相告讦，以为祝诅。后因武帝病，江充诡称：疾在巫蛊。乃以充为使者，在宫中掘蛊。充与太子据有隙，遂妄称在太子宫中得木人最多。太子恐，收充斩之，因举兵反抗，兵败自杀。当时因这一案件牵连而死者，前后数万人。史称为'巫蛊之狱'。"

刘歆《移书让太常博士》的说法和这里相同。《古文尚书》传到东汉，贾逵为之作《训》，马融为之作《传》，郑玄为之作《注解》，其学大显于世。然而其中的十六篇既没有今文，又没有师说，不久便亡佚了。也因为这十六篇

---

① 《论衡·正说》篇认为是孝景帝时，而同书《案书》篇又说是"孝武皇帝时"。当以前说为是。

的亡佚，清代学者便怀疑《古文尚书》是汉代古文学家的伪说。

东汉以降到南北朝，《书》学都宗郑注。唐朝时，孔颖达作《尚书正义》，采用《伪古文尚书》《伪孔传》，而郑学遂亡。到清朝，汉学复兴，江声作《尚书集注音疏》，王鸣盛撰《尚书后案》，孙星衍著《尚书今古文注疏》，段玉裁编写《古文尚书撰异》，四家都以马融、郑玄之学为依归，于是古文学又大略可知。

《伪古文尚书》有两种，一种是西汉末年东莱张霸伪作，凡二十四篇，已经失传；另一种是东晋梅赜所献，曾立于学官。

现通行的《尚书注疏》，就是以《伪古文尚书》二十五篇，加上《今文尚书》三十三篇而成，凡五十八篇。然《伪古文尚书》在清朝以前，都被认为是孔安国所献，自从清人阎若璩作《古文尚书疏证》，力证东晋《尚书》之伪，方才真相大白。而真正的《尚书》，只剩下今文学家所录的二十八篇了。这个问题，前面已经讲过了。

刘向以中古文校欧阳、大小夏侯三家经文，《酒诰》脱简一，《召诰》脱简二。率简二十五字者，脱亦二十五字，简二十二字者，脱亦二十二字，文字异者七百有余，脱字数十。

欧阳、大小夏侯都是以今文立为博士，而古文没有立为博士。

后汉刘陶"推三家《尚书》及古文，是正文字七百余事，名曰《中文尚书》"。贾逵撰《欧阳大小夏侯尚书古文同异》，集为三卷。欧阳、夏侯之学不传，故不可考其"文字异者"。王应麟《汉艺文志考证》称"欧阳、夏侯之学不传，今无所考，以古文考之"。

> 《书》者，古之号令，号令于众，其言不立具，则听受施行者弗晓。古文读应尔雅，故解古今语而可知也。

《尚书》是古代的号令，文辞古奥，汉代的学者已苦其难通。但如果不懂，就没有办法执行这些号令。李零说："原来肯定并不难懂，难懂是因为不能以今释古。'古文读应尔雅'，'尔雅'是合乎雅言。上博楚简《孔子诗论》把'大雅'、'小雅'写成'大夏'、'小夏'。可见雅言即夏言，是古代之通语，相当（于）后世的官话或普通话，有别于方言，有别于古语。读《尚书》，一是要把古文（六国文字）读成今文（秦系文字），二是要把古语读成今语。"也就是《毛诗正义》所谓"诂者，古也。古今异言，通之使人知也"。

杨福泉《"文书"考原》一文指出："所谓'立具'，即指号令以文字的书面语言形式向'听受施行'的各级官吏和基层民众公布，否则他们将难以准确知晓号令的基本内容，更不用说切实具体地贯彻执行了。"并得出结论："《尚书》正是一部以文字的书面语言形式记录保存下来的夏商周三代用来发号施令的政策文献资料汇编。"①

---

① 杨福泉：《阆甫室丛稿》，上海辞书出版社，2010，第38页。

【诗】

《史记·儒林列传》："及今上即位，赵绾、王臧之属明儒学，而上亦乡之，于是招方正贤良文学之士。自是之后，言《诗》于鲁则申培公，于齐则辕固生，于燕则韩太傅。"齐、鲁以其国所传，皆众人之说；毛、韩以其姓所传，是专门之学也。肃宗令贾逵撰齐鲁韩诗与毛诗异同。

《隋志》："《齐诗》魏代已亡，《鲁诗》亡于西晋，《韩诗》虽存，无传之者。唯《毛诗郑笺》，至今独立。"

读《诗》当首明其字句，考其意义，观其"发愤"之由，察其比兴之法，多识鸟兽草木之名，探究其兴、观、群、怨之道，了悟其赋诗陈辞之旨。

《诗》：《经》二十八卷，鲁、齐、韩三家。

王引之《经义述闻》："鲁、齐、韩三家，盖以十五《国风》为十五卷，《小雅》七十四篇为七卷，《大雅》三十一篇为三卷，三《颂》为三卷，合为二十八卷。"

应劭曰："申公作《鲁诗》，后苍作《齐诗》，韩婴作《韩诗》。"申公，申培公。上述三种都是今文经，传本有齐（辕固生）、鲁（申培公）、韩（韩婴）三家，号"三家诗"，已亡佚。

清王先谦收辑西汉以来齐、鲁、韩三家诗说，兼取后人疏解，折中异同，加以考核说明，作《诗三家义集疏》。辑录三家遗说，自宋王应麟发其端，清三百年间，范家相、冯登府、陈寿祺、陈乔枞、魏源等，都有考辑专著，至王氏书出而集其大成。

《鲁故》二十五卷。

《汉书·儒林传》："申公，鲁人也。少与楚元王交俱事齐人浮丘伯受《诗》。汉兴，高祖过鲁，申公以弟子从师入见于鲁南宫。吕太后时，浮丘伯在长安，楚元王遣子郢与申公俱卒学。元王薨，郢嗣立为楚王，令申公傅太子戊。戊不好学，病申公。及戊立为王，胥靡申公。申公愧之，归鲁退居家教，终身不出门。复谢宾客，独王命召之乃往。弟子自远方至受业者千余人，申公独以《诗经》为训故以教，亡传，疑者则阙弗传。兰陵王臧既从受《诗》，已通，事景帝为太子少傅，免去。武帝初即位，臧乃上书宿卫，累迁，一岁至郎中令。及代赵绾亦尝受《诗》申公，为御史大夫。绾、臧请立明堂以朝诸侯，不能就其事，乃言师申公。于是上使使束帛加璧，安车以蒲裹轮，驾驷迎申公，弟子二人乘轺传从。至，见上，上问治乱之事。申公时已八十余，老，对曰：'为治者不至多言，顾力行何如耳。'是时上方好文辞，见申公对，默然。然已招致，既以为太中大夫，舍鲁邸，议明堂事。"

姚振宗、王先谦都认为《汉书·楚元王传》"申公为《诗传》"即这里的《鲁故》。在吕后时代，申公即承师说撰《鲁故》而建立师法，完成《鲁诗》今文学。颜师古

注："故者，通其指义也。它皆类此。今流俗《毛诗》改故'训传'为'诂'字，失真耳。"余嘉锡说："汉人故训传说，体裁不同，说见黄以周《儆季杂著·史说略》卷二《读艺文志》。"①

《鲁诗》亡于西晋，《隋志》和《唐志》都不著录。马国翰有《鲁诗故》辑佚三卷。宋王应麟辑三家佚说为《诗考》，《鲁诗》仅十四条。

《鲁说》二十八卷。

已亡佚。王应麟说："《荀卿子》、刘向《说苑》《新序》《列女传》间引《诗》以证其说，与毛义绝异。盖《鲁诗》出于浮丘伯，乃荀卿门人，荀卿之学，《鲁诗》之原也。刘向为楚元王交之孙，交亦受《诗》于浮丘伯，刘向之学，《鲁诗》之流也。"

王先谦据《儒林传》云："《鲁诗》有韦（韦贤）、张（张长安）、唐（唐长宾）、褚（褚少孙）之学。此《鲁说》，弟子所传。"余嘉锡认为"说"即"传"，亦即"章句"。②

东汉《执金吾丞武荣碑》："治《鲁诗》经，韦君章句。"

楚元王刘交与鲁穆生、白生、申公俱受《诗》于浮丘伯。浮丘伯是荀子的门人。申公始为《诗》传，号《鲁

---

① 余嘉锡：《〈汉书艺文志索隐〉选刊稿（序、六艺）上》，载彭林主编《中国经学》第二辑，广西师范大学出版社，2007，第10~11页。
② 余嘉锡：《〈汉书艺文志索隐〉选刊稿（序、六艺）上》，载彭林主编《中国经学》第二辑，广西师范大学出版社，2007，第11页。

诗》，元王亦次之《诗》传，号曰《元王诗》，但《汉志》未著录。刘向是楚元王之孙，也必本于《鲁诗》。

今《说郛》及《汉魏丛书》均有申培《诗说》一卷。

《齐后氏故》二十卷。

已亡佚。据《隋志》《唐志》，《齐诗》在魏时已亡。王应麟《诗考》辑十六节。马国翰有《齐诗传》辑佚二卷。

后苍师从经学家夏侯始昌，夏侯始昌以辕固生为师，因此，后苍为辕固生的再传弟子。他潜心研读《齐诗》，著《齐后氏故》二十卷、《齐后氏传》三十九卷。

后苍是当时治《齐诗》的重要人物。汉宣帝时，被立为博士。《汉书·儒林传》："至少府，授翼奉、萧望之、匡衡。奉为谏大夫，望之前将军，衡丞相，皆有传。衡授琅邪师丹、伏理斿君、颍川满昌君都。君都为詹事，理高密太傅，家世传业。丹大司空，自有传。"

《齐孙氏故》二十七卷。

已亡佚。《汉书·儒林传》："《齐诗》有翼、匡、师、伏之学。满昌授九江张邯、琅邪皮容，皆至大官，徒众尤盛。"此所谓"孙氏"，未详其名。

张舜徽《汉书艺文志通释》："翼、匡、师、伏，谓翼奉、匡衡、师丹、伏理也。翼、匡为后苍弟子。师、伏则匡衡弟子也。详《汉书·儒林传》，独未及孙氏名。""又按：伏理，字斿君。后苍师事夏侯始昌，夏侯始昌乃辕固生弟子。《儒林传》于《齐诗》未言及孙氏，但有：'公孙弘亦征，仄目而事固。固曰：公孙子务正学以言，无曲学以阿世。'孙氏未知与公孙氏有关乎。"

《齐后氏传》三十九卷。

已亡佚。杨树达说："《韩故》及《内外传》皆韩婴自著，毛公合《故训》与《传》为一，其为一人之作甚明。《鲁诗》则申公有《故》亡《传》，故《儒林传》特记其为训故以教，亡传。由此推论，《齐后氏故》及《后氏传》并出后苍，王云传为弟子从受其学者所为，非也。"

陈直说："《翼奉传》云：'《诗》有五际。'孟康注：《诗内传》曰云云。马氏《玉函山房辑佚书》收入《齐诗内传》之内，疑即《齐后氏传》之类说经者。"①

《齐孙氏传》二十八卷。

已亡佚。《齐诗》在汉魏之间已亡佚，《鲁诗》流传至晋代亡佚，唐宋以还，《韩诗》亦只有经后人整理的《韩诗外传》十卷。时代变迁，文献散落，三家诗式微，后人无由得见其全貌。其佚文遗说，只能从与其同时的各类典籍中来寻讨，三家诗说有部分保留在兼通今、古文的郑玄的《笺》之中。

《齐杂记》十八卷。

已亡佚。据《隋志》，《齐诗》在魏已亡。此书当是传

---

① 陈直：《汉书新证》，中华书局，2008，第221页。

齐诗者所记，因人杂言庞，所以叫"杂记"。

陈乔枞《齐诗遗说考自序》："三家《诗》之失传，齐为最早，魏、晋以来，学者鲜有肄业及之者矣。宋王厚甫所撰《诗考》，其于《齐诗》仅据《汉书·地理志》及《匡衡》、《萧望之传》，与《后汉书·伏湛传》中语，录入数事，寥寥寡证。间摭晁说之、董彦远说，往往持论不根，难以征信。近世余萧客、范家相、卢文弨、王谟、冯登府诸君，皆续有采辑，然择焉不精，语焉不详，于《齐诗》专家之学，究未能寻其端绪也。……汉时经师以齐、鲁为两大宗，文、景之际，言《诗》者鲁有申培公，齐有辕固生，《春秋》、《论语》亦皆有齐、鲁之学，此其大较也。"①

《韩故》三十六卷。

王先谦说："此韩婴自为本经训故，以别于《内外传》者，故《志》首列之。"

已亡佚。马国翰、沈清瑞各有《韩诗故》辑佚二卷。

《韩内传》四卷。

《史记·儒林列传》："韩生者，燕人也。孝文帝时为博士，景帝时为常山王太傅。韩生推《诗》之意而为《内外传》数万言，其语颇与齐鲁间殊，然其归一也。"余嘉锡据此说："《内外传》皆韩氏依经推演之词。"② 王

---

① 徐世昌编《清儒学案》卷一百三十《左海学案下》，中国书店，2013。
② 余嘉锡：《〈汉书艺文志索隐〉选刊稿（序、六艺）上》，载彭林主编《中国经学》第二辑，广西师范大学出版社，2007，第11页。

先谦也持此说。

通常认为《韩内传》已经失传。《隋志》记载："《齐诗》魏代已亡，《鲁诗》亡于西晋，《韩诗》虽存，无传之者。"王先谦云："至南宋后，《韩诗》亦亡，独存《外传》。"但杨树达认为："《内传》四卷实在今本《外传》之中。《班志》'《内传》四卷，《外传》六卷'，其合数恰与今本《外传》十卷相合。今本《外传》第五卷首章为'子夏问曰《关雎》何以为《国风》始'云云，此实为原本《外传》首卷之首章。盖《内外传》同是依经推演之词，故后人为之合并，而犹留此痕迹耳。《隋志》有《外传》十卷，而无《内传》，知其合并在隋以前矣。"

王国瑞《学荫轩集》卷二《诗内外传异同考》："汉儒说经，有内传、外传之别。如《毛诗故训传》专释训诂，期于经文字句通晓，不须多为辞说，此内传之体也。若《韩诗外传》，旁征故事，其所论说，多出经文外者，此外传之体也。他若《左传》为内传，《国语》为外传，故《国语》所载之事，往往有《左传》所无者，此亦内外传之体所不同也。溯其源，则以'忧心悄悄，愠于群小'为咏孔子，以'素以为绚'号为礼后，以'如切如磋，如琢如磨'为论贫富，此即外传之体。盖外传不必依经演绎，但有时可与经传通者，即引以证经，而非必经之本意也。"

马国翰有《韩诗内传》辑佚一卷。周寿昌说："旧江西王氏《汉魏遗书》内亦辑为一卷，马氏盖由其书加辑者也。"宋绵初有《韩诗内传征》四卷，邵晋涵有《韩诗内传考》。

《韩外传》六卷。

今存，作十卷，310 章。韦昭《国语解叙》："其文不主于经，故号曰外传。"① 清人赵怀玉有《韩诗外传补逸》一卷，顾观光有《韩诗外传逸文》，郝懿行有《韩诗外传补遗》，王仁俊有《韩诗外传佚文》一卷。

张舜徽《汉书艺文志通释》："《隋书·经籍志》已著录《韩诗外传》十卷，则今十卷之本，固隋唐以来旧帙也。顾其中不免阙文脱简，复有逸文散见他书。书中未引诗句处凡二十八见，疑为后人所增益，从知今世流行之本，已非原书矣。"

《四库全书》著录也是十卷。《简目》云："汉韩婴撰。其书杂引古事古语，证以诗词，与经义不相比附。所述多与周秦诸子相出入。班固称三家之诗，或取《春秋》采杂说，或非其本义。或指此类欤。"严可均《铁桥漫稿》："《韩诗外传》引《荀子》以说《诗》者四十余事，是韩婴亦荀子私淑弟子也。"

《韩说》四十一卷。

《韩说》是韩氏徒众所传。已亡佚。杨树达说："宋张端义《贯耳集》卷中：'《韩诗》有四十一卷。庆历中，将作簿李用章序之。'卷数相合，不知即此书否。"

赵子师事韩婴，蔡谊师事赵子，王吉、食子公为蔡谊弟子，二人皆传《韩诗》。

---

① （清）严可均辑《全上古三代秦汉三国六朝文·全三国文》卷七十一，中华书局，1958。

《毛诗》二十九卷。

王引之《经义述闻》卷七:"《毛诗》经文当为二十八卷……其《序》别为一卷,则为二十九卷。"《毛诗序》与《孟子》说《诗》多合。《左传》引《诗》多与《毛诗》合。

余萧客辑有《毛诗古解钩沉》,见《古经解钩沉》卷六至卷七。

《毛诗故训传》三十卷。

《诗》之古文学只有毛公一家。《汉书·儒林传》:"毛公,赵人也,治《诗》,为河间献王博士。"毛公《诗》学自谓子夏所传,而河间献王好之。西汉时虽未立为学官,却盛行于东汉,郑众、贾逵、马融、郑玄皆治《毛诗》。

书今存。毛氏传《诗》,其释实兼诂、训、传三体,故名其书《毛诗故训传》。此书由郑玄作《笺》,唐孔颖达作《毛诗正义》七十卷,后人列入《十三经注疏》中,通行至今。清马瑞辰《毛诗传笺通释》、陈奂《诗毛诗传疏》、焦循《毛诗补疏》、林伯桐《毛诗通考》等书都是为研究《毛诗》而作。还有一些书也颇具参考价值,如陈启源《毛诗稽古篇》、陆玑《毛诗草木鸟兽虫鱼疏》、陈第《毛诗古音考》、洪亮吉《毛诗天文考》等。

除了《毛诗故训传》三十卷之外,上面又录《毛诗》二十九卷,可见《毛诗》经文必然有与他家不同之处,要不然就是《汉志》重复著录。

《四库提要》云:"《汉书·艺文志》,《毛诗》二十九卷,《毛诗故训传》三十卷。然但称毛公不著其名。《后汉书·儒林传》始云赵人毛苌传《诗》……隋、唐《经籍志》载《毛诗》二十卷，汉河间太守毛苌传……然据郑玄《诗谱》……陆玑《毛诗草木虫鱼疏》……则作传者乃毛亨，非毛苌也……今参稽众说，定作传者为毛亨。"

今本《毛诗》有序一篇，共三十卷。分《风》《雅》《颂》三部分。《风》有十五：

(1)《周南》十一篇 （《关雎》《葛覃》《卷耳》《樛木》《螽斯》《桃夭》《兔罝》《芣苢》《汉广》《汝坟》《麟之趾》）；

(2)《召南》十四篇 （《鹊巢》《采蘩》《草虫》《采蘋》《甘棠》《行露》《羔羊》《殷其雷》《摽有梅》《小星》《江有汜》《野有死麕》《何彼襛矣》《驺虞》）；

(3)《邶风》十九篇 （《柏舟》《绿衣》《燕燕》《日月》《终风》《击鼓》《凯风》《雄雉》《匏有苦叶》《谷风》《式微》《旄丘》《简兮》《泉水》《北门》《北风》《静女》《新台》《二子乘舟》）；

(4)《鄘风》十篇 （《柏舟》《墙有茨》《君子偕老》《桑中》《鹑之奔奔》《定之方中》《蝃蝀》《相鼠》《干旄》《载驰》）；

(5)《卫风》十篇 （《淇奥》《考盘》《硕人》《氓》《竹竿》《芄兰》《河广》《伯兮》《有狐》《木瓜》）；

(6)《王风》十篇 （《黍离》《君子于役》《君子阳阳》《扬之水》《中谷有蓷》《兔爰》《葛藟》《采葛》《大车》《丘中有麻》）；

(7)《郑风》二十一篇 （《缁衣》《将仲子》《叔于

田》《大叔于田》《清人》《羔裘》《遵大路》《女曰鸡鸣》《有女同车》《山有扶苏》《萚兮》《狡童》《褰裳》《丰》《东门之墠》《风雨》《子衿》《扬之水》《出其东门》《野有蔓草》《溱洧》);

(8)《齐风》十一篇 (《鸡鸣》《还》《著》《东方之日》《东方未明》《南山》《甫田》《卢令》《敝笱》《载驱》《猗嗟》);

(9)《魏风》七篇 (《葛屦》《汾沮洳》《园有桃》《陟岵》《十亩之间》《伐檀》《硕鼠》);

(10)《唐风》十二篇 (《蟋蟀》《山有枢》《扬之水》《椒聊》《绸缪》《杕杜》《羔裘》《鸨羽》《无衣》《有杕之杜》《葛生》《采苓》);

(11)《秦风》十篇 (《车邻》《驷驖》《小戎》《蒹葭》《终南》《黄鸟》《晨风》《无衣》《渭阳》《权舆》);

(12)《陈风》十篇 (《宛丘》《东门之枌》《衡门》《东门之池》《东门之杨》《墓门》《防有鹊巢》《月出》《株林》《泽陂》);

(13)《桧风》四篇 (《羔裘》《素冠》《隰有苌楚》《匪风》);

(14)《曹风》四篇 (《蜉蝣》《候人》《鸤鸠》《下泉》);

(15)《豳风》七篇 (《七月》《鸱鸮》《东山》《破斧》《伐柯》《九罭》《狼跋》)。

以上关于《风》的部分总共一百六十篇。下面是《雅》,有《小雅》《大雅》之别。《小雅》有八个部分:

（1）《鹿鸣之什》十篇 （《鹿鸣》《四牡》《皇皇者华》《常棣》《伐木》《天保》《采薇》《出车》《杕杜》《鱼丽》）；

（2）《南陔之什》十篇 （《南陔》《白华》《华黍》《南有嘉鱼》《南山有台》《由庚》《崇丘》《由仪》《蓼萧》《湛露》）；

（3）《彤弓之什》十篇 （《彤弓》《菁菁者莪》《六月》《采芑》《车攻》《吉日》《鸿雁》《庭燎》《沔水》《鹤鸣》）；

（4）《祈父之什》十篇 （《祈父》《白驹》《黄鸟》《我行其野》《斯干》《无羊》《节南山》《正月》《十月之交》《雨无正》）；

（5）《小旻之什》十篇 （《小旻》《小宛》《小弁》《巧言》《何人斯》《巷伯》《谷风》《蓼莪》《大东》《四月》）；

（6）《北山之什》十篇 （《北山》《无将大车》《小明》《鼓钟》《楚茨》《信南山》《甫田》《大田》《瞻彼洛矣》《裳裳者华》）；

（7）《桑扈之什》十篇 （《桑扈》《鸳鸯》《頍弁》《车辖》《青蝇》《宾之初筵》《鱼藻》《采菽》《角弓》《菀柳》）；

（8）《都人士之什》十篇 （《都人士》《采绿》《黍苗》《隰桑》《白华》《绵蛮》《瓠叶》《渐渐之石》《苕之华》《何草不黄》）。

以上凡七十四篇（《南陔之什》缺六篇）。接下来是《大雅》，有三个部分：

(1)《文王之什》十篇　（《文王》《大明》《绵》《棫朴》《旱麓》《思齐》《皇矣》《灵台》《下武》《文王有声》）；

(2)《生民之什》十篇　（《生民》《行苇》《既醉》《凫鹥》《假乐》《公刘》《泂酌》《卷阿》《民劳》《板》）；

(3)《荡之什》十一篇　（《荡》《抑》《桑柔》《云汉》《崧高》《烝民》《韩奕》《江汉》《常武》《瞻卬》《召旻》）。

以上是《大雅》，凡三十一篇。接下来是《颂》，有《周颂》《鲁颂》《商颂》三种，其中《周颂》分上、下：

(1)《周颂上》十三篇　（《清庙》《维天之命》《维清》《烈文》《天作》《昊天有成命》《我将》《时迈》《执竞》《思文》《臣工》《噫嘻》《振鹭》）；

(2)《周颂下》十八篇　（《丰年》《有瞽》《潜》《雍》《载见》《有客》《武》《闵予小子》《访落》《敬之》《小毖》《载芟》《良耜》《丝衣》《酌》《桓》《赉》《般》）；

(3)《鲁颂》四篇　（《駉》《有駜》《泮水》《閟宫》）；

(4)《商颂》五篇　（《那》《烈祖》《玄鸟》《长发》《殷武》）。

王重民说："敦煌本《毛诗故训传》残卷五：计唐写本二，六朝写本三。唐本甲卷存《周南·麟趾》至《陈风·宛邱》；《魏风》以上无注，《唐风》以下则有之。书迹凡拙，乃闾里书师所写。然以较《释文》所载诸本，颇有胜处，盖依据六朝善本也。乙卷存《国风·柏舟》至《匏有苦叶》，字迹亦草率。二卷均避唐讳。六朝写本之甲卷，存

《小雅·鹿鸣》以下至卷九后题，前十三行书迹甚劣，以后甚清劲，盖出两人手也。乙卷存《出车》至卷九后题，书迹略逊，然望而知六朝人笔。卷末有'寅年净土寺学士赵令全读'款一行，则中唐以后恶札矣。丙卷存《六月》以下至卷十后题，书法尤精善，此三卷均不避唐讳。以上五卷分卷与开成石本同。考隋唐《经籍志》，《毛诗故训传》亦作二十卷，合以此本，知开成本分卷，仍是六朝相承之旧矣。取此残本与宋元椠本较，异同甚多。"[1]

凡《诗》六家，四百一十六卷。

六家，指鲁、齐、韩、后氏、孙氏、毛氏。此类全是帛书。

《书》曰："诗言志，哥咏言。"故哀乐之心感，而哥咏之声发。诵其言谓之诗，咏其声谓之哥。

引《书》之语见《虞书·舜典》。这句话最早肯定了诗表情达意的功用。"哥"，当作"歌"。《毛诗序》进一步阐释："诗者，志之所之也。在心为志，发言为诗。情动于中而形于言。"[2]《乐记》："诗，言其志也。"显然是把志与情等同起来，情志通过语言表现出来，就成为诗。作诗之本在"诗言志"，说《诗》之道在"以意逆志"。

---

① 王重民：《敦煌古籍叙录》，中华书局，2010，第 27 页。
② 刘熙《释名》也说："诗，之也；志之所之也。"

《汉志》说"哀乐之心感，而哥咏之声发"，好像只要有所感，就可以发言为诗。《史记·太史公自序》说："《诗》三百篇，大抵贤圣发愤之所为作也。此人皆意有所郁结，不得通其道也，故述往事，思来者。"司马迁是想把古来的一切著述，都说成情意郁结之后得到抒发的结果。陆机更是强调诗的抒情作用，他在《文赋》中说"诗缘情而绮靡"。英国浪漫主义诗人华兹华斯（William Words-worth，1770–1850）也认为"all good poetry is the spontaneous overflow of powerful feelings"（好诗都是强烈感情的自然流露）。由此可见，诗和文学不能无情，但有了情也并不代表就有了诗和文学。《太平御览》卷六百九："《诗》以言情，情者，性之符也。"

故古有采诗之官，王者所以观风俗，知得失，自考正也。

据《史记·太史公自序》，《诗》的来源为"大抵贤圣发愤之所为作"，这可能是一种偏见，如果说是诗人发愤之所作，就更为合乎情理了。相传古代有采诗之官，王者据此可以观察风俗之异同、礼乐之兴衰，以此可考察政治之得失。《汉书·食货志》："男女有不得其所者，因相与歌咏，各言其伤……孟春之月，群居者将散，行人振木铎徇于路，以采诗，献之大师，比其音律，以闻于天子。故曰王者不窥牖户而知天下。"可见诗是里巷歌谣，来源于民间，既属于文学，又属于民俗学。

孔子纯取周诗，上采殷，下取鲁，凡三百五篇，遭秦而全者，以其讽诵，不独在竹帛故也。

《诗》是西周时代诗歌的选集，实存 305 篇，学者举其成数而言，所以说是"三百篇"。《论语·为政》《论语·子路》《礼记·礼器》《墨子·公孟》都有"《诗》三百"的说法，可见这个说法已经很古了。

孔子删《诗》，是学术史上聚讼纷纭的一件公案。通常认为《诗》有 3000 余篇，孔子删去重复，由商至于鲁，存305 篇。也有人认为《诗》本 305 篇，孔子并没有删《诗》。另外有学者认为孔子没有删《诗》，但有正乐。前两派的观点截然相反，第三派的见解对其进行中和。《诗》有 3000 余篇的说法，最早见于《史记·孔子世家》："古者《诗》三千余篇，及至孔子，去其重，取可施于礼义，上采契后稷，中述殷周之盛，至幽厉之缺，始于衽席，故曰'《关雎》之乱以为《风》始，《鹿鸣》为《小雅》始，《文王》为《大雅》始，《清庙》为《颂》始'。三百五篇孔子皆弦歌之，以求合《韶》《武》《雅》《颂》之音。礼乐自此可得而述，以备王道，成六艺。"孔子自己曾有"正乐"之说，见于《论语·子罕》，显然可信。

章太炎《膏兰室札记》卷二："陈氏《齐诗遗说考》曰：'班固言孔子纯取周诗，则不以国风、二雅兼有周以前作也。'麟按：班说《商颂》，则仍谓周以前诗。《礼乐志》云：'自夏以往，其流不可闻已。殷颂犹有存者，周诗既备，而其器用张陈，《周官》具焉。则知《齐诗》家之说《商颂》，亦谓商人所作，与《毛诗》同。非如鲁、韩二家以《商颂》为美襄公，及以《商颂》为正考父所作也。"①

《诗》分为《风》《雅》《颂》三大类。《风》有十五国风，共一百六十篇，多数是民歌，可能是行人所采，由太师合乐后献给天子，一般反映风俗民情与疾苦利病。《雅》有《大雅》《小雅》之分，计一百零五篇，是朝廷的乐歌，从中可见政治得失和国运盛衰。《颂》有《周颂》《鲁颂》《商颂》之别，凡四十篇，是祭祀鬼神的颂词，大旨在铺张陈美祖先之丰功伟绩。《雅》与《颂》这两个部分在当时已经混淆不清，《论语·子罕》记孔子自云："吾自卫反鲁，然后乐正，《雅》《颂》各得其所。"

秦焚典籍，五经中独《易》保存下来，《诗》虽焚，但《诗》在秦以前本是用于音乐、舞蹈的乐曲，有韵便于歌咏，章什多重句，容易记忆，人自能讽诵，因而《诗》不像《书》《礼》那样亡佚了一部分而独得保全全经，所以《易》和《诗》的今、古文并没有大的不同，今文《易》仅脱去"无咎""悔亡"，毛诗与齐鲁韩三家，也只是字句的小异而已。这就是《汉志》中，《书》《礼》《春秋》《论语》《孝经》都有今古文的著录，而《易》和《诗》没有古文著录的原因。

古之学者幼而讽《诗》，皆能背诵，故《诗》以讽诵的方式完全保留下来。这与西汉以来的解释并不冲突，且能够说明更具体的流传经过。《论衡·正说》："或言秦燔《诗》，《书》者，燔《诗经》之'书'也，其经不燔焉。夫《诗经》独燔其诗。'书'，五经之总名也。……传者不

---

① 章太炎：《膏兰室札记》，上海人民出版社，2014，第139页。

知秦燔书所起，故不审燔书之实。……泰始皇下其议丞相府，丞相斯以为越言不可用，因此谓诸生之言惑乱黔首，乃令史官尽烧五经，有敢藏诸（《诗》）、《书》、百家语者刑，唯博士官乃得有之。五经皆燔，非独诸（《诗》）家之书也。传者信之，见言'诗书'，则独谓《诗经》之书矣。"

汉兴，鲁申公为《诗》训故，而齐辕固、燕韩生皆为之传。或取《春秋》，采杂说，咸非其本义。

都是《诗》的今文学，可分为齐、鲁、韩三家，西汉时皆立于学官。后来《齐诗》《鲁诗》亡于魏晋之际，《韩诗》亡于南宋以后，仅存《外传》而已。

姚振宗引荀悦《汉纪》"齐人辕固生为《诗内外传》"，而作按语云："辕固生作《诗内外传》唯见于此。《艺文志》所谓'取《春秋》，采杂说，咸非其本义'者，似即指两家外传而言，则实有其书也。"辕固生《诗传》虽不见于《汉志》著录，但据姚氏阐述，他曾解说《诗》，并由他完成今文学，建立《齐诗》师法。

这里的《春秋》泛指古代史书，非专指鲁国的《春秋》。杨树达说："古人凡历史皆谓之'春秋'，如《虞氏春秋》《吕氏春秋》皆是也，非谓孔子之《春秋经》也。"

与不得已，鲁最为近之。三家皆列于学官。

"与不得已"即今所谓"都不得"。三家都不得其真，其中以鲁最为近之。

又有毛公之学，自谓子夏所传，而河间献王好之，未得立。

《隋志》以为"《诗序》子夏所创，毛公及敬仲（指卫宏）又加润益"。《经典释文·序录》论及《毛诗》授受之源流："《毛诗》者，出自毛公。河间献王好之。徐整云：'子夏授高行子。高行子授薛仓子。薛仓子授帛妙子。帛妙子授河间人大毛公。毛公为《诗故训传》于家，以授赵人小毛公。小毛公为河间献王博士，以不在汉朝，故不列于学。'一云：'子夏传曾申。申传魏人李克。克传鲁人孟仲子。孟仲子传根牟子。根牟子传赵人孙卿子。孙卿子传鲁人大毛公。'《汉书·儒林传》云：'毛公，赵人也，治《诗》，为河间献王博士，授同国贯长卿。长卿授解延年。延年授虢徐敖。敖授九江陈侠。'或云：'陈侠传谢曼卿。元始五年，公车征说《诗》。后汉郑众、贾逵传《毛诗》，马融作《毛诗注》，郑玄作《毛诗笺》，申明毛义难三家，于是三家遂废矣。魏太常王肃更述毛非郑；荆州刺史王基驳王肃申郑义。晋豫州刺史孙毓为诗评，评毛、郑、王肃三家同异，朋于王；徐州从事陈统难孙申郑。宋征士雁门周续之、豫章雷次宗、齐沛国刘瓛并为诗序义。"

古文学只有毛氏一家，著有《毛诗故训传》，现今犹存。需要注意的是，汉代有两个毛公，作《毛诗故训传》的是毛亨，人称"大毛公"；为河间献王博士的是毛苌，人称"小毛公"。

王国维《观堂别集》卷一《书〈毛诗诂训传〉后》："《后汉书·儒林传》云：'赵人毛苌传《诗》，是为《毛诗》。'《隋书·经籍志》亦云：'《毛诗》二十卷。河间太守毛苌传。'惟郑氏《诗谱》云：'鲁人大毛公为《训诂传》于其家，河间献王得而献之。以小毛公为博士。'陆玑《毛诗草木虫鱼鸟兽疏》亦云：'《毛诗》，荀卿授鲁国毛亨，毛亨作《诂训传》，以授赵国毛苌。'则以《故训传》为毛亨作。余谓二说皆是也。盖故训者，大毛公所作，而传则小毛公所增益也。汉初《诗》家，故与传皆别行。"

毛公自言《毛诗》的来源是子夏。对《毛诗》的传授、作者等问题，大致认为孔子删《诗》授之子夏，子夏数传之鲁人毛亨，毛亨作《故训传》，以授赵人毛苌。毛苌为河间献王博士。到了宋代，欧阳修、苏辙攻击《毛诗》，郑樵、朱熹斥责《毛诗序》。

《毛诗》的内容，关于《国风》次第的先后、《颂》的作者等，都和诸家有所不同。另外，《诗》有"六义""四始"之说，也都是《毛诗》所独有。

【礼】

三礼中，《周礼》为古文学，《仪礼》为今文学，《礼记》在内容上今古并兼，以学派论则属今文学。西汉初年，所谓"礼经"并无"三礼"之名，仅有今文学之《仪礼》十七篇，由鲁高堂生授萧奋，奋授孟卿，卿授后苍，苍授梁人戴德、戴圣及沛人庆普，于是《仪礼》有大戴、小戴、庆氏三家。到郑玄注《仪礼》，于今文之外，并参以古文《逸礼》。晋王肃作《三礼解》及《仪礼丧服传》，杂糅今古文，更有甚于郑玄。唐贾公彦以郑注为宗，作《仪礼义疏》。清张尔岐《仪礼郑注句读》、张惠言《仪礼图》、凌廷堪《礼经释例》、胡培翚《仪礼正义》、邵懿辰《礼经通论》等，皆为完备之书。

《礼》：《古经》五十六卷，《经》七十篇。后氏、戴氏。

所谓"古经"即《古文礼经》，其中十七篇与今文《仪礼》同，所以当时称另外三十九篇为《逸礼》。这里的五十六卷《古文礼经》，古文学家认为是周公作，今文学家认为是孔子所定，乃鲁恭王坏孔子壁所得，但清邵懿辰认为是刘歆伪造。

所谓"《经》七十篇",指《今文礼经》,刘敞、钱大昭、王先谦都说这里的"七十"有误,当是"十七"。其作者,有二说,古文学派认为是周公,今文学派认为是孔子。朱熹认为并非出于一人:"《仪礼》不是古人预作一书如此,初间只是以义起,渐渐相袭,行得好,只管巧,至于情文极细密极周致处,圣人见此意思好,故录成书。"

《仪礼》主要谈个人修身接物的礼仪,而记士礼最为详细。其他关于大夫、诸侯的礼,已不完备,可见并非足本。陈国庆说:"《礼经》即《仪礼》,初名《士礼》。《士礼》所言,盖古人进退揖让之节,昏丧燕饮之道。十七篇,在汉代凡有三本:一、戴德本;二、戴圣本;三、刘向《别录》本,即郑玄所注本,亦即现今通行本。"《仪礼》记载当时冠、昏、丧、祭、朝、聘、射、乡等礼文饰节极丰富,可以考见古代亲族关系、宗法思想以及当时人生活之情境。其书文辞简奥,读者难通。今《十三经注疏》本《仪礼》存 50 卷 17 篇:

士冠礼第一 童子任职居士位,年二十而冠,主人玄冠朝服,则是仕于诸侯、天子之士也。

士昏礼第二 士娶妻之礼,以昏为期,因而名焉。

士相见礼第三 士以职位相亲,始承挚相见之礼。

乡饮酒礼第四 诸侯之乡大夫,三年大比,献贤者、能者于其君,以礼宾之也。

乡射礼第五 州长春秋以礼会民,而射于州序之礼也。

燕礼第六 诸侯无事,若卿大夫有勤劳之功,与群臣燕饮以乐之也。

大射第七　诸侯将有祭祀之事，与群臣射，以观其礼，数中者得与于祭，不数中者不得与于祭也。

聘礼第八　大问曰聘，诸侯相与久无事，使卿相问之礼。

公食大夫礼第九　主国君以礼食小聘大夫之礼。

觐礼第十　觐，见也，诸侯秋见天子之礼也。春见曰朝，夏见曰宗，秋见曰觐，冬见曰遇。

丧服第十一　《丧服》一篇是古代社会宗法制度所由出，要探讨两千年来家族组织形式与君权之根底，这一篇是不可不读的文字，下面要讲到的《小戴礼记》中就有好几篇是发挥《丧服》的文章，研究宗法社会的问题，必须关注。

士丧礼第十二　士丧其父母，自始死至于既殡之礼。

既夕礼第十三　二戴及郑称《既夕》。

士虞礼第十四　虞，安也，士既葬其父母，迎精而反，日中而祭之于殡宫以安之也。

特牲馈食礼第十五　特牲馈食礼，谓诸侯之士祭祖祢也。

少牢馈食礼第十六　诸侯之卿大夫祭其祖祢于庙之礼。

有司彻第十七　《少牢》的下半篇。

《记》百三十一篇。七十子后学者所记也。

汉及汉以前注解或说明古籍的书，也叫作"记"。这里的《记》就是《礼记》，书已残缺。

"记"是"七十子后学者所记"的读经参考数据，是"传"不是"经"，多数是汉以前学者和汉代学者之作，可目之为"丛书"。郝懿行《礼记笺》称"此《记》亦不专释《仪礼》，往往依傍《诗》《书》《春秋》之文，杂取诸子传记之说，以故纯疵间出"。

西汉初年，仅有今文学的《仪礼》，传自鲁人高堂生，后来分为大戴、小戴、庆氏三家，都立于学官。同时有李氏始得《周官》，上之河间献王，到王莽时，刘歆奏以为经，置为博士。《礼记》也是河间献王所献，后来经戴德、戴圣删定，成《大戴礼记》《小戴礼记》两种。

东汉末年，马融传小戴之学，郑玄从马融受业，在注解《仪礼》之外又兼注解《周礼》和《小戴礼记》，于是三礼并称，而《礼记》得立于学官。唐贾公彦、孔颖达为三礼作《疏》，专宗郑《注》，后列入《十三经注疏》。朱熹撰《仪礼经传通解》，想混同《仪礼》《周礼》诸书而作综合研究。自元代陈澔作《礼记集说》（此书是明代科举取士必读的书）以后，《礼记》取代了《仪礼》在五经中的地位，成为学子必读之书。明清间所谓的五经，许多人都误以为是《礼记》，而不知道是《仪礼》。

钱大昕说："此云'百三十一篇'者，合大小戴所传而言也。《小戴记》四十九篇，《曲礼》《檀弓》《杂记》皆以简策重多，分为上下，实止四十六篇。合大戴之八十五篇，正协百三十一篇之数。"王先谦《汉书补注》、陈朝爵《汉书艺文志约说》从钱说。而姚振宗《汉书艺文志条理》、杨树达《汉书窥管》不信钱说。陈国庆："《大戴记》八十五篇，今已不全，存者十三卷四十篇，亦不尽皆戴德之旧，多系后人杂取诸书，弥缺补遗。其势甚微，不通行于后世。有明嘉趣堂袁氏重刊宋本。""《小戴》四十九篇，本《志》无专录，或即包括在百三十一篇之中。……此四十九篇，盖皆孔门七十二子后学所记者。"《四库全书》著录《礼记正义》四十九篇六十三卷。今本《小戴礼记》篇目如下：

曲礼上第一 与《少仪》《内则》同属小学之支流，圣经之余裔。述古经《曲礼》之言，以其多记"五礼"之事，于《别录》属"制度"。

曲礼下第二 义同上篇，简册重多，分为上下。杂记各种礼制，明其委曲，故曰"曲礼"。

檀弓上第三 郑玄以此篇出檀弓之手，"以其记人善于礼，故著姓名以显之"。郝懿行则云："檀弓与子游同时，《记》中乃有鲁缪公、仲梁子，并六国时人，则作《记》之人，又出其后也。以篇首记檀弓事，因以名篇，亦犹《曾子问》《仲尼燕居》之类，非即仲尼、曾子所亲记也。"王重民说："敦煌本《礼记》卷三《檀弓》残卷，存'贸贸然来'以下八十九行，又后题一行。卷中'民'字缺笔，初唐写本也。取校刊本，异同甚多。"①

檀弓下第四 或曰"檀弓"即仲弓。所记以丧礼为多。记先王班爵、授禄、祭祀、养老之法度。此于《别录》属"制度"。

王制第五 损益前代之法，以成一王之制。

月令第六 吸收《吕氏春秋·十二纪》而融会发展。陈梦家《战国楚帛书考》："《月令》是后加的，属于古文家。"②

---

① 王重民：《敦煌古籍叙录》，中华书局，2010，第45页。
② 《陈梦家学术论文集》，中华书局，2016，第578页。

郑玄《目录》:"此于《别录》属《明堂阴阳记》。"先秦两汉的月令文献,学者们大都考证并认为它们出自战国末期阴阳五行家之手,并基本上以《礼记·月令》为底本转相抄用,但文献中的物候和天文、农时知识确是长期生产生活经验的结晶,必定起源甚古。《礼记·月令》中的物候知识基本上沿袭《夏小正》,而《夏小正》以及同类的《豳风·七月》《山海经》都保存了很古老的物候知识,这些知识显然比五行说出现更早。

曾子问第七 所问皆丧礼、丧服。

文王世子第八 属世子法。多记古代学制、刑法及世子事父之礼。篇首引文王世子之语,因以名篇;篇末又引古世子之记,因以终篇。

礼运第九 多言孔门大义、礼乐之效用,记五帝、三王相变易阴阳转旋之道。疑出自子游门人之手。

礼器第十 多言古代饮食居丧之事。

郊特牲第十一 大体论祭祀,而冠昏之义杂出其间。王国维《致林泰辅》:"窃谓《郊特牲》一篇乃后人言礼意之书,其求阴求阳之说虽广大精微,固不可执是以定上古之事实。"①

内则第十二 言家庭琐事,可以考知古代生活习惯。

玉藻第十三 取篇首二字以标目。多记服饰。

明堂位第十四 记周公摄王位以明堂礼朝诸侯。《月令》与《明堂位》属《明堂阴阳记》。以篇首全录《逸周书·明堂解》,因加"位"以名篇。

---

① 房鑫亮编校《王国维书信日记》,浙江教育出版社,2015,第77页。

丧服小记第十五　多记古代宗法。

大传第十六　记古代宗法。贤人之书曰传，记载事迹以传于世亦曰传。刘熙《释名》："传，传也，以传示后人也。"

少仪第十七　记相见及荐羞之威仪。少仪即幼仪也。以其皆幼少人之所习学，所以篇名《少仪》。

学记第十八　教育原理，今仍极具价值。此篇笔者另有详解。

乐记第十九　刘鉴泉《学略》卷一："乐之义备于《乐记》，《四库提要》谓本无经，是也。后世考音乐书，《律吕正义》《声律通考》可读。"《礼记·乐记》正义引郑玄《目录》："（《乐记》）盖十一篇合为一篇，谓有《乐本》，有《乐论》，有《乐施》，有《乐言》，有《乐情》，有《乐化》，有《乐象》，有《宾牟贾》，有《师乙》，有《魏文侯》。"

杂记上第二十　杂记诸侯以下至士之丧事。此于《别录》属"丧服"。分为上下。篇末记诸侯吊、含、襚、赗仪节颇详。孟子曰："诸侯之礼，吾未之学。"此段可补诸侯丧礼之缺。

杂记下第二十一　杂记丧事。篇末自孔子论管仲、晏平仲以下，复杂说他事。

丧大记第二十二　记人君以下始死、小敛、大敛、殡葬之事。此于《别录》属"丧服"。

祭法第二十三　记虞、夏、商、周之祀典。

祭义第二十四　记祭祀斋戒荐羞之义也。此于《别录》属"祭祀"。篇中亦说他事，而说祭事尤多。其说祭事，但明义理，不及器数，故名"祭义"。

祭统第二十五　言祭祀之纲纪。

经解第二十六　论六艺之治各有得失。

哀公问第二十七　篇中所记，凡有二问，先问礼，后问政。陈澧《东塾读书记》："传闻而记之，记之者一人之笔，所记者一时之言，敷演润色，骈偶用韵而成篇，此作文者也。《礼运》《儒行》《哀公问》《仲尼燕居》《孔子闲居》是也。"

仲尼燕居第二十八　战国礼家论仪式意义者尤夥，而见于此篇及《礼运》篇尤多。武内义雄曾经指出："《仲尼燕居》《孔子闲居》的文体类似于《大戴礼记·王言》。这两篇都是孔子闲居的时候孔门请教孔子的形式，也类似于《孝经》的文体。恐怕都是仿照《孝经》的文体而成的。……恐怕这些文献互相关联，从同样材料写下来的。此外，因为其中有类似于《韩诗外传》的文献，所以可以说大概是汉初成书的。"①

孔子闲居第二十九　记孔子为子夏说《诗》。《直斋书录解题》卷二："《孔子闲居讲义》一卷，龙图阁学士慈溪杨简敬仲撰。"

坊记第三十　子思之作。记六艺之义。

中庸第三十一　传为子思所作。义理精密，宋儒视为孔门传授心法之书。

表记第三十二　子思之作。《隋书·音乐志上》引梁沈约说："案汉初典章灭绝，诸儒捃拾沟渠墙壁之间，得片简

---

① 参见〔日〕武内义雄《礼记研究》，《武内义雄全集》第三卷，角川书店，1979，第236页。

遗文，与礼事相关者，即编次以为礼，皆非圣人之言。《月令》取《吕氏春秋》，《中庸》《表记》《防（坊）记》《缁衣》，皆取《子思子》，《乐记》取《公孙尼子》，《檀弓》残杂，又非方幅典诰之书也。"

缁衣第三十三 子思之作。李学勤认为："郭店简这些儒书究竟属于儒家的哪一支派呢？我以为是子思一派，简中《缁衣》等的六篇应归于《汉书·艺文志》著录的《子思子》。《缁衣》取自《子思子》，见于《隋书·音乐志》所引沈约的话。《意林》征引《子思子》，两条见于《缁衣》，足为证明。"① 廖名春说："《缁衣》确实出于《子思子》，与子思及其学派确实有很深的关系。它是后来才被收入《礼记》的。楚简《缁衣》较《礼记·缁衣》更接近故书原貌，从来源上看，一点也不值得奇怪。"②

奔丧第三十四 记居于他国闻丧奔归之礼。

问丧第三十五 记善问居丧之礼所由也。此于《别录》属"丧服"。

服问第三十六 郑玄曰："名曰'服问'者，以其善问以知有服而遭丧所变易之节，此于《别录》属'丧服'也。"

间传第三十七 郑玄曰："名曰'间传'者，以其记丧服之间轻重所宜，此于《别录》属'丧服'也。"

三年问第三十八 以上四篇皆言丧礼。

---

① 李学勤：《先秦儒家著作的重大发现》，载《郭店楚简研究》（《中国哲学》第二十辑），辽宁教育出版社，1999，第 15 页。

② 廖名春：《荆门郭店楚简与先秦儒学》，载《郭店楚简研究》（《中国哲学》第二十辑），辽宁教育出版社，1999，第 42 页。

深衣第三十九　记天子至于庶人之服。与《奔丧》《投壶》等篇盖古经之逸简，出于昔贤之记录。

投壶第四十　投壶之礼，记主人与客燕饮、讲论才艺之礼。郑玄认为与《奔丧》篇同为"逸礼"。

儒行第四十一　记孔子为鲁哀公列举儒者之行。郝懿行《礼记笺》："此篇辞气少激，盖非孔子之言也。"

大学第四十二　前人多认为是曾子之作（陈确、汪中以为无据）。从诚意为始，推及天下国家，因其博大醇正，极学者之能事，诚"大人之学"也。程子称为"初学入德之门"。朱子为《中庸》《大学》作章句，又为《论语》《孟子》作集注，合称为四书。

冠义第四十三　释《仪礼·士冠礼》。记冠礼成人之义。

昏义第四十四　释《仪礼·士昏礼》。记娶妻之义，内教之所由成。

乡饮酒义第四十五　释《仪礼·乡饮酒礼》。记乡大夫饮宾于庠序、尊贤养老之义。

射义第四十六　释《仪礼·乡射礼》。记燕射、大射之礼，观德行取士之义。

燕义第四十七　释《仪礼·燕礼》。记君臣燕饮之礼，上下相尊之义。

聘义第四十八　释《仪礼·聘礼》。记诸侯之国交相聘问之礼，重礼轻财义。以上六篇首标经文，下释其义，故以"义"名篇。

丧服四制第四十九　释《仪礼·丧服》。《仪礼》为"经"，《礼记》为"传"，以上数篇无异于《仪礼》之说明书。《经典释文》引郑玄云："《别录》属丧礼。"郑玄云："此于《别录》旧说属丧服。"而孔颖达发明郑义，则云："案《别录》无《丧服四制》之文，唯旧说称此丧服之篇属丧服。"三说互异。

《大戴礼记》不与"三礼"并称为"四礼"，但在宋代的时候曾一度与"十三经"合称为"十四经"。今本篇目如下：

王言第三十九 王言者，君天下之言也。

哀公问五义第四十 孔广森曰："文同《荀子·哀公》篇。五义，荀子作五仪，此义字正当读仪。郑司农《周官解诂》曰：'古者书仪但为义，今时所谓义为谊。'"

哀公问于孔子第四十一 郑玄《目录》："《哀公问者》，善其问礼。"文同《小戴礼记·哀公问》。王树楠曰："自章首至'莫能为礼也'，《家语·问礼篇》袭此文。自'孔子侍坐'以下，《家语·大昏解》袭此文。"

礼三本第四十二 文同《荀子·礼论篇》。王聘珍曰："名曰礼三本者，本经曰：'礼上事天，下事地，宗事先祖而宠君师，是礼之三本也。'篇中多推明反本修古、不忘其初之事。《史记·礼书》采取此篇为之。"

礼察第四十六 孔广森曰："言人君审察取舍之事，故以《礼察》名篇。首章文同《经解》，自'凡人之知'以下，取贾谊《论时政疏》也。"

夏小正第四十七 清儒王筠有《夏小正正义》一卷。张汝舟《二毋室古代天文历法论丛》有《〈(夏)小正〉校释》，极善。

保傅第四十八　王聘珍曰："名曰《保傅》者，本经曰：'保，保其身体；傅，傅之德义。'盖古者教王太子之礼也。贾谊《新书·保傅》《傅职》《容经》《胎教》等篇，与此大同小异，自篇首'殷为天子'至'此时务也'，《汉书·贾谊传》亦有之，字句小有详略。《汉书·昭帝纪》，诏曰'修古帝王之道，通保傅传'，即谓此篇，是古又有《保傅传》之名也。班氏《白虎通》引此篇语，称'《礼保傅》曰'，是此篇本《古文礼记》，盖楚汉间人所为，其人亦七十子后学之流。"

曾子立事第四十九　言君子立身行道之事。以下十篇，并取曾子书。

曾子本孝第五十　论孝以忠为本。取此篇首句之义名篇。

曾子立孝第五十一　《论语》："君子务本，本立而道生。孝弟也者，其为仁之本与？"《孝经》："夫孝，德之本也，教之所由生也。"

曾子大孝第五十二　《小戴礼记·祭义》中间一章同此。《吕氏春秋·孝行览》取此。

曾子事父母第五十三　论"几谏"（《论语·里仁》）及事兄使弟之道。

曾子制言上第五十四　王聘珍曰："制，法也。曾子多篇皆篇首文字标题，制言别撰名目者，是后学纂述先师之语，比诸先王之法言也。三篇之中，主言行礼秉德、居仁由义、进退不苟之事，以简策重多，分为上中下三篇。"

曾子制言中第五十五

曾子制言下第五十六

曾子疾病第五十七　曾子疾病时之言，故以"疾病"名篇。

曾子天圆第五十八　此篇与《淮南子·天文训》有相同处。汪容甫疑非《曾子》本书。

武王践阼第五十九　君位在阼阶，故有《武王践阼》篇。王应麟有注。

卫将军文子第六十　王聘珍曰："名曰《卫将军文子》者，善其能咨访圣门之贤才，著其官号以显之也。《史记·仲尼弟子列传》多取此篇语。"《孔子家语·弟子行》亦取此。

五帝德第六十二　此篇多韵语。《史记·五帝本纪》《孔子家语·五帝德》取此。

帝系第六十三　文字产生以前传说时代的血缘系谱，是现在唯一幸存的比较完备的一部周代著作。

劝学第六十四　孔广森曰："文与《荀子·劝学》同，珠玉一章与《管子·侈靡》篇同，问水一章见《荀子·宥坐》篇，《说苑》亦有之。"

子张问入官第六十五　问为仕之道。《孔子家语·入官》袭此文。

盛德第六十六　孔广森曰："许叔重《五经异义》说明堂之制，引《礼》戴说《盛德记》，即此篇也。未知何时析《明堂》别为一篇，故以后篇第错易，乃有两七十三，今仍合之，以复古本。"

明堂第六十七　专言明堂之制。《考工记》所未备。

千乘第六十八　记诸侯建国设官、顺时布化之政。

四代第六十九　记虞、夏、商、周四代政刑及取人之法。

虞戴德第七十　记天地人三常之礼。

诰志第七十一　洪颐煊曰："此记事神治民，并极其应言之。诰读如诰誓之诰。"

文王官人第七十二　记录旧闻。文同《逸周书·官人》。

诸侯迁庙第七十三　可补《仪礼》之遗。王聘珍曰："诸侯迁庙者，《礼古经》五十六篇中之篇名，此乃其记也。亦如《仪礼》各篇之记然。"

诸侯衅庙第七十三　文似《仪礼》，不类传记。

小辨第七十四　辨，察也。

用兵第七十五　洪颐煊曰："此记兵以止乱，非以伤生，圣人用之以致福，乱人用之以取祸。"

少闲第七十六　洪颐煊曰："此记君臣之分不同，因陈五王之德，而终戒其失政。"

朝事第七十七　汪容甫曰："释朝聘之义，犹《礼记》之有《冠义》等篇也，文多据《周礼》。"

投壶第七十八　汪容甫曰："《礼记·投壶》篇，有经文有记文。"

公符第七十九　《孔子家语·冠颂》《说苑·修文》袭此文。

本命第八十　《孔子家语·本命》袭此文。"人生而不具者五"一节，《说苑·辨物》袭之。

易本命第八十一　《淮南子·地形训》《孔子家语·执辔》袭此文。王聘珍曰："此篇盖亦《明堂阴阳》之流。名曰易本命者，篇中主言测物穷理、尽性致命之事，终之以蓍龟，而统之以乾坤也。"

刘台拱《汉学拾遗》："《大戴记》所载多古书，如《夏小正》《孔子三朝》之类，然其篇卷亦颇为后人所乱，二卷与三卷，九卷与十卷，皆互误，今当两易之，则《保傅传》《三朝记》二书皆得其序矣。"

三《礼》之中，以《小戴礼记》为最重要。大而朝祭、军宾、冠昏、乡射，细而日用、饮食、缛节、繁文，靡不兼收并采，巨细无遗。这部书记述古礼的哲学思想，以及古礼在三代的演化，从现代意义上来说，可视为文化历史学著作。

《明堂阴阳》三十三篇。古明堂之遗事。

《周礼·考工记·匠人》疏："路寝在北堂之西，社稷宗庙在路寝之西，左明堂辟雍，右宗庙社稷。"《大戴礼记·明堂》："明堂者，古有之也。凡九室：二九四，七五三，六一八。"

《北史·牛弘传》："案刘向《别录》及马宫、蔡邕等所见，当时有《古文明堂礼》《王居明堂礼》《明堂图》《明堂大图》《明堂阴阳》《太山通义》《魏文侯孝经传》等，并说古明堂事。其书皆亡，莫得而正。"（又见《隋书·牛弘传》）

胡渭《易图明辨》卷二《九宫》："《礼》十三家，有《明堂阴阳》三十三篇，又《明堂阴阳说》五篇。此必《戴记》所自出，故宣帝时魏相表采《易阴阳》及《明堂》、《月令》奏之，言五帝所司各有时，东方之卦不可以治西方，南方之卦不可以治北方，则以八卦之方位配明堂之九室可知矣。"

刘台拱《汉学拾遗》："今《小戴·月令》《明堂位》于《别录》属《明堂阴阳》，而《大戴记》之《盛德》，实记古明堂遗事。此三篇其仅存者。"

《王史氏》二十一篇。七十子后学者。

已亡佚。"王史"是复姓。颜师古引刘向《别录》："六国时人也。"邓名世《姓氏书辩证》卷十四："《风俗通》曰：'周先王太史，其后号王史氏。'《英贤传》曰：'周共王生圉，圉曾孙蒲生简，简生业，业生宰，世传史职，因以官为氏。'汉清河太守王史篆生新丰令普。《汉艺文志》有《王史氏》二十一篇。案：此人即宰之后，篆之先也。"

《曲台后仓》九篇。

当作《曲台后仓记》。已亡佚。《汉书·儒林传》："仓说礼数万言，号曰《后氏曲台记》，授沛闻人通汉子方、梁戴德延君、戴圣次君、沛庆普孝公。"

颜师古注引如淳曰："行礼射于曲台，后仓为记，故名《曲台记》。"《文选·齐竟陵文宣王行状》注引《七略》："宣皇帝时行射礼，博士后仓为之辞，至今记之，曰《曲台记》。"据此，黄以周《礼书通故》说："《曲台》九篇内，当有射礼。然其书初非专言射，如《注》《七略》著其作书之由耳。服虔云：'在曲台校书著记，因以为名。'孙惠蔚云：'曲台之记，戴氏所述，然多载尸灌之义，牲献之数。而行事之法，备物之体，蔑有具焉。'据此，曲台为校

书之地，其九篇内，于祭类尤详也。"程大昌《雍录》卷
二"未央宫著事迹者·曲台"条："《长安志》于曲台凡三
出：其一则在未央，其一则列乎三雍之次，又其一则杂叙
在宫馆之数。以予考之，本止未央有此台，而志误分
三也。"

《中庸说》二篇。

已亡佚，具体内容为何，不得而知。姚振宗认为"此
《中庸说》乃说《中庸》之书"，沈家本《汉书琐言》说
"此则《中庸》一书，西汉时已单行"。章学诚认为《中庸
说》当互见于《诸子略》的儒家类。

顾实以《汉志》既有《明堂阴阳》又有《明堂阴阳
说》为例，认为此书非《小戴礼记》中的《中庸》。余嘉
锡说："汉人说经，与解诂不同。此盖如《鲁诗》《韩诗》
之《说》。与上下文既有《明堂阴阳》，又有《明堂阴阳
说》，正是一例。"① 顾、余之说是也。

《明堂阴阳说》五篇。

即上《明堂阴阳》之说。两书皆亡，唯《小戴礼记》
之《月令》、《明堂位》及《大戴礼记》之《盛德》等三
篇可略见一斑。

桂馥《晚学集》卷一《明堂月令考》曰："《大戴礼》：

---

① 余嘉锡：《〈汉书艺文志索隐稿〉选刊（序、六艺）下》，载彭林主编
　《中国经学》第三辑，广西师范大学出版社，2008，第 2 页。

'凡人民疾，六畜疫，五谷灾者，生于天。天道不顺，生于明堂不饰。故有天灾，则饰明堂。'卢注引《淮南子》：'明堂之庙，行明堂之令，以调阴阳之气，而知四时之节，以辟疾之灾。'馥谓此即'明堂阴阳'之义。"

《周官经》六篇。王莽时刘歆置博士。

《周礼》在汉时名《周官》。因为《尚书》中也有《周官》一篇，所以改称为《周官经》，或者叫《周官礼》，也叫《周官礼经》。刘歆奏以为《礼经》，置博士，因称《周礼》。朱熹、郑樵等人认为称《周礼》不当，当恢复《周官》的称呼。贾公彦《周礼义疏》则认为："以设位言之，谓之《周官》；以制作言之，谓之《周礼》。"主要讲国家设官分职的制度。是战国人参考当时政制，取长舍短，加以儒家的政治思想，损益而成的一部有条理的官制汇编。

凌廷堪《校礼堂文集》卷二十二《与阮伯元孝廉书》："《仪礼》一经，在汉与《易》《书》《诗》《春秋》并列为五，《史记·儒林传》《汉书·艺文志》皆以此书为《礼经》。后人不曰《礼经》而曰《仪礼》者，犹之《彖》曰《周易》、《书》曰《尚书》也。若《周官》则另为一书，《汉志》附于《礼》家者，亦如《逸周书》附于《书》，《战国策》附于《春秋》，非礼之本经也。至于二戴氏之记，乃章句之余，杂记说礼之言，互相引证，不但非礼之经，且与传注有间。盖犹《易》之有《京房易传》，《书》之有《伏生大传》，《诗》之有《韩诗外传》，《春秋》之有外传《国语》而已。故郑氏既注《礼经》又注《戴记》，既注《尚书》，又注《伏传》，此其例也。"

　　《周官》问题颇多，古今争论不休。尊信的学者认为这是周公致太平之书，比如刘歆就认为《周官》是周公所作，但今文学家则认为不是周公所作，甚至斥为刘歆所伪造。宋儒说是周公所制定，但是未能实行。也有人认为其中含有汉儒的窜改。详可参见顾颉刚为万斯大《周官辨非》所写的序。①

　　问题就出在这个"周"字，如果理解为"周代"之礼，当然会引起不必要的争端，实际上这个"周"与《周易》的"周"同义，是"周普""周遍"之意。《汉志》中这样的例子还有不少，如儒家有《周政》六篇、《周法》九篇；道家有《周训》十四篇；小说家有《周考》七十六篇、《臣寿周纪》七篇、《虞初周说》九百四十三篇。这些书相当于后世的丛考、杂抄、汇编一类的著作，以"周"命名，是取"周普"、"周遍"、无所不包之义。

　　《周官》的这一套想法，古代没有实行过，后世虽有人想照着做，也没有办法实现。但我辈可借此以观古代礼制器物之丰富，亦考古之一助也。

　　《周官》立于学官，属于古文学。经马融传给郑玄，郑玄为之作《注》。唐贾公彦作《疏》，列入《十三经注疏》。清孙诒让作《周礼正义》，详密精审，集其大成。书今存，篇目如下：

天官　首领为冢宰（太宰），内统百官，外领四海，凡

---

① 参见顾颉刚主编，王煦华整理《古籍考辨丛刊》，社会科学文献出版社，2009，第476~542页。

政教礼刑等无所不掌。相当于后世的宰相。

地官 首领为大司徒，掌一国的人口与土地。相当于后世的户部尚书。

春官 首领为大宗伯，掌一国的礼仪。相当于后世的礼部尚书。

夏官 首领为大司马，掌一国的军事。相当于后代的兵部尚书。

秋官 首领为大司寇，掌一国的刑法。相当于后代的刑部尚书。

冬官 缺。首领为大司空，掌一国的经济。接近后代的工部尚书，但有差异。

经秦火以后，《冬官》亡佚，就以《考工记》补入。全书在每官的下面，又分述各官的职务。《考工记》非原书所有，记载的基本上是百工造作之法，和其他五篇的体例不同。郭沫若有《考工记的年代与国别》一文，可参考。

《周官传》四篇。

要注意，古书的"经"与"传"本各自为书。刘熙《释名》卷六："传，传也，以传示后人也。"汉儒最重师传，《汉志》《后汉书·儒林列传序》述六经传授最详。《周礼》在汉朝的时候名《周官》。《周官传》是上面《周官经》的传。

已亡佚。黄奭有《周官马融传》辑佚一卷，王谟有《周官传》辑佚一卷，马国翰有《周官传》辑佚一卷。周寿昌说辑本采马融佚说而成，非班志原书，不足信。

《军礼司马法》百五十五篇。

因司马掌六军，所以叫《军礼司马法》。蒋元卿《中国图书分类之沿革》："《汉志》每略之下，各复分类，类下之再加以分析者，则加标题于每书之上，如礼家之司马法，则标以'军礼'二字，乐家之赵氏、师氏、龙氏，则又标以'雅琴'二字；若再别之，则固'军礼'与'雅琴'二目也。"《七略》因其书出古司马之职，为王官之武备，所以将此书入兵家。而《汉志》认为《司马法》乃周官职掌，如考工之记，本非官礼，亦以司空职掌，附着《周官》，所以将此书入《礼》。章学诚《校雠通义》卷二《郑樵误校汉志》认为"此等叙录，最为知本之学"。书今残缺。《清史稿·艺文志》著录黄以周撰《军礼司马法考征》一卷。

据《史记·司马穰苴列传》："齐威王使大夫追论古者《司马兵法》而附穰苴于其中，因号曰《司马穰苴兵法》。"是《司马法》实古军礼之遗文，其书足与《礼经》相证。但要注意，《隋志》说《司马法》为司马穰苴所撰，则是个错误的说法。

《四库全书》著录《司马法》一卷，只有五篇，是节本，入子部兵家类。李零说该书"内容与《周礼·夏官司马》确实有关"。余嘉锡《四库提要辨证》卷十一"司马法一卷"条考辨甚详，可参看。

张澍辑《司马法》，见《二酉堂丛书》。

《古封禅群祀》二十二篇。

已亡佚。此书可能是讲上古封禅之事，既然叫"群祀"，必非一人。《管子》佚篇中有《封禅》篇，讲上古帝王封禅，有七十二君，《史记·封禅书》曾引之。但许懋《封禅议》质疑说："七十二君，夷吾所记，此中世数，裁可得二十余主。伏羲、神农、女娲、大庭、柏皇、中央、栗陆、骊连、赫胥、尊卢、混沌、昊英、有巢、朱襄、葛天、阴康、无怀、黄帝、少昊、颛顼、高辛、尧、舜、汤、文、武，中间乃有共工霸九州，非帝之数，云何有七十二君封禅之事？且燧人以前至周之世，未有君臣，人心淳朴，不应金泥玉检，升中刻石。燧人、伏羲、神农三皇结绳而治，书契未作，未应有镌文告成。且无怀氏，伏羲后第十六主，云何得在伏羲前封泰山？"

《封禅议对》十九篇。武帝时也。

已亡佚。沈钦韩《汉书疏证》："牛弘云《泰山通义》即此。"《北史·宇文恺传》："武帝元封二年（前109），立明堂汶上，无室，其外略依此制。《泰山通义》今亡，不可得而辨也。"《汉书·兒宽传》："议欲放古巡狩封禅之事，诸儒对者五十余人，未能有所定。"据此则该书与汉武帝封禅相关。

《汉封禅群祀》三十六篇。

已亡佚。既说是"群"，就必然不是一人。《文心雕龙·

祝盟》：“汉之群祀，肃其旨礼，既总硕儒之仪，亦参方士之术。……礼失之渐也。”

《议奏》三十八篇。石渠。

论石渠者，戴圣、韦玄成、闻人通汉。《隋志》著录《石渠礼论》四卷，题戴圣撰，即此书。今已亡佚。清王谟、宋翔凤、丁杰、黄奭、丁晏、洪颐煊、马国翰各有辑本。马氏说是书出诸儒，而戴圣一人手定。诸家辑本均采自《通典》，编次不尽相同，文字详略互见。洪本最为丰富，马本较有条理，黄本全袭王本。

凡《礼》十三家，五百五十五篇。入《司马法》一家，百五十五篇。

陈国庆：“今计《司马法》一家为新入者，如未计在内，正十三家。四百五十二篇，少一百零三篇。”除《礼古经》是帛书外，其他全是竹书。

《易》曰：“有夫妇、父子、君臣、上下，礼义有所错。”而帝王质文世有损益，至周曲为之防，事为之制，故曰：“礼经三百，威仪三千。”

引《易》的话见《序卦》。

来知德《周易集注》：“有夫妇则生育之功成而有父子，有父子则尊卑之分起而后有君臣，有君臣则贵贱之等立而后有上下，上下既立则有拜趋坐立之节，有宫室车马之等，小而繁缨之微，大而衣裳之垂，其制之必有文，故谓之礼；其处之必得宜，故谓之义。错者交错也，即八卦之相错也。礼义尚往来，故谓之错。"

《礼记·中庸》说"礼仪三百，威仪三千"，又《礼器》："经礼三百，曲礼三千。"郑注："经礼，谓《周礼》也。《周礼》六篇，其官有三百六十。曲犹事也，事礼谓今礼。礼篇多亡，本数未闻，其中事仪三千。"

《孝经》说"安上治民，莫善于礼"，礼以治国为主，《中庸》的"礼仪三百"指的是《仪礼》，《礼器》的"经礼三百"指的是《周礼》，《汉志》中说的"礼经三百"指的也是《周礼》。

刘师培《古书疑义举例补》："古籍以'三'字形容众多之词。其数之最繁者则拟以'三百'之数，以见其多。其数之尤繁者，则拟以'三千'之数，以见其尤多。'礼经三百，威仪三千'，犹言数百数千耳。不必以三为限，亦不必定以《周礼》《仪礼》之诂也。"

礼的种类，《周礼·保氏》分为五种：吉、凶、军、宾、嘉。《大戴礼记·本命》分为九种：冠、昏、朝、聘、丧、祭、宾主、乡饮酒、军旅。这是周礼。孔子说："殷因于夏礼，周因于殷礼。"可见殷商之礼，与周礼相去不会太远。经礼三百，曲礼三千，一言以蔽之，可谓"无不敬"。

《左传·隐公七年》"告终称嗣，以继好息民，谓之礼经"，注："此言凡例，乃周公所制礼经也。"[1]《僖公二十五年》成风曰："崇明祀，保小寡，周礼也。"《文公十八年》史克曰："周公制周礼，曰：则以观德。"《昭公二十

---

[1] 王子朝曰："敢布先王之经。"

三年》叔孙婼曰："列国之卿，当小国之君，固周制也。"
《国语》晋子余曰："礼志有之：将有请于人，必先有入
焉。"周单子曰："周制有之曰：列木以表道，立鄙食以守
路。疆有寓望，国有郊牧，畺有圃草，囿有林池，以御灾
也。其余无非谷土，民无悬耜，野无奥草，不夺民时，不
蔑民功，有优无匮，有逸无罢。国有班事，县有序民。"
《韩诗外传》："周制曰：'先时者死无赦，不及时者死
无赦。'"

**及周之衰，诸侯将逾法度，恶其害己，皆灭
去其籍，自孔子时而不具，至秦大坏。**

《说文》："礼，履也。所以事神致福也。"可见"礼"
的由来。《荀子·大略篇》："礼者，人之所履也，失所履，
必颠蹶陷溺。所失微而其为乱大者，礼也。"《礼记·坊
记》："礼者，因人之情而为之节文，以为民坊者也。"《礼
器》篇又说："礼也者，合于天时，设于地财，顺于鬼神，
合于人心，理万物者也。"更可见"礼"的重要性。

"周之衰"指周幽王、厉王之时，诸侯逾越礼制，僭越
法度，由此礼崩乐坏。到了孔子的时代，违背礼乐之事已是
"滔滔者天下皆是"（《论语·微子》），"诸侯恶其害己也，
而皆去其籍"（《孟子·万章下》），这种局面到秦时更加严
重，李斯燔灭古文就是其中一例，也就是这里说的"大坏"。

"礼"是"法"的前身，"礼"是积极的，行之于未然
之前，"法"是消极的，施之于已然之后，"法"起而
"礼"废。从春秋以前的礼制，一变而为战国以降的法制，

这是世道人心的一大转折点，社会道德的堕落于此可窥一斑。

汉兴，鲁高堂生传《士礼》十七篇。

列入六经的，只有《士礼》（即《仪礼》）是今文学。《史记·儒林列传》："秦焚书……于今独有《士礼》，高堂生能言之。"《索隐》引谢承云："秦代有鲁人高堂伯。"

陈直说："一九五九年七月，武威磨嘴子六号汉墓中出现汉代竹木简所写《仪礼》，包含三部分，甲本是《仪礼·士相见礼》等七篇，乙本是《丧服传》一篇，丙本是《丧服经》。甘肃省博物馆定为是汉代今文经，疑为庆普所传之本。所引《诗经》卷耳作縜耳，疑为《齐诗》之异字。今本堛字，简本作骚，今本妥字，简本作称之类，异同很多。"①

讫孝宣世，后仓最明。戴德、戴圣、庆普皆其弟子，三家立于学官。

《汉书·儒林传》："孟卿，东海人也。事萧奋，以授后仓、鲁闻丘卿。仓说《礼》数万言，号曰《后氏曲台记》，授沛闻人通汉子方、梁戴德延君、戴圣次君、沛庆普孝公。孝公为东平太傅。德号大戴，为信都太傅；圣号小戴，以博士论石渠，至九江太守。由是《礼》有大戴、小戴、庆氏之学。通汉以太子舍人论石渠，至中山中尉。普

---

① 陈直：《汉书新证》，中华书局，2008，第221页。

授鲁夏侯敬，又传族子咸，为豫章太守。大戴授琅邪徐良
斿卿，为博士、州牧、郡守，家世传业。小戴授梁人桥仁
季卿、杨荣子孙。仁为大鸿胪，家世传业，荣琅邪太守。
由是大戴有徐氏，小戴有桥、杨氏之学。"《经典释文·序
录》："汉初立高堂生《礼》博士，后又立大小戴、庆氏
三家。"

　　需要注意的是，戴德、戴圣之学立于学官的，是《士
礼》，而不是《礼记》。《礼记》就学派而言是今文学，就
内容而言则古、今文兼有。

《礼古经》者，出于鲁淹中及孔氏，与七十篇文相似，多三十九篇。

　　胡培翚《研六室文钞》卷七《方茶山遗集后》："淹亦
作奄。《楚元王传》注：'服虔曰：白生，鲁国奄里人也。'"
　　既然说是"孔氏"，则孔安国所得壁中书也。"七十"
当作"十七"，五十六，减去十七，正多三十九篇。

及《明堂阴阳》、《王史氏记》所见，多天子诸侯卿大夫之制，虽不能备，犹愈仓等推《士礼》而致于天子之说。

　　王史氏为六国时人，是七十子后学。
　　愈，颜师古曰："愈，胜也。"
　　王应麟引朱熹曰："《士礼》，特略举首篇以名之，其
曰推而致于天子者，盖专指冠、昏、丧、祭而言。若燕、
射、朝聘，则士岂有是礼而可推耶?"又曰："《仪礼》乃

本经，而《礼记·郊特牲》《冠义》等篇乃其义疏。"

　　姚明辉说："言仓等唯传《士礼》，因言天子、诸侯、卿大夫之礼，皆可自《士礼》推致之。今得三十九篇及《明堂阴阳》等，于天子、诸侯、卿大夫之制，虽不能备具，犹胜于仓等推致之说也。"

【乐】

　　《四库提要》乐类总序："大抵乐之纲目具于《礼》，其歌词具于《诗》，其铿锵鼓舞则传在伶官。汉初制氏所记，盖其遗谱，非别有一经为圣人手定也。特以宣豫导和，感神人而通天地，厥用至大，厥义至精，故尊其教得配于经。而后代钟律之书亦遂得著录于经部，不与艺术同科。顾自汉氏以来，兼陈雅俗，艳歌侧调，并隶《云韶》。于是诸史所登，虽细至筝、琶，亦附于经末。循是以往，将小说稗官未尝不记言、记事，亦附之《书》与《春秋》乎。悖理伤教，于斯为甚。今区别诸书，惟以辨律吕、明雅乐者，仍列于经。其讴歌末技，弦管繁声，均退列杂艺、词曲两类中。用以见大乐元音、道侔天地，非郑声所得而奸也。"

　　章学诚《校雠通义·汉志六艺》认为"《乐经》亡而其记犹存，则乐之位次固在经部"，他打了一个比方说，古时候的贵族和他的官吏，如果死了正妻就命贵妾"摄主行事"，但在名位上仍旧是"子妇居嫡"，排起字辈来，儿妇虽不能和翁舅（也包括翁舅的贵妾）排成一辈，但在序昭穆上她的名位则是正嫡。章氏的意思是说，《乐经》亡了，《乐记》虽说不是《乐经》，但它是附经之传，自然要以"子妇居嫡"的名分排在经部。

《乐》：《记》二十三篇。

《乐经》亡于秦火，《隋志》著录"《乐经》四卷"是元始三年（公元3）王莽所立，非原书。乐类只有"记"，没有经。《乐记》已残缺。《小戴礼记》有《乐记》篇。马国翰有《乐记》辑佚一卷。

《礼记正义》云："《乐记》者，记乐之义。此于《别录》属乐记，盖十一篇合为一篇，谓有《乐本》，有《乐论》，有《乐施》，有《乐言》，有《乐礼》，有《乐情》，有《乐化》，有《乐象》，有《宾牟贾》，有《师乙》，有《魏文侯》。今虽合此，略有分焉。刘向所校二十三篇，著于《别录》，今《乐记》所断取十一篇，余有十二篇，其名犹在。《奏乐》第十二，《乐器》第十三，《乐作》第十四，《意始》第十五，《乐穆》第十六，《说律》第十七，《季札》第十八，《乐道》第十九，《乐义》第二十，《昭本》第二十一，《昭颂》第二十二，《窦公》第二十三。"

有人说《乐记》的作者是子夏，也有人说是子贡，阎若璩以为非。《史记·乐书》正义与郭沫若《十批判书》中的《公孙尼子与其音乐理论》一文，认为《乐记》的主要文字采自《公孙尼子》。但真属于公孙尼子所作的，恐怕只有《小戴礼记》所取的十一篇。

《乐经》虽亡，然其主要纲领读《周礼·大司农》可知。礼与乐并称，刘向《别录》始以《乐记》二十三篇属礼。

《王禹记》二十四篇。

王禹，汉成帝时人。《王禹记》即《王禹乐记》，是由王禹所传的另一种《乐记》。王禹是成帝时的"谒者"。此二十四篇，是河间献王与毛生等人采古籍所制，辗转传至王禹之手，王禹献于成帝。刘向所得中秘《乐记》，必非民间所献，可能来源于秦书。

邵懿辰《致蒋光焴函》六五："昨买得明嘉靖黄佐《乐典》三十六卷一，内有《乐义》九篇，言即《王禹记》二十三卷，信郁芳删为九篇之旧。词句古奥，是否无从质正。"①

《雅歌诗》四篇。

已亡佚。《隋书·音乐志》述梁沈约奏引《别录》作《乐歌诗》四篇。李零说："诗赋略也收歌诗，这里的歌诗是'雅歌诗'，所谓'雅'者，是有别于乐府从各地采进的民歌、民谣。"章学诚《校雠通义·汉志六艺》认为："《雅歌诗》四篇当互见于诗部，及《诗赋略》之杂歌诗。"

关于古琴的专门性论述，最早的材料当属扬雄（公元前53～公元18）撰写的《琴清音》。而在汉代的时候，这样的著述还有以下几部。

《雅琴赵氏》七篇。名定，勃海人，宣帝时丞相魏相所奏。

汉赵定撰。已亡佚。

王应麟《汉艺文志考证》云："刘向《别录》：'宣帝

---

① （清）管庭芬：《渟溪日记》附录《邵懿辰致蒋光焴函》，中华书局，2013，第258页。

元康神爵间，丞相奏能鼓琴者，勃海赵定、梁国龙德皆召入见温室，使鼓琴待诏。定为人尚清净，少言语，善鼓琴，时闲燕为散操。'"沈钦韩曰："《长门赋》注引《七略》曰：'雅琴，琴之言禁也，雅之言正也，君子守正以自禁也，此雅琴命名之宜也。'"琴为古代器乐之极重要者，琴曲与诗有关。

《雅琴师氏》八篇。名中，东海人，传言师旷后。

《北堂书钞》卷一百九引《别录》云："师氏雅琴者，名忠，东海下邳人，传云言师旷后，至今邳俗犹多好琴也。"

《雅琴龙氏》九十九篇。名德，梁人。

颜师古注引刘向《别录》："亦魏相所奏也，与赵定俱召见待诏，后拜为侍郎。"《隋书·音乐志》："沈约奏云：'《龙氏雅琴》百六篇。'"《文选》五十九李善注亦引作九十九篇，则唐人本与今本合，疑沈误也。《汉志》析出刘向等《琴颂》七篇，故只载九十九篇。《后汉书·儒林列传》注引刘向《别录》云："雅琴之意，事皆出龙德《诸琴杂事》中。"然则《诸琴杂事》乃《雅琴龙氏》中之一篇也。《后汉书·张曹郑列传》注引刘向《别录》曰："君子因雅琴之适，故从容以致思也。其道闭塞悲愁而作者，名其曲曰《操》，言灾祸不失其操也。"《汉书·王褒传》："神爵、五凤之间，天下殷富，数有嘉应。上颇作歌诗，欲兴协律之事，丞相魏相奏言知音善鼓雅琴者渤海赵定、梁国恭德，皆召见待诏。"姚振宗:"此作恭德,当从《别录》《艺文志》。宋邓名世《古今姓氏书辨证》:'《汉书·艺文志》有梁人龙德著《雅琴》九十九篇,乃论治地龙子之后。"

荷兰汉学家高罗佩《琴道》第三章《琴学研究》认为以上三种"琴学专著可能包括某种记谱方法","不幸的是,这些专著到宋代都已经失传了"。① 汉末以降,保存下来的古琴方面的书有三百多种,以明清两朝数量最多。详可参阅拙著《琴学书录解题》。

凡《乐》六家,百六十五篇。出淮南刘向等《琴颂》七篇。

李零说:"此类全是竹书。汉代,宫廷音乐是雅乐,乐府采风是俗乐。这些书是讲雅乐的书。"

《四库提要》:"沈约称《乐经》亡于秦,考诸古籍,惟《礼记·经解》有乐教之文,《尚书大传》引'辟雍舟张'四语亦谓之'乐',然他书均不言有《乐经》。大抵乐之纲目具于《礼》,其歌词具于《诗》,其铿锵鼓舞则传在伶官。汉初制氏所记,盖其遗谱,非别有一经为圣人手定也。"②

《易》曰:"先王作乐崇德,殷荐之上帝,以享祖考。"故自黄帝下至三代,乐各有名。

引文见《易·豫卦》象辞。

---

① 〔荷兰〕高罗佩:《琴道》,宋慧文、孔维锋、王建欣译,中西书局,2013,第29页。
② 按:俞樾《湖楼笔谈》卷二所论与《四库提要》同,可以参考。

　　《文献通考》卷一百二十八："伏羲乐名《扶来》,亦曰《立基》。神农乐名《扶持》,亦曰《下谋》。黄帝作《咸池》。少皞作《大渊》,颛顼作《六茎》,帝喾作《六英》,唐尧作《大章》,虞舜作《大韶》,夏禹作《大夏》,商汤作《大濩》。纣弃先祖之乐,乃作淫声。周武王作《大武》,周公作《勺》。又有《房中之乐》,歌以后妃之德。"

孔子曰:"安上治民,莫善于礼;移风易俗,莫善于乐。"二者相与并行。

　　引孔子之言,见《孝经·广要道章》。唐石台《孝经》两语先后次序不同。

　　《礼》提供了整套规范体系,安上治民之效必待礼而后见成效。与之相辅而行的,是移风易俗的乐。"二者相与并行",指礼和乐相辅而行。《礼乐志》所谓"六经之道同归,而礼乐之用为急"是也。

周衰俱坏,乐尤微眇,以音律为节,又为郑、卫所乱,故无遗法。

　　颜师古注:"眇亦读曰妙。"陈直说:"《中山靖王传》云:'忽闻幼眇之声。'《儒林传》云:'总五经之眇论。'《隶释》卷六《郑固碑》云:'清眇冠乎群伦。'皆以眇为妙,与本文同。"①

　　郑、卫之音,在当时是俗乐。

---

①　陈直:《汉书新证》,中华书局,2008,第221页。

遗法，指雅乐的遗法。

汉兴，制氏以雅乐声律，世在乐官，颇能纪其铿锵鼓舞，而不能言其义。

制氏，鲁人，善乐事。春秋末期以来，礼崩乐坏，至秦礼乐消灭。汉朝建立以后，制氏因为通晓雅乐声律世世任乐官。制氏虽然很熟悉节奏、旋律，但是不能说明音乐蕴含的意义。

《汉纪·孝成皇帝纪》引刘向语："《乐》，自汉兴，制氏以知雅乐声律世在乐官，但纪铿锵鼓舞而已，不能言其义理。"

《汉书·礼乐志》云："是时，周室大坏，诸侯恣行，设两观，乘大路。陪臣管仲、季氏之属，三归《雍》彻，八佾舞廷。制度遂坏，陵夷而不反，桑间、濮上，郑、卫、宋、赵之声并出，内则致疾损寿，外则乱政伤民。巧伪因而饰之，以营乱富贵之耳目。庶人以求利，列国以相间。故秦穆遗戎而由余去，齐人馈鲁而孔子行。至于六国，魏文侯最为好古，而谓子夏曰：'寡人听古乐则欲寐，及闻郑、卫，余不知倦焉。'子夏辞而辨之，终不见纳，自此礼乐丧矣。汉兴，乐家有制氏，以雅乐声律世世在大乐官，但能纪其铿锵鼓舞，而不能言其义。"

六国之君，魏文侯最为好古，孝文时得其乐人窦公，献其书，乃《周官·大宗伯》之《大司乐》章也。

《史记》记载，魏文侯逝世到汉文帝元年已有二百余年，汉文帝得魏文侯的乐人窦公是不可能的事，康有为《新学伪经考》已经辨析过此事："窦公不见他书，唯师古注引桓谭《新论》有之。桓谭尝从刘歆问学，专述歆伪古文，不足据。按《史记》，魏文侯薨年至文帝元年已二百有十四岁，计窦公能为乐人，年当在壮，而为乐人未必在文侯薨年，献书未必在文帝元年，则应二百五六十许岁，天下安得此老寿。"齐召南《汉书考证》也质疑过此事。

武帝时，河间献王好儒，与毛生等共采《周官》及诸子言乐事者，以作《乐记》，献八佾之舞，与制氏不相远。

《汉书·景十三王传》："武帝时，献王来朝，献雅乐，对三雍宫及诏策所问三十余事。"又《礼乐志》："河间献王有雅材，亦以为治道非礼乐不成，因献所集雅乐。天子下大乐官，常存肄之，岁时以备数，然不常御，常御及郊庙皆非雅声。"

《论语·八佾》篇谈到了"八佾之舞"。佾（yì）舞，排列成行，纵横人数相同的古代舞蹈。蔡邕《独断》卷上："天子八佾，八八六十四人，八者，象八风，所以风化天下也。公之乐六佾，象六律也。侯之乐四佾，象四时也。"按西周等级规定，天子用八佾，64 人；诸侯用六佾，48 人；大夫用四佾，32 人；士用二佾，16 人。女乐以八为单位，也就是以"佾"为单位。《左传·襄公十一年》"女乐二八"就是女乐十六人。韩国学者林鹤璇指出："佾舞的真正意义并非单纯的一个'舞蹈名称'，而应将它视为一种形成队列队形起舞的'舞蹈形式'更为妥当。在周代编定的六代舞蹈，即六代大舞'云门'、'咸池'、'大韶'、'大夏'、'大濩'、'大武'等舞蹈中也都记载有'舞八佾'的形式，很容易看出这里的佾舞表现的是一种'舞蹈形式'，并非'舞蹈名称'。"①《汉书·河间献王传》记武帝时献王来朝，献雅乐，对三雍宫，献王所献与制氏所纪不相远。

其内史丞王定传之，以授常山王禹。禹，成帝时为谒者，数言其义，献二十四卷《记》。刘向校书，得《乐记》二十三篇，与禹不同，其道浸以益微。

内史丞，官名。王定传献王雅乐以授王禹。

汉代保留下来的乐书有三种：一是乐人窦公献的《周官大宗伯》之《大司乐》章；二是河间献王与毛生等共采《周官》及诸子言乐事者所作的《乐记》，即上文说的《王禹记》二十四篇；三是刘向校书所得的《乐记》二十三篇。

---

① 〔韩国〕林鹤璇：《文庙佾舞的历史由来及其哲学背景》，载《孔子学刊》第二辑，上海古籍出版社，2011，第128页。

【春秋】

　　《汉志》中没有专列史类。凡《国语》《战国策》《奏事》《楚汉春秋》《太史公》《太古以来年纪》诸书，皆列入《六艺略》春秋类。所谓"春秋"，是史的别名。《公羊传·庄公七年》何注云："春秋谓史记也。古者谓史记为春秋。"司马迁《十二诸侯年表序》云："赵孝成王时，其相虞卿上采《春秋》，下观近势，亦著八篇，为《虞氏春秋》。吕不韦者，秦庄襄王相，亦上观尚古，删拾《春秋》，集六国时事，以为八览、六论、十二纪，为《吕氏春秋》。及如荀卿、孟子、公孙固、韩非之徒，各往往捃摭《春秋》之文以著书，不可胜纪。汉相张苍历谱五德，上大夫董仲舒推《春秋》义，颇著文焉。"据司马迁之说，则儒家的《孟子》《孙卿子》《公孙固》《虞氏春秋》，法家的《韩非子》，杂家的《吕氏春秋》，阴阳家的《张苍》，皆采春秋、六国时事，著为成书。盖秦、汉以前，尚无子、史二家之别也。

　　《汉志》将史学书籍放置在《春秋》类中，但没有交代原因。马端临《文献通考·经籍考·汉志》按云："班孟坚《艺文志》、《七略》无史类，以《世本》以下诸书附于《六艺略·春秋》之后。盖《春秋》即古史，而《春秋》之后，惟秦汉之事，卷帙不多，故不必特立史部。"

《四库全书·别史类叙》云："《汉艺文志》无史名，《战国策》《史记》均附见于《春秋》，厥后著作渐繁，《隋志》乃分正史、古史、霸史诸目……"《文献通考》和《四库全书》的说法深刻影响了以后的目录学家，如余嘉锡、王欣夫、吴枫、程千帆等人均以此立说。但更深刻的原因恐怕不止于此。

金毓黻指出："史学寓乎史籍，史籍撰自史家。语其发生之顺序，则史家最先，史籍次之，史学居末。"《隋志·史部·正史叙》云："古者天子诸侯，必有国史，以纪言行，后世多务，其道弥繁。夏殷已上，左史记言，右史记事，周则太史、小史、内史、外史、御史，分掌其事，而诸侯之国，亦置史官。又《春秋》《国语》引周志、郑书之说，推寻事迹，似当时记事，各有职司，后又合而撰之，总成书记。"又《杂传叙》云："古之史官，必广广其记，非独人君之举。……是则王者诛赏，具录其事，昭告神明，百官史臣，皆藏其书。故自公卿诸侯，至于群士，善恶之迹，毕集史职。"有基于此，可以推知在两汉时期，史书的成绩已达相当的高度，但史学观念尚未成立，史册之记事，转为六艺群经之材料，或为诸子所称引，则其学术价值自已蕴含在六艺群经及周秦诸子书中，以此之故，在《别录》《七略》《汉志》的学术分类系统中，不立史学类也就在情理之中了。

《春秋》：《古经》十二篇，《经》十一卷。公羊、穀梁二家。

《左传·昭公二年》："晋韩宣子来聘，见鲁《春秋》。"《墨子·明鬼》常言周《春秋》、燕《春秋》、宋《春秋》、齐《春秋》。可见，不只是鲁国史叫《春秋》。

《春秋》是编年体，是一部历史经典，也是经典历史。记载从鲁隐公元年（前722）至鲁哀公十四年（前481）凡二百四十二年的历史，后世的编年体都源自这种古书。

《春秋》因文字的不同而有今、古文之别。五经只有《春秋》今古文并存。《史记·吴太伯世家》有"余读《春秋》古文"之语。《礼记正义》引古《春秋左氏》说"周家封夏、殷二王之后以为上公"。

古经用竹简，今文经用缣帛。《春秋古经》十二篇，指孔子整理的《春秋》，即古文本《春秋经》，《左氏传》所据之本。《经》十一卷，指今文《春秋》。为什么今文经少古经一卷？《公羊传·闵公二年》何休注说是"系闵公篇于庄公下"，因为附闵公于庄公之后，只有十一公，所以较古经少一卷。何休认为"子未三年，无改于父之道"，闵公立二年而薨，因此附于父后。沈钦韩认为"闵公事短，不足成卷，并合之耳"。

陈直说："清代学者说三传，皆言在晋以前，经与传分。以余考之，有分有连。经与传分者，熹平石经、正始石经是也。经与传连者，元和公羊草隶砖是也。此砖一九二五年西安西南乡出土，第一行云：'元年春王正月。元年者何，君之始年也。'第一句是《春秋经》，以下皆录《公羊传》文（见《关中秦汉陶录续录》），可证分连并无定式。"[1]

下面讲三传，《四库提要》说："三传与经文，《汉志》

---

[1]　陈直：《汉书新证》，中华书局，2008，第221页。

皆各为卷帙，以《左传》附经，始于杜预；《公羊传》附经，则不知始于何人；观何休《解诂》但释传不释经，与杜异例，知汉末犹自别行。今所传蔡邕石经残字，《公羊传》亦无经文，足以互证。"

《左氏传》三十卷。左丘明，鲁太史。

由于《春秋》过于简质，没有详细的说明和补充叙述则无法读懂，于是《左传》便直接承担了这个任务。陈振孙《直斋书录解题》卷三："自昔相传以为左丘明撰，其好恶与圣人同者也。"但后人颇多非难，有许多学者认为是出自战国人之手。就其中材料而言，绝大部分已被采入《史记》，可见《左传》成书断然在西汉之前。书中保存了相当多古史资料，在文化史上有极重要的地位。

《春秋序》正义："《左氏传》三十卷，左丘明授曾申，申授吴起，起授其子期，期授楚人铎椒，铎椒作《钞撮》八卷授虞卿，虞卿作《钞撮》九卷授荀卿，荀卿授张苍。"许慎《说文解字叙》说《左传》是北平侯张苍所献，河间献王立为博士。但今文学家认为是刘歆伪造。后来经郑玄作《注》，杜预作《集解》，孔颖达为杜《集解》作《疏》，列入《十三经注疏》。

《左传》与《春秋古经》的配合，始于杜预。《左传》属于古文学，所以古文学家以为是解释《春秋经》而作的。关于作者为谁，历来颇有争议。一般认为是与孔子同时期的左丘明，但今文学家说"左氏不传《春秋》"，认为《左传》只是古代的一种史籍而已。高本汉说："《左传》之名盖谓左氏之所传也。虽然从'左'之义而言，此字也许可以释为'左边的书传'。德国一个渊博的支那学者格鲁布（W. Grube），他以为《左传》一书必系孔子自己著的，至于《春秋》，不过是一个大纲而已。这个解释，颇新颖可喜，且足以证明孔子自道'知我者其惟《春秋》乎'的话；不然，孔子如仅自赞许其《春秋》，则《春秋》实是一干燥无味的'断烂朝报'，很难解释孔子自己的话了。格鲁布这个假说，发表之后，福兰克（Otto Franke）曾为文驳之，争辩甚烈，据福氏之解释，以为孔子之自称道其《春秋》，决非如格氏之说，《左传》乃是较《春秋》为晚出的一部专记史事的书，后来才把它分裂以配合孔子的《春秋》。福氏之说，未能折服几个后出的德国支那学家，他们拥护格氏之说，反驳福氏之说，极为热烈，尤甚于格氏自己。"①

三传之中，《左传》叙事最详密，文辞优美，史学、文学价值最高。杨伯峻说："《左传》一书，名为经书，实是一部春秋史书。在所有经书中，文学价值又最高。"② 宋儒简单地划分了史学与经学的界限，《朱子语类》卷八十三："《左氏》是史学，《公》《穀》是经学。史学者，记得事却详，于道理上便差；经学者，于义理上有功，然记事多误。"

《左传》的来源在汉朝时期已经有三种说法。

第一，王充认为是发现于孔子壁。

第二，许慎认为是张苍所献。

---

① 〔瑞典〕高本汉：《中国语言学研究》，贺昌群译，载《贺昌群译著五种》，国家图书馆出版社，2010，第 122~123 页。

② 杨伯峻：《我和〈左传〉》，载张世林编《为学术的一生》，广西师范大学出版社，2005，第 166 页。

第三，班固认为是汉代藏于秘府，被刘歆发现。

第三个说法就是今文学家认为今本《左传》为刘歆据《国语》所伪造的证据。自清嘉庆十七年（1812），刘逢禄著《左氏春秋考证》二卷以后，《左传》一书之真伪及其与刘歆的关系，遂成为学术史界讨论的重要话题。《左传》之传授，不见于《史记·儒林列传》，《汉书·儒林传》亦仅推源至张苍。

据《经典释文·序录》所列的传授源流，是左丘明授之曾申，曾申授之吴起，吴起传荀卿，荀卿传张苍，张苍传贾谊。到了西汉末年，刘歆从尹咸、翟方进学《左传》，传之贾徽。贾徽之子贾逵作《左氏解诂》，同时又有陈元作《左氏同异》，郑众作《左氏条例章句》，马融又有三家异同之说。传到晋朝的时候，杜预作《春秋经传集解》，合经传为一，又撰《春秋释例》，遂流传至今。

今《十三经注疏》本《春秋左氏传》存 60 卷，分十二公。

《公羊传》十一卷。公羊子，齐人。

除了上面的《左氏传》以外，解读《春秋》的书还有《公羊传》和《穀梁传》，两家原来都是口说，到了西汉才形成文字。《公羊传》今存，属于今文学，《公羊传》的作者为谁，古来有争议。

《直斋书录解题》卷三著录为十二卷："齐人公羊高，称受《经》于子夏，传子至玄孙寿。当汉景帝时，寿乃与弟子齐胡母子都著于竹帛，及董仲舒亦传之，《说题辞》云：'传我书者，公羊高也。'此亦傅会之言，盖郑康成亦有《公羊》善谶之说，往往言谶文者多宗之。"

《公羊》学盛行于西汉，在政治上有很高的地位。在汉初传自胡母生及董仲舒，又传至颜安乐、严彭祖二家，都立于学官。当时称为颜氏学、严氏学。到了东汉，《左传》学大盛，《公羊》学遂逐渐衰微。何休作《解诂》，唐徐彦作《疏》，列入《十三经注疏》。清陈立撰《公羊义疏》，最为精审。近代康有为撰《大同书》，是引申《公羊》学之著。

《公》《榖》义例较《左氏》阔大，有资谈论。今文学家起，《公羊》之学大昌。

公羊家自以为所说乃微言大义，《公羊传》"多非常异义可怪之论"，有所谓三科、九旨、五始、七等、六辅等说。

《榖梁传》十一卷。榖梁子，鲁人。

榖梁子，其有喜、嘉、赤、置、俶诸名，各说不一。

《榖梁传》今存，体裁与《公羊传》相近，两书都是空言说经，甚至有不少穿凿附会的内容，就其体例来看，只能说是传注的一种，史料价值不及《左传》。

徐梵澄说："《公》《榖》皆以阐述《春秋》微言大义而见长，《榖梁传》持论公正而优，《公羊传》则略显偏颇。《左传》多记述历史事实，文风优雅富丽，后世优秀散文家多有追随者。"[1]

今《十三经注疏》本《春秋榖梁传》（范宁集解，杨士勋疏）存 20 卷，分十二公述之。

---

[1] 徐梵澄：《孔学古微》，李文彬译，孙波校，华东师范大学出版社，2015，第 100 页。

《邹氏传》十一卷。

书已亡佚。《七录》云："建武中，邹、夹氏皆绝。"王吉能为《驺氏春秋》。《隋志》："王莽之乱，《邹氏》无师，《夹氏》亡。""邹""驺"古字通。

《夹氏传》十一卷。有录无书。

早已亡佚。余嘉锡说："'有录无书'，乃刘歆语，非班固语。有录者，刘向校书之时，曾见其书，为之著录。无书者，刘歆作《七略》之时，中秘所藏《夹氏传》已亡失也。"[1] 小序说"夹氏未有书"，指秘府无书，而民间有。《宋志》著录《春秋夹氏》三十卷。

周寿昌《汉书注校补》："夹氏书在汉时已亡，既云有录，其初必有书也。"又云："《邹氏传》无师，《夹氏传》无书而存之者，存此两家也。"周氏已约略指出班固编撰《汉志》的目的兼有记录一代学术流变之意。

上面所列的《公羊传》《穀梁传》《邹氏传》《夹氏传》都是十一卷，有人认为是依经为传，其实不然，从《左氏传》三十卷可知传转经旨，不必依经分卷。

《左氏微》二篇。

《左氏微》已亡。《汉志》著录传经的书，有传、记、说、解、训、故、章句等，除此之外，这里的"微"也是

---

[1] 余嘉锡：《〈汉书艺文志索隐稿〉选刊（序、六艺）下》，载彭林主编《中国经学》第三辑，广西师范大学出版社，2008，第4页。

一种。笺、注、疏等体在《汉志》之后才有。

《春秋》蕴含孔子微言大义，治《春秋》的学者多欲探究其微旨，所以叫"微"。后面还会提到"微传"，指的是"微"与"传"，相当于《诗》有"故训传"。

洪迈《容斋五笔》卷六"经解之名"条："晋、唐至今，诸儒训释六经，否则自立佳名，盖各以百数，其书曰'传'、曰'解'、曰'章句'而已。若战国迨汉，则其名简雅。一曰'故'，故者，通其指义也。《书》有《夏侯解故》，《诗》有《鲁故》《后氏故》《韩故》也。《毛诗故训传》，颜师古谓流俗改'故训传'为'诂'，字失真耳。小学有杜林《苍颉故》。二曰'微'，谓释其微指。如《春秋》有《左氏微》《铎氏微》《张氏微》《虞卿微传》。三曰'通'，如洼丹《易通论》名为《洼君通》，班固《白虎通》，应劭《风俗通》，唐刘知几《史通》、韩滉《春秋通》。凡此诸书，唯《白虎通》《风俗通》仅存耳。又如郑康成作《毛诗笺》，申明其义，他书无用此字者。《论语》之学，但曰《齐论》《鲁论》《张侯论》，后来皆不然也。"

《铎氏微》三篇。楚太傅铎椒也。

已亡佚。陈直说："《汉印文字征》第十四，三页，有'铎广汉'印，可证两汉尚有此姓，盖铎椒之一族也。"[1]

《史记·十二诸侯年表》云："铎椒为楚威王太傅，为王不能尽观《春秋》，采取成败，卒四十章，为《铎氏

微》。"沈钦韩说"微"是《春秋》之支别。

李零引刘向《别录》:"左丘明授曾申,申授吴起,起授其子期,期授楚人铎椒。铎椒作《钞撮》八卷授虞卿,虞卿作《钞撮》九卷授荀卿,荀卿授张苍。"怀疑"微"即《钞撮》,"此类'钞撮'之作是以杂抄的故事来阐发隐微,如同今日所谓'秘史'、'秘辛'之类"。刘向《别录》所讲的传授源流并不可信,正如钱穆《先秦诸子系年》所说:"铎椒得吴起子期之传,差尚可信,而谓其授虞卿,则年世不相及。""荀卿为前辈硕学,而虞卿乃后进游士,何从有虞卿著书以授荀卿哉?""以铎椒授虞卿,虞卿授荀卿之例观之,谓荀卿授《左传》于张苍,恐亦未见其必信也。"

《张氏微》十篇。

已亡佚。臧庸、沈钦韩、姚振宗说作者疑是张苍。张苍是铎氏三传弟子。

《虞氏微传》二篇。赵相虞卿。

《史记·十二诸侯年表》历叙上述四书,太史公说"为成学治古文者要删焉",李零也认为以上四书"传左氏学,属于古文家,位置在今文家的外传前,可能相当于'左氏外传',是《左传》的补充材料"。

《虞氏微传》已亡佚。刘向《别录》云:"虞卿作《钞撮》九卷以授荀卿。"是虞氏亦专为《左氏》学。铎椒、虞卿都是传《左氏》的先师,余嘉锡说:"疑其书中亦兼备训诂，抑或教授之时口以传说，而不尽见于书也。汉兴，贾谊为《左氏传》训诂，《志》不著录，盖已亡佚。章句者，博士所以教弟子，《左氏》不立学官，故无章句。"[①]

《公羊外传》五十篇。

已亡佚。李零说："'外传'是对'内传'而言，即对上《公羊传》《穀梁传》而言。这和《国语》叫'左氏外传'是一样的。"

《穀梁外传》二十篇。

已亡佚。钟文烝说："汉初，陆贾造《新语》十二篇，其第一篇《道基》之末引《穀梁传》曰：'仁者以治亲，义者以利尊，万世不乱，仁义之所治也。'今传中无此四语，盖在《汉志》所称《穀梁外传》《穀梁章句》中，而通谓之传也。又第八篇《至德》之末论鲁庄公事而曰'故《春秋穀梁》'云云，今自'梁'字以下皆缺，不知何语。观陆生两引《穀梁》，则此《传》信为周代书，并《外传》《章句》之属，有非晚出者矣。"[②]

《公羊章句》三十八篇。

已亡佚。

① 余嘉锡：《〈汉书艺文志索隐稿〉选刊（序、六艺）下》，载彭林主编《中国经学》第三辑，广西师范大学出版社，2008，第5页。
② （清）钟文烝著，骈宇骞、郝淑慧点校《春秋穀梁经传补注·论传》，中华书局，2009，第7页。

《穀梁章句》三十三篇。

已亡佚。《经典释文·序录》有尹更始《穀梁章句》十五卷。但西汉章句之学传世甚寡，尹氏之书到唐仍完好无缺的可能性不大。疑后儒间有附益，非其本真。

《公羊杂记》八十三篇。

已亡佚。沈钦韩、姚振宗、王先谦怀疑是公孙弘所作，张舜徽认为："皆臆测之辞，未可保信。传文称'学春秋杂说'，乃言其所学博杂，不主一家；《汉志》著录之《杂记》乃书名，非一事也。此书既名《杂记》，又有八十三篇之多，盖亦经师荟萃群言之作，故不著其姓氏。"

《公羊颜氏记》十一篇。

汉颜安乐（字公孙）所说。《汉书·儒林传》："严彭祖字公子，东海下邳人也。与颜安乐俱事眭孟。孟弟子百余人，唯彭祖、安乐为明，质问疑谊，各持所见。孟曰：'《春秋》之意，在二子矣！'孟死，彭祖、安乐各颛门教授。由是《公羊春秋》有颜、严之学。"颜、严两家皆立博士。后汉张霸减定《严氏春秋》为二十万言。

已亡佚。马国翰有《公羊颜氏记》辑佚一卷。

《公羊董仲舒治狱》十六篇。

《后汉书·应劭传》："故胶西董仲舒老病致仕，朝廷每有政议，数遣廷尉张汤亲至陋巷，问其得失。于是作

《春秋决狱》二百三十二事，动以经对，言之详矣。"《汉志》之十六篇当即此书。

《隋志》有董仲舒《春秋决事》十卷。《唐志》有董仲舒《春秋决狱》十卷。《崇文总目》有《春秋决事比》十卷。《宋志》有《春秋决事》（一作《春秋决狱》）十卷。已亡佚。清王谟、马国翰、洪颐煊各有辑本。马国翰辑本序："董氏传《春秋公羊》学，既撰《繁露》，悉究天人之奥，复撰此书，引经断狱，当代取式焉。"

沈家本说："《春秋繁露》曰：'《春秋》之听狱也必本其事而原其志。'《盐铁论》：'《春秋》之定狱，论心定罪。志善而违于法者免，志恶而合于法者诛。'《论衡》：'董仲舒表《春秋》之义，稽合于律，无乘异者。'董子决狱之宗旨如此，岂张汤辈所可同日语哉？应劭有《春秋断狱》，《史记·正义》引《七录》'《春秋断狱》五卷'当即董书，劭重加编定耳。汉人多以《春秋》治狱，如胶西王议淮南王安罪、吕步舒治淮南狱、终军诘徐偃矫制颛行、隽不疑缚成方遂、御史中丞众等及廷尉共议薛况罪、龚胜等议傅晏等罪，并引《春秋》之义，乃其时风尚如此，仲舒特其著焉者耳。"[①]

《公羊董仲舒治狱》当互见于法家，是理论性的书籍，应与律令书依道器合一的次序，排在律令书的前面。

《议奏》三十九篇。石渠论。

已亡佚。《汉书·儒林传》："上（宣帝）善穀梁说……

---

① （清）沈家本撰，邓经元、骈宇骞点校《历代刑法考·律令二·董仲舒治狱》，中华书局，1985，第881页。

乃召《五经》名儒太子太傅萧望之等大议殿中，平《公羊》《穀梁》同异，各以经处是非。时《公羊》博士严彭祖、侍郎申挽、伊推、宋显，穀梁议郎尹更始、待诏刘向、周庆、丁姓并论。《公羊》家多不见从，愿请内侍郎许广，使者亦并内《穀梁》家中郎王亥，各五人，议三十余事。望之等十一人各以经谊对，多从《穀梁》。由是《穀梁》之学大盛。"

《国语》二十一篇。左丘明著。

马王堆汉墓出土有类似《国语》的文献，张政烺发表于《文物》1977 年第 1 期的《〈春秋事语〉解题》据《国语·楚语上》的记载，判断春秋时代有一种称作"语"的古书体裁，并将汉墓出土文献命名为《春秋事语》。

今本《国语》存二十一卷。吴韦昭注。《四库全书》入史部杂史类。《简目》云："《国语》作自何人，说者不一，然以汉人所传左丘明为有征。旧有郑众、贾逵、虞翻、唐固诸注，并已散佚，其传于今者，惟昭此注为最古。"

《国语》所记时代，上自周穆王，下及鲁悼公，与春秋时代不相应，与经义了不相关。分为《周语》三卷，《鲁语》二卷，《齐语》一卷，《晋语》九卷，《郑语》一卷，《楚语》二卷，《吴语》一卷，《越语》二卷。

作者为谁，说法不一。刘知几《史通·六家》："《国语》家者，其先亦出于左丘明。既为《春秋内传》，又稽其逸文，纂其别说，分周、鲁、齐、晋、郑、楚、吴、越八国事，起自周穆王，终于鲁悼公，别为《春秋外传国语》，合为二十一篇。其文以方《内传》，或重出而小异。"①

东汉、三国以降，史学书籍数量逐渐增加，《国语》《战国策》《太史公书》等遂从春秋类中析出，入史部。

《新国语》五十四篇。刘向分《国语》。

已亡佚。在《国语》的基础上重新分类编订。

《世本》十五篇。古史官记黄帝以来讫春秋时诸侯大夫。

相当于后世的谱牒学。皇甫谧《帝王世纪》说是左丘明所书，刘知几《史通》又说《世本》所载，终乎秦末。这是不可靠的说法。当以《汉书·司马迁传·赞》所说为是："又有《世本》，录黄帝以来至春秋时帝王公侯卿大夫祖世所出。……司马迁……采《世本》……"王应麟引刘向曰："《世本》，古史官明于古事者所记，录黄帝以来帝王、诸侯及卿大夫系、谥、名、号，凡十五篇。"

已亡佚。清代以来有多种辑本。秦嘉谟本所辑最多，次则张澍《二酉堂丛书》。清陈其荣辑之，刻《槐庐丛书》内。

《世本》全书结构有七：

帝系　完全之世系。
世家　诸侯之更迭。
谱　专记周王室和各国执政的世卿大夫的年表。

---

① 另可参见陈继儒《狂夫之言》卷二。

传 记载春秋以前的人物事迹。

氏姓篇 先秦大小贵族的起源和宗支分化情况。

居篇 三代王都和列国都邑的变迁。

作篇 上古礼乐初制及技术发明。

章学诚《校雠通义·郑樵误校汉志》认为《世本》不应当归入春秋类，应该归入《数术略》历谱类。北京图书馆出版社 2008 年影印商务印书馆 1957 年本《世本八种》里面有《王侯大夫谱》，章学诚可能是有鉴于此而认为当入历谱类，这个意见还有待商榷。朱维铮认为《世本》"既非编年史，也非国别史，而是人的种族蕃延的历史，它记录种的蕃延，既注意族类，也注意个人。它的中间首次出现了'传'的体裁，用以记叙统治阶级内有影响的个人历史，选择的标准已不尽是家世和出生，还顾及实际地位和作用。同时，它的写法已不限于一种程式，而依据所记的内容，或为王侯世系记录，或为政权交接记录，或重家族，或重个人，或记事件，或记制度，形式呈现多种色彩"。[①]后来司马迁在这种体裁的基础上，创作出完全不同于《左传》与《国语》的纪传体。

《战国策》三十三篇。记春秋后。

王应麟引刘向《校书录序》云："中书本号，或曰《国策》，或曰《国事》，或曰《短长》，或曰《事语》，或

---

① 朱维铮著，廖梅、姜鹏整理《中国史学史讲义稿》，复旦大学出版社，2015，第 54 页。

曰《长书》，或曰《修书》。臣向以为战国时游士辅所用之国，为之策谋，宜为《战国策》。"《隋志》："三十四卷，刘向录。"《唐志》缺二卷。今世所传三十三卷。《史通》曰："其篇有东西二周，秦、齐、燕、楚、三晋、宋、卫、中山，合十二国，分为三十二卷。谓之策者，盖录而不序，即简以为名。"杨树达说："边通学短长，蒯通善为短长说，主父偃学长短纵横术，汉初此学盛行如此。"

书今存。有高诱、姚宏注本。《四库简目》："旧本题汉高诱注。今考其书，实宋姚宏因诱注残本而补之。其中二卷至四卷、六卷至十卷，为高诱原注，余皆宏所补注也。"

宋晁公武《郡斋读书志》、元马端临《文献通考》相继将它改入子部纵横家类，因而引起关于它的性质的争论。近代学者多从后说，认为《战国策》乃战国纵横游说之士的言论汇编。章学诚《校雠通义·辨嫌名》："《太史公》百三十篇今名《史记》，《战国策》三十三篇初名《短长语》，《老子》之称《道德经》，《庄子》之称《南华经》，《屈原赋》之称《楚词》，盖古人称名朴而后人入于华也。"《校雠通义·郑樵误校汉志》又提出："以刘歆、任宏重复著录之理推之，《战国策》一书当与兵书之权谋条、诸子之纵横家，重复互注，乃得尽其条理。"

1973 年湖南长沙马王堆三号汉墓出土帛书[①]，其中有十一章见于《战国策》《韩非子》《史记》中，另外十六章的内容未见他书记载，是司马迁都没有见过的珍贵史料。

---

① 参见马王堆汉墓帛书整理小组编《战国纵横家书》，文物出版社，1976。

徐建委说："几乎每一部被记录在《汉志》上的书，其文本内部多少都埋藏了某种规模或量级的学术史。这从《战国策》亦不难悉知。这些策书，是由哪些人写的？在哪些人中流传？地域特点如何？是臆造还是略有史实依据，或是实录？它们如何流传到西汉的？为什么在西汉的流传还如此广泛？这与汉代初年的思想或学术有何种关系？上述诸种问题，多数难以完美解答，甚至多数只能臆测，但是周秦汉研究的魅力，有时候就在此处，依靠极少的信息，还原那些最具'决定性'的时刻或历史现场。"①

《奏事》二十篇。秦时大臣奏事，及刻石名山文也。

"奏"就是古代的上书。秦初定制，改书为奏。班固自注说是"秦时大臣奏事"。其体裁本之于《尚书》，但所奏皆史料，所以说所重在史。

《史记·秦始皇本纪》记有秦始皇、二世巡行天下于名山刻石之文，多为李斯手笔。陈梦家《秦刻石杂考》："《隋书·经籍志》有《秦皇东巡会稽刻石文》一卷，或《奏事》二十篇之一。唐司马贞《史记索隐》于《会稽刻石》下引《会稽刻石文》《刻石文》，即此书也。"②

陈国庆说："《秦始皇本纪》言刻石纪功德者凡七：峄山刻石一，泰山刻石二，琅邪刻石三，之罘刻石四，东观刻石

① 徐建委：《文本革命：刘向、〈汉书·艺文志〉与早期文本研究》，中国社会科学出版社，2017，第74页。
② 《陈梦家学术论文集》，中华书局，2016，第633页。

五，刻碣石门六，会稽刻石七。二世元年东行郡县，北到碣石，南至会稽，而尽刻始皇所立刻石，石旁著大臣从者名，以章先帝成功盛德焉。此中国金石之学有著录之始。"

已亡佚。严可均辑《全秦文》中有王绾、李斯、公子高、周青臣、淳于越及儒生群臣议凡十五篇。

章学诚《校雠通义·郑樵误校汉志》认为："以刘歆、任宏重复著录之理推之……《秦大臣奏事》当与《汉高祖传》《孝文传》诸书，同入《尚书》部次。盖君上诏诰，臣下章奏，皆《尚书》训诰之遗，后世以之掺入集部者，非也。凡典章故事，皆当视此。"

《楚汉春秋》九篇。陆贾所记。

写楚汉战争，以及惠帝、文帝年间事。《汉书·司马迁传·赞》："汉兴伐秦，定天下，有《楚汉春秋》。"《隋志》："陆贾作《楚汉春秋》，以述诛锄秦、项之事。"

书亡于南宋，清有洪颐煊、茆泮林、黄奭等人辑本。王利器将洪颐煊辑本做了校订，作为附录，收在《新语校注》一书。王利器在该书前言中说：

《史通·杂说》上写道："刘氏初兴，书唯陆贾而已，子长述楚、汉之事，譬夫行不由径，出不由户，未之闻也。"我在作《楚汉春秋》钩沉过程中，认识到司马迁之纂修《太史公书》，实以此书为第一手材料之一。《文选》刘子骏《移书让太常博士》注："《楚汉春秋》曰：'汉已定天下，论群臣破敌禽将，活死不衰，绛灌、樊哙是也。功成名立，臣为爪牙，世世相属，百世无邪，绛侯周勃是也。'然绛灌自一人，非绛侯与灌婴。"寻《汉书·礼乐志》："至文帝时，贾谊……乃草具其仪，天子说焉；而大臣绛灌之属害之，故其议遂寝。"注："师古曰：'旧说以为绛谓绛侯周勃也，灌谓灌婴也；而《楚汉春秋》高祖之臣，别有绛灌，疑昧之文，不可明也。"又《陈平传》"汉王闻之，愈益幸平，遂与东伐项王，至彭城，为楚所败，引师而还，收散兵，至荥阳，以平为亚将，属韩王信，军广武。绛灌等或谗平曰"云云，注："师古曰：'旧说云：绛、绛侯周勃也；灌，灌婴也。'而《楚汉春秋》高祖之臣，别有绛灌，疑昧之文，不可据也。"今案：周勃之封绛侯，是以"从高祖击燕王臧荼，破之易下，所将卒当驰道为多"，而绛灌谗平之日，周勃尚未封侯，则绛灌实别一人，何疑昧之有？况铸一词而一称侯一称姓，也未免太别扭了。《元和姓纂》八《四绛》："绛，绛县老人之后。"绛县老人见《左传·襄公三十年》。《广韵·四绛》："绛，又姓。"则绛之为姓，文献足征，惜《姓纂》《广韵》都没有引此为证。而章定《名贤氏族言行类稿》四二乃云："绛，晋人绛县老氏之后。"竟以"绛县老人"误为"绛县老氏"，等之自邻，可以无讥矣。由绛灌一事观之，则《楚汉春秋》一书还可以订正《史》、《汉》的缺误。《后汉书·班彪传》写道："汉兴，定天下，太中大夫陆贾记录时功，作《楚汉春秋》九篇。"寻《史记·项羽本纪》："汉遣陆贾说项王请太公，项王弗听。汉王复使侯公往说项王，项王乃与汉约：中分天下，割鸿沟以西者为汉，鸿沟而东者为楚。项王许之，即归汉王父母妻子，军皆呼万岁。汉王乃封侯公为平国君。"《正义》："《楚汉春秋》云：'上欲封之，乃肯见，曰：此天下之辨士，所居倾国，故号平国君。'按：说归太公、吕后，能和平邦国。"说项王归太公、吕后事，陆贾实在有辱君命。现在虽然仅见侯公说项王一节，必然是陆贾无功，才命侯公复往而踵成之。则陆贾之记此事，必然要详其本末，可以想见，当其秉笔直书之时，必然不会为己之失败而掩饰，则其史德，亦足以风人矣。因之，我在校注《新语》之余，又把《楚汉春秋》作为附录，以为尚论古人之一助。①

近人金德建《司马迁所见书考》考证，这部《新语》就是《楚汉春秋》。金氏认为陆贾当时作这部《楚汉春秋》，既然是要上奏汉高祖的，那么他在史笔的叙次上就不免有好些地方要扬汉抑楚，以迎合高祖的心理。

《太史公》百三十篇。十篇有录无书。

今存。或称为《太史公记》②，或称为《太史公传》③，或称为《太史公书》④，然皆非正称。钱穆《太史公考释》云："《太史公》则司马迁一家之私书，当与孔子《春秋》齐类，不当与《鲁春秋》《晋乘》《楚梼杌》相

---

① 王利器：《新语校注·前言》，中华书局，2012，第 14～16 页。
② 《汉书·杨敞传》："（敞子）恽，字子幼，以忠任为郎，补常侍骑。恽母，司马迁女也。恽始读外祖《太史公记》，颇为《春秋》。"《论衡》《风俗通义》亦引作《太史公记》。
③ 《史记·龟策列传》："褚先生曰：'臣以通经术，受业博士，治《春秋》，以高第为郎，幸得宿卫，出入宫殿中十有余年。窃好《太史公传》。'"
④ 《汉书·东平王传》："上疏求诸子及《太史公书》。"《论衡·超奇》："班叔皮续《太史公书》百篇以上，记事详悉。"

例。故其书称《太史公》，犹孟轲自称孟子，其书因亦称《孟子》，荀况自号荀子，故其书亦称《荀子》云耳。……《太史公书》者，犹云诸子书，孟子、老子书，若正名以称，则应曰《孟子》《老子》《太史公》，不得加'书'字。至若曰'记'曰'传'，则举一偏以概，更非其书之本称。《后汉书·范升传》，时难者以《太史公》多引《春秋》，升又上《太史公》违戾五经，谬孔子言，此始为其书之正称矣。《杨终传》，终受诏删《太史公书》为十余万言，此亦随文增列'书'字，不得据谓其书之本称。至《史记》之名，梁玉绳谓当起于叔皮父子，观《汉书·五行志》及《后汉书·班彪传》可见。"[1]

《太史公》书成，《自序》说"藏之名山，副在京师"，是副本藏于中秘。至于十篇有录无书的原因，卫宏《汉官旧仪注》说："司马作本纪，极言景帝、武帝之过，武帝怒而削之。"《史记》全书凡一百三十篇，缺哪十篇？张晏说："迁没之后，亡《景纪》《武纪》《礼书》《乐书》《律书》《汉兴以来将相年表》《日者列传》《三王世家》《龟策列传》《傅靳蒯成列传》，元成之间褚先生补阙。"

要读《史记》，必先读《太史公自序》：

维昔黄帝，法天则地，四圣遵序，各成法度；唐尧逊位，虞舜不台；厥美帝功，万世载之。作《五帝本纪》第一。

维禹之功，九州攸同，光唐虞际，德流苗裔；夏桀淫骄，乃放鸣条。作《夏本纪》第二。

---

[1] 钱穆：《中国学术思想史论丛》（三），生活·读书·新知三联书店，2009，第22~23页。

维契作商，爰及成汤；太甲居桐，德盛阿衡；武丁得说，乃称高宗；帝辛湛湎，诸侯不享。作《殷本纪》第三。

维弃作稷，德盛西伯；武王牧野，实抚天下；幽厉昏乱，既丧鄼镐；陵迟至报，洛邑不祀。作《周本纪》第四。

维秦之先，伯翳佐禹；穆公思义，悼豪之旅；以人为殉，诗歌《黄鸟》；昭襄业帝。作《秦本纪》第五。

始皇既立，并兼六国，销锋铸鐻，维偃干革，尊号称帝，矜武任力；二世受运，子婴降虏。作《始皇本纪》第六。

秦失其道，豪桀并扰；项梁业之，子羽接之；杀庆救赵，诸侯立之；诛婴背怀，天下非之。作《项羽本纪》第七。

子羽暴虐，汉行功德；愤发蜀汉，还定三秦；诛籍业帝，天下惟宁，改制易俗。作《高祖本纪》第八。

惠之早霣，诸吕不台；崇强禄、产，诸侯谋之；杀隐幽友，大臣洞疑，遂及宗祸。作《吕太后本纪》第九。

汉既初兴，继嗣不明，迎王践祚，天下归心；蠲除肉刑，开通关梁，广恩博施，厥称太宗。作《孝文本纪》第十。

诸侯骄恣，吴首为乱，京师行诛，七国伏辜，天下翕然，大安殷富。作《孝景本纪》第十一。

汉兴五世，隆在建元，外攘夷狄，内修法度，封禅，改正朔，易服色。作《今上本纪》第十二。

维三代尚矣，年纪不可考，盖取之谱牒旧闻，本于兹，于是略推，作《三代世表》第一。

幽厉之后，周室衰微，诸侯专政，春秋有所不纪；而谱牒经略，五霸更盛衰，欲睹周世相先后之意，作《十二诸侯年表》第二。

春秋之后，陪臣秉政，强国相王；以至于秦，卒并诸夏，灭封地，擅其号。作《六国年表》第三。

秦既暴虐，楚人发难，项氏遂乱，汉乃扶义征伐；八年之间，天下三嬗，事繁变众，故详著《秦楚之际月表》第四。

汉兴已来，至于太初百年，诸侯废立分削，谱纪不明，有司靡踵，强弱之原云以世。作《汉兴已来诸侯年表》第五。

维高祖元功，辅臣股肱，剖符而爵，泽流苗裔，忘其昭穆，或杀身陨国。作《高祖功臣侯者年表》第六。

惠景之间，维申功臣宗属爵邑，作《惠景间侯者年表》第七。

北讨强胡，南诛劲越，征伐夷蛮，武功爰列。作《建元以来侯者年表》第八。

诸侯既强，七国为从，子弟众多，无爵封邑，推恩行义，其势销弱，德归京师。作《王子侯者年表》第九。

国有贤相良将，民之师表也。维见汉兴以来将相名臣年表，贤者记其治，不贤者彰其事。作《汉兴以来将相名臣年表》第十。

维三代之礼，所损益各殊务，然要以近性情，通王道，故礼因人质为之节文，略协古今之变。作《礼书》第一。

乐者，所以移风易俗也。自《雅》《颂》声兴，则已好《郑》《卫》之音，《郑》《卫》之音所从来久矣。人情之所感，远俗则怀。比《乐书》以述来古，作《乐书》第二。

非兵不强，非德不昌，黄帝、汤、武以兴，桀、纣、二世以崩，可不慎欤？《司马法》所从来尚矣，太公、孙、吴、王子能绍而明之，切近世，极人变。作《律书》第三。

律居阴而治阳，历居阳而治阴，律历更相治，间不容翲忽。五家之文怫异，维太初之元论。作《历书》第四。

星气之书，多杂机祥，不经；推其文，考其应，不殊。比集论其行事，验于轨度以次，作《天官书》第五。

受命而王，封禅之符罕用，用则万灵罔不禋祀。追本诸神名山大川礼，作《封禅书》第六。

维禹浚川，九州攸宁；爰及宣防，决渎通沟。作《河渠书》第七。

维币之行，以通农商；其极则玩巧，并兼兹殖，争于机利，去本趋末。作《平准书》以观事变，第八。

太伯避历，江蛮是适；文武攸兴，古公王迹。阖庐弑僚，宾服荆楚；夫差克齐，子胥鸱夷；信嚭亲越，吴国既灭。嘉伯之让，作《吴世家》第一。

申、吕肖矣，尚父侧微，卒归西伯，文武是师；功冠群公，缪权于幽；番番黄发，爰飨营丘。不背柯盟，桓公以昌，九合诸侯，霸功显彰。田阚争宠，姜姓解亡。嘉父之谋，作《齐太公世家》第二。

依之违之，周公绥之；愤发文德，天下和之；辅翼成王，诸侯宗周。隐桓之际，是独何哉？三桓争强，鲁乃不昌。嘉旦《金滕》，作《周公世家》第三。

武王克纣，天下未协而崩。成王既幼，管蔡疑之，淮夷叛之，于是召公率德，安集王室，以宁东土。燕（易）〔哙〕之禅，乃成祸乱。嘉《甘棠》之诗，作《燕世家》第四。

管蔡相武庚，将宁旧商；及旦摄政，二叔不飨；杀鲜放度，周公为盟；大任十子，周以宗强。嘉仲悔过，作《管蔡世家》第五。

王后不绝，舜禹是说；维德休明，苗裔蒙烈。百世享祀，爰周陈杞，楚实灭之。齐田既起，舜何人哉？作《陈杞世家》第六。

收殷余民，叔封始邑，申以商乱，《酒》《材》是告，及朔之生，卫顷不宁；南子恶蒯聩，子父易名。周德卑微，战国既强，卫以小弱，角独后亡。嘉彼《康诰》，作《卫世家》第七。

嗟箕子乎！嗟箕子乎！正言不用，乃反为奴。武庚既死，周封微子。襄公伤于泓，君子孰称。景公谦德，荧惑退行。剔成暴虐，宋乃灭亡。嘉微子问太师，作《宋世家》第八。

武王既崩，叔虞邑唐。君子讥名，卒灭武公。骊姬之爱，乱者五世；重耳不得意，乃能成霸。六卿专权，晋国以耗。嘉文公锡珪鬯，作《晋世家》第九。

重黎业之，吴回接之；殷之季世，粥子牒之。周用熊绎，熊渠是续。庄王之贤，乃复国陈；既赦郑伯，班师华元。怀王客死，兰咎屈原；好谀信谗，楚并于秦。嘉庄王之义，作《楚世家》第十。

少康之子，实宾南海，文身断发，鼋鳝与处，既守封禺，奉禹之祀。句践困彼，乃用种、蠡。嘉句践夷蛮能修其德，灭强吴以尊周室，作《越王句践世家》第十一。

桓公之东，太史是庸。及侵周禾，王人是议。祭仲要盟，郑久不昌。子产之仁，绍世称贤。三晋侵伐，郑纳于韩。嘉厉公纳惠王，作《郑世家》第十二。

维骥騄耳，乃章造父。赵夙事献，衰续厥绪。佐文尊王，卒为晋辅。襄子困辱，乃禽智伯。主父生缚，饿死探爵。王迁辟淫，良将是斥。嘉鞅讨周乱，作《赵世家》第十三。

毕万爵魏，卜人知之。及绛戮干，戎翟和之。文侯慕义，子夏师之。惠王自矜，齐秦攻之。既疑信陵，诸侯罢之。卒亡大梁，王假厮之。嘉武佐晋文申霸道，作《魏世家》第十四。

韩厥阴德，赵武攸兴。绍绝立废，晋人宗之。昭侯显列，申子庸之。疑非不信，秦人袭之。嘉厥辅晋匡周天子之赋，作《韩世家》第十五。

完子避难，适齐为援，阴施五世，齐人歌之。成子得政，田和为侯。王建动心，乃迁于共。嘉威、宣能拨浊世而独宗周，作《田敬仲完世家》第十六。

周室既衰，诸侯恣行。仲尼悼礼废乐崩，追修经术，以达王道，匡乱世反之于正，见其文辞，为天下制仪法，垂《六艺》之统纪于后世。作《孔子世家》第十七。

桀、纣失其道而汤、武作，周失其道而《春秋》作。秦失其政，而陈涉发迹，诸侯作难，风起云蒸，卒亡秦族。天下之端，自涉发难。作《陈涉世家》第十八。

成皋之台，薄氏始基。诎意适代，厥崇诸窦。栗姬负贵，王氏乃遂。陈后太骄，卒尊子夫。嘉夫德若斯，作《外戚世家》第十九。

汉既谲谋，禽信于陈；越荆剽轻，乃封弟交为楚王，爰都彭城，以强淮泗，为汉宗藩。戊溺于邪，礼复绍之。嘉游辅祖，作《楚元王世家》第二十。

维祖师旅，刘贾是与；为布所袭，丧其荆、吴。营陵激吕，乃王琅邪；怵午信齐，往而不归，遂西入关，遭立孝文，获复王燕。天下未集，贾、泽以族，为汉藩辅。作《荆燕世家》第二十一。

天下已平，亲属既寡；悼惠先壮，实镇东土。哀王擅兴，发怒诸吕，驷钧暴戾，京师弗许。厉之内淫，祸成主父。嘉肥股肱，作《齐悼惠王世家》第二十二。

楚人围我荥阳，相守三年；萧何填抚山西，推计踵兵，给粮食不绝，使百姓爱汉，不乐为楚。作《萧相国世家》第二十三。

与信定魏，破赵拔齐，遂弱楚人。续何相国，不变不革，黎庶攸宁。嘉参不伐功矜能，作《曹相国世家》第二十四。

运筹帷幄之中，制胜于无形，子房计谋其事，无知名，无勇功，图难于易，为大于细。作《留侯世家》第二十五。

六奇既用，诸侯宾从于汉；吕氏之事，平为本谋，终安宗庙，定社稷。作《陈丞相世家》第二十六。

诸吕为从，谋弱京师，而勃反经合于权；吴楚之兵，亚夫驻于昌邑，以厄齐赵，而出委以梁。作《绛侯世家》第二十七。

七国叛逆，蕃屏京师，唯梁为扞；负爱矜功，几获于祸。嘉其能距吴楚，作《梁孝王世家》第二十八。

五宗既王，亲属洽和，诸侯大小为藩，爰得其宜，僭拟之事稍衰贬矣。作《五宗世家》第二十九。

三子之王，文辞可观。作《三王世家》第三十。

末世争利，维彼奔义；让国饿死，天下称之。作《伯夷列传》第一。

晏子俭矣，夷吾则奢；齐桓以霸，景公以治。作《管晏列传》第二。

李耳无为自化，清净自正；韩非揣事情，循势理。作《老子韩非列传》第三。

自古王者而有《司马法》，穰苴能申明之。作《司马穰苴列传》第四。

非信廉仁勇不能传兵论剑，与道同符，内可以治身，外可以应变，君子比德焉。作《孙子吴起列传》第五。

维建遇谗，爰及子奢，尚既匡父，伍员奔吴。作《伍子胥列传》第六。

孔氏述文，弟子兴业，咸为师傅，崇仁厉义。作《仲尼弟子列传》第七。

鞅去卫适秦，能明其术，强霸孝公，后世遵其法。作《商君列传》第八。

天下患衡秦毋餍，而苏子能存诸侯，约从以抑贪强。作《苏秦列传》第九。

六国既从亲，而张仪能明其说，复散解诸侯。作《张仪列传》第十。

秦所以东攘雄诸侯，樗里、甘茂之策。作《樗里甘茂列传》第十一。

苞河山，围大梁，使诸侯敛手而事秦者，魏冉之功。作《穰侯列传》第十二。

南拔鄢郢，北摧长平，遂围邯郸，武安为率；破荆灭赵，王翦之计。作《白起王翦列传》第十三。

猎儒墨之遗文，明礼义之统纪，绝惠王利端，列往世兴衰。作《孟子荀卿列传》第十四。

好客喜士，士归于薛，为齐捍楚魏。作《孟尝君列传》第十五。

争冯亭以权，如楚以救邯郸之围，使其君复称于诸侯。作《平原君虞卿列传》第十六。

能以富贵下贫贱，贤能诎于不肖，唯信陵君为能行之。作《魏公子列传》第十七。

以身徇君，遂脱强秦，使驰说之士南乡走楚者，黄歇之义。作《春申君列传》第十八

能忍訽于魏齐，而信威于强秦，推贤让位，二子有之。作《范雎蔡泽列传》第十九。

率行其谋，连五国兵，为弱燕报强齐之仇，雪其先君之耻。作《乐毅列传》第二十。

能信意强秦，而屈体廉子，用徇其君，俱重于诸侯。作《廉颇蔺相如列传》第二十一。

湣王既失临淄而奔莒，唯田单用即墨破走骑劫，遂存齐社稷。作《田单列传》第二十二。

能设诡说解患于围城，轻爵禄，乐肆志。作《鲁仲连邹阳列传》第二十三。

作辞以讽谏，连类以争义，《离骚》有之。作《屈原贾生列传》第二十四。

结子楚亲，使诸侯之士斐然争入事秦。作《吕不韦列传》第二十五。

曹子匕首，鲁获其田，齐明其信；豫让义不为二心。作《刺客列传》第二十六。

能明其画，因时推秦，遂得意于海内，斯为谋首。作

《李斯列传》第二十七。

为秦开地益众，北靡匈奴，据河为塞，因山为固，建榆中。作《蒙恬列传》第二十八。

填赵塞常山以广河内，弱楚权，明汉王之信于天下。作《张耳陈余列传》第二十九。

收西河、上党之兵，从至彭城；越之侵掠梁地以苦项羽。作《魏豹彭越列传》第三十。

以淮南叛楚归汉，汉用得大司马殷，卒破子羽于垓下。作《黥布列传》第三十一。

楚人迫我京索，而信拔魏赵，定燕齐，使汉三分天下有其二，以灭项籍。作《淮阴侯列传》第三十二。

楚汉相距巩洛，而韩信为填颍川，卢绾绝籍粮饷。作《韩信卢绾列传》第三十三。

诸侯畔项王，唯齐连子羽城阳，汉得以间遂入彭城。作《田儋列传》第三十四。

攻城野战，获功归报，哙、商有力焉，非独鞭策，又与之脱难。作《樊郦列传》第三十五。

汉既初定，文理未明，苍为主计，整齐度量，序律历。作《张丞相列传》第三十六。

结言通使，约怀诸侯；诸侯咸亲，归汉为藩辅。作《郦生陆贾列传》第三十七。

欲详知秦楚之事，维周绁常从高祖，平定诸侯。作《傅靳蒯成列传》第三十八。

徙强族，都关中，和约匈奴；明朝廷礼，次宗庙仪法。作《刘敬叔孙通列传》第三十九。

能摧刚作柔，卒为列臣；栾公不劫于势而倍死。作

《季布栾布列传》第四十。

敢犯颜色以达主义，不顾其身，为国家树长画。作《袁盎朝错列传》第四十一。

守法不失大理，言古贤人，增主之明。作《张释之冯唐列传》第四十二。

敦厚慈孝，讷于言，敏于行，务在鞠躬，君子长者。作《万石张叔列传》第四十三。

守节切直，义足以言廉，行足以厉贤，任重权不可以非理挠。作《田叔列传》第四十四。

扁鹊言医，为方者宗，守数精明；后世（修）〔循〕序，弗能易也，而仓公可谓近之矣。作《扁鹊仓公列传》第四十五。

维仲之省，厥濞王吴，遭汉初定，以填抚江淮之间。作《吴王濞列传》第四十六。

吴楚为乱，宗属唯婴贤而喜士，士乡之，率师抗山东荥阳。作《魏其武安列传》第四十七。

智足以应近世之变，宽足用得人。作《韩长孺列传》第四十八。

勇于当敌，仁爱士卒，号令不烦，师徒乡之。作《李将军列传》第四十九。

自三代以来，匈奴常为中国患害；欲知强弱之时，设备征讨，作《匈奴列传》第五十。

直曲塞，广河南，破祁连，通西国，靡北胡。作《卫将军骠骑列传》第五十一。

大臣宗室以侈靡相高，唯弘用节衣食为百吏先。作《平津侯列传》第五十二。

汉既平中国，而佗能集杨越以保南藩，纳贡职。作《南越列传》第五十三。

吴之叛逆，瓯人斩濞，葆守封禺为臣。作《东越列传》第五十四。

燕丹散乱辽间，满收其亡民，厥聚海东，以集真藩，葆塞为外臣。作《朝鲜列传》第五十五。

唐蒙使略通夜郎，而邛笮之君请为内臣受吏。作《西南夷列传》第五十六。

《子虚》之事，《大人》赋说，靡丽多夸，然其指风谏，归于无为。作《司马相如列传》第五十七。

黥布叛逆，子长国之，以填江淮之南，安剽楚庶民。作《淮南衡山列传》第五十八。

奉法循理之吏，不伐功矜能，百姓无称，亦无过行。作《循吏列传》第五十九。

正衣冠立于朝廷，而群臣莫敢言浮说，长孺矜焉；好荐人，称长者，壮有溉。作《汲郑列传》第六十。

自孔子卒，京师莫崇庠序，唯建元元狩之间，文辞粲如也。作《儒林列传》第六十一。

民倍本多巧，奸轨弄法，善人不能化，唯一切严削为能齐之。作《酷吏列传》第六十二。

汉既通使大夏，而西极远蛮，引领内乡，欲观中国。作《大宛列传》第六十三。

救人于厄，振人不赡，仁者有乎；不既信，不倍言，义者有取焉。作《游侠列传》第六十四。

夫事人君能说主耳目，和主颜色，而获亲近，非独色爱，能亦各有所长。作《佞幸列传》第六十五。

不流世俗，不争势利，上下无所凝滞，人莫之害，以道之用。作《滑稽列传》第六十六。

齐、楚、秦、赵为日者，各有俗所用。欲循观其大旨，作《日者列传》第六十七。

三王不同龟，四夷各异卜，然各以决吉凶。略窥其要，作《龟策列传》第六十八。

布衣匹夫之人，不害于政，不妨百姓，取与以时而息财富，智者有采焉。作《货殖列传》第六十九。

维我汉继五帝末流，接三代（统）〔绝〕业。周道废，秦拨去古文，焚灭《诗》《书》，故明堂石室金匮玉版图籍散乱。于是汉兴，萧何次律令，韩信申军法，张苍为章程，叔孙通定礼仪，则文学彬彬稍进，《诗》《书》往往间出矣。自曹参荐盖公言黄老，而贾生、晁错明申、商，公孙弘以儒显，百年之间，天下遗文古事靡不毕集太史公。太史公仍父子相续纂其职。曰："於戏！余维先人尝掌斯事，显于唐虞，至于周，复典之，故司马氏世主天官。至于余乎，钦念哉！钦念哉！"罔罗天下放失旧闻，王迹所兴，原始察终，见盛观衰，论考之行事，略推三代，录秦汉，上记轩辕，下至于兹，著十二本纪，既科条之矣。并时异世，年差不明，作十表。礼乐损益，律历改易，兵权山川鬼神，天人之际，承敝通变，作八书。二十八宿环北辰，三十辐共一毂，运行无穷，辅拂股肱之臣配焉，忠信行道，以奉主上，作三十世家。扶义俶傥，不令己失时，立功名于天下，作七十列传。凡百三十篇，五十二万六千五百字，为《太史公书》。序略，以拾遗补艺，成一家之言，厥协《六经》异传，整齐百家杂语，藏之名山，副在京师，俟后世圣人君子。第七十。

太史公曰：余述历黄帝以来至太初而讫，百三十篇。

《史记》的版本众多，详可参考上海市历史文献图书馆编《司马迁著作及其研究资料书目》（1955）、贺次君《史记书录》（1958）。中华书局出版的《史记》标点本，点校质量非常高，可参考。

辑佚方面，有杜文澜据《白帖》卷十六采得一节，王仁俊转抄，又从《十一经问对》及《太平御览》采得二节，成《史记佚文》一卷。

冯商所续《太史公》七篇。

冯商，字子高，阳陵人。治《易》，事五鹿充宗，后事刘向，能属文，博闻强记。后与孟柳俱待诏，颇序列传，未卒，病死。

本书是续写汉武帝以后的西汉史。已亡佚。刘知几《史通》："《史记》所书，年止汉武，太初已后，阙而不录。其后，刘向、向子歆及诸好事者，若冯商、卫衡、扬雄、史岑、梁审、肆仁、晋冯、段肃、金丹、冯衍、韦融、萧奋、刘恂等，相次撰续。迄于哀平间，犹名《史记》。至建武中，司徒掾班彪以为其言鄙俗，不足以踵前史，又雄、歆伪褒新室，误后惑众，不当垂之后代，于是采其旧事，傍贯异闻，作《后传》六十五篇，其子固为《汉书》。"

《太古以来年纪》二篇。

已亡佚。可能是年表类的作品。

《汉著记》百九十卷。

已亡佚。颜师古说相当于起居注，金毓黻《中国史学史》说未必属于起居注。当以钱穆《太史公考释》说为是："《著记》者，汉室之官吏，谷永所谓'八代著记，久不塞除'，后汉刘毅云'汉之旧典，世有注记'是也。"[①]

《汉大年纪》五篇。

已亡佚。《汉书》称引过《汉帝年纪》，或即此书。应该是西汉的年表类作品。

凡春秋二十三家，九百四十八篇。省《太史公》四篇。

此类以竹书为主。《春秋古经》十二篇，《经》十一卷，本为一行。合计二十九家。其公、穀二家经各十一卷，合得九百一篇，凡多六家，少四十七篇。所谓"省"，指刘氏本有而班氏省去，省去《七略》之重出。

古之王者世有史官，君举必书，所以慎言行，昭法式也。

《说文解字叙》载黄帝之史仓颉，《周官·大宗伯》有太史、小史、内史、外史、御史之职。武王太史辛见于

---

① 钱穆：《中国学术思想史论丛》（三），生活·读书·新知三联书店，2009，第 22 页。

《左传》。宣王太史籀著《大篆》十五篇。

"式"是"戒"之误。言行之是者可以为法，非者可以为戒，故曰慎言行，昭法戒。

"史学"的来源虽然很古，但在《汉志》以前，古籍中并没有"史部"，所以《汉志》就把它附在《春秋》类之后，作为经的附目。直至《隋志》，始分为经、史、子、集四部，而"史部"之中，又首列"正史"一门，于是史家的"体制"才确定下来。

左史记言，右史记事，事为《春秋》，言为《尚书》，帝王靡不同之。

金景芳说以上这句话"实际上出于刘歆《七略》。这几句话是刘歆捏造的，没有根据。很明显，孔子和庄子都说'《书》以道事'，孔子语见《史记·滑稽列传》，庄子语见《庄子·天下》。而《春秋》主要是'道义'，也不是'道事'的。但这几句话对后世史学界影响很大，刘知几《史通》误信'言为《尚书》'，竟说'尧舜二典，直序人事；《禹贡》一篇，唯言地理；《洪范》总述灾祥，《顾命》都陈丧礼：兹以为例不纯者也'，未免可笑"。[①] 金氏之说，不能不说无见。

照《汉志》之说，"记言"就是记录帝王的指示、问话、诰词和朝臣的奏对等，"记事"也有不少问对奏答。

甲骨文、金文、《尚书》、《逸周书》均有"史"字，

---

① 金景芳：《我和先秦史》，载张世林编《为学术的一生》，广西师范大学出版社，2005，第14页。

有左史、右史、太史、内史等。《说文》："史，记事者也。从又（右）执中；中，正也。"这里说的只是记事之史。后人的理解复有不同，江永《周礼疑义举要》说"史"是"从手持簿书"，吴大澂《说文古籀补》说"史"字"象手持简形"，王国维《观堂集林·释史》认为"中"是"盛筭之器"，"史"字"义为持书之人"，章太炎《文始》卷七又说"史字从中，谓记簿书也"。尽管前人的理解不一，但史官"记事""记言"则无疑。

"春秋"本来是古代记事史的通称，孔子说："疏通知远，《书》教也。属辞比事，《春秋》教也。"可见《春秋》和《尚书》的不同。一年有春、夏、秋、冬，这就是所谓的"四时"。为什么举"春秋"而代表四时，而不用"夏冬"呢？前人说因为"春"是生物之始，"秋"是成物之终，始于春而终于秋。[①] 还有一些牵强的说法，比如郑樵说："取赏以春夏，刑以秋冬。"又说："一褒一贬，若春若秋。"另有附会者认为孔子作《春秋》，始于哀公十四年春，九月书成，正是"春作秋成"。

周室既微，载籍残缺，仲尼思存前圣之业，乃称曰："夏礼吾能言之，杞不足征也；殷礼吾能言之，宋不足征也。文献不足故也，足则吾能征之矣。"

引仲尼（孔子）之言，见《论语·八佾》，详见拙著

---

① 《汉书·律历志》："春为阳中，万物以生；秋为阴中，万物以成。"

《下学上达——学行〈论语〉札记》该条之下。

以鲁周公之国，礼文备物，史官有法，故与左丘明观其史记，据行事，仍人道，因兴以立功，就败以成罚，假日月以定历数，藉朝聘以正礼乐。

孔子据鲁史而作《春秋》的方法，《史记》说是"约其辞文，去其烦重，以制义法，王道备，人事浃"，可见《春秋》本来是一部记事史，经孔子编订之后，便蕴含"微言大义"而成经了。

记载上起鲁隐公元年，下讫哀公十四年，计十二公，凡二百四十二年的历史。董仲舒所谓"天下之大，事变之博，无不有也"。

有所褒讳贬损，不可书见，口授弟子，弟子退而异言。丘明恐弟子各安其意，以失其真，故论本事而作传，明夫子不以空言说经也。

有褒有讳，有贬有损，触时君大夫之忌，故"不可书见"。

《春秋》所贬损大人当世君臣，有威权势力，其事实皆形于传，是以隐其书而不宣，所以免时难也。

"事实"即本事。
《春秋》提供了政治伦理的话语体系。

及末世口说流行，故有《公羊》、《穀梁》、《邹》、《夹》之《传》。

末世，即衰世。口说，弟子所传孔子口授之义。班固明确指出，解说《春秋》的记《传》，是依据经师们先后口头传授的经义而记录成书的。

四家之中，《公羊》、《穀梁》立于学官，邹氏无师，夹氏未有书。

王应麟说：“《夹氏传》十一卷，有录无书，然则录存而书亡也。有书当考。”《后汉书·范升传》：“《春秋》之家，又有《邹》《夹》，如令《左氏》《费氏》得置博士，《高氏》《邹》《夹》，五经奇异，并复求立。”是后汉时，夹氏书犹存，其后亡佚也。《宋史·艺文志》有《春秋夹氏》三十卷，是后人拟作，非原书。

【论语】

　　孔子门人及再传弟子记载孔子及其弟子言行的《论语》，在《汉志》中不归入《诸子略》中，而是与《尔雅》《孝经》同附在《六艺略》之后，为当时小学必读书。凡是考究孔子言行、研究儒家思想的，都必以《论语》为不可缺的重要依据。赵岐《孟子题辞》："孝文皇帝欲广游学之路，《论语》《孝经》《孟子》《尔雅》皆置博士。后罢传记博士，独立《五经》而已。"可见这几部书都是六艺的传记，所以附录在六艺之末。

　　当时人认为《孝经》是孔子所作，显然不对。而《尔雅》则是一本字典。汉代人入太学之前，规定先读这三本书，入太学之后，再读五经。可见汉代人认为孔子是传五经的，所以不归入《诸子略》。

《论语》：《古》二十一篇。出孔子壁中，两《子张》。

　　已亡佚。何晏《序》云："古《论》惟博士孔安国为之训解而世不传。"所谓"两《子张》"，是把《子张》篇中的"子张问"以下裁篇别出，题为《从政》。

　　王应麟说，《说文》引"狐貈之厚""絬衣长短右袂""色孛如也""文质份份""不使胜食既""朝服袘身""弝善射""小人穷斯滥""谲曰:'祷尔于上下神祇。'""友谝佞""以杖荷莜""有荷臾而过孔氏之门""羿汤舟",皆古文也。

《说文》引《论语》的问题,详可参见马宗霍撰《说文解字引论语考》① 一书。

马国翰《古论语》辑佚十卷,朱彝尊、沈淑各辑有《逸论语》一卷,《豫章丛书》第三集收有王朝璩《论语遗文》及《论语遗编》。

敦煌本《论语郑氏注》,号称"孔氏本郑氏注"。

《齐》二十二篇。多《问王》、《知道》。

已亡佚。晁公武《郡斋读书志》:"《齐论》有《问王》《知道》两篇,详其名,是必论内圣之道,外王之业,未必非夫子之最致意者。不知何说,而张禹独遗之。禹身不知王凤之邪正,其不知此固宜,然势位足以轩轾一世,使斯文遂丧,惜哉!"或说《问王》是《问玉》之误。

流行于齐地的《论语》派系,有自己的文本和较严格的经师传承。

马国翰从《汉书》《春秋繁露》《经典释文》《白虎通》《礼记正义》《玉篇》《路史》等书中辑出与《古论》《齐论》相异的内容,汇编为《齐论语》一卷,凡六十余条,见《玉函山房辑佚书》。王绍兰有《齐论语问王知道逸文补》一卷,在《萧山王氏十万卷楼辑佚七种》中。

---

① 马宗霍:《说文解字引经考》下册,中华书局,2013。

江西南昌西汉海昏侯刘贺墓出土有竹书，其中已发现的有《史记》《孝经》等，还有《论语·知道》，此书属于《论语》的《齐论》本。地不爱宝，消失了一千八百年的古书，今又重见天日。

《鲁》二十篇，《传》十九篇。

《鲁》即《鲁论》。《论语序》引刘向曰："《鲁论语》二十篇，皆孔子弟子记诸善言也。"汉以后称《论语》，今存。《传》，解释《论语》的书，已亡。

"经"与"传"对言，既然有"传"，则《论语》称经开始于汉朝。《鲁论》有传而他论无，可能因为孔子是鲁人。

《论语》在汉代有三种：《古论》《齐论》《鲁论》。《鲁论》二十篇，《为现行《论语》所据之本。原作者为孔子弟子及再传弟子，经汉人张禹、郑玄两次改订，与《古论》和《齐论》也有关系。

今《十三经注疏》本《论语》（何晏集解、邢昺疏）存二十篇：《学而第一》《为政第二》《八佾第三》《里仁第四》《公冶长第五》《雍也第六》《述而第七》《泰伯第八》《子罕第九》《乡党第十》《先进第十一》《颜渊第十二》《子路第十三》《宪问第十四》《卫灵公第十五》《季氏第十六》《阳货第十七》《微子第十八》《子张第十九》《尧曰第二十》。

历代注释《论语》的书很多，以何晏《论语集解》、朱熹《论语集注》、刘宝楠《论语正义》、程树德《论语集释》、杨树达《论语疏证》、钱穆《论语新解》、杨伯峻

《论语译注》等比较有代表意义，值得参阅。拙著《下学上达——学行〈论语〉札记》①是我读《论语》的心得体会，大家可参考。

《齐说》二十九篇。

已亡佚。汉代传此学者，唯王吉（字子阳）名家。《汉书》本传说王吉"以《诗》《论语》教授"，可能就是指《齐说》。王吉生活在汉武帝晚期及昭、宣之世，此时汉王朝已确立"独尊儒术"的方针。

《鲁夏侯说》二十一篇。

夏侯胜，字长公，鲁东平人，官为太子太傅。书已亡佚。

夏侯胜曾从夏侯始昌受《尚书》与《洪范五行传》，创立《尚书》学大夏侯学派，善说灾异。《汉书》本传称夏侯胜"受诏撰《尚书》《论语说》，赐黄金百斤"。《汉志》著录《鲁论》二十篇，而这里的《鲁夏侯说》是二十一篇，两不相配，笔者推测多出的一篇是序言之类。

《鲁安昌侯说》二十一篇。

张禹，字子文，河内轵人，《汉书》本传："及禹壮，至长安学，从沛郡施雠受《易》，琅邪王阳、胶东庸生问

---

① 温浚源：《下学上达——学行〈论语〉札记》，四川辞书出版社，2017。

《论语》，既皆明习，有徒众，举为郡文学。甘露中，诸儒荐禹，有诏太子太傅萧望之问。禹对《易》及《论语》大义，望之善焉，奏禹经学精习，有师法，可试事。奏寝，罢归故官。久之，试为博士。初元中，立皇太子，而博士郑宽中以《尚书》授太子，荐言禹善《论语》。诏令禹授太子《论语》，由是迁光禄大夫。数岁，出为东平内史。"何晏《序》云："张禹本受鲁论，兼讲齐说，善者从之，号曰《张侯论》，为世所贵。"

已亡佚。张禹《论语》学在当时声名显赫，但汉以后湮没无闻，《隋志》已不见记载。姚振宗说"郑氏作《注》，何氏作《集解》即据此本，止于二十篇，此多出一篇"，并怀疑这一篇"即郑氏注《论语篇目弟子》"。

唐晏曾批评张禹："禹一邪人，媚世之尤。其为相也，既误汉室；及传经也，又淆孔门。故《论语》于管仲也，忽毁忽誉；于宰我也，毁之无一嘉辞。疑此皆出于《齐论》，而禹合之者也。"[1]

《鲁王骏说》二十篇。

已亡佚。王骏是王吉之子，子传父学，但王吉传《齐论》，王骏为《鲁说》，则父子同治《论语》但又有别。

《燕传说》三卷。

已亡佚。不详其内容。当是燕人所撰《论语》的传及说。

---

[1] （清）唐晏：《两汉三国学案》卷十，中华书局，1986，第495页。

《议奏》十八篇。石渠论。

已亡佚。《议奏》的性质可能与《孝经》类的《五经杂议》相似。"议奏"当是议而奏之的意思。

石渠会议是西汉宣帝时期论定五经的一次规模较大的学术活动。当时《论语》与《孝经》参与了论定，而不仅仅局限在五经。参与石渠论议之《论语》家有韦玄成、萧望之、梁丘临等。

《孔子家语》二十七卷。

已亡佚。非后世所传之《家语》。

今《孔子家语》十卷，宋本题《孔氏家语》，是一部记载孔子及其弟子言行故事的先秦文献，流传数百年之后，由十二世孙孔安国整理重编为四十四篇。清陈士珂撰《孔子家语疏证》十卷，可参阅。刘鉴泉《学略》卷一："今观其直抄《戴记》全篇，意肃必不如是之拙，陈说或可信。"

1973 年，河北定县八角廊西汉墓出土竹简《儒家者言》，内容与今本《家语》相近，李学勤断言《儒家者言》是《家语》原型①，何直刚考订是战国晚期作品②。1977 年，安徽阜阳双古堆西汉墓出土简牍亦与《家语》相关。

杨朝明指出："《孔子家语》的重要性可能要超过《论语》。"③ 并编有《孔子家语通解》。

---

① 李学勤：《竹简〈家语〉与汉魏孔氏家学》，《孔子研究》1987 年第 2 期。
② 何直刚：《〈儒家者言〉略说》，《文物》1981 年第 8 期。
③ 李文娟整理《认识孔子思想要正本清源——周桂钿先生专访》，载《孔子学刊》第一辑，上海古籍出版社，2010，第 13 页。

邬可晶有《孔子家语成书考》①，该书围绕传世古书、出土文献与《孔子家语》的关系，对所谓孔安国《序》、后《序》的真伪问题做了考察，可参考。

《孔子三朝》七篇。

朝，读如朝廷之朝，言孔子三次入朝见公。《史记·五帝本纪》索隐引刘向《别录》："孔子见鲁哀公问政，比三朝，退而为此记，故曰《三朝》，凡七篇，并入《大戴礼》。"② 沈钦韩说，今《大戴记》有《千乘》《四代》《虞戴德》《诰志》《小辨》《周兵》《少闲》七篇。

已亡佚。马国翰有《孔子三朝记》辑佚一卷。

《孔子徒人图法》二卷。

已亡佚。李零说："《孔子徒人图法》，与司马迁所见《弟子籍》（古文本）和汉代的《文翁孔庙图》（《史记·仲尼弟子列传》索隐）可能是一类。"

文献中记载的孔子画像，大概以《汉志》著录的"《孔子徒人图法》二卷"为最早。从字面上来理解，这很可能是一种画稿。《后汉书·蔡邕传》记东汉灵帝曾在他所创办的鸿都门学内画孔子及七十二弟子像，遗憾的是，画迹今已不存。

---

① 邬可晶：《孔子家语成书考》，中西书局，2015。
② 《蜀志·秦宓传》注、《艺文类聚》卷五十五并引此说，但不及《索隐》叙述之详。

凡论语十二家，二百二十九篇。

李零说："此类以竹书为主，故折卷为篇，统以篇计。"今计十二家，二百三十篇，多一篇。

从《汉志》的记载来看，当时《论语》的流派甚多，还有很多对其解说的作品，除了五经之外，可能没有哪一种可与之相比。汉武帝之前的诸子传记博士中的任何一家，也难望其项背，可见当时《论语》流传之广。

《论语》者，孔子应答弟子时人及弟子相与言而接闻于夫子之语也。当时弟子各有所记。夫子既卒，门人相与辑而论纂，故谓之《论语》。

对《论语》的定位，《汉志》的这段话最准确。

西汉时期《论语》学的传承情况，《汉志》做了很好的概述。照班固的说法，《论语》的名称，始于孔子弟子所撰集。而在两汉时期，一般单独称为《论》，或者称为《语》，或者称为《传》《记》，或者称为《论语说》。汉以后，《论语》这个称呼逐渐确定下来。有学者解释"论"为言得伦理，又有"撰次"的意思；"语"是"与人言"，或者说是"答述"。当然还可以有别的解释。

《论语》的内容，是"孔子应答弟子时人及弟子相与言而接闻于夫子之语"。作者是谁？"当时弟子各有所记。夫子既卒，门人相与辑而论纂"而成。[1] 班固只说是"门

---

① "辑而论纂"即《汉书·司马迁传·赞》所谓"论辑"。

人"，具体是谁没有交代。郑玄认为是仲弓、子游、子夏等，柳宗元认为是曾子的弟子，程颐认为是曾子、有子的弟子，还有人认为闵子骞也是作者之一，但都不及班固说得妥当。皇侃引《论语通》曰："《论语》者，是孔子没后七十弟子之门人共所撰录也。"

汉兴，有齐、鲁之说。

西汉时期，《论语》有三种文本：一是《齐论》，齐人所学，凡二十二篇，比《鲁论》多《问王》（疑即《问玉》）、《知道》二篇；二是《鲁论》，鲁人所学，凡二十篇，就是今天所传的《论语》的底本；三是得自孔壁的《古论》，凡二十一篇。

以学派来划分的话，《齐论》《鲁论》属于今文，《古论》属于古文。

传《齐论》者，昌邑中尉王吉、少府宋畸、御史大夫贡禹、尚书令五鹿充宗、胶东庸生，唯王阳名家。

王吉，字子阳。时称王阳。王吉的学问系统比较复杂，《汉书》本传记载"吉兼通五经，能为《驺氏春秋》，以《诗》《论语》教授，好梁丘贺说《易》，令子骏受焉。"王国维《汉魏博士考》："汉人传《论语》《孝经》者，皆他经大师，无以此二书专门名家者。……盖经师授经，亦兼授《孝经》《论语》，犹今日大学之或有预备科矣。然则汉时《论语》《孝经》之传实广于五经，不以博士之废置为盛衰也。"①

宋畸，《汉书·百官公卿表》与《萧望之传》作"宋畤"。

贡禹，字少翁。是当时的公羊博士。《汉书》本传说他"以明经洁行著闻，征为博士，凉州刺史"。他与王吉是同乡好友，《汉书·王吉传》说："吉与贡禹为友，世称'王阳在位，贡公弹冠'，言其取舍同也。"所以《汉志》将两人列在一起。

五鹿充宗，氏五鹿，名充宗，卫之五鹿人，以地为氏。《汉书》不立他的传，其生平事迹零星见于《汉书·梁丘贺传》中。他是西汉著名的儒家学者，受学于弘成子，《齐论语》和梁丘《易》的传人，为人锋芒毕露，汉元帝夸他"心辨善辞，可使四方"。

胶东庸生。胶东，王国名；庸生，名谭。《文选·移书让太常博士》注："《礼》家，先鲁有桓生，说经颇异。《论语》家，近琅琊王卿，不审名，及胶东庸生皆以教。"

朱彝尊《经义考》卷二百一十引邢昺之语曰："王卿，天汉元年由济南太守为御史大夫。庸生名谭。王吉，字子阳，琅邪皋虞人，为昌邑中尉，三人皆以《齐论语》教授于人。"

传《鲁论语》者，常山都尉龚奋、长信少府夏侯胜、丞相韦贤、鲁扶卿、前将军萧望之、安昌侯张禹，皆名家。

《鲁论语》，汉时只称《鲁论》，这里多了一个"语"字。

---

① 王国维：《观堂集林》，河北教育出版社，2003，第87、88页。

夏侯胜，字长公，鲁东平人。《汉书》卷七十五有传。

韦贤，字长孺，鲁国邹人。《汉书》有传。

扶卿，孔安国之弟子。《论衡·正说》："孔子孙孔安国以教鲁人扶卿，官至荆州刺史，始曰《论语》。"

萧望之，字长倩，东海兰陵人，《汉书》有传。

张氏最后而行于世。

张禹，字子文，河内轵人，《汉书》卷八十一有传。

【孝经】

"孝"是事亲之名,"经"是常行之典。

王国维《汉魏博士考》:"刘向父子作《七略》,六艺一百三家,于《易》《书》《诗》《礼》《乐》《春秋》之后,附以《论语》、《孝经》(《尔雅》附)、小学三目。六艺与此三者,皆汉时学校诵习之书。以后世之制明之,小学诸书者,汉小学之科目;《论语》《孝经》者,汉中学之科目;而六艺则大学之科目也。"[①]

章学诚《校雠通义·汉志六艺》认为《孝经》虽然名为经,但实际上只是离经之传,在《七略》与《汉志》的著录中,《孝经》是传的类目,这正是刘歆、班固的卓识。

《孝经》:《古孔氏》一篇。二十二章。

是孔壁古文《孝经》,孔安国所传。已亡佚。

今文《孝经》一篇十八章,古文《孝经》多出今文四章,其中三章是章句分合所致,《庶人》章分为二,《曾子敢问》章分为三,又多出《闺门》一章,凡二十二章。

---

① 王国维:《观堂集林》,河北教育出版社,2003,第86页。

前面在讲《易》中的《经》十二篇时，引述了余嘉锡的观点，阐明了"篇"和"卷"的不同。这里顺带说说古书的"章"。许多早期文献由"章"这一简短的基本单元构成，英文通常称"章"为"chapter"，但译为"segment"或"passage"或许更好，《圣经》研究里的"pericope"也是个不错的翻译。古书中的"章"一般都要讲述某一个单独的事件、谈话、引文或者谚语。

陈国庆引朱一新之语说："孔注久已失传，近有日本人作《伪孔传》者流入中国，鲍廷博刻入《知不足斋丛书》，并非刘光伯伪造之本也。近儒多知其伪。"

《孝经》一篇。十八章。长孙氏、江氏、后氏、翼氏四家。

书今存。《隋志》："河间人颜芝所藏，汉初，芝子贞出之，凡十八章……刘向……以颜本比古文，除其繁惑，以十八章为定。"在十三经中，字数最少。其篇次为：

《开宗明义章》第一、《天子章》第二、《诸侯章》第三、《卿大夫章》第四、《士章》第五、《庶人章》第六、《三才章》第七、《孝治章》第八、《圣治章》第九、《纪孝行章》第十、《五刑章》第十一、《广要道章》第十二、《广至德章》第十三、《广扬名章》第十四、《谏诤章》第十五、《感应章》第十六、《事君章》第十七、《丧亲章》第十八。

有关孝经的作者，《史记·仲尼弟子列传》说《孝经》

是孔门弟子曾参所作，晁公武《郡斋读书志》言是曾子的弟子所作，朱熹《孝经刊误后序》引汪应辰语说是后人附会之书，姚际恒《古今伪书考》说是汉儒伪造，但《汉志》认为孔子是《孝经》的作者。这个看法未必可靠。清儒毛奇龄作《孝经问》，认为《孝经》是七十子之徒的手笔。或说此书当是出自汉儒之手。

长孙氏，名字已不可考。江氏即江翁。后氏即后苍。翼氏即翼奉，他是后苍的弟子，《汉书》卷七十五有传。

关于《孝经》的版本，陈国庆说计有四种：一是古文本，出孔子宅中者，已亡；二是隋代后得古文本，《隋志》言之，已亡；三是清代后得日本古文本，伪作，今尚存，即鲍氏《知不足斋丛书》所刻者；四是今文本，汉初颜贞所献，凡十八章，今存，即《十三经注疏》所据之本。

刘鉴泉《学略》卷一："《孝经》亦记之附经者，语短而义实宏，与《礼运》同美。《提要》谓使唤采入百三十一篇中，则亦《礼记》之一。"

《四库全书》经部孝经类著录《孝经正义》三卷，《提要》云："唐玄宗注，宋邢昺疏。《孝经》有郑玄注今文、孔安国注古文二本。自玄宗此注用今文，而古文遂晦。"

《长孙氏说》二篇。

已亡佚。陈直说："《汉晋石刻墨影·孟璇碑》云：'通《韩诗》，兼《孝经》二卷。'当即《长孙氏说》。"[1]马国翰有《孝经长孙氏说》辑佚一卷。

----

① 陈直：《汉书新证》，中华书局，2008，第222页。

《江氏说》一篇。

江氏，即江翁。《汉书·儒林传》载博士江公著《孝经说》。已亡佚。未见辑本。

《翼氏说》一篇。

早已亡佚。未见有辑本。

翼奉，字少君，东海下邳人。姚振宗说："翼奉为后仓弟子，其《孝经》之学，亦受之后氏可知。"

《后氏说》一篇。

已亡佚。马国翰有《孝经后氏说》辑佚一卷。马氏据《汉书·儒林传》称匡衡为后苍弟子，谓汉人说经皆本师法，因据《汉书》采匡衡说《孝经》者三节，以为后氏遗说。

《杂传》四篇。

已亡佚。此书可能是辑录多人的说法，所以叫《杂传》。王应麟说："蔡邕《明堂论》引魏文侯《孝经传》，盖《杂传》之一也。"《汉·祭祀志》引蔡邕之言，传曰："大学者，中学明堂之位也。"

《安昌侯说》一篇。

安昌侯，即张禹。已亡佚。马国翰有《孝经安昌侯说》辑佚一卷。马氏从邢昺《孝经正义》采得刘瓛述张禹义一

节。又《孝经正义》引"旧说"四节，他认为《汉志》载
《孝经》"说"有长孙氏等五家，唯张禹之义见于刘瓛所
引，则禹之佚说六朝时尚存，其余四家皆无传述，故以
"旧说"即本禹说，因此采入。这里的"旧说"不一定是
禹说，也可能出自其他儒者之手，马氏说存疑。

《五经杂议》十八篇。石渠论。

郑玄《六艺论》："孔子以六艺题目不同，指意殊别，
恐道离散，后世莫知根源，故作《孝经》以总会之。"王
先谦说："此经总论也。《尔雅》《小尔雅》《诸经通训》
《古今字》《经字异同》，皆附焉。"

已亡佚。刘师培认为此书就是《五经杂议奏》："后先
互勘，则'议'下脱'奏'字。盖谊于专经靡所丽，斯之
为杂说。虽不滞于一经，体则殊于《议奏》。"①

关于《五经杂议》《尔雅》《小尔雅》《弟子职》《说》
等书的著录体例②，孙振田的解释最得其要："《五经杂议》
等五种在《汉志》中的实际著录情况是：著'杂'于整个
六艺略的末尾（小学类除外），而非为著录于《孝经》类
中。……《汉志》在著录作品时具有某'杂'于末的体例
特点，即《汉志》对于一些杂编、杂著、杂记或因其
'杂'而无可归入某一小类的作品往往著录在该类或相应的

---

① 刘师培《〈白虎通义〉源流考》，载《刘申叔遗书》上册，江苏古籍出版
社，1997，第1123页。

② 可参见黄以周《儆斋杂著·史说略》卷二《读艺文志》、王先谦《汉书
补注》卷三十、章学诚《淮南子洪保辨》、朱一新《无邪堂答问》卷四。

大类末尾。如《诗》类之《齐杂记》著录在齐诗类的末尾，《书》类以杂编之作石渠论《议奏》居尾，《礼》类、《春秋》类、《论语》类亦皆将石渠论《议奏》著录在末尾，小说类杂编之作《百家》著录于最后，诗赋略将杂赋类著录于整个赋类之末等等，《汉志》中这样的例子还有一些，足证该著录体例之成立。《尔雅》及《五经杂议》等五种也正是以'杂'的身份著录于末——整个六艺略（小学类除外）之末的。《五经杂议》包含五经，是典型的杂编之作，《尔雅》《小尔雅》《古今字》虽非杂编之作，但因其与《易》《书》《诗》等纯粹的经书有着天然的不同，相较而言，自属'杂'书无疑。且《尔雅》《小尔雅》所解非止一经，亦具'杂'的性质。《弟子职》《说》也是以与《易》等经书相对'杂'的身份而著录的。"①

《尔雅》三卷，二十篇。

今存三卷十九篇，叶德辉认为以前有《序篇》，后亡佚。崔应榴认为《尔雅》当有《释礼》一篇，排在《释乐》之后，今《释天》中尚有残文。孙志祖则认为《尔雅》无缺篇，《释诂》在汉分上、下两篇，所以是二十篇。人各一说，莫衷一是。窃以为叶氏之说近理。

《尔雅》是中国历史上第一部词典②，可谓六经之户牖，学者之要津，从《汉志》到《四库全书》，一直列在经部，

---

① 孙振田：《读余嘉锡〈汉书艺文志索隐稿〉札记》，载彭林主编《中国经学》第八辑，广西师范大学出版社，2011，第229页。

② 《尔雅》有同义词和百科词典的性质。

或依于《孝经》，或附于《论语》，或列于小学训诂之属。郭璞《尔雅序》："夫《尔雅》者，所以通训诂之指归，叙诗人之兴咏，总绝代之离词，辩同实而殊号者也。诚九流之津涉，六艺之钤键，学览者之潭奥，摛翰者之华苑也。若乃可以博物不惑，多识于鸟兽草木之名者，莫近于《尔雅》。"

因为属于词典，所以黄侃说："《尔雅》之为书，不能独立，须附属于文章而后可用。"①

《尔雅》有古文无今文。其作者及成书年代，历来说法不一，或说是周公所作②，或说是孔子门人所作③，或认为是秦汉学者纂集④。《大戴礼记·孔子三朝记》称孔子教鲁哀公学《尔雅》，则其来远矣。可以肯定的是，此书非一人一时所作。周祖谟说："从这部书的内容看，有解释经传文字的，也有解释先秦子书的，其中还有战国秦汉之间的地理名称。这样看来，《尔雅》这部书大约是战国至西汉之间的学者累积编写而成的。"⑤

为《尔雅》作注者代不乏人，晋郭璞《尔雅注》最为知名，《经典释文·序录》所谓"先儒多为亿必之说，乖盖阙之义，唯郭景纯洽闻强识，详悉古今，作《尔雅注》，为世所重"。⑥ 清代有邵晋涵《尔雅正义》二十卷、郝懿行

---

① 《黄侃国学讲义录》，中华书局，2006，第 43 页。

② 魏张揖《上广雅表》："臣闻昔在周公，缵述唐虞……著《尔雅》一篇。"

③ 《诗·黍离》正义引郑玄《驳五经异义》："玄之闻也，《尔雅》者，孔子门人所作，以释六艺之旨，盖不误也。"

④ 清谢启昆《小学考》引宋欧阳修《诗本义》："《尔雅》非圣人之书，不能无失。考其文理，乃是秦汉之间学《诗》者纂集，说《诗》博士解诂。"

⑤ 周祖谟：《尔雅校笺·序》，江苏教育出版社，1984，第页。

⑥ （唐）陆德明：《经典释文·序录》，中华书局，1983，第 17 页。

《尔雅义疏》二十卷。邵晋涵推重郭注，他的《尔雅正义》对郭注有增订，近人黄侃推许之，认为"清世说《尔雅》者如林，而规模法度，大抵不能出邵氏之外"。[①] 而郝懿行收采丰富、注释详尽，亦可谓集《尔雅》研究之大成。周祖谟的《尔雅校笺》参考书籍三十余种，对经注多有校订，是邵、郝之后《尔雅》校勘的新成果。建议初学者先看顾廷龙、王世伟合著的《尔雅导读》[②] 一书。

《四库全书》经部小学类著录《尔雅注疏》十一卷。《简目》云："晋郭璞注，宋邢昺疏。《尔雅》所解，或出诸子杂书，不尽释经，而释经者为多。故得与《十三经》之数。欲读古书，先求古义，舍此无由入也。郭注去古未远，后人补正，终不能易其大纲。邢疏亦不出其范围。"凡十九篇，篇次如下：

释诂第一 此篇分上、下，所以《尔雅》实为二十篇。孔颖达《毛诗正义》篇题疏引《尔雅序》云："《释诂》《释言》，通古今之字，古与今异言也。"孔云："诂者，古也，古今异言通之使人知也。训者，道也；道物之貌以告人也。"

释言第二 郝懿行云："言与诂异。诂之为言古也，博举古人之语，而以今语释之也，言即字也，约取常行之字，而以异义释之也。释言，即解字也，古以一字为一言。"

释训第三 《尔雅序》："《释训》，言形貌也。"郝懿行："《释训》云者，多形容写貌之词，故重文迭字，累载

---

① 黄侃：《尔雅略说》，载《黄侃论学杂著》，上海古籍出版社，1980，第393页。
② 顾廷龙、王世伟：《尔雅导读》，巴蜀书社，1990。

于篇。"

释亲第四　此篇首宗族，次母党，次妻党，次婚姻，皆亲属也，故总曰《释亲》。

释宫第五　讨论古代宫室制度最早的专著，虽详列名称，但欠缺条贯，结构亦不显。《易·系辞》云："上古穴居而野处，后世圣人易之以宫室，上栋下宇，以待风雨。"

释器第六　《说文》："器，皿也。"《礼记·礼器》云"宫室之量，器皿之度"，故《释器》次于《释宫》之后。此篇要在正名辨物。

释乐第七　《说文》："乐，五声八音总名。"此篇首举五声之别号，次及八音大小之异名。

释天第八　郝懿行："此篇所释四时、祥、灾、岁阳、岁名、月阳、月名、风雨、星名，皆天所运转列陈而为敬授庶征之本，故以次诠释。其祭名以下，盖附见焉。"

释地第九　郝懿行："此篇所释，自九州以讫四极，其间陵薮异名，原野异势，五方异气，莫不备载。下篇《释丘》《释山》《释水》皆地之事，故总曰《释地》。"

释丘第十　《说文》："北，土之高也，非人所为也。从北，从一。一，地也。人居在北南，故从北。中邦之居在昆仑东南。一曰四方高、中央下为北。象形。古文从土作坒。"

释山第十一　《文选·琴赋》注引《春秋运斗枢》："山者，地之基。"故次《释地》之后。

释水第十二　《管子·水地》："水者，地之血气如筋脉之流通者也。"郝懿行："兹篇所释，自泉原川流及溪谷沟浍，经通灌注，靡不详赅。乃至津涉舟航，溯洄宛在。

水以四渎为大，故著于篇。"

释草第十三 《说文》："艸，百卉也，从二中。""中，艸木初生也。""卉，艸之总名也。""茻，众艸也，从四中。"

释木第十四 《说文》："木，冒也。冒地而生，从中，下象其根。"《白虎通》："木之为言触也，阳气动跃，触地而出也。"

释虫第十五 此篇广释诸虫之名状。

释鱼第十六 此篇释鱼，兼包鳞介之属。

释鸟第十七 《释鸟》之例有三：一是古今异名之例，二是方俗异名之例，三是一物异名之例。

释兽第十八 此篇所释皆野兽，豕为六畜之一，宜入《释畜》，而误置于此。

释畜第十九 在野曰兽，在家曰畜。

"《尔雅》专以释经，故分为三篇。上篇释（《诂》《言》《训》《亲》）最易，中篇释（《宫》《器》《乐》《天》《地》《丘》《山》《水》）较难，下篇释（《草》《木》《虫》《鱼》《鸟》《兽》《畜》）最难。"[1] 读《尔雅》的程序为："先辨字之正俗，次辨字之正假，次比较本书所用文字异同，次校勘本书异本，次校本书与他书字之异同。"[2] 以上是关于文字的部分。字音的部分，要注意每字的反切、多音等情况。义训也是不能忽视的问题。

章学诚《校雠通义·焦竑误校汉志》："焦竑以《汉

---

[1] 《黄侃国学讲义录》，中华书局，2006，第311页。
[2] 《黄侃国学讲义录》，中华书局，2006，第312页。

志》《尔雅》《小尔雅》入《孝经》为非，因改入于小学，其说亦不可易。《汉志》于此一门，本无义理，殆后世流传错误也。盖孝经本与小学部次相连，或缮书者误合之耳。"王棻《汉志尔雅入孝经家说》也持相近意见。

辑佚方面，清朱彝尊有《尔雅遗句》，王朝璩有《尔雅遗文》，严元照有《尔雅逸文》。

《小尔雅》一篇，《古今字》一卷。

《小尔雅》今存《孔丛子》中，是训诂书。沈钦韩说是孔氏壁中文。《唐志》有《李轨解》一卷。李善《文选注》引《小尔雅》皆作《小雅》。清人钱塘莫栻（右张）撰《小尔雅广注》四卷①，博引经传，有原注者引之，无者补之，精审详备。王煦《小尔雅疏》中引佚文六节，采自《经典释文》《一切经音义》，王仁俊据以录存，成《小尔雅佚文》一卷。

《古今字》已亡佚。该书应该与《史籀》《仓颉》等书排在一起。姚振宗说："按《古今字》，分别古今，言其同异耳。《毛诗疏》引《尔雅序》：'《释诂》《释言》，通古今之字，古与今异言也。《释训》，言形貌也。'则《古今字》与《尔雅》《小雅》一类之学，相为表里者也，故附于其后。又《尔雅》《小雅》《古今字》三书，汉时皆不以为小学，故附于《五经》杂议之后。"

章学诚《校雠通义·汉志六艺》："按《尔雅》，训诂

---

① （清）莫栻：《小尔雅广注》，《续修四库全书》第 189 册，上海古籍出版社，1995。

类也，主于义理。《古今字》，篆隶类也，主于形体。……其二书不当入《孝经》。"

郭倬莹说："《古今字》一卷，与《小雅》相次，殆犹《论语》有齐鲁之异，礼有今古之殊，文字歧出，众本不一。学者排比成书，故以为书之大题，所排比统论五经，无可专属，因遂隶之此篇，其错出《孝经》，与《尔雅》略同。"①

《弟子职》一篇。

今存。在《管子》第五十九篇。郑玄注《曲礼》时引之，大概在汉代开始单行。可能是古塾师的教条，《管子》之作内政，用以教士子。《弟子职》韵格相协，便于儿童诵读，相当于古代的《小学生守则》，同时也包含了弟子如何侍奉老师、家塾教弟子之法、弟子事师之仪、受业之次序，以及洒扫应对进退之节，与《礼记·少仪》及清李毓秀作的《弟子规》是同一类书。

章学诚《校雠通义·别裁》指出："《管子》，道家之言也，刘歆裁其《弟子职》篇入小学。七十子所记百三十一篇，《礼经》所部也，刘歆裁其《三朝记》篇入《论语》。盖古人著书，有采取成说，袭用故事者（如《弟子职》必非管子自撰，《月令》必非吕不韦自撰，皆所谓采取成说也）。其所采之书别有本旨，或历时已久，不知所出，又或所著之篇，于全书之内，自为一类者，并得裁其

---

① 郭倬莹著，何欢点校《四部通讲·经部流别》，载徐鼎一主编《艺衡》第三辑，国家图书馆出版社，2010，第79页。

篇章，补苴部次，别出门类，以辨著述源流。至其全书，篇次具存，无所更易，隶于本类，亦自两不相妨。盖权于宾主轻重之间，知其无庸互见者，而始有裁篇别出之法耳。"章氏说"刘歆裁其《弟子职》篇入小学"一语，"小学"当是"《孝经》"之误。在《校雠通义·焦竑误校汉志》中，章氏也提及相似意见。

郭倬莹说："《汉志》以《弟子职》附《孝经》，《孝经》以提其纲，《弟子职》以疏其目，则又不同伦矣。《孝经》者，所以发挥其谊指，《记》百三十一篇之流也，《弟子职》所以叙别其事类，《经》十七篇之遗也，此并礼家之族属。童子始教，未能遽以六艺相诏告，以是为之阶梯焉而已。《汉志》所谓小学，盖取诸六书。《隋志》部次，其流益繁，究其原始，亦胚胎于汉世。"①

《说》三篇。

已亡佚。照《汉志》体例，这里当是《弟子职说》。

凡孝经十一家，五十九篇。

以《孝经古孔氏》一家，加上传今文本《孝经》的长孙氏、江氏、后仓、翼奉四家，再加上《五经杂议》《尔雅》《小尔雅》《古今字》《弟子职》《〈弟子职〉说》六家，一共是十一家。

---

① 郭倬莹著、何欢点校《四部通讲·经部流别》，载徐鼎一主编《艺衡》第三辑，国家图书馆出版社，2010，第79页。

《孝经》者，孔子为曾子陈孝道也。

照《史记》的说法，孔子认为曾子能通孝道，"故授之业，作《孝经》"，《孝经》为曾子所作。这里讲《孝经》是孔子为曾子陈述孝道而作，把《孝经》当作孔子作的书。晁公武、王应麟认为"当是曾子弟子所为书"。毛奇龄说是七十子之徒所作。究其实而言，《孝经》是七十子后学所记，略与《礼记》相近，这里说是"孔子为曾子陈孝道"，显然是"高远其所来"，依托古人而已，不太可信。但不管怎样，终究与孔子有关系。

汉代人强调宗法，重视孝道。《孝经》一书篇幅最为短小，仅 1903 字，讲述自天子以至于庶人事亲之常典，向来被视为人生必读之书。后汉时，令期门羽林之士通《孝经》章句，即其明证。《后汉书·荀爽传》："汉制，使天下诵《孝经》。"

张尔田《史微》卷五《经翼》："何以见《孝经》《论语》为孔子以儒家嗣绪寄诸弟子耶？考《孝经》之要在始于事亲，中于事君，终于立身，《论语》之要在始于劝学，中于从政，终于知命，常教则文行忠信，罕言则利、命与仁，正庄生所谓下之所以事上，非上之所以畜下也。若孔子之道则不然矣，孔子之道莫备于《中庸》，《中庸》所称祖述尧舜、宪章文武，尽人物之性以参赞天地之化育者，皆合儒家、道家之统而一以贯之者也，《孝经》《论语》乌足以言之？故谓《孝经》为六艺之总会则可，谓孔子六艺之道尽于孝经则不可；谓《论语》为《五经》之辖辖则可，谓孔子《五经》之道尽于《论语》则不可。善夫，刘向之说《论语》曰：'孔子弟子记诸善言也。'班固之说《孝经》曰：'孔子为曾子陈孝道也。'"

夫孝，天之经，地之义，民之行也。举大者言，故曰《孝经》。

"夫孝，天之经，地之义，民之行也"出自《孝经·三才章》。孝是百行之善，乃天经地义，人人所当行之事。

《隋志》："自天子达于庶人，虽尊卑有差，及乎行孝，其义一也。先王因之以治国家，化天下，故能不严而顺，不肃而成。斯实生灵之至德，王者之要道。孔子既叙六经，题目不同，指意差别，恐斯道离散，故作《孝经》，以总会之，明其枝流虽分，本萌于孝者也。"

颜师古引桓谭《新论》："古《孝经》千八百七十二字，今异者四百余字。"

汉兴，长孙氏、博士江翁、少府后仓、谏大夫翼奉、安昌侯张禹传之，各自名家。经文皆同，唯孔氏壁中古文为异。

今文本《孝经》五家的文本都一样，唯独古文本不一样。

《隋志》："遭秦焚书，为河间人颜芝所藏。汉初，芝子贞出之，凡十八章，而长孙氏、博士江翁、少府后苍、谏议大夫翼奉、安昌侯张禹，皆名其学。又有《古文孝经》，与《古文尚书》同出，而长孙有《闺门》一章，其余经文，大较相似，篇简缺解，又有衍出三章，并前合为二十二章，孔安国为之传。至刘向典校经籍，以颜本比古文，除其繁惑，以十八章为定。"这就是今本之祖。

"父母生之，续莫大焉"，"故亲生之膝下"，诸家说不安处，古文字读皆异。

张尔田《史微》卷五《经翼》："班固不以《孝经》《论语》入儒家，而列诸六艺之后者，盖以《孝经》为孔子所自著，《论语》则专纪孔子之言行，附庸六艺，所以尊圣言也。而实则二书皆儒家之根源，学者不可不辨。或谓《孝经》为曾子以后支流苗裔之书，非孔子所作，若然，则班氏当归之诸子，今不归诸子，则其为孔子所作明矣。刘炫尝辨之，惟谓孔子假设曾子问答，与古义不合耳。余考《吕氏春秋·察微》篇引《孝经》曰：'高而不危，所以长守贵也；满而不溢，所以长守富也。富贵不离其身，然后能保其社稷而和其民人，楚不能之也。'可见《孝经》为孔子所自著，故不韦得以引之，与《论语》之名定于扶卿者不同。黄东发谓《孝经》为古书，盖得其实矣。"又说："《论语》首言学，学也者，又《汉志》所谓游文于《六经》之中，留意于仁义之际者也。《白虎通》说《孝经》《论语》曰：'已作《春秋》，复作《孝经》何？欲专制正。于《孝经》何？夫孝者，自天子下至庶人，上下通《孝经》者。夫制作礼乐，仁之本，圣人道德已备，弟子所以复记《论语》何？见夫子遭事异变，出之号令足法。'此汉儒论《孝经》《论语》最古者也。"

【小学】

陈振孙《直斋书录解题》卷三："自刘歆以小学入《六艺略》，后世因之，以为文字训诂有关于经艺故也。"

刘鉴泉《学略》卷一："《班志》所称小学，特古者六书之一道。然文字之本，固重于射、御、数矣。"又说："小学之附于经，以其为文字之本，不可与诸子各立一说为类也。其实治小学，乃读书属文之先务。读书不知小学，则训说不通；属文不知小学，则词语不精。其用甚大，不专在治经。治经亦不可专任小学。前人经学门径之说，乃门面语也。"

《史籀》十五篇。周宣王太史作大篆十五篇，建武时亡六篇矣。

建武，东汉光武帝年号。

《史籀》在西汉时期是小学的识字课本。《隋志》和《唐志》皆不载，书已亡佚，单字见引于《说文》中。马国翰有辑佚一卷。

史籀（zhòu），太史籀书之意，非人名。王国维《史籀篇疏证序》："《说文》：'籀，读也。'又云：'读，籀书也。'古籀、读二字，同声同义。古者读书皆史事，籀书为史之专职，昔人作字书者，其首句盖云'太史籀书'以冒下文，后人因取句中史籀二字以名其篇。刘班诸氏不审，乃以史籀为著此书之人，其官名为太史，其生当宣王之世，非也。"

容庚说："'史籀'二字，始见于《汉志》。《史籀》书名，未尝言史官而籀名也。《说文叙》云：'及宣王太史籀著大篆十五篇，与古文或异。'籀，读也，抽绎也，亦即《史记》'紬石室金匮之书'之紬。自江式请撰集字书表，张怀瓘《十体书断》皆称太史史籀，而籀遂为人名，词皆不可以不辨者。"① 许慎《说文解字叙》提到此书，则此书当为许慎所采摭。

《史籀》篇记载二百余籀文文字，其书体与大篆类似，又稍有不同。李零说："籀文先小篆，对小篆而言，也叫'大篆'。小篆、大篆都是秦文字，与六国文字不同。现在，书家把小篆以前的古文字叫大篆，不妥；如果再把小篆以外的六国古文叫大篆，就更不妥。"

《隋志》和《唐志》都未著录，足见书亡已久。马国翰有《史籀篇》辑佚一卷。

《八体六技》。

已亡佚。刘歆、班固著录群书，必言某书有几卷、几篇，独此书缺篇数。李赓芸说："'六技'当是'八篇'之讹。下总云'小学四十五篇'，并此八篇，正合四十五篇之

---

① 曾宪通编《容庚杂著集》，中西书局，2014，第 52～53 页。另可参考王国维《史籀篇疏证序》。

数。"王先谦认为此说不对，余嘉锡则"疑李说为得之"，不知孰是。

一般认为，八体，指大篆、小篆、刻符、虫书、摹印、署书、殳书、隶书。六技，指古文、奇字、篆书、隶书、缪书、虫书。李零说："大篆、小篆、隶书是秦系文字，古文、奇字是六国文字。其它，刻符、虫书、摹印，署书、殳书，以及缪书，都是汉代的美术字。"

《苍颉》一篇。上七章，秦丞相李斯作；《爰历》六章，车府令赵高作；《博学》七章，太史令胡母敬作。

下文小序所云闾里书师合并者，当即此。书已亡佚。马国翰、任大椿、孙星衍、梁章巨、曹元忠、叶大庄、顾震福、黄奭、陈其荣、陶方琦、姬觉弥、龙璋、王国维等均有辑本。另有双古堆汉简本、水泉子汉简本、北大汉简本。

秦一统以后，实行"书同文"政策，《仓颉》《爰历》《博学》都是学童的识字课本和字体规范。汉代重视识字教育，进而文字研究有较大的进展，开展经今古文的争论，先后又出现了《尔雅》《方言》《说文解字》。

《凡将》一篇。司马相如作。

是汉武帝时期的字书。亡于宋。陆宗达说："从旁书引用中，知此书以六字或七字为句。"[1]

---

[1] 陆宗达：《说文解字通论》，中华书局，2015，第 5 页。

　　王国维《汉魏博士考》："汉时教初学之所，名曰书馆，其师名曰书师，其书用《苍颉》《凡将》《急就》《元尚》诸篇，其旨在使学童识字习字。"①

　　清任大椿、马国翰、顾震福、张澍、黄奭、王绍兰、龙璋等各有辑本。

《急就》一篇。元帝时黄门令史游作。

　　或称《急就章》《急就篇》。元帝时期的字书，以七字为主，杂用三言或四言。汉史游撰。书今存。王应麟引晁公武之言说："杂记姓名、诸物、五官等字以教童蒙。急就者，谓字之难知者，缓急可就而求焉。"

　　魏建功说："《汉志》小学家著录几全为文字纂集，存于今者唯《急就章》耳。其著述专以形体为主。体例作风，后世通行杂字之属实与相类。学者谓之'苍学'，取《苍颉篇》名也，与训诂《尔雅》之学并称'苍雅之学'焉。"② 又说："《急就篇》以'急就奇觚与众异'开篇，言姓名，言储物③，言五官④，最后歌颂汉德。这就是'分别部居，不相杂厕'的实象。"⑤

　　陆宗达说："这部书是用章草写的。历代摹写《急就

------

① 王国维：《观堂集林》，河北教育出版社，2003，第86页。
② 魏建功：《汉字形体变迁史》，商务印书馆，2014，第13页。
③ 食品、衣服、颜色及于布帛、贾贩、度量衡、编兵连及金属、金属器用、竹器、陶器、书具、水虫、妇女、仆从及起居服饰用具、佩御及于音乐娱宴烹饪、肢体、兵刃、车制、室宅、田畴农事树艺、畜牧禽兽、疾病连及医药、卜祀、丧葬。
④ 先言为宦之学，次言官次，次言律，次言罚贬及郡名。
⑤ 魏建功：《汉字形体变迁史》，商务印书馆，2014，第24~25页。

篇》的，汉有张芝、崔瑗；魏有钟繇；吴有皇象；晋有卫夫人、王羲之、索靖。宋代仅存钟本、皇象本、索靖本。今皇象本见《吉石庵丛书》中，索靖本见《岱南阁丛书》中。"①

陈国庆说："王国维《校松江府学本急就篇》载《观堂集林》，可参考。今《四部丛刊》据涉园藏明抄本影印凡三十二章，正文一千一十六字，未分章，有复字。"

此书在《四库全书》经部小学类。《简目》云："汉史游撰或称《急就章》，故其字谓之章草；或单称《急就》，则省文也。凡三十四章，其字略以类从，而不立门目。文词古雅，始终无一复字。隋曹寿以下，注者不一。今惟颜师古之注存，宋王应麟又补师古之阙，亦为典核。"需要注意的是，此书并非没有复字，俞正燮《癸巳存稿》卷十二就曾举多条驳之。

《元尚》一篇。成帝时将作大匠李长作。

汉成帝时期的字书。已亡佚。

《急就》模仿《凡将》，《元尚》又模仿《急就》，篇首为"元尚"二字。

《训纂》一篇。扬雄作。

此即小序所谓"顺续《仓颉》"者也。汉平帝时期的字书。《汉书·扬雄传》："史篇莫善于《仓颉》，作《训

---

① 陆宗达：《说文解字通论》，中华书局，2015，第5页。

篡》。"许慎《说文解字叙》："孝平皇帝时，征礼等百余人，令说文字未央廷中，以礼为小学元士。黄门侍郎扬雄，采以作《训篡篇》。"李零说本书"是《滂喜》篇的中篇"。

已亡佚。马国翰有《训篡篇》辑佚一卷。

《别字》十三篇。

钱大昕认为："即扬雄撰《方言》十三卷也。本名《辍轩使者绝代语释别国方言》，或称《别字》，或称《方言》，皆省文也。"今人束景南认为"别字"乃扬雄《方言》的别称，说详《〈别字〉即〈方言〉考》，载《文史》第三十九辑。黄侃说："言绝代，则时间有异；言别国，则空间有异。惟空间纵之则为时间，时间横之则为空间，故《方言》一书即解古语之书也。南北之是非，由《方言》而可知之；古今之通塞，亦由《方言》而可知之。"[1]

《四库全书》著录《方言》十三卷入经部小学类。顾炎武认为"别字"即"白字"，"白"乃"别"音之字转。姚振宗同意顾氏之说，而否定钱氏以为即《方言》之说。魏源说："《别字》十三篇，不入六书之内，以其无义可引申，遂不成字，而亦自附于假借者。"[2]

又考《后汉书》卷四十二《光武十王列传》记载东平宪王刘苍"作书、记、赋、颂、七言、别字、歌诗"。又同书《五行志》："凡别字之体，皆从上起，左右离合，无有

---

[1] 《黄侃国学讲义录》，中华书局，2006，第44页。
[2] 中华书局编辑部编《魏源集·杂篇·说文假借释例》，中华书局，2009，第96页。

从下发端者也。”据此，则《别字》必不是扬雄所作的《方言》。具体是怎么回事，今已无法确知。

辑佚方面，只有王仁俊从《正字通》中采得佚文一节。

《苍颉传》一篇。

已亡佚。清以来有多种辑本。

扬雄《苍颉训纂》一篇。

王先谦曰：“此合《苍颉》《训纂》为一。”小序所云八十九章者。已亡佚。

杜林《苍颉训纂》一篇。

已亡佚。杜林，东汉初人。姚振宗曰：“班氏修《志》时，其人已早卒，书已行世，因并附入，非通例也。”

杜林《苍颉故》一篇。

已亡佚。故，训诂。《汉书·杜邺传》：“邺从张吉学，吉子竦又幼孤，从邺学问，亦著于世，尤长小学。邺子林，清静好古，亦有雅材，建武中历位列卿，至大司空。其正文字过于邺、竦，故世言小学者由杜公。”

凡小学十家，四十五篇。入扬雄、杜林二家二篇。

此类全是竹书。以《史籀》《八体六技》《仓颉》三种加上李斯、赵高、胡母敬、司马相如、史游、李长、扬雄七家。不包括杜林，正是十家。如以《八体六技》为八篇（钱大昭《汉书辨疑》引李赓芸说），又不计后人的三篇，正合四十五篇。

《易》曰："上古结绳以治，后世圣人易之以书契，百官以治，万民以察，盖取诸《夬》。""夬，扬于王庭"，言其宣扬于王者朝廷，其用最大也。

这里引述了两段《易》的文字，前一段见《系辞下》，后一段"夬，扬于王庭"，为《夬卦》之辞。

郑玄说："结绳者，大事大结其绳，小事小结其绳。"

夬，《易》之《夬卦》。夬（guài），决也，诀也。

小序讲文字起源于"上古结绳以治"。

古者八岁入小学，故《周官》保氏掌养国子，教之六书，谓象形、象事、象意、象声、转注、假借，造字之本也。

《大戴礼记·保傅》："古者年八岁而出就外舍，学小艺焉，履小节焉；束发而就大学，学大艺焉，履大节焉。"卢注云："小学，谓虎闱，师保之学也。大学，王宫之东者。束发，谓成童。《白虎通》云'八岁入小学，十五入大学'是也。此太子之礼。《尚书大传》云：'公卿之太子，大夫元士之嫡子，年十三，始入小学，见小节而践小义。年二十，入大学，见大节而践大义。'此世子入学之期也。又曰'十五入小学，十八入大学'者，谓诸子晚成者，至十五入小学，其早成者，十八入大学。《内则》

曰'十年出就外傅，居宿于外，学书计'者，谓公卿已下教子于家也。"

小序讲《周礼》六书为造字之本，保氏，地官之属。《周礼》没有列是哪六书，小序说是象形、象事、象意、象声、转注、假借，许慎说是指事、象形、形声、会意、转注、假借。

颜师古曰："象形，谓画成其物，随体诘屈，日、月是也。象事，即指事也，谓视而可识，察而见意，上、下是也。象意，即会意也，谓比类合谊，以见指㧑，武、信是也。象声，即形声，谓以事为名，取譬相成，江、河是也。转注，谓建类一首，同意相受，考、老是也。假借，谓本无其字，依声托事，令、长是也。文字之义，总归六书，故曰立字之本也。"

汉兴，萧何草律，亦著其法，曰："太史试学童，能讽书九千字以上，乃得为史。又以六体试之，课最者以为尚书御史史书令史。吏民上书，字或不正，辄举劾。"

"萧何草律"，"草，创造"。许慎《说文解字叙》认为指《尉律》。"又以六体试之"当依《说文解字叙》作"又以八体试之"。

所谓"讽书九千字以上"，《说文解字叙》作"讽籀书"，指史籀大篆，"籀"是读的意思。籀文的具体字数不可详悉。

尚书、御史、史书令史，吴仁杰《两汉刊误补遗》曰：

"太史课试，善史书者以补史书令史，而分隶尚书及御史也。"

刘又辛说："从历史上看，秦始皇、李斯的'书同文字'政策，是第一次由中央政府用行政命令的办法实施的异体字整理。他们以秦国通行的文字为准，对历代通用的文字稍加省改；废除了六国文字中的大量异体字。这是一次影响很大的文字改革政策。按照当时规定，文字一定要按照《仓颉篇》《博学篇》《爰历篇》三部新编的字书书写，不能乱用异体字，违反者要受法律制裁。这种规定，一直维持到西汉。"① 《汉志》所谓"吏民上书，字或不正，辄举劾"可以为证。

六体者，古文、奇字、篆书、隶书、缪篆、虫书，皆所以通知古今文字，摹印章，书幡信也。

这里说"六体"，上文说"八体六技"，显然矛盾。吴恂曰："愚谓'字或不正，辄举劾'下，当有脱文，似宜增《八体》者：大篆、小篆、刻符、虫书、摹印、署书、殳书、隶书云云。然后下接《六技》者：古文、奇字、篆书、隶书、缪篆、虫书云云。如是较合，此缘《八体》者以下文尽阙，后人故改上文《八体》之八为六，并更下之《六技》为《六体》也。"

陈直说："《十钟山房印举》举六、八页，有'侯志'玉印，是缪篆书体。《秦汉瓦当文字》卷一、四十三页，有'永受嘉福'瓦，是虫书体。与志文正合。又按：西汉时另

---

① 刘又辛：《汉语汉字答问》，商务印书馆，2012，第133页。

盛行一种龟蛇书体。余所见者，有'与天毋极'瓦，毋字作龟蛇体。有'西乡'印，有'西神'瓦筒题字，西字皆作龟蛇体（以上均拓本）。在《艺文志》所云六体之外，类于后代之美术书体。"[1]

古制，书必同文，不知则阙，问诸故老，至于衰世，是非无正，人用其私。故孔子曰："吾犹及史之阙文也，今亡矣夫！"盖伤其浸不正。

人用其私，言各任私意而为字。

引孔子的话，见《论语·卫灵公》。史，即《史籀》、大篆诸书。文，即字。

《史籀篇》者，周时史官教学童书也，与孔氏壁中古文异体。

字体与石鼓文及春秋时代的秦系金文相同，为周代史官教学童识字的课本。今仅存《说文》所引《史篇》及所录籀文二百二十三字。王国维有《史籀篇叙录》《史籀篇疏证》。或称为《史篇》《史籀》。

《苍颉》七章者，秦丞相李斯所作也；

《颜氏家训·书证篇》："《苍颉篇》李斯所造，而云'汉兼天下，海内并厕，豨黥韩覆，畔讨灭残'，后人所附

① 陈直：《汉书新证》，中华书局，2008，第222页。

益也。"陈直说："任大椿、孙星衍诸人皆有《苍颉篇》辑本，均引采之。现以居延汉简考之，此四句则在第五章末尾（见《居延汉简释文》五六一页。原文写在木觚上，分甲乙丙三面，存有五十四字，劳氏所释，几于全不可通。觚字亦模糊不清，无法校正，故不录原文）。又《苍颉篇》首四句，从各简连缀，应为'苍颉作书，以教后嗣，幼子承诏，谨慎敬戒'。较辑本完整可诵。其见于敦煌木简之散句，不再征引。"[①]

《爰历》六章者，车府令赵高所作也；

赵高为秦时宦官。始皇崩于沙丘，赵高伪造遗诏，赐死太子扶苏，立胡亥为二世，杀李斯，自为丞相，专权用事，旋又弑二世，立子婴，后为子婴所诛。

《博学》七章者，太史令胡母敬所作也；

胡母敬曾任秦朝太史令。

文字多取《史籀篇》，而篆体复颇异，所谓秦篆者也。是时始造隶书矣，起于官狱多事，苟趋省易，施之于徒隶也。

《博学》七章，文字多采《史籀篇》，然结构略异，称为"秦篆"，即后人所称的小篆。

许慎《说文解字叙》曰："秦烧灭经书；涤除旧典，

---

① 陈直：《汉书新证》，中华书局，2008，第222页。

大发声卒，兴成役。官狱职务繁，初有隶书，以趣约易，而古文由此绝矣。"

汉兴，闾里书师合《苍颉》《爰历》《博学》三篇，断六十字以为一章，凡五十五章，并为《苍颉篇》。

闾里书师，指闾里教授字书的先生。

秦代时，《仓颉》《爰历》《博学》三篇合在一起约1200字。到了汉朝，不断地被续写，凡五十五章，计有3300字。后面会提到的扬雄的《苍颉训纂篇》，有5340字。东汉时班固的续写本为6120字，而贾鲂的续写本则达到7380字。发展到许慎的《说文解字》，已经达到9353字。

武帝时司马相如作《凡将篇》，无复字。

复，重复。

元帝时黄门令史游作《急就篇》，成帝时将作大匠李长作《元尚篇》，皆《苍颉》中正字也。《凡将》则颇有出矣。

陈直说："《急就篇》在成书之后即已传播，至东汉尤为盛行。《居延汉简释文》五六零页，有《急就篇》八简，八简中写开首数句者，占有四简。《流沙坠简·考释·小学类》三页，有《急就篇》六简。《汉晋西陲木简汇编》二编、三十八至四十页，有《急就篇》三简。又杭州邹氏藏有《急就篇》草隶砖，仅写第一章四句（见《专门名家》

第二集）。望都汉墓壁画题字亦写《急就篇》数句。"①

"《苍颉》中"，指在《仓颉》2300 字之中。出，言多出于《仓颉》之字。

至元始中，征天下通小学者以百数，各令记字于庭中。扬雄取其有用者以作《训纂篇》，顺续《苍颉》，又易《苍颉》中重复之字，凡八十九章。

元始，是汉平帝的年号，共五年。

汉代的识字课本主要是《史籀》和《三苍》，还有就是《三苍》的续写本和改写本。

臣复续扬雄作十三章，凡一百二章，无复字，六艺群书所载略备矣。

臣，班固自称。一百二章，如仍以每章 60 字计，则为6120 字。

从"六艺群书所载略备"一语可见当时的字学已经开始和经学有比较密切的关系。

《苍颉》多古字，俗师失其读，宣帝时征齐人能正读者，张敞从受之，传至外孙之子杜林，为作训故，并列焉。

张敞，字子高。《汉书》卷七十六有其传。杨树达说：

① 陈直：《汉书新证》，中华书局，2008，第 223 页。

"《郊祀志》记敝辨识美阳鼎刻书，《颜氏家训·书证》篇记敝造罐字，与此文记敝从受仓颉正读，皆敝笃志古文之事。"

下面是《六艺略》的序。

凡六艺一百三家，三千一百二十三篇。 入三家，一百五十九篇；出重十一篇。

看《六艺略》的时候还应该与《史记》《汉书》中的《儒林传》合看。《史记》和《汉书》的一些传记中也对战国秦汉间著书诸人的生平有所涉及，从中可以窥见其师授渊源、学术脉络。

六艺之文：《乐》以和神，仁之表也；

《礼记·文王世子》："乐，所以修内也。"和神，和悦心神。

《诗》以正言，义之用也；

正言，端正言论。

《礼》以明体，明者著见，故无训也；

《礼记·文王世子》："礼，所以修外也。"《礼》以明体，所谓"明"就是"著见"，无须解释。

《书》以广听，知之术也；

广听，广博视听。

《春秋》以断事，信之符也。

断事，决断事情。尹江海认为："儒学知行合一的思想在这里就有所体现，儒家认识到儒学教化不仅要解决认识问题，更要解决实践问题。儒家将仁、义、礼、智、信等思想要素，贯穿于各类经学科目的讲习之中，把学到的知识运用到实践当中，从而实现了价值与功能的高度统一。"[1]

五者，盖五常之道，相须而备，而《易》为之原。故曰"《易》不可见，则乾坤或几乎息矣"，言与天地为终始也。

《乐》《诗》《礼》《书》《春秋》以应仁、义、礼、智、信，故曰"五常之道"。

这里的"五常"就是《荀子·非十二子篇》的"五行"。郭沫若在20世纪40年代认为"五行"不是金木水火土，而是仁义礼智诚。20世纪70年代初期，马王堆汉墓出土了一篇《五行》，开篇就是"五行"，讲的内容是仁义礼智圣，和郭沫若的推测比较接近。这个"行"该是德行的"行"，称作"五德"也可以。

1994年湖北荆门郭店出土的一批战国中期竹简，其中有一篇在马王堆帛书的《五行》中可见。郭店竹简《五行》是马王堆帛书《五行》的"经"的部分，其写作的年代与《大学》《中庸》基本相同。

小序认为"五常"是仿"五行"。

---

[1] 尹江海：《汉书艺文志辑论》，西南交通大学出版社，2013，第61页。

对于《易》为何要排在《六艺略》的最前面，小序的这段文字做了非常好的说明。照小序的说法，《易》是"五学"之"原"，"言与天地为终始"，其地位较"五学"为高。

引文"《易》不可见，则乾坤或几乎息矣"见《系辞上》，言若无阴阳变化之《易》道，则乾坤几乎灭息。

至于五学，世有变改，犹五行之更用事焉。

虽叫《六艺略》，实际上只有"五学"，指《乐》《书》《诗》《礼》《春秋》。

姚明辉《汉志注解》曰："五常之于五行，仁为木，义为金，礼为火，智为水，信为土。五学既为五行之道，则其递相为教，亦如五行之更用事也。"

郑玄《六艺论》："《易》《诗》《书》《礼》《乐》《春秋》策皆二尺四寸，《孝经》谦，半之，《论语》八寸策者，三分居一，又谦焉。"

古之学者耕且养，三年而通一艺，存其大体，玩经文而已，是故用日少而畜德多，三十而五经立也。

西汉以来经学之发展与政治利禄之关系，《汉书·儒林传》云："自武帝立五经博士，开弟子员，设科射策，劝以官禄，讫于元始，百有余年，传业者浸盛，支叶藩滋，一经说至百余万言，大师众至千余人，盖禄利之路然也。"《法言·寡见》也指出："古者之学耕且养，三年通一。今之学也，非独为之华藻也，又从而绣其鞶帨。"对于西汉以后的这种学术与政治风气，扬雄显然有所察觉，可参见《法言·吾子》。

这里的"古之学者"，到底"古"是指何时？不甚明了，但既然是五经定了以后的话，大概是汉武帝之后的事。钱大昭说："三年而通一艺，故孔子十五志学，三十而立。"古之弟子，小学毕业一般是十五岁，从十五岁时接着读五经，每三年一经，三十岁时可以读完。班固的这个说法非常好，可以纠正后来汉、宋二家说经烦琐漫衍的毛病，足为学者治经之鹄。

陈直也有一说，附此供参考："《专门名家》第二集，有汉建初墓砖云'□入太学受礼，十六受《诗》，十七受'，'十九受《春秋》，以建初元年孟夏'，'□昧爽□□六月二十六日□'，此砖虽残缺，然甚关重要。系每年通一经，由《礼经》开始，《春秋》在最后，与班氏三年而通一艺之说不同。砖文所纪或系东汉太学之制度（此砖余所见有六七方，同出一范，皆不完整）。"①

后世经传既已乖离，博学者又不思多闻阙疑之义，而务碎义逃难，便辞巧说，破坏形体；说五字之文，至于二三万言。

《论语·为政》载孔子"多闻阙疑，慎言其余，则寡尤"之语，《汉志》引述。孔子生前以"博文约礼"为教，孔子殁后学派流别纷杂，经秦朝而至西汉，传习者尤多牵强，"说五字之文，至于二三万言"，指解说太烦琐了，由

---

① 陈直：《汉书新证》，中华书局，2008，第223页。

此可见秦汉以后经学之失。

当时博士之学，既病专固，复伤烦冗，西汉博士之学，特别是今文经说，不久就无传于后，这种啰唆的学风正是其中一项原因。"通人之学"与"博士之学"有别，西汉的司马迁、扬雄、桓谭、刘向都是"通人之学"，东汉以后，通才渐多，过去狭陋的学术风气才得以扭转过来，取得的成绩也更大。

后进弥以驰逐，故幼童而守一艺，白首而后能言；安其所习，毁所不见，终以自蔽。此学者之大患也。

后进，即后辈。驰逐，指追随、效仿。自蔽，自行掩蔽。被自己的成见所囿，无视客观实际。此言已习者则保守之，未尝见者则妄毁之。

两汉都重视经学，西汉多治古文经学，治今文经的学者少，东汉则今古文并治。西汉多守一经，东汉则兼通五经。西汉的今文学专尚微言大义，东汉的古文学多详典章制度的训诂。

序六艺为九种。

此段为《六艺略》之总论。孙德谦说："《班志》于一类后既作后论以究学术之得失矣，其于一略之中再用总论者，盖后论只及一家，总论则包举全体也。"

序，次也。九种：《易》、《书》、《诗》、《礼》、《乐》、《春秋》、《论语》、《孝经》、小学。

　　《论语》为六艺之喉衿，《孝经》为六艺之总会，小学
又是经学的基础，三项都是六艺的门径，所以《汉志》列
在六艺之后。

　　章学诚《文史通义·外篇·淮南子洪保辨》："《论语》
《孝经》《尔雅》，皆传也，班固名标六艺，而书分九类，
最为知所原本。盖有附经之传，有离经之传。《论语》《孝
经》《尔雅》，盖离经之传，故别出部次，而分类为九。然
传终不可混经，故标题仍称六艺也。"

诸 子 略

诸子一名，始见于刘歆《七略》。相当于《庄子·天下》、司马谈《论六家要旨》所说的"百家"。古书中讨论诸子学的流派及起源的有几篇文献比较重要：一是《庄子·天下》，认为诸子起源于"古之道术"，学术之所以不同在于师承不同；二是《淮南子·要略》，主张百家之学有别是因为时势不同；三是《汉志》，认为诸子出于王官，百家学术的差异是出于官守不同。把以上三种态度综合来看，差不多能接近真相。当然，学术的不同还与时代背景、个人性情有关。

除此之外，在《诸子略》之前评论诸家学术的作品还有《韩非子·显学》、《尸子·广泽》、《吕氏春秋·不二》、《荀子》的《非十二子篇》《解蔽篇》、司马谈的《论六家要旨》，以及《孟子》的《公孙丑》《离娄》《万章》《告子》《尽心》《滕文公》等篇。《汉志》讨论的诸子十家，从上述文献中基本可见。

章学诚的《校雠通义》、龚自珍的《古史钩沉论二》、章炳麟的《诸子略说》、刘师培的《古学出于史官论》《补论》《古学出于官守论》，都是推阐《汉志》诸子出于官守之作。但清儒曹耀湘不信刘歆诸子本于官守之说。他在

《墨子笺》后评议说："刘歆之叙诸子，必推本于古之官守，则迂疏而鲜通。至谓墨家出于清庙之守，尤为无稽之妄说，无可采取。"康有为的《新学伪经考》有一个重点，就是不信《汉志》，不信古代诸子学出于王官。后来胡适作《诸子不出于王官论》就是受到了康有为的影响，他又循《淮南子·要略》的理路，认为诸子起于救世的要求。① 而柳诒徵撰《论近人言诸子学者之失》说："若合《庄子·天下》篇、《淮南子·要略》、刘歆《七略》观之，则诸子之学出于古代圣哲为正因，而激发于当日之时势者为副因。"② 换句话说，诸子学最初出于王官，后来发展为响应时代、救世。康氏否定"正因"，与胡氏"举副因而弃正因"，都失之偏颇。

诸子学兴起的背景，罗焌在《诸子学述》中概括为六点：王官失职、私家讲学、书籍传播、著述自由、养士竞争、社会变迁。他还概述了诸子学由兴转废的几个原因：学说不适、民智未开、书籍丧失、君主专制。③

刘汝霖《周秦诸子考》论《诸子书的性质》曰："诸子的书，现在通行的本子，是经汉代人的编订，至于秦火以前的情形是怎样，是很难知道的。不过按书和著作人的关系分析看来，大约可分为直接、间接和代表三种。直接著作，是本人的意思又由本人亲手写出。如《史记·韩非

---

① 傅斯年《战国子家叙论》里面有一部分提出诸子出于古代的职业，这实际上是在委婉地批评胡适之说。

② 柳诒徵：《论近人言诸子学者之失》，载柳曾符、柳定生选编《柳诒徵史学论文续集》，上海古籍出版社，1991，第 524 页

③ 参见罗焌《诸子学述》，华东师范大学出版社，2008，第 74~79 页。

传》载：'或传其书至秦，秦王见《孤愤》《五蠹》之书
曰：嗟乎！寡人得见此人与之游，死不恨矣。李斯曰：此
韩非之所著书也。秦因急攻韩，韩王始不用非。'这两篇既
影响了时局，可断定是韩非所作，再无可疑的。间接著作，
是本人的意思由关系最深的人记载下来。如《孟子》一书，
《史记》虽载：'孟轲退而与万章之徒序《诗》《书》，述仲
尼之义，作《孟子》七篇。'但看书里面对公都子乐正子
等都称子，可知决不是孟子亲手，只好定为间接著作一类。
代表一类的著作，本不是一人的著作，是许多人共同研究
成了一派学术，因为这一人最出名，就用这一人代表了。
如《庄子·天下》的二十一事，《公孙龙子·白马论》，都
是当时辩者共同讨论的问题，却被惠施、公孙龙代表了。
《墨经》也是墨子以后共同讨论的问题，却被墨子一人代表
了。大约古代的书多用竹简写成，传钞不易，想得到一种
全部的书很难，所以在民间多是单篇流传。秦火以后，书
籍散亡，到汉代搜求遗书许多篇集在官府，才算有了定本。
但这种定本，已经把前三种性质的著作混在一起了。有了
定本之后，别篇还是陆续出世，以直到刘氏父子校经传诸
子时为止。所以，司马迁所见的诸子篇数，和《汉志》所
载不同。"①

经学多陈事实，诸子学多明义理。子学是一家的撰述，
集学是一人的撰述。诸子的兴起与王官失职、私家讲学、
著述自由、书籍传播等也有莫大关系。刘鉴泉《学略》卷
一："周秦诸子，立说虽偏，皆六艺之一枝一节，特未睹道

① 刘汝霖：《周秦诸子考》，北平文化学社，1929，第9~11页。

全耳。其立言大都有所激，遂欲以其术易天下，固属乖谬。然‘持之有故，言之成理’，每立一说，必穷尽事情，以圆其说。故以中庸衡之，则偏激立见；若以后世空疏之言比观，则相去远矣。学者所宜读诸子书，不特美其文章，其言事物之理，实取之无尽也。”

"九流十家"是刘歆或班固对先秦学术分判的"一家之言"，与《庄子·天下》《荀子·非十二子篇》《淮南子·要略》《论六家要旨》的分法不同。庄子和荀子将他们认为思想相近的学者合并议论，不归纳家派。荀子挑出十二人，分为六组，庄子也分为六组，内容不同。罗列家派则始于司马谈。但战国就没有家派吗？恐怕不然。

《诸子略》以思想系统来划分，可能是在司马谈《论六家要旨》的基础上加上纵横、杂、农、小说四家，而成儒、道、阴阳、法、名、墨、纵横、杂、农、小说十家。《诸子略》中的各种小序偏重于讲述思想学说的优劣。

晋荀勖因《魏中经簿》，更著新簿，总括群书，分为甲、乙、丙、丁四部。古诸子家，列乙部中。宋王俭别撰《七志》，而《诸子志》仍居第二。

到了梁代，阮孝绪博采家藏，参校官簿，更为《七录》，以王氏《经典志》中的史记杂传，别为《记传录》第二，又将《汉志》的《兵书略》并入诸子，为《子兵录》第三。这种做法本于荀勖《中经新簿》，只是将史传列于《子兵录》之前，略有一点不同罢了。

再到《隋志》，始分经、史、子、集四部。《唐志》遂将甲部为经，乙部为史，丙部为子，丁部为集。清儒倪璨《明史·艺文志序》说："四部之名，至唐而始定，曰甲部，经典小学诸书；曰乙部，史家编年纪传等类；曰丙部，诸子百家在焉；曰丁部，骚赋别集系焉。下逮有宋，亦沿其制。"宋、元、明、清以下，也都是这样来划分。

子学衰变，数量锐减，诸子、兵书、数术、方技四略，分合之后，而成子部。

【儒家】

　　《淮南子·要略》："文王之时，纣为天子，赋敛无度，杀戮无止，康梁沉湎，宫中成市，作为炮烙之刑，刳谏者，剔孕妇，天下同心而苦之。文王四世累善，修德行义，处岐周之间，地方不过百里，天下二垂归之。文王欲以卑弱制强暴，以为天下去残除贼而成王道，故太公之谋生焉。文王业之而不卒，武王继文王之业，用太公之谋，悉索薄赋，躬擐甲胄，以伐无道，而讨不义，誓师牧野，以践天子之位。天下未定，海内未辑，武王欲昭文王之令德，使夷狄各以其贿来贡，辽远未能至，故治三年之丧，殡文王于两楹之间，以俟远方。武王立三年而崩，成王在襁褓之中，未能用事，蔡叔、管叔辅公子禄父而欲为乱。周公继文王之业，持天子之政，以股肱周室，辅翼成王。惧争道之不塞，臣下之危上也，故纵马华山，放牛桃林，败鼓折枹，搢笏而朝，以宁静王室，镇抚诸侯。成王既壮，能从政事，周公受封于鲁，以此移风易俗。孔子修成、康之道，述周公之训，以教七十子，使服其衣冠，修其篇籍，故儒者之学生焉。"

　　儒家上承六艺，下开九流，和其他诸子的身份与地位不同。儒家除了与儒、墨、道、法等家同列为诸子之一以外，还是中华道统的代表。儒家所阐述的是二帝三王前后相承的文化业绩，揭示的是恒久不变、人所当行的常道。

汉初，诸子学比诗赋的地位更高，儒家的陆贾、贾谊、董仲舒、公孙弘，法家的晁错，纵横家的蒯通、主父偃等都是朝廷重臣，兼通诗赋的刘向、扬雄也以儒学显名，从中不难看出，《汉志》中《诸子略》仅次于《六艺略》，而地位比《诗赋略》更高的排序也合乎其宜，而儒家又在《诸子略》中排在最前面。儒家讲六艺，六艺既先于诸子，《汉志》在编排的时候，自然而然就把儒家排在各家之前。

《汉书》中的《儒林传》讲授受渊源，《艺文志》论学术派别，一经一纬，相辅相成。

《汉志》将儒家排除于六艺之外，与诸子并列，使传周公、孔子学者，定于一轨。

《晏子》八篇。名婴，谥平仲，相齐景公，孔子称善与人交，有《列传》。

《史记》本传："晏平仲婴者，莱之夷维人也。事齐灵公、庄公、景公，以节俭力行重于齐。既相齐，食不重肉，妾不衣帛。其在朝，君语及之，即危言；语不及之，即危行。国有道，即顺命；无道，即衡命。以此三世显名于诸侯。"据说晏婴个子不高，其貌不扬，但头脑机敏，能言善辩，说话常常令人无法招架。

《淮南子·要略》："齐景公内好声色，外好狗马，猎射亡归，好色无辩，作为路寝之台，族铸大钟，撞之庭下，郊雉皆响，一朝用三千钟赣，梁丘据、子家哙导于左右，故晏子之谏生焉。"

《史记》本传、《隋志》著录《晏子春秋》七卷，与今本《晏子》十二卷不同。《崇文总目》说其书已亡。陈直："列国以来，春秋名书之义有三：有纪一人之事者，《晏子春秋》是也；有成一家之言者，《虞氏春秋》《吕氏春秋》是也；有纪一时之事者，《楚汉春秋》《吴越春秋》是也。名虽同而派别微异，此书即后代别传之胚胎，实为子部之支流。"

书中有述晏婴遗事，撰者必非晏婴，可能是后人采集晏婴行事而成。柳宗元《柳河东集》卷四《辩晏子春秋》云："司马迁读《晏子春秋》，高之，而莫知其所以为书。或曰晏子为之，而人接焉，或曰晏子之后为之，皆非也。吾疑其墨子之徒有齐人者为之。墨好俭，晏子以俭名于世，故墨子之徒尊著其事，以增高为己术者。且其旨多尚同、兼爱、非乐、节用、非厚葬久丧者，是皆出墨子。又非孔子，好言鬼事，非儒、明鬼又出墨子，其言问枣及古冶子等，尤怪诞，又往往言墨子闻其道而称之，此甚显白者。自刘向、歆，班彪、固父子，皆录之儒家中。甚矣！数子之不详也。盖非齐人不能具其事，非墨子之徒，则其言不若是。后之录诸子书者，宜列之墨家，非晏子为墨也，为是书者，墨之道也。"章学诚《校雠通义·焦竑误校汉志》认为"其说良是"，又说"部次群书，所以贵有知言之学"。章氏所谓"知言"，即学习校雠目录学，必须要知道书的内容和书籍的学术思想源流，不能只是按书名来做分类。

《四库全书》著录《晏子春秋》八卷，入史部传记类。

《史记·仲尼弟子列传》："孔子之所严事：于周则老子；于卫，蘧伯玉；于齐，晏平仲；于楚，老莱子；于郑，子产；于鲁，孟公绰。"把《晏子》放在儒家的最前面，或是孔子称道他的缘故。但细检《晏子》，要旨在爱民、尚贤、崇俭、讲礼、非战、非鬼，则当入儒家。书今存。篇目如下：

内篇谏上第一　凡二十五章

内篇谏下第二　凡二十五章

内篇问上第三　凡三十章

内篇问下第四　凡三十章

内篇杂上第五　凡三十章

内篇杂下第六　凡三十章

外篇重而异者第七　凡二十七章

外篇不合经术者第八　凡十八章

《晏子》由史料和民间传说汇编而成，书中记载了许多晏婴劝告君主勤政、不要贪图享乐、任用贤能、虚心纳谏以及爱护百姓的事例。刘向对其加以整理，共8卷215章，分为内篇6卷和外篇2卷。清末的苏舆、张纯一分别著有《晏子春秋校注》，刘师培有《晏子春秋补释》。吴则虞著有《晏子春秋集释》。1987年银雀山出土汉简有《晏子春秋》，可证实今本《晏子》不伪。

《子思》二十三篇。 名伋，孔子孙，为鲁缪公师。

子思是孔子之孙，孔鲤之子，曾受业于曾子，出仕于鲁穆公。缪、穆，古音同字通。

《史记·孔子世家》："子思作《中庸》。"《隋书·音乐志》："《礼记·表记》《坊记》《缁衣》皆取《子思子》。"今存《礼记》中的四篇，多是后人所加。

《后汉书·王良传》引子思曰："同言而信，则信在言前；同令而行，则诚在令外。"注以为"此皆子思子《累德篇》之言"。据此，则《累德篇》乃《子思子》逸篇之一。

《子思》二十三篇，《隋志》著录《子思》七卷，《郡斋读书志》也有著录，可见《子思》一书在北宋时期尚存。西山尚志："汉代的《子思》二十三篇与六朝后期以后的《子思子》并不相同，在成书过程和流传中有断绝。"[1] 《四库全书》子部儒家类著录《子思子》一卷。《提要》云："宋汪晫编。晁公武《读书志》载有《子思子》七卷，晫此本乃止一卷，而为九篇。其割裂古经，强立篇名，与所辑《曾子》相等，亦以旧本久亡，存之耳。"清黄以周、洪颐煊等有辑本。

《曾子》十八篇。名参，孔子弟子。

子思学于曾子，《汉志》却把《曾子》著录在《子思》之后，可能因为子思是孔子之孙，别有所尊。

曾子之学，以慎独为宗，以修身为本，其指归在于大孝，以至于治国平天下，皆由至德要道推而放之。

---

[1] 〔日〕西山尚志：《古书新辨——先秦出土文献与传世文献相对照研究》，上海古籍出版社，2015，第40页。

书已残。《唐志》云："《曾子》两卷。"世传《曾子》，自《修身》至《天圆》总共十篇，分为两卷，和《唐志》相合，比《汉志》所载，已亡八篇。即《大戴礼记》中的《曾子立事》《曾子本孝》《曾子立孝》《曾子大孝》《曾子事父母》《曾子制言上》《曾子制言中》《曾子制言下》《曾子疾病》《曾子天圆》。

《论语·泰伯》"曾子有疾"二章，《礼记·檀弓》"曾子寝疾病"一章，所记曾子遗言，皆不及《曾子疾病》记载精详。

既然《大戴礼记》的其中十篇属于《曾子》，那么《孝经》《王言》《曾子问》等篇也当属《曾子》十八篇。

《四库全书》子部儒家类著录有《曾子》一卷。《简目》云："宋汪晫编。《汉志》载《曾子》十八篇，《隋志》《唐志》皆作二卷，高似孙《子略》，陈振孙《书录解题》，皆载有《曾子》，是宋时尚有传本。晫盖以其未备而重辑之，凡十二篇。其强立篇名，颇为杜撰。然宋代旧本已佚。存之尚具《曾子》之崖略也。"

清人阮元有《曾子注释》四卷，去年曾在旧书肆买到一部开本很大的《曾子十篇注释》，版心题"上章涒滩陬月渭南严氏孝义家塾刊于成都"，字形古拙，镌刻古雅。

《漆雕子》十三篇。孔子弟子漆雕启后。

据《韩非子·显学》，孔子之后，儒分为八，有子张氏、子思氏、颜氏、孟氏、漆雕氏、仲良氏、公孙氏、乐正氏之儒。《圣贤群辅录》有一段材料，对韩非子的"儒分为八"做了补充说明:"二子没后,散于天下,设于中国,成百氏之源,为纲纪之儒。居环堵之室,荜门圭窦,瓮牖绳枢,并日而食,以道自居者,有道之儒,子思氏之所行也。衣冠中,动作顺,大让如慢,小让如伪者,子张氏之所行也。颜氏传《诗》为道,为讽谏之儒。孟氏传《书》为道,为疏通致远之儒。漆雕氏传《礼》为道,为恭俭庄敬之儒。仲梁氏传《乐》为道,以和阴阳,为移风易俗之儒。乐正氏传《春秋》为道,为属辞比事之儒。公孙氏传《易》为道,为洁净精微之儒。"①

《史记·仲尼弟子列传》有漆雕启②,又有漆雕哆(字子敛,鲁人),又有漆雕徒父③,《说苑·权谋》有孔子问漆雕马人一节④,上引《韩非子·显学》有漆雕氏之儒,又引漆雕之议。照《汉志》的说法,此著书之漆雕子,既为子开之后,当是孔子门人,疑非子敛、子文、马人三子。盖即韩子所称之漆雕是也。《韩非子·显学》云:"漆雕之议,不色挠,不目逃。行曲则违于臧获,行直则怒于诸侯。世主以为廉而礼之。"

杨树达《汉书窥管》与郭沫若《十批判书》都认为"后"乃衍文。据此,则是书为漆雕启自著。先秦子书有自

---

① 按:《四库提要》子部书类存目:"《圣贤群辅录》二卷,一名《四八目》,旧附载《陶潜集》中,唐宋以来相沿引用,承讹踵谬,莫悟其非。迩以编录遗书,始蒙睿鉴高深,断为伪托。"李学勤《谈〈圣贤群辅录〉八儒三墨之说》一文认为"八目"条有一定道理。参见《儒家思孟学派论集》,齐鲁书社,2008,第1~5页。
② 即漆雕开,因避汉景帝讳而改。
③ 今《家语》作漆雕从,字子文,一作子友。
④ 今《家语》作漆雕凭。

著者，有弟子或后人掇拾其言行而成书者，亦有依托者，《漆雕子》久佚，于《隋志》《唐志》已不载，其详不可考。马国翰《玉函山房辑佚书》有辑本一卷。

《宓子》十六篇。名不齐，字子贱，孔子弟子。

宓，与"伏"同。《论衡·本性》："宓子贱、漆雕开、公孙尼子之徒，亦论情性，与世子相出入，皆言性有善有恶。"

上面说《漆雕子》是"孔子弟子漆雕启后"作，这里说宓子是"孔子弟子"。按理说，《宓子》应该排在《漆雕子》的前面，但为什么《汉志》没这么做？考下文《景子》三篇，班氏自注："说宓子语，似其弟子。"则《漆雕子》先《宓子》，所以次《曾子》之后，亦云曾子弟子。曾子先宓子，曾子小孔子 46 岁，《四库全书》本《史记》说宓不齐小孔子 49 岁，《索隐》引《家语》说小孔子 30 岁。与此不同的是，百衲本、金陵本《史记》载小孔子 30 岁，《索隐》说小 40 岁。小 49 岁之说不可靠，其他两种说法未知孰是。

《论语·公冶长》记孔子称赞宓不齐是君子。《韩非子·难言》载"宓子贱、西门豹不斗而死人手"，章太炎《广论语骈枝》据此推测宓子贱"王遇暗主，以致杀身，故其名不逮曾子、子夏之著"。

此书《隋志》和《唐志》已不见载，亡佚。马国翰有《宓子》辑佚一卷。

宓子言行见于《说苑·政理》、《新书·审微》及《吕氏春秋》中的《具备》《察贤》篇。罗焌《诸子学述》：

"宓子在孔门，盖长于政治者。故其为政，以任人尊贤为要。用人则必专任之而不掣其肘，尊贤则必师事之而得尽其材，使民以义而绝彼幸灾乐祸之心，教民以诚而化彼阳奉阴违之习。"①

《景子》三篇。说宓子语，似其弟子。

宓子贱的弟子景子又著书三篇，其学亦自成一脉。

沈钦韩说《孟子》书中有景子。

《隋志》和《唐志》已不载，亡佚。马国翰有辑本一卷，但马氏补辑二条，皆记宓子事，当为宓子书。

《世子》二十一篇。名硕，陈人也，七十子之弟子。

《论衡·本性》记载与此微异："周人世硕以为人性有善有恶，举人之善性，养而致之则善长；恶性，养而致之则恶长。"如此，则性各有阴阳，善恶在所养焉。故世子作《养（性）书》一篇。宓子贱、漆雕开、公孙尼子之徒，亦论情性，与世子相出入，皆言性有善有恶。又说："自孟子以下，至刘子政，鸿儒博生，闻见多矣，然而论情性竟无定是。唯世硕、公孙尼子之徒，颇得其正。"

《春秋繁露·俞序》引《世子》曰："功及子孙，光辉百世，圣人之德，莫美于恕。"

此书《隋志》和《唐志》已不载。马国翰有辑本一卷。

---

① 罗焌：《诸子学述》，华东师范大学出版社，2008，第144～145页。

《魏文侯》六篇。

魏文侯，名斯，魏桓子之子①，《史记·魏世家》记魏文侯曾从子夏学经，今《礼记·乐记》有魏文侯问乐于子夏一篇，蔡邕《明堂月令论》引魏文侯《孝经传》一条，足证魏文侯深于经术。

《隋志》和《唐志》已不载。书亡佚已久。马国翰从《战国策》《淮南子》《吕氏春秋》《新序》《说苑》诸书辑佚一卷，凡二十三节。言论能近道，有容直纳谏、尊贤下士之风。今检《说苑·奉使》有"魏文侯封太子击于中山"一章，可补马氏辑本之缺。

《李克》七篇。子夏弟子，为魏文侯相。

《韩诗外传》卷十作"里克"，里、李古字通。《吕氏春秋·举难》作"季充"，因形近而讹。李克受业孔氏之门人，是子夏的弟子，又得田子方诸贤为师友，其《诗》学传诸孟仲子。② 其治术行乎魏文侯，卓然儒家者流也。

法家类、《兵书略》的兵权谋类都有《李子》。王应麟说："《韩诗外传》《说苑》《魏文侯问李克》《文选·魏都赋》注引《李克书》。"

书已亡佚。马国翰有《李克书》辑本一卷。马氏云："李克先从曾申受《诗》，为子夏再传弟子。后子夏居魏，

---

① 《史记·魏世家》认为是魏桓子之孙。
② 《毛诗》的《鲁颂》与《传》两引孟仲子说。

亲从问业。故班固以为子夏弟子也。其书,《隋志》《唐志》不著录,佚已久。惟《文选·魏都赋》张载[①]《注》,引一条,称《李克书》。考《吕子》《淮南子》《韩诗外传》《史记》《新序》《说苑》,亟引李克对文侯语。虽互有同异,要从本书取之。兹据辑录,凡七节。其论夺淫民之禄以来四方之士,与不禁技巧则国贫民侈,皆能扼政术之要。叙次文侯书后,明君臣同心共治,可想见西河之教泽焉。"李峻之亦有辑本,见《古史辨》第六册,仅采《吕氏春秋》引二节,已见马辑。

《文选·魏都赋》张载《注》引《李克书》曰:"言语辩聪之说而不度于义者,谓之胶言。"朱骏声曰:"胶假借为谬。"《方言》卷三:"胶,诈也。"《广雅·释诂二》:"胶,欺也。"据此,则"胶言"即欺诈之言也。当是时,游说诡辩之流,蜂出并作,李克已辞而辟之。孟子知言之论,荀卿正名之篇,犹后起者。很可惜的是,李克书仅存数语。又《韩诗外传》卷八,记载李克与魏文侯讨论使人弗恶之道,《说苑·反质》记李克论刑罚源于奸邪,淫逸生于侈靡,并可见李克学说之精神。

《公孙尼子》二十八篇。七十子之弟子。

李零《兰台万卷》作"公孔尼子"[②],不对。

公孙尼子、世硕皆七十子弟子。公孙尼子之学以修心、

---

①　按:原作刘渊林,误,今正。

②　李零:《兰台万卷》(修订本),生活·读书·新知三联书店,2013,第75、76页。

养气、论性为要。《论衡·本性》："密子贱、漆雕开、公孙尼子之徒，亦论情性，与世子相出入，皆言性有善有恶。……自孟子以下，至刘子政，鸿儒博生，闻见多矣，然而论情性竟无定是。唯世硕、公孙尼子之徒，颇得其正。"

虽《隋志》《唐志》著录《公孙尼子》一卷，但此书在宋已亡佚。《春秋繁露·循天之道》引《公孙之养气》，孙诒让据《太平御览》卷四百六十七引定为《公孙尼子》之遗文。马国翰、洪颐煊、顾观光各有辑本一卷。

《韩非子·显学》记载孔子死后，儒家"有（公）孙氏之儒"，公孙氏就是公孙尼子。当时儒家的八派之书，多已不传，只有荀卿、孟轲两家为儒家的两大宗派。下面谈孟子与荀子。

《孟子》十一篇。名轲，邹人，子思弟子，有《列传》。

《史记》本传："孟轲，驺人也。受业子思之门人。道既通，游事齐宣王，宣王不能用。适梁，梁惠王不果所言，则见以为迂远而阔于事情。当是之时，秦用商君，富国强兵；楚、魏用吴起，战胜弱敌；齐威王、宣王用孙子、田忌之徒，而诸侯东面朝齐。天下方务于合从连衡，以攻伐为贤，而孟轲乃述唐、虞、三代之德，是以所如者不合。退而与万章之徒序《诗》《书》，述仲尼之意，作《孟子》七篇。"

《孟子·告子上》载孟子与告子辩论人性善恶的问题。《论衡·本性》："孟子作《性善》之篇，以为人性皆善，及其不善，物乱之也。谓人生于天地，皆禀善性，长大与物交接者，放纵悖乱，不善日以生矣。"孟子学说的出发点为"性善论",提倡"仁政""王道",主张德治。整本书为语录体,以问答的方式展开,以驳论的方法论证。

《汉志》说《孟子》十一篇,是含内书、外书而言。今本内书七篇为《梁惠王》《公孙丑》《滕文公》《离娄》《万章》《告子》《尽心》,篇名取各章开头的几个字,没有特别的含意。赵岐《孟子章句》又将每一篇分为上下两卷,全书共七篇十四卷。赵岐怀疑外书为伪,故只注内书。

今本外书四篇不知何人所辑,见《艺海珠尘》。篇目是《性善辩》《文说》《孝经》《为正(政)》。

《孟子》的地位开始并不高,《汉志》仅把《孟子》放在《诸子略》中,视为子书,可见《孟子》并不被汉人所重。战国时代的儒家,如孟子、荀子也属于诸子,所以汉文帝把《论语》《孝经》《孟子》《尔雅》各置博士,叫"传记博士"。汉武帝"表章六经"时,孟子与老子一样,孟子博士也被罢黜了。到唐代韩愈辟佛,始自比孟子辟杨墨。降及宋代,欧阳修对王安石说学古文要宗韩愈,王安石说他喜欢学孟子,苏东坡诗也说"仕道固应惭孔孟",也是以孔孟并称。所以王安石、苏东坡尊孟子,实际上是从韩愈而来。

五代十国的后蜀时,后蜀主孟昶命令人楷书十一经刻石,尽依太和旧本,历时八年才刻成。其中包括《孟子》,这可能是《孟子》列入经书之始。后来宋太宗又翻刻了这十一经。到南宋孝宗时,朱熹将《孟子》与《论语》、《大学》、《中庸》合在一起称"四书",以孟子为孔子道统传人,并成为"十三经"之一,《孟子》的地位才被推到了高峰。在明清时四书被列为公家科举取士的教科书,《孟子》也成了读书人必读之书。

《孟子》文气雄健,气势磅礴,词锋犀利,如决江河而下,笔锋所至,万物披靡,波澜曲折壮阔,词采华赡,有时宽厚弘博,有时轻松幽默,明白晓畅,明朗简洁,流畅疏荡,极少生僻字词。

《孟子》长于辩论,逻辑严密,善用问答式的表现方法,逐步深入问题,层次清晰,一问一答穿插变化,制造气势,分清层次,突出主题。辩论方法灵活多样,或开门见山,单刀直入,或虚实莫测,欲擒先纵,处处显出机敏和智慧,尤善设机巧,引人入彀,不惮反复,说理详尽。

今人读《孟子》,可参考朱熹《孟子集注》①、焦循《孟子正义》②、杨伯峻《孟子译注》③ 等。拙著《左右逢源》是读《孟子》书所作的札记,读者可参阅。

明陈士元辑有《孟子逸文》,清朱彝尊辑有《孟子遗句附逸篇目》,李调元、黄奭各辑有《逸孟子》一卷,周广业辑有《孟子逸文考》一卷,王朝璩辑有《孟子遗篇》及《孟子遗文》。周氏辑本较审慎。

《孙卿子》三十三篇。名况,赵人,为齐稷下祭酒,有《列传》。

荀卿,名况,时人尊而号为卿;因"荀"与"孙"二

---

① (宋)朱熹:《孟子集注》,齐鲁书社,1992。
② (清)焦循:《孟子正义》,中华书局,1987。
③ 杨伯峻:《孟子译注》,中华书局,2010。

字古音相通，故又称孙卿。周朝战国末期赵国猗氏（今山西安泽）人。为齐稷下祭酒。《水经注》卷二十六："稷为齐城门名，谈说之士，期会于稷门下，故曰稷下也。"

荀卿是儒家代表人物之一，对儒家思想有所发展，提倡"性恶论"，常被与孟子"性善论"比较。荀况对重整儒家典籍也有相当大的贡献，他对汉代的影响比孟子要大。

孔子温文尔雅，孟子利口善辩，荀子礼法庄严。《易传》《中庸》《大学》则幽思玄远。

《孙卿子》即《荀子》，《隋志》《旧唐志》《唐志》《崇文总目》著录为十二卷，《宋志》著录为二十卷。今本三十二篇，王应麟指出，《班志》说"三十三篇"是"三十二篇"之误。篇目如下：

劝学篇第一　自首章至"匏巴鼓琴"章，均互见于《大戴礼记·劝学》，文字略有出入。

修身篇第二　修身之要。

不苟篇第三　《匡谬正俗》："苟者，偷合之称。"

荣辱篇第四　论荣辱。

非相篇第五　当时多有以察相视骨论吉凶贵贱惑世者，故荀卿作此篇非之。形法家有《相人》二十四卷。

非十二子篇第六　卢文弨曰："《韩诗外传》止十子，无子思、孟子，此乃并非之，疑出韩非、李斯所附益。"

仲尼篇第七　贬损霸道，赞扬王道。论述君主立身处世的原则。

儒效篇第八　效，功也。此开儒之功利一脉。此外又论述圣人、君子、劲士、雅儒、小儒、俗儒、俗人、众人、鄙夫之德行，并强调学习与法度的重要性。

王制篇第九　合群之义，说见《王制》《富国》。

富国篇第十　论富国之道。

王霸篇第十一　论王天下之政治措施，兼述霸道、亡国之道、王道。

君道篇第十二　论君主要修身，兼论臣道、父道、子道、兄道、弟道、夫道、妻道等，而归结于以礼为治。

臣道篇第十三　论人臣之善恶及应循之原则。

致士篇第十四　明招引贤士之法。

议兵篇第十五　周秦诸子多通兵学，此篇是荀卿的军事思想。

强国篇第十六　论国家之强盛，必须行"胜人之道"。

天论篇第十七　"天行有常"，不以人的意志为转移。本篇论述自然问题。行文正反比较，引据论证，而提出自己的主张。梁启超说："本篇批驳先天前定之说，主张以人力征服天行。"①

正论篇第十八　批驳谬论。此篇正是"百家争鸣"这一背景下的产物。韩非《难篇》有学于此。

礼论篇第十九　论礼制之起源、内容、作用。

乐论篇第二十　论音乐之起源及其功用，驳斥墨子之《非乐》。

解蔽篇第二一　解除蒙蔽。

正名篇第二二　此篇是古代逻辑学中的重要篇章之一。

---

① 梁启超：《要籍解题及其读法》，载《饮冰室全集》，中华书局影印本，1988，第46页。

"正名"能"明贵贱""辨同异""率民而一"。"制名之枢要"一章尤精。

性恶篇第二三 驳斥孟子的"性善论"。

君子篇第二四 论人君之事，疑"君子"当作"天子"。

成相篇第二五 夏承焘《天风阁学词日记》"一九五二年六月十三日"条载："心叔过谈，谓《荀子·成相》篇或即民间打夯腔调。成、打皆从丁。"朱师辙认为《荀子·成相篇》很像《凤阳花鼓词》，另可参阅杜国庠《论荀子的〈成相篇〉》① 一文。饶宗颐说："《成相》篇可算是一种非长篇之史诗。用三、五、四、三句式之唱词，必吸收民间说唱之史诗雏形。然步武者甚少。清卢文弨谓其体味后世弹词所自出，其说可信。元时有说书臣钱天佑者，撰《叙古颂》，上表自言'效荀卿《成相》之体为之'。共八十章韵语，其句式即循《成相》之旧规。"② 李零说："成相体，是一种三言、四言和七言搭配的赋体，句式是3 + 3 + 7 + 4 + 7，每一句都押韵。《荀子·成相》用这种体，睡虎地秦简《为吏之道》的《治事》章也用这种体。"又说："成相，是用一种叫'相'的乐器给歌曲打拍子，进行说唱的赋体。"

赋篇第二六 荀卿所赋甚多，今存者唯此。

大略篇第二七 疑此篇是荀子弟子杂录荀卿之语，略

---

① 杜国庠：《论荀子的〈成相篇〉》，载《杜国庠文集》，人民出版社，1962，158～183 页。
② 《饶宗颐二十世纪学术文集》卷十一《文学》，中国人民大学出版社，2009，第566 页。

举其大略。

宥坐篇第二八　以下数篇，皆荀子及弟子所引记传杂事。

子道篇第二九　论礼义及何以行礼义。

法行篇第三十　称述值得效仿的行为准则。

哀公篇第三一　此篇有孔子与鲁哀公的对话，也有颜渊与鲁定公的对话。

尧问篇第三二　以上六篇或系门人弟子所记。最后一节是荀子学生对荀子的总评，用韵文写就，与《汉书》纪、传篇末的"赞"近似。

孔子讲"仁"，孟子道"义"，荀子"隆礼"。荀子讲"性恶论"，认为人与生俱来就想满足欲望，若欲望得不到满足便会发生争执，因此主张人性生来是"恶"的，"其善者伪也"，须要"师化之法，礼义之道"，通过"注错习俗""化性起伪"对人的影响，才可以为善。荀子强调后天的学习。

韩非、李斯都是荀子门生，《史记》记载李斯"乃从荀卿学帝王之术"，荀子的"帝王之术"，通过李斯后来的实践体现出来。苏轼《荀卿论》中说："荀卿明王道，述礼乐，而李斯以其学乱天下。"因为他的两名弟子为法家代表人物，历代有部分学者怀疑荀子是否属于儒家学者，荀子也因其弟子而在中国历史上受到许多学者抨击，从北宋到民国，骂荀子的人特别多。

清儒汪中撰《荀卿子通论》（《述学》补遗），认为荀子是子夏的学生，是文化史上的大人物，儒家经典有赖荀子以传。洪亮吉《传经表》与《通经表》也论及荀子传授经学有功，《诗》《礼》《易》《春秋》的传承都与他有关。

《荀子》一书在 9 世纪前没有人注解，9 世纪后也很少，它从来没有被提升到儒家经典的地位。今人读《荀子》，可以参考王先谦《荀子集解》①、梁启雄《荀子简释》②。

刘向校定《孙卿新书》为三十二篇，然王念孙《读书杂志》辑存《荀子》佚文四事。

附记：马端临《文献通考》卷一百八十二《经籍考九·春秋》著录《帝王历纪谱》三卷，《崇文总目》："不著撰人名氏。其序言周所封诸侯，子孙散于他国，孔子修《春秋》而谱其世系。上采帝王历纪而条次之，盖学春秋所录。今本题云荀卿撰者，非也。"晁氏曰："题曰秦相荀卿撰。载周末列国世家，故一名《春秋公子血脉图》。颇多疏略，决非荀卿所著。且卿未尝相秦，岂世别有一荀卿耶？"

《芈子》十八篇。名婴，齐人，七十子之后。

芈，读 mǐ，春秋时期楚国祖先的族姓。徐锴《说文解字系传·羊部》："芈，此古楚姓也。"《国语·郑语》："（祝）融之兴者，其在芈姓乎！"《史记·楚世家》："陆终生子六人……六曰季连，芈姓，楚其后也。"

书已亡佚。《史记·孟子荀卿列传》："自如孟子至于吁子，世多有其书，故不论其传云。"这里的"吁子"就是"芈子"。王念孙《读书杂志》卷五："芊有吁音，故《别录》作芋子，《史记》作吁子，作芈者字之误耳。"

---

① （清）王先谦：《荀子集解》，中华书局，2013。
② 梁启雄：《荀子简释》，中华书局，1983。

《内业》十五篇。不知作书者。

《隋志》与《唐志》不载，已亡佚。马国翰有辑本一卷。《管子》有《内业》篇，古书多重复，与此书当是一类。《绎史》卷四十四称是书"精言奥义，可与广成《阴符》相参"。

马国翰《玉函山房辑佚书·内业篇序》："考《管子》第四十九篇标题《内业》，皆发明大道之蕴，与他篇不同类。盖古有成书，而管子述之。案《汉志》，《孝经》十一家有《弟子职》一篇，今亦在《管子》第五十九。以此例推，知皆诵述前人。故此《内业》篇在《区言》五，《弟子职》在《杂篇》十，明非管子所自作也。兹据补录，仍厘为十五篇，以合《汉志》。不题姓名缺疑也。"

罗焌《诸子学述》："王应麟《汉志考证》云：'按《管子》有《内业》篇，此书恐亦其类。'马氏本此，遂定《管子·区言》之《内业》篇即《汉志》儒家之《内业》十五篇。其说是已。惟考《汉志》颜《注》引应劭曰：'《弟子职》管仲所作，在《管子》书。'则《内业》在《管子》书，疑亦管子所作。盖管子学术，上承伊、吕，下启李、孔。今所传书，如《心术上下》《白心》《内业》《弟子职》诸篇，实能贯通儒、道二家之微言大义者。《汉志》列《管子》于道家，列《弟子职》于孝经家，列《内业》于儒家，其识卓矣。近世述周秦哲学者，绝不齿及儒家之《内业》，不无遗恨。"[1]

---

① 罗焌：《诸子学述》，华东师范大学出版社，2008，第 239 页。

从《子思》到《内业》十三家，都是孔子弟子或七十子弟子所作。后面从《周史（六）〔大〕弢》以下，虽然也属儒家，但并不出于孔门授受。

《周史六弢》六篇。惠、襄之间，或曰显王时，或曰孔子问焉。

已亡佚。颜师古以为即《六韬》，是兵书，这是不正确的意见。据沈涛《铜熨斗斋随笔》及梁启超《诸子略考释》考证，"六"乃"大"之误，《古今人表》有"周史大"，疑缺"弢"字。《庄子·则阳》记载仲尼问于周史大弢，可能就是此人。《汉志》把《周史大弢》列入儒家是对的。

《周政》六篇。周时法度政教。

已亡佚。章学诚《校雠通义·汉志诸子》："儒家部有《周政》六篇，《周法》九篇，其书不传。班固注《周政》云'周时法度政教'，注《周法》云'法天地，立百官'，则二书盖官礼之遗也，附之礼经之下为宜，入于儒家非也。大抵《汉志》不理史部，凡遇职官、故事、章程、法度之书，不入六艺部次，则归儒杂二家，故二家之书，类附率多牵混。"

《周法》九篇。法天地，立百官。

已亡佚。可能与《周官》相似。

《河间周制》十八篇。似河间献王所述也。

已亡佚。《金楼子·说蕃》著录《周制》二十篇，与此不同。

《谰言》十篇。不知作者，陈人君法度。

谰，读 lán，《说文·言部》："谰，诋谰也。"这个字的本义是诬言相加。

《家语后序》："子高名穿，著儒家语十二篇，名曰《谰言》。"颜师古说："说者引《孔子家语》云孔穿所造，非也。"颜师古的说法是对的，如果真是孔穿所作，就应该排在《子思》之后，以明家学渊源。

《隋志》《唐志》不载，书亡佚已久。马国翰有辑佚一卷。

《功议》四篇。不知作者，论功德事。

已亡佚。

《宁越》一篇。中牟人，为周威王师。

《新书·过秦上》："六国之士，有宁越、徐尚、苏秦、杜赫之属为之谋。"

《说苑·建本》："宁越，中牟鄙人也，苦耕之劳，谓其友曰：'何为而可以免此苦也？'友曰：'莫如学，学二十年则可以达矣。'宁越曰：'请十五岁，人将休，吾将不休；人将卧，吾不敢卧。'十五岁学而周威公师之。夫走者之速也，而过二里止；步者之迟也，而百里不止。今宁越之材而久不止，其为诸侯师，岂不宜哉！"

《隋志》《唐志》不载，书已亡佚。马国翰有辑本一卷。

《王孙子》一篇。一曰《巧心》。

王孙子，复姓王孙，或战国时人。注云："一曰巧心。"《文心雕龙·序志》开篇即称"昔涓子琴心，王孙巧心，心哉美矣，故用之焉"。孙德谦认为《巧心》是王孙子书的别名。

《隋志》载《孙卿子》下附注："梁有《王孙子》一卷，亡。"《艺文类聚》引作《王孙子新书》，《太平御览》亦引《王孙书》二事。聚珍本馆臣按曰："书阙，诸本误以《庄子·杂篇》系其下，今正之。"《道藏》本误将《庄子》"舜让天下"以后十四条录入《王孙子》目下。是书今已亡佚。马国翰、严可均、顾观光、王仁俊各有辑本。

《兵书略》兵形势类有《王孙》十六篇，两书不同。

《公孙固》一篇。十八章。齐闵王失国，问之，固因为陈古今成败也。

公孙固，齐人。他捃摭《春秋》之文著书一篇，《隋志》《唐志》已不见著录，是书久佚，马国翰也没有辑本。

今考《荀子·强国篇》引公孙子曰："子发将西伐蔡，克蔡，获蔡侯，归致命曰：'蔡侯奉其社稷而归之楚，舍属二三子而治其地。'既，楚发其赏，子发辞曰：'发诚布令而敌退，是主威也；徒举相攻而敌退，是将威也；合战用力而敌退，是众威也。臣舍不宜以众威受赏。'"讥之曰："子发之致命也恭，其辞赏也固。夫尚贤使能，赏有功，罚有罪，非独一人为之也，彼先王之道也，一人之本也，善善恶恶之应也，治必由之，古今一也。古者明王之举大事，立大功也，大事已博，大功已立，则君享其成，群臣享其功，士大夫益爵，官人益秩，庶人益禄。是以为善者劝，为不善者沮，上下一心，三军同力，是以百事成而功名大也。今子发独不然，反先王之道，乱楚国之法，堕兴功之臣，耻受赏之属，无僇乎族党而抑卑其后世，案独以为私廉，岂不过甚矣哉！故曰：子发之致命也恭，其辞赏也固。"这段文字可能出于《公孙固》。他的思想，属于儒家一派。

《李氏春秋》二篇。

已亡佚。《隋志》《唐志》不载。马国翰有辑佚一卷。

《羊子》四篇。百章。故秦博士。

已亡佚。章太炎《秦献记》："《汉志》儒家有《羊子》四篇，凡书百章；名家四篇则《黄公》。黄公名疵，复作秦歌诗。二子皆秦博士也。"[1]

日本学者稻叶一郎在《秦始皇的思想专制》一文中指出："羊子与孟子一样，是儒家学说的传播者，当属儒学博士。"[2] 又说："子思、孟子、荀子、羊子等儒家的支派，

---

[1] 章太炎：《太炎文录初编》卷一，上海人民出版社，2014，第62页。

[2] 〔日〕佐竹靖彦主编《殷周秦汉史学的基本问题》，中华书局，2008，第321页。

在《汉书·艺文志》中都归入诸子，他们分别发展出别具个性的学说。"[1]

《董子》一篇。名无心，难墨子。

《论衡·福虚》："儒家之徒董无心，墨家之役缠子，相见讲道。缠子称墨家〔佑〕〔右〕鬼〔神〕，是引秦穆公有明德，上帝赐之〔九〕十〔九〕年。〔缠〕〔董〕子难以尧、舜不赐年，桀、纣不夭死。"《风俗通义》也引述过董无心的话。

《玉海》引《中兴馆阁书目》云："《董子》一卷，与学墨者缠子辩《上同》《兼爱》《上贤》《明鬼》之非，缠子屈焉。"

《隋志》《唐志》都还有著录，《宋志》已不见载，但到明时又有传本，见陈第《世善堂藏书目》。后来又亡佚了。清马国翰、孙诒让、顾观光各有《缠子》辑佚一卷。

《俟子》一篇。

颜师古引李奇曰："或作《侔子》。"已亡佚。

《徐子》四十二篇。宋外黄人。

外黄当时属于宋地。《史记·魏世家》："三十年，魏

---

① 〔日〕佐竹靖彦主编《殷周秦汉史学的基本问题》，中华书局，2008，第329页。

伐赵，赵告急齐。齐宣王用孙子计，救赵击魏。魏遂大兴师，使庞涓将，而令太子申为上将军。过外黄，外黄徐子谓太子曰：'臣有百战百胜之术。'太子曰：'可得闻乎?'客曰：'固愿效之。'曰：'太子自将攻齐，大胜并莒，则富不过有魏，贵不益为王。若战不胜齐，则万世无魏矣。此臣之百战百胜之术也。'太子曰：'诺，请必从公之言而还矣。'客曰：'太子虽欲还，不得矣。彼劝太子战攻，欲啜汁者众。太子虽欲还，恐不得矣。'太子因欲还，其御曰：'将出而还，与北同。'太子果与齐人战，败于马陵。齐虏魏太子申，杀将军涓，军遂大破。"

书已亡佚。《隋志》《唐志》已不见载。马国翰有辑本一卷。

《鲁仲连子》十四篇。有《列传》。

鲁仲连，齐人。邯郸围解，赵胜田单欲封之，皆不受，逃隐海上，莫知所终。

《汉志》著录为十四篇，《隋志》《意林》《旧唐志》皆五卷，《新唐志》一卷，《宋志》五卷，以后不见著录。书已亡佚。马国翰、洪颐煊、严可均、杜文澜、顾观光各有辑本一卷。

《平原君》七篇。朱建也。

《史记》有传。"君"或作"老"，高似孙《子略》也作"老"。

《隋志》《唐志》均不见载，是书亡佚已久。马国翰有辑本一卷。

　　章太炎《与人论国学书》："著书之人自托儒家，而述诸侯公子请教质疑，因以名篇居首。不晓平原固非赵胜，《艺文》本注，谓是朱建。建与郦生、陆贾、娄敬、叔孙通同传。陆、娄之书亦在儒家，《汉书》明白，犹作狐疑，以此匡谬，其亦自谬云尔。"①

《虞氏春秋》十五篇。虞卿也。

　　虞氏名字、里居皆无考。《孔丛子·执节》："虞卿著书，名曰《春秋》。魏齐曰：'子无然也。《春秋》，孔圣所以名经也。今子之书，大抵谈说而已，亦以为名，何？'答曰：'经者，取其事常也。可常，则为经矣。且不为孔子，其无经乎？'齐问子顺。子顺曰：'无伤也。鲁之史记曰《春秋》。经因以为名焉。又晏子之书亦曰《春秋》。吾闻泰山之上，封禅者七十有二君。其见称述，数不盈十，所谓贵贱不嫌同名也。'"

　　《史记·十二诸侯年表·序》："赵孝成王时，其相虞卿上采《春秋》，下观近势，亦著八篇，为《虞氏春秋》。"《史记·平原君虞卿列传》："魏齐已死，不得意，（虞卿）乃著书，上采《春秋》，下观近世，曰《节义》《称号》《揣摩》《政谋》，凡八篇。以刺讥国家得失，世传之曰《虞氏春秋》。"从这些篇目来看，编写形式与内容都与儒家诸子相近。

　　《隋志》《唐志》均不见载，书已亡佚。马国翰有《虞

---

①　章太炎：《太炎文录初编》卷二，上海人民出版社，2014，第371页。

氏春秋》辑佚一卷,序云:"考《战国策》载其论割六城
与秦之失,及许、魏合从二篇,《史记》采入本传,刘向
《新序》亦采入《善谋上》篇,盖本书《谋篇》之遗文也。
其大旨主于合从,亦未离战国说士之习,班《志》列入儒
家者,其以传《左氏春秋》,而荀况、张苍、贾谊之学渊源
所自乎?"

罗焌《诸子学述》:"今即虞氏书篇名考之:曰《节
义》,殆犹《新序·节士》《义勇》,《说苑·立节》《复
恩》诸篇之类,与《论语》所载'见义勇为'、'临大节而
不可夺'意亦相合。曰《称号》,殆犹《白虎通德论·爵
号》《谥》诸篇之文,与孔子、荀子正名之意相类。此四
篇者,盖近乎儒家言也。惟《揣摩》二篇名同乎鬼谷,
《政谋》二篇义本乎太公。然则《虞氏春秋》乃由儒家而
流为纵横者也。"[1]

《高祖传》十三篇。高祖与大臣述古语及诏策也。

已亡佚。《隋志》载"梁有《汉高祖手诏》一卷",亦
亡。《古文苑》载汉高祖手敕太子五事。严可均辑《全汉
文》卷一有高帝《所述书天子所服第八》,即此十三篇
之一。

俞樾《九九销夏录》卷七《编次帝王之文》:"帝王之
文,似不应与人臣一例编次。乃《汉书·艺文志》儒家有
《高祖传》十三篇,注云:'高祖与大臣述古语及诏策也。'
《孝文传》十一篇,注云:'文帝所称及诏策。'则此二传

---

① 罗焌:《诸子学述》,华东师范大学出版社,2008,第255页。

即为高文二帝所著之书。帝王有文集，实始于此。班氏编次，两传不相连属，中间隔以《陆贾》二十三篇，《刘敬》三篇，则帝王之文，仍与诸臣一例，以时编次也。其下诗赋家有上所自造赋二篇。上谓武帝也，而列之吾邱寿王蔡甲之后，亦此例矣。班氏之意，盖以志中所录神农黄帝之书，俱在前代帝王，不为区别，则本朝帝王亦无庸区别矣。徐陵《玉台新咏》以梁武帝及太子、诸王所作列吴均等之后，亦班氏旧例。国朝康熙中，钦定宋、金、元、明诗三百十二卷，每朝皆以帝制居首，此则千古之准绳矣。"

儒家类自《高祖传》十三篇以下为汉代的著述。

《陆贾》二十三篇。

陆贾，《史记》《汉书》均有传。陆贾升任太中大夫之后，时常向高帝称说《诗》《书》，并劝高帝重文治、行仁义、法先圣，高帝遂令其作书言秦失天下而汉得之故及古时成败诸国事，陆贾乃粗述存亡之征。每奏一篇，高帝皆称好，左右呼万岁以庆贺，号其书为《新语》。

书已残。今名《新语》，凡十二篇，为上下二卷。篇目如下：

道基第一　黄震："道基言天地既位，而列圣制作之功。"

术事第二　王利器："术事，即本文'说事'之义，古'术'、'述'字通，述事即说事也。"

辅政第三　《荀子·君道篇》"卿相辅佐，人主之基杖",即此篇之旨。

无为第四 阐发无为而治之旨,开汉初清静无为而治之先河。

辨惑第五 辨惑以正义。

慎微第六 谨言行,慎细微。《潜夫论》也有《慎微》篇。

资质第七 论求贤自辅。

至德第八 善治者不尚刑,是至德之一端也。

怀虑第九 立功当窒欲、专一。

本行第十 立行当本之于仁义。

明诚第十一 谨言慎行,有所诚。

思务第十二 有所务,有所止。

《刘敬》三篇。

已亡佚。刘敬,本姓娄,汉高帝赐姓刘氏。《汉书》有传。陈国庆:"本传载敬说高帝都秦,与冒顿和亲,徙民实关中,凡三事,或即此三篇。"

马国翰与严可均各有辑本一卷,分别见《玉函山房辑佚书·子编儒家类》和《全汉文》卷十四。马氏从《汉书》本传采得刘敬说高祖三事,严氏从《晋书·段灼传》《北堂书钞》采得刘敬上书谏高祖、作丹书铁券与匈奴分土界,互为有无。

《孝文传》十一篇。文帝所称及诏策。

已亡佚。《史记·孝文本纪》中的诏书有称"上曰""诏曰",可能就是此类之文。

《贾山》八篇。

《汉书》有传，载其《至言》一篇，马国翰、严可均皆据以辑存。除此之外，其他已亡。

《太常蓼侯孔臧》十篇。父聚、高祖时以功臣封，臧嗣爵。

已亡佚。皮锡瑞《经学通论》说："武帝时有太常蓼侯孔臧者，安国之从兄也。"

章太炎《国故论衡》疑此书即《孔丛子》。《孔丛子·连丛子》记孔臧："历位九卿，迁御史大夫。辞曰：'世以经学为家，乞为太常，与安国纪纲古训。'遂拜太常，礼赐如三公。著书十篇。先时常为赋二十四篇，四篇别不在集，似其幼时之作也。又为书与从弟，及戒子，皆有义。"

《贾谊》五十八篇。

《汉书·贾谊传》："谊以夭年早终，虽不至公卿，未为不遇也。凡所著述五十八篇。"

章学诚认为《贾谊》归入儒家类是可以的，但还应该互见于法家类。理由有三：第一，贾谊出吴公门下，吴公是李斯的学生，李、吴都是法家；第二，贾谊的著作"宗旨虽出于儒，作用实本于法"；第三，儒家与名家、法家，"其源皆出于一"，但又各有区别。商鞅、韩非之法虽本于圣人，但"所以制而用"不一样，邓析子、公孙龙之名虽也本于圣人，但"所以持而辩"不相同。就算儒家内部，也有"儒分为八"的说法，也受到了其他学派的影响。贾谊"言天道，深识本原，推论三代"，当然应该归入儒家，但他为汉朝"立法创制，条列禁令，则是法家之实"，因此当互见于法家类。

书今存。《新唐志》始称《贾谊》为《贾谊新书》，自后即称《新书》。今存书目五十七篇，二篇有目无书。

卷一

过秦上 专言秦过。

过秦下 以上见《史记·秦始皇本纪》。

宗首 《汉书》本传《陈政事疏》列此文为第三段。

数宁 《礼记·儒行》注："数，说也。"数宁，辩说安宁之道。

藩伤 《说文》："藩，屏也。"《广雅·释诂》："伤，忧也。"

藩强 《说文》："藩，屏也。"

大都 所论与《韩非子·扬权》近似。

等齐

服疑 刘师培曰："疑，皆拟假。"

益壤 增益王子封地以固藩捍。

卷二

权重

五美 五美，本于《论语·尧曰》："子曰：尊五美，屏四恶，斯可以从政矣。"

制不定

审微

阶级 《汉书》本传所谓"以此讥上"，即本篇。

卷三

俗激 收入本传《陈政事疏》。

时变 收入本传《陈政事疏》。

瑰玮 《汉书·食货志》有本章语。

孽产子 言当时制度。

铜布 与上篇同论当时制度。

壹通 撤除关防，则通行无阻。

属远 此篇收入本传《请封建子弟疏》。

亲疏危乱 或疑此文与《宗首》本为一篇，首句当接彼文"将不合诸侯匡天下乎"，本传于其下接云"臣又以知陛下有所必不能矣"，与此文首句相似，且本传继而即掇编此文于其后，可证二者当系一篇。

忧民 入《汉书·食货志》。

解县 本《孟子·公孙丑上》："民之悦之，犹解倒悬。"入本传《陈政事疏》。

威不信 与上篇同入本传《陈政事疏》。

卷四

匈奴 《汉书·贾谊传·赞》："及欲试属国，施五饵三表以系单于，其术固以疏矣。"

势卑 入本传《陈政事疏》。

淮难 《汉书》本传："时又封淮南厉王四子皆为列侯。谊知上必将复王之也，上疏谏。"即本文。

无蓄 入《汉书·食货志》。

铸钱 入《汉书·食货志》。

卷五

傅职 朱骏声曰："傅，相也，与傅略同。""傅，辅也。"

保傅 篇中云："保，保其身体。傅，傅之德义。"

连语 余嘉锡曰："《连语》诸篇，则不尽以告君，盖有与门人讲学之语，故劝学篇首冠以'谓门人学者'，凡此，皆不必贾子手著。"

辅佐 《汉书》本传："谊以为汉兴二十余年，天下和洽，宜当改正朔，易服色制度，定官名，兴礼乐。乃草具其仪法，色上黄，数用五，为官名悉更，奏之。"

问孝 此篇缺。

卷六

礼 "仁人行其礼，则天下安而万理得。"

容经 《四库提要》："《保傅》篇、《容经》篇并敷陈古典，具有源本。"

春秋 杂事。

卷七

先醒 贾谊自记答问之辞。

耳痹 载子胥吴越事。

谕诚 与《连语》文体相近。

退让 此文亦见于《新序·杂事》。

君道 与《荀子·君道篇》部分内容相合。贾与荀学问有近似处。

卷八

官人 论职事之官、王者之佐。

劝学 或出其门人纂集。

道术 以道为虚，以术为用。

六术 "事之以六为法者，不可胜数也。此所言六，以效事之尺，尽以六为度者谓六理，可谓阴阳之六节，可谓天地之六法，可谓人之六行。"

道德说　此篇部分内容与《六术》重出。

卷九

大政上　黄震曰："《大政》《修政》，叙黄帝至成王之言，皆诸子之说。"

大政下

修政语上

修政语下

卷十

礼容语上　有目无书。

礼容语下

胎教　此篇见于《大戴礼记·保傅》。

立后义　杂事。

河间献王《对上下三雍宫》三篇。

河间献王，刘德，汉景帝之子。《汉书·景十三王传》："武帝时，献王来朝，献雅乐，对三雍宫及诏策所问三十余事。其对推道术而言，得事之中，文约指明。"

三雍宫，也叫三雍，汉时对辟雍、明堂、灵台的总称。

《戴震文集》卷一《河间献王传经考》："献王自著书，《艺文志》有《对上下三雍宫》三篇；又与毛生等共采周官及诸子言乐事者，作《乐记》。成帝时，王禹献二十四卷《记》者是，《汉志》题曰'王禹记'，以别《乐记》二十三篇也。史称献王学举六艺，王入朝，献雅乐及对诏策所问三十余事，悉不传。凡献王所得书，或亡或存，其可知者如此。"

已亡佚。马国翰有辑佚一卷。

《董仲舒》百二十三篇。

董仲舒（约前 179 ~ 前 104）曾任国子博士，也两为国相，是当时及其后数百年第一大儒。他的儒学是"阴阳家化的儒学"。

《汉书》本传："仲舒所著，皆明经术之意，及上疏条教，凡百二十三篇。而说《春秋》事得失，《闻举》《玉杯》《蕃露》《清明》《竹林》之属，复数十篇，十余万言，皆传于后世。"

书已残。梁启超《诸子略考释》："今《春秋繁露》中有《玉杯》《蕃露》《竹林》三篇，据本传文似即所谓'说《春秋》事'之数十篇，在百二十三以外。然《汉志》不应不著录其书，而其所著录者百二十三篇亦不应一字不传于后。疑今本《繁露》八十三篇，即在此百二十三篇中也。"今本《春秋繁露》共八十二篇，篇目如下：

楚庄王第一 取篇首三字名篇。

玉杯第二 未详篇名何义。

竹林第三 篇名未详何义。

玉英第四 玉英，宝物。《尸子》卷下："清水有黄金，龙渊有玉英。"

精华第五

王道第六 《史记·太史公自序》："（《春秋》）善善恶恶，贤贤贱不肖，存亡国，继绝世，补敝起废，王道之大者也。"

灭国上第七

灭国下第八

随本消息第九　　文意与篇名不合。

盟会要第十

正贯第十一

十指第十二　　此篇六科十指，与何休三科九旨有异。

重政第十三　　篇首两节与篇名不合。

服制像第十四

二端第十五

符瑞第十六　　本篇似有所缺。

俞序第十七　　此篇可见董子著书次第及用心所在。

离合根第十八　　文意与篇名不合。

立元神第十九　　与前篇旨趣近似。

保位权第二十　　与韩非有相契合处。

考功名第二十一

通国身第二十二　　治国与修身有相通处。

三代改制质文第二十三　　篇名或作"三代改制"，或作"三代文质"。

官制象天第二十四

尧舜不擅移、汤武不专杀第二十五　　此篇非董仲舒文。

服制第二十六　　"度爵而制服"以下，与《管子·立政》"服制"章文同。

度制第二十七　　度制，犹制度。《易·节》："节以制度，不伤财，不害民。"

爵国第二十八　　《周礼·太宰》注："爵，谓公、侯、伯、子、男、卿、大夫、士也。"

仁义法第二十九　　《礼记·表记》载孔子语："仁者，

天下之表也。义者，天下之制也。"

必仁且智第三十　《孟子·公孙丑上》："学不厌，智也；教不倦，仁也。仁且智，夫子既圣矣。"《淮南子·主术训》："凡人之性，莫贵于仁，莫急于智。仁以为质，智以行之。"

身之养重于义第三十一　与《孟子·告子上》"体有贵贱，有小大。无以小害大，无以贱害贵。养其小者为小人，养其大者为大人"有相通处。

对胶西王越大夫不得为仁第三十二

观德第三十三

奉本第三十四

深察名号第三十五　本篇受到名家学派影响。

实性第三十六

诸侯第三十七

五行对第三十八　《玉海》卷五："《春秋繁露》有《阴阳》五篇，《五行》八篇，《天地阴阳》一篇。"

第三十九　缺。

第四十　缺。

为人者天第四十一　篇名或作"为人者天地"。

五行之义第四十二　此篇论五行，与《尚书·洪范》论五行次第不同。

阳尊阴卑第四十三

王道通三第四十四

天容第四十五

天辨在人第四十六

阴阳位第四十七

阴阳终始第四十八

阴阳义第四十九

阴阳出入上下第五十

天道无二第五十一

暖燠常多第五十二

基义第五十三

第五十四　缺。

四时之副第五十五

人副天数第五十六

同类相动第五十七　《庄子·渔父》："同类相从，同声相应，固天之理也。"

五行相生第五十八

五行相胜第五十九

五行顺逆第六十　或作"五行逆顺"。

治水五行第六十一　或作"水治五行"。

治乱五行第六十二

五行变救第六十三

五行五事第六十四

郊语第六十五

郊义第六十六

郊祭第六十七

四祭第六十八

郊祀第六十九

顺命第七十

郊事对第七十一

执贽第七十二

山川颂第七十三

求雨第七十四　《汉志》杂占有《请雨止雨》二十六卷。

止雨第七十五

祭义第七十六

循天之道第七十七　此篇多养生家言。

天地之行第七十八

威德所生第七十九

如天之为第八十

天地阴阳第八十一

天道施第八十二

《兒宽》九篇。

兒宽（？～前103），西汉千乘人，事欧阳生，学《尚书》，又受业于孔安国；家贫赁作，往往带经而锄。武帝时任左内史，吏民信爱。与司马迁等共订太初历。

《汉书》本传引对封禅一事、从东封泰山还登明堂上寿一事，《律历志》引改正朔一事。

已亡佚。马国翰有辑佚一卷。

《公孙弘》十篇。

《史记》与《汉书》都有公孙弘的传，可参考。

《隋志》和《唐志》已不载此书，此十篇书已亡佚。马国翰、严可均各有辑佚一卷。①《汉书》本传载公孙弘对策、上疏，马氏据以采得四节，更从《艺文类聚》采得

---

① 分别见《玉函山房辑佚书·子编儒家类》、《全汉文》卷二十四。

《答东方朔书》一节，又从《太平御览》中辑得佚语一节。严氏缺采《太平御览》一节，然别从《史记·儒林列传》《史记·郭解传》《汉书·吾丘寿王传》采得奏言、议等四节，则是马本所缺。

《终军》八篇。

终军（？～前112），字子云，西汉济南人。博辩能文。十八岁被选为博士弟子，上书评论国事，武帝任为谒者给事中，累迁谏议大夫。后为越相吕嘉所害，死时仅二十余岁。也称为"终童"。《汉书》有传，《论衡·异虚》《论衡·讲瑞》篇也记有他的事迹。

书已亡佚。《汉书》本传记载有《白麟奇木对》一篇、《奉诏诘徐偃矫制状》一篇、《自请使匈奴》一篇、《自请使南越》一篇。马国翰有辑佚一卷。

《吾丘寿王》六篇。

书已亡佚。马国翰、严可均各有辑佚一卷。[①]

《汉书》本传："吾丘寿王，字子赣，赵人也。年少，以善格五召待诏。诏使从中大夫董仲舒受《春秋》，高材通明。迁侍中中郎，坐法免。上书谢罪，愿养马黄门，上不许。后愿守塞捍寇难，复不许。久之，上疏愿击匈奴，诏问状，寿王对良善，复召为郎。"《论衡·定贤》："赵人吾丘寿王，武帝时待诏，上使从董仲舒受《春秋》，高

---

① 分别见《玉函山房辑佚书·子编儒家类》、《全汉文》卷二十七。

才，通明于事，后为东郡都尉。上以寿王之贤，不置太守。"

《虞丘说》一篇。难孙卿也。

杨树达说："马国翰以虞丘、吾丘为一人，王说本之。姚振宗云：'此虞丘名说，未详其始末。志列吾丘寿王、庄助之间，则武帝时人。马氏以为即吾丘寿王，以"说"为所说之书，然例以上下文殊不然也。'按姚说是也。若如马说，则《志》当合计之云《吾丘寿王》七篇，不必别二事也。"

《庄助》四篇。

李零说："庄助即严助，这里不避汉明帝讳。班志所见庄氏，庄助、庄安、庄夫子、庄忽奇①，皆不避汉明帝讳，避讳唯严助②。避是新改，不避是存《七略》之旧。"

已亡佚。《汉书》本传中载《谕意淮南王》一篇、《上书谢罪》一篇、《淮南王谏伐闽越》一篇。马国翰、严可均各有辑佚一卷。③

《臣彭》四篇。

已亡佚。李零："班志所用'臣某'，都是汉臣自称，

---

① 庄安见《汉志》纵横家类、庄夫子见《诗赋略》屈原赋类、庄忽奇见《诗赋略》陆贾赋类。

② 见《汉志·诗赋略》陆贾赋类。

③ 分别见《玉函山房辑佚书·子编儒家类》、《全汉文》卷十九。

'彭'是他的名，下道家类'臣君子'，杂家类'臣贤'、'臣说'，小说家类的'臣饶'、'臣安越'、'臣寿'，又诗赋略陆贾赋有'臣婴齐'、'臣说'、'臣吾'是同样的例子。"

《钩盾冗从李步昌》八篇。宣帝时数言事。

已亡佚。据《汉书·百官公卿表》，汉少府属官有钩盾令丞，职掌园苑游观之事。冗从为散职侍从官。后汉有中黄门冗从仆射，以宦者任之，秩六百石。居则宿卫，直守门户；出则骑从，夹乘舆车。见《后汉书·百官志三》。后亦泛指随从。

《诗赋略》的孙卿赋有李步昌赋二篇。

《儒家言》十八篇。不知作者。

已亡佚。《儒家言》是儒家杂说，作者不一。

桓宽《盐铁论》六十篇。

《盐铁论·杂论》："当此之时，豪俊并进，四方辐凑。贤良茂陵唐生、文学鲁国万生之伦，六十余人，咸聚阙庭，舒六艺之风，论太平之原。智者赞其虑，仁者明其施，勇者见其断，辩者陈其词。闾闾焉，侃侃焉，虽未能详备，斯可略观矣。"既然说是"舒六艺之风，论太平之原"，当然该列入儒家。

《汉书·公孙刘田王杨蔡陈郑传·赞》曰："所谓盐铁议者，起始元中，征文学贤良问以治乱，皆对愿罢郡国盐铁酒榷均输，务本抑末，毋与天下争利，然后〔教〕化可兴。御史大夫弘羊以为此乃所以安边竟，制四夷，国家大业，不可废也。当时相诘难，颇有其议文。至宣帝时，汝南〔相〕〔桓〕宽次公治《公羊春秋》，举为郎，至庐江太守丞，博通善属文，推衍盐铁之议，增广条目，极其论难，著数万言，亦欲以究治乱，成一家之法焉。"

桓宽，字次公，汝南人。在西汉昭帝始元六年（公元前81）召开"盐铁会议"，以贤良文学为一方，以御史大夫桑弘羊为另一方，就盐铁专营、酒类专卖和平准均输等问题展开辩论。桓宽根据当时的会议记录，并加上与会儒生朱子伯的介绍，将其整理改编，撰成《盐铁论》。第一篇至第四十一篇，记述了会议正式辩论的经过及双方的主要观点。第四十二篇至第五十九篇写会后双方对匈奴的外交策略、法制等问题的争论要点。所以章学诚《校雠通义·汉志诸子》说《盐铁论》"具当代之旧事，不尽为儒门见风节"，所以应当互见于故事，附于《尚书》类之后。

书今存，《四库全书》子部儒家类著录《盐铁论》十二卷。《简目》云："汉桓宽撰。记始元六年，郡国所举贤良文学之士，与桑宏羊等议盐铁榷酤事，凡六十篇。所论者食货之政，而诸史皆列之儒家。盖古之儒者，主于诵法先王，以适实用，不必言心言性而后谓之闻道也。"今本十卷六十篇。篇次如下：

本议第一 根本之议论。

力耕第二　即《未通第十五》"百姓疾耕力作"之义。

通有第三　通有无。

错币第四　"错"有"治"义，与"铸"通。错币，即铸币。

禁耕第五　论禁营盐铁。

复古第六　复古与反复古。

非鞅第七　与《荀子·非十二子篇》《论衡·非韩》等同是非讥类文体。这是周秦百家争鸣到两汉之间，学者申述自家立场的产物。

晁错第八　晁错曾多次上疏，先后向文帝、景帝提出一系列重要建议。但后被景帝杀于东市。

刺权第九　刺，讥刺。本书有《刺复》《相刺》《刺议》等篇，《论衡》有《刺孟》篇，都是同类作品。

刺复第十

论儒第十一　批孔、孟。

忧边第十二　汉自立国始，忧边一直是大问题。

园池第十三　《史记·平准书》："而山川园池市井租税之入，自天子以至于封君汤沐邑，皆各为私奉养焉，不领于天下之经费。"

轻重第十四　王利器《盐铁论校注》："轻重之学，是我国古代一种重要的政治、经济理论，内容比较广泛，举凡古代封建国家权衡轻重所采的政治、经济、财政、贸易的政策或措施，都属于这一理论的应用范畴。"

未通第十五　王利器《盐铁论校注》："这篇就与抗击匈奴侵扰的自卫战争密切相关的赋税与繇役问题展开辩论。"

地广第十六　论边防问题。

贫富第十七　论贫富问题。

毁学第十八　攻李斯"毁学"。

褒贤第十九　辩论"贤人"之褒贬。

相刺第二十　大夫与文学之士相刺。

殊路第二十一　论宰我、子路之死。

颂贤第二十二　大夫与文学之士对"贤者"的评价。

遵道第二十三　"道"指先王之法。

论诽第二十四　评论"诽谤君之行"。

孝养第二十五　以孝治天下是共同的认识，但孝养的操作办法，文学之士和大夫有不同。

刺议第二十六　文学之士讥刺丞相史之议。

利议第二十七　桑弘羊与文学之士辩论"利"的问题。

国疾第二十八　论"国疾"问题。贤良之士认为"国疾"由汉武帝不正确的政策导致。

散不足第二十九　贤良之士以戒奢、节俭为名，想复古。

救匮第三十　论救匮。

箴石第三十一　《汉志·方技略》："用度箴石汤火所施。"颜师古曰："箴，所以刺病也；石，谓砭石，即石箴也。古者，攻病则有砭，今其术绝矣。"

除狭第三十二　大夫与贤良之士辩论"道狭"问题。

疾贪第三十三　辩论贪鄙问题。

后刑第三十四　就用刑问题进行辩论。

授时第三十五　大夫与贤良之士辩论农业问题。

水旱第三十六　由上篇辩论农业问题，进而探讨自然灾害问题。

崇礼第三十七 论接待的礼仪。

备胡第三十八 论匈奴。

执务第三十九 论急务。

能言第四十 论何为"能言"。

取下第四十一 论"取下"。

击之第四十二 论抗击匈奴。

结和第四十三 就匈奴之侵扰展开讨论。

诛秦第四十四 对秦及秦始皇的评价。

伐功第四十五 伐，自许。伐功，自称其功。

西域第四十六 论西域问题、屯田政策。

世务第四十七 论当世之务。

和亲第四十八 和睦亲善的对外政策。

徭役第四十九 论徭役问题。

险固第五十 论国防问题。

论勇第五十一 论安边问题。

论功第五十二 御史大夫与文学之士论汉对匈奴的抗击。

论邹第五十三 借古之邹衍"大九州"之说以讽今。

论菑第五十四 论自然灾害的产生问题。

刑德第五十五 论"礼治"与"法治"。

申韩第五十六 论"法治"的作用。

周秦第五十七 继续讨论"礼治"与"法治"问题。

诏圣第五十八 告人以圣人之道。

大论第五十九 "大论"相当于"要略"。

杂论第六十 相当于后序。

刘向所序六十七篇。《新序》、《说苑》、《世说》、《列女传颂图》也。

书存而不全。《初学记》卷二十五、《太平御览》卷七百一："臣向与黄门侍郎歆所校，《列女传》种类相从为七篇，以著祸福荣辱之效，是非得失之分，画之于屏风四堵。"

《新序》与《说苑》杂举春秋时事，当互见于《春秋》类。《新序》文笔极佳。《四库简目》云："汉刘向撰。唐以前本皆三十卷，宋以后本皆十卷，盖不知为合并为残缺也。所录皆春秋至汉初轶事，可为法戒者。虽传闻异词，姓名时代或有抵牾，要其大旨主于正纲纪、迪教化，不失为儒者之言。"今存十卷，篇目如下：

杂事第一　所谓杂事，则不专属于一类之事。凡十九事。

杂事第二　凡二十事。

杂事第三　凡七事。

杂事第四　凡二十八事。

杂事第五　凡三十事。

刺奢第六　就奢侈行为进行讽刺。凡十一事。

节士第七　凡二十九事。叙节士以挽世风之浇漓，论断平允，极好！

义勇第八　凡十四事。《论语》曰："君子义以为上，君子有勇而无义为乱，小人有勇而无义为盗。"

善谋第九　治国不可无谋，此篇专论善谋。凡十二事。

善谋下第十　专记汉事，凡十三事。上一篇无"上"

字，本篇有"下"字。

今本《说苑》二十卷，《四库简目》云："汉刘向撰。凡二十篇，与《新序》体例相同，大旨亦复相类。其所以分为两书之故，莫之能详。中有一事而两书异词者，盖采摭群书，各据所见，既莫定其孰是，宁传疑而两存也。"篇目如下：《君道》《臣术》《建本》《立节》《贵德》《复恩》《政理》《尊贤》《正谏》《敬慎》《善说》《奉使》《权谋》《至公》《指武》《谈丛》①《杂言》《辨物》《修文》《反质》。

《世说》已亡佚，《汉书·楚元王传》："更生伤之，乃著《疾谗》、《摘要》、《救危》及《世颂》，凡八篇，依兴古事，悼己及同类也。"章学诚据此认为"似可互见春秋"。杨树达认为这里的"《疾谗》、《摘要》、《救危》及《世颂》，凡八篇"可能就是《世说》。

《列女传》存八卷。章学诚《校雠通义·汉志诸子》："惟《列女传》本采《诗》《书》所载妇德可垂法戒之事，以之讽谏宫闱，则是史家传记之书，而《汉志》未有传记之门，亦当附次《春秋》之后可矣。"

清郝懿行妻王照圆有《列女传补注》八卷、《叙录》一卷、《校证》一卷。汪远孙妻梁端有《列女传校注》八卷。

扬雄所序三十八篇。《太玄》十九，《法言》十三，《乐》四，《箴》二。

《文选·王文宪集序》注引《七略》："子云家谍言，

---

① 刘咸炘认为此篇"可称格言之祖，皆零条也"。

以甘露元年生也。"《文选·刘先生夫人墓志》注引《七略》："杨雄卒，弟子侯芭负土作坟，号曰玄冢。"

《汉书·扬雄传》萧该音义引《别录》："杨雄经目有《玄首》《玄冲》《玄错》《玄测》《玄舒》。"

李零说："扬雄、刘向之书皆以'所序'为题。'所序'即'所叙'，意思是所编。'叙'有编次之义。刘向、扬雄是西汉末年的博学大儒。通人之书有别于专家之书，在于综合性。二书都是抄集众书。他们是编者，而不是作者。"

《汉书》有扬雄专传，他博学而诚恳，忍受贫穷，过着平凡的生活。著有《法言》与《太玄》，书今存。朱一新《无邪堂答问》卷一"评读汉书艺文志"条说此书"班氏入儒家，位置最当"。

《乐》已亡。《箴》谓官箴。姚明辉《汉志注解》云："今案《艺文类聚》《初学记》《古文苑》诸书所载，有《州箴》十二首，《官箴》十六首。"

《新唐志》著录为十二卷，《文献通考》作十卷。《太玄》糅合了儒家、道家和阴阳家的学说。其首先从《老子》"玄之又玄"中概括出"玄"（玄奥）的概念，以玄为中心，按天、地、人三道的分类建立了一个形而上学体系。《太玄》认为一切事物从发展到旺盛到消亡都可分成九个阶段。《太玄》在内容和体裁上都和《周易》有类似之处，所以西方社会称其为"另类易经"（the alternative I Ching）。

为避康熙皇帝的名讳，《四库全书》改称《太玄经》为《太元经》，著录《太玄经》十卷，入子部术数类。《简目》云："汉扬雄撰，晋范望注。雄作《法言》拟《论语》，又作此书以拟《易》。宋衷、陆绩各为之注，望又删定二家之注，并自注赞文，定为此本。以《玄首》一篇分冠八十一家之前，以《玄测》一篇，分系七百二十九赞之下。如费直之析十翼附《周易》，亦自望始也。"

又有《法言集注》十卷，入子部儒家类。《提要》云："汉扬雄撰，宋司马光集注。旧本《小序》一篇，在十三篇之末，宋咸始散置卷首，光亦仍之。雄《长杨》诸赋，文章殊绝；《训纂》诸书，于小学亦深。惟此书模仿《论语》徒为貌似，不知光何取而注之，殆以尊圣人、谈王道，持论犹近正欤。"今本《法言》篇目：《学行卷》《吾子卷》《修身卷》《问道卷》《问神卷》《问明卷》《寡见卷》《五百卷》《先知卷》《重黎卷》《渊骞卷》《君子卷》《孝至卷》。

章太炎《检论》卷三《学变》："董仲舒以阴阳定法令，垂则博士，神人大巫也。使学者人人碎义逃难，苟得利禄，而不识远略。故杨雄变之以《法言》。《法言》持论至剀易，在诸生间，峻矣。王逸因之为《正部论》，以《法言》杂错无主，然己亦无高论。"①

右儒五十三家，八百三十六篇。入扬雄一家三十八篇。

"入扬雄一家三十八篇"是新入。今不计扬雄，凡五十一家，八百零九篇。《汉志》统计不准确。

儒家类里面没有孔子，陈柱《诸子概论》说："盖一者在汉武尊孔之后，二者以孔子为儒家所自出，而儒家不

---

① 章太炎：《检论》，上海人民出版社，2014，第451～452页。

足以尽孔子。"张尔田《史微》卷三《原儒》："孔子之道，君人南面之术也。儒家虽传于孔子，而不足以尽孔子。……孔子弟子皆儒家也。"

儒家者流，盖出于司徒之官，助人君顺阴阳明教化者也。

杭世骏《订讹类编》卷四"儒家者流"条引虞兆隆之言，说这句话当断句为"儒家者，流盖出于司徒之官"才通顺，认为这里的"流"是"源流"之意，而非"流品"之意。后面要讲的其余诸家皆仿此。虞氏之说可备考，附记于此。

这里讲儒家的起源，并不见得全面，但可以反映一部分历史事实。《尚书·尧典》："契，百姓不亲，五品不逊，汝作司徒，敬敷五教，在宽。"《周礼·地官司徒》言司徒掌邦教，佐国王。而儒家以教育为职志。五教，指五伦，所以儒家之教，以五伦为基本，以时中为标准。而其所教的工具，以礼乐为重。

以"顺阴阳"为手段达到"明教化"的目的。应当留意的是，《隋书·经籍志》儒家类小序乃谓"儒者所以助人君明教化者也"，独删"顺阴阳"三字，亦可略窥时移世变。

章学诚《校雠通义·补校汉艺文志》认为诸子类的大小序，"推本古人官守"是非常好的。但也有学者认为："《汉志》判分诸子源流为十个家派，并且认为每一家都是出于某一种王官……诸子十家便出于十种官。这样的规定太刻板。除了儒、道两家外，其他各家便没有一定出于王官的可靠证据可寻。"① 章太炎说："《艺文志》云'儒家出于司徒之官'，此特以《周官》司徒掌邦教，而儒者主于明教化，故知其源流如此。又云道家出于史官者，老子固尝为柱下史，伊尹、太公、管子，则皆非史也；唯管子下令如流水之原，令顺民心，论卑而易行，此诚合于道家南面之术耳。又云墨家出于清庙之守者，墨家祖尹佚，《洛诰》言：'烝祭文王、武王，逸祝册。'逸固清庙之守也。又《吕览》云：'鲁惠公使宰让请郊庙之礼于天子，桓王使史角往，惠公止之，其后在于鲁，墨子学焉。'是尤为墨学出于清庙之确证。又云，名家出于礼官。此特就名位礼数推论而知之。又云法家出于理官者，理官莫尚于皋陶。皋陶曰：'余未有知，思曰赞赞襄哉！'此颇近道家言矣。赞者，老子所称辅万物之自然而不敢为也；襄者，因也，即老子所称'圣人无常心，以百姓心为心'也。庄子称'慎到无用贤圣、块不失道'，此即理官引律断案之法矣。然《艺文志》法家首列李悝，以悝作《法经》，为后来法律之根本。自昔夏刑三千，周刑二千五百，皆当有其书，子产亦铸刑书，今悉不可见。独《法经》六篇，萧何广之为九章，遂为历代刑法所祖述。后世律书，有名例，本于曹魏之刑名法例，其原即《法经》九章之具律也。持法最重名例，故法家必与名家相依。又云：阴阳家出于羲和之官。今案，管子称述阴阳之言颇多，《左传》载苌弘之语，亦阴阳家言也。又云：农家出于农稷之官。此自不足深论。

---

① 金德建：《先秦诸子杂考》，中州书画社，1982，第1页。

又云纵横家出于行人之官者，此非必行人著书传之后代，特外交成案，有可稽考者尔。《张仪传》称仪与苏秦俱事鬼谷先生学术。《风俗通》云：'鬼谷先生，六国时纵横家。'更不知鬼谷之学何从受之。又云杂家出于议官者，汉官有议郎，即所谓议官也，于古无征。又云小说家出于稗官者，如淳曰：'王者欲知闾巷风俗，故立稗官，使称说之。'是稗官为小官近民者。"①

游文于六经之中，留意于仁义之际，祖述尧舜，宪章文武，宗师仲尼，以重其言，于道最为高。孔子曰："如有所誉，其有所试。"唐虞之隆，殷周之盛，仲尼之业，已试之效者也。

这里讲"游文"，正是儒家诸子学与经学的不同。王充《论衡·书解》说"著作者为文儒，说经者为世儒"。这个"文儒"与《汉志》的"游文"相近，属于儒家诸子。"世儒"指经学家，相当于梁启超说的"说经之儒"。②《汉志》以降，儒学一直存在经学和子学两种学术形态，两者之间难舍难分，经学是子学产生的源泉，子学反过来促进经学的进一步发展。

那么，儒家诸子学与经学的区别是什么？章太炎从目录类例上做了解释："有商订历史之孔子，则删定《六经》是也。有从事教育之孔子，则《论语》《孝经》是也。由

---

① 诸祖耿、王謇、王乘六等记录《章太炎国学讲演录》，中华书局，2013，第234~235页。

② 梁启超：《论中国学术思想变迁之大势》，上海古籍出版社，2006。

前之道，其流为经师；由后之道，其流为儒家。《汉书》以周、秦、汉初诸经学家，录入《儒林传》中；以《论语》《孝经》诸书，录入《六艺略》中。此由汉世专重经术，而儒家之荀卿又为《左氏》《穀梁》《毛诗》之祖。此所以不别经、儒也。若在周秦，则固有别。且如儒家巨子李克、宁越、孟子、荀卿、鲁仲连辈，皆为当世显人。而《儒林传》所述传经之士，大都载籍无闻，莫详行事。盖儒生以致用为功，经师以求是为职。"①

祖，始也。述，修也。宪，法也。章，明也。宗，尊也。孔子盛赞尧、舜，删书断自唐虞，以周文王、周武王为效法对象。周公制礼作乐，人文礼制之盛，极千古之隆，所以孔子做梦时梦见周公都觉得荣幸。儒家的学问，孔子是承前启后集其大成者，他的主要贡献可以参阅《史记·孔子世家》。

孟子说："伯夷，圣之清者也；伊尹，圣之任者也；柳下惠，圣之和者也；孔子，圣之时者也。"可以知道孔子之学金声玉振，集各学之大成。司马迁说："孔子布衣，传十余世，学者宗之。自天子王侯，中国言六艺者折中于夫子，可谓至圣矣！"可见孔子集六艺之大成。综合孟子和司马迁的观点来看，钱穆在《孔子传》中的话不诬："在孔子以前，中国历史文化当已有两千五百年以上之积累，而孔子集其大成。在孔子以后，中国历史文化又复有两千五百年以上之演进，而孔子开其新统。在此五千多年，中国历史

---

① 章太炎：《论诸子学》，载朱维铮等编《章太炎选集》，上海人民出版社，1981，第361~362页。

进程之指示，中国文化理想之建立，具有最深影响最大贡献者，殆无人堪与孔子相比伦。"①

"于道最为高"，此对儒家极力推崇。

引孔子的话见《论语·卫灵公》，意谓对人称誉，当试以事，观其实效。

然惑者既失精微，而辟者又随时抑扬，违离道本，苟以哗众取宠。后进循之，是以《五经》乖析，儒学浸衰，此辟儒之患。

惑，迷惑；辟，邪辟。辟儒就是陋儒。顾实说："惑者为谁，章句鄙儒，如秦延君是也。僻者为谁，曲学阿世，如公孙弘是也。二者皆违离道本，苟以哗众取宠。"

儒家类的这篇小序，对儒家学说的根源和现状，都做了交代。结尾谈及"辟儒之患"，《四库提要》说："无植党，无近名，无大言而不惭，无空谈而鲜用，则庶几孔孟之正传矣。"

---

① 钱穆：《孔子传》，生活·读书·新知三联书店，2002，第1页。

【道家】

道家是独特的哲学与宗教相混合而形成的一套思想体系，原始的科学和方技也包含在其中，属于并不极度反科学的神秘主义体系。道家的命名源于道家学者追寻的思想。古汉字中"道"是由一个表示"头"的符号（首）和一个表示"行走"的符号（辶）构成。后来，这个词演变成一个专门术语，被赋予哲学和宗教的意义。要把"道"译成外文并不容易，"道路"仅是它含义的其中一项而已，可以视之为自然的秩序，也可以称它为宇宙内部及宇宙背后的固有的力量。

战国时期的哲学家，以及一批古代萨满和术士们，是道家思想的两个来源。前者尊奉的是自然之道，而非人类社会之道。他们不求用于诸侯，而是隐居于乡野，探索自然，沉思冥想。虽然他们的想法从未能完整地表达，但他们认为如果缺乏对自然界深刻的理解，而想要把人类社会带入如儒家所期望的那种和谐状态，是永远无法实现的。

作为道家另一根源的古代萨满和术士们，很早就从北方进入中国，他们作为一种原始宗教和方术的代表在古代中国文化中起过重要的作用。

中国学术中起源最古、陈义最高、范围最广的，当属道家。

《伊尹》五十一篇。汤相。

《隋志》和《唐志》已不著录，是书亡佚已久。马国翰有辑本一卷，有《四方令》《本味》《先己》《九主》《区田》《杂篇》。

《汉书·司马相如传》"于是乎卢橘夏孰"，应劭引《伊尹书》"箕山之东，青马之所，有卢橘夏孰"。《说文》屡引伊尹说。

《说苑·臣术》与《吕氏春秋》皆引"伊尹对汤问"，或出自此书。

马王堆帛书有《九主》。《史记·殷本纪》集解："九主者，有法君、专君、授君、劳君、等君、寄君、破君、国君、三岁社君，凡九品，图画其形。"

据《史记索隐》引《世纪》，伊尹名挚，字尹，姓伊，力牧之后，有侁之空桑人。初事夏桀，后相商汤为阿衡，太甲尊为保衡。《尚书·君奭》郑《注》云："保，安也。言天下所取安，所取平。阿衡、保衡，此皆三公之官，当时为之号也。"

伊尹言行，孟子数称之，又称伊尹为古圣人（《公孙丑上》），是"圣之任者"（《万章下》），凡后世以天下为己任者，皆伊尹之徒。

伊尹和太公是古圣贤，为什么道家会以他们为宗？王重民《校雠通义通解》解释章学诚的意见说："'古人著述，援引称说，不拘于方'，如援引或称说伊尹、太公的书，到了后来，有人认为'其人自著'，就成了'伪'；有人认为后人称说，就成了'托'。对于这样一些书的分类，就需要首先加以辨明，才能著录。"

王齐洲指出："伊尹虽为先秦诸子所景仰，但儒、道两家取径不同。儒家强调其'何事非君，何使非民，治亦进，退亦进'（《孟子·公孙丑上》），只承认其'以尧舜之道要汤'，不承认其'以割烹要汤'（《孟子·万章上》）。道家则强调伊尹'强力忍垢'（《庄子·让王》）。《吕氏春秋·先己》篇载汤问伊尹：'欲取天下，何如？'伊尹曰：'欲取天下，天下不可取；可取，身将先取。'《淮南子·泰族训》云：'伊尹忧天下之不治，调和五味，负鼎俎而行。五就桀，五就汤，将欲以浊为清，以危为宁也。……游不论国，仕不择官，行不辟污，曰伊尹之道也。'这些记载均有鲜明道家色彩。可见，伊尹在秦汉之际已是道家面目，故《汉志》道家首列《伊尹》51 篇。《咸有一德》《伊训》《太甲》三篇已入《尚书》，《汉志》道家《伊尹》51 篇是否含有《汝鸠》《汝方》《肆命》《徂后》等《尚书》未收之篇，不得而知。揆诸情理，以上诸篇当时已佚，不然应该收入《尚书》。而《逸周书·王会》载伊尹'四方献令'，当是伊尹传闻之遗存。孟子称'自有生民以来，未有孔子也'，以为伊尹不能与孔子相提并论（《孟子·公孙丑上》），战国中期以后伊尹在儒家学者中影响力减弱，而《庄子》及秦汉间道家对伊尹颇多推崇。故《汉志》所著录之道家《伊尹》，应是战国中后期以来道家所述之伊尹学说，此学说当合于'强力忍垢'之内涵，故入道家类。"①

---

① 王齐洲：《〈汉志〉著录之小说家〈伊尹说〉〈鬻子说〉考辨》，《武汉大学学报》（人文科学版）2006 年第 5 期，第 562 页。

《太公》二百三十七篇。吕望为周师尚父，本有道者。或有近世又以为太公术者所增加也。**《谋》八十一篇，《言》七十一篇，《兵》八十五篇**。

太公本姓姜，又姓吕，以其先祖尝为四岳，封于吕，子孙从其封姓故也。名尚，字牙，东海人。初事商纣王，去隐海滨。后归周，周文王以为师，号曰太公望。武王嗣位，以为司马，号曰师尚父。

《诗·大雅·大明》正义："师之尚之父之，故曰师尚父。"

《史记·齐太公世家》："周西伯昌之脱羑里归，与吕尚阴谋修德以倾商政，其事多兵权与奇计，故后世之言兵及周之阴权皆宗太公为本谋。"

《太公》属于黄帝之学，包括《谋》《言》《兵》三种。

《谋》即《太公阴谋》，有严可均、顾观光辑本。《淮南子·要略》："文王欲以卑弱制强暴，以为天下去残除贼而成王道，故太公之谋生焉。"

《言》即《太公金匮》，《文选·王文宪集序》注引《七略》："《太公金版玉匮》，虽近世之文，然多善者。"有洪颐煊、严可均、顾观光辑本。

《兵》即《太公兵法》，可能就是《六韬》。《郡斋读书志》著录《六韬》六卷，云："吕望撰。案《汉艺文志》无此书，隋唐始著录。"《直斋书录解题》著录也是六卷，说是"武王太公问答，其辞鄙俚，世俗依托也"。有汪宗沂、严可均、顾观光、王仁俊辑本。敦煌遗书伯三四五四号为《六韬》残卷。[①] 今《武经七书》本《六韬》存六十篇，与《群书治要》卷三一所引不同。银雀山汉简和八角廊汉简都有《太公》，整理者题为《六韬》。

《辛甲》二十九篇。纣臣，七十五谏而去，周封之。

已亡佚。辛甲，即莘甲。《史记·周本纪》集解引刘向《别录》："辛甲，故殷之臣，事纣，盖七十五谏而不听，去至周。召公与语，贤之，告文王。文王亲自迎之，以为公卿，封长子。"长子，今山西长子县。

马国翰有辑本一卷，凡二条，分别见于《左传·襄公四年》及《韩非子·说林上》。近道家。

《鬻子》二十二篇。名熊，为周师，自文王以下问焉，周封为楚祖。

子书肇始，南朝梁刘勰以为莫先于《鬻子》。《文心雕龙·诸子》："篇述者，盖上古遗语，而（战）伐所记者也。至鬻熊知道，而文王咨询，余文遗事，录为《鬻子》。"唐朝逢行珪《进鬻子表》也以鬻熊为诸子之首。

《列子·天瑞》引鬻熊曰："运转亡已，天地密移，畴觉之哉？故物损于彼者盈于此，成于此者亏于彼。损盈成亏，随世随死。往来相接，闲不可省，畴觉之哉？凡一气不顿进，一形不顿亏；亦不觉其成，亦不觉其亏。亦如人自世至老，貌色智态，亡日不异；皮肤爪发，随世随落，

---

① 王重民：《敦煌古籍叙录》，中华书局，2010，150 页。

非婴孩时有停而不易也。闲不可觉，俟至后知。"又《力命》引鹖熊语文王曰："自长非所增，自短非所损。"

《汉志》中有两种《鹖子》，另一种入小说家，可能是互见。《四库全书》有此书，旧题周鹖熊撰，一卷十四篇，入子部杂家类。《提要》疑唐人伪托，词旨肤浅。今所传《鹖子》一卷，止十四篇，为唐永徽中逄行珪所献。姑无论书之真伪，其残缺不完，当无疑义。是以近人罗敦曧《周秦诸子总论》有言："班《志》所载风后、力牧、伊尹、太公、鹖熊，并有述作，类皆后人依托。"

关于《鹖子》之文，自唐代《群书治要》抄录以来，明清以后皆有整理研究。明杨之森有《鹖子订补》一卷①，清钱熙祚《守山阁丛书》、严可均《全上古三代文》卷九、叶德辉《郎园先生全书》各有辑本。严灵峰《周秦汉魏诸子知见书目》辑有《鹖子》历代注疏三十三种之多，可供参考。

《管子》八十六篇。名夷吾，相齐桓公，九合诸侯，不以兵车也，有《列传》。

《淮南子·要略》："齐桓公之时，天子卑弱，诸侯力征，南夷北狄，交伐中国，中国之不绝如线。齐国之地，东负海而北障河，地狭田少，而民多智巧。桓公忧中国之患，苦夷狄之乱，欲以存亡继绝，崇天子之位，广文、武之业，故管子之书生焉。"

《史记·管晏列传》："太史公曰：吾读管氏《牧民》、

① 按：杨之森有《鹖子订补》一卷，补《鹖子》七则，见《百子全书》。

《山高》、《乘马》、《轻重》、《九府》，及《晏子春秋》，详哉其言之也。"

《隋志》《唐志》著录十九卷，《崇文总目》《郡斋读书志》《通志》著录为十八卷，《玉海》卷五十三引《中兴书目》《直斋书录解题》《宋志》著录为二十四卷。书今已残缺。原本八十六篇，至梁隋时亡十篇，宋时又亡《王言》一篇（严可均说）。

罗焌说："自《隋志》法家首列《管子》，后之考经籍、修学史者，佥以管子为申、商之前驱，非、斯之先觉。不思刘《略》法家之《管子》书仅十八篇，班《志》道家之《管子》为八十六篇，其中原包有法治学说也。陈振孙曰：'管子似非法家，而世皆称管、商，岂以其标术用心之同故耶？然以为道家则不类。'（《直斋书录解题》）陈澧曰：'《七略》以《管子》列于法家，或后之法家以其说附于《管子》书欤！'（《东塾读书记》）今案二陈之说，皆未尽然。道家之学，施诸后世，其流必为刑名法术之学，此史公所为以老子、韩非合传也。管子治齐，原修太公之业。至其贵法令，立威武，亦皆私淑太公之道术耳。据刘歆所录管子之法十有八篇，盖已散见现存之七十六篇中，名言络绎，不可殚论。"①

此书不是管仲所作，而是杂家的汇集，可能出于稷下学派的学者之手。所以，朱子说管子之书杂。可能正因为杂，所以《汉志》才将其书由法家移入道家。今本《管子》篇目为：

---

① 罗焌：《诸子学述》，华东师范大学出版社，2008，第307页。

牧民第一　《牧民》篇云："顺民之经，在明鬼神。"是墨家之学。

形势第二

权修第三　此篇言用其民以致富强之术。

立政第四　多涉制度之言。

乘马第五　讲制度。

七法第六　兵家之言。

版法第七　《版法》篇云："兼爱无遗，是谓君心。"已引墨学端绪。

幼官第八　阴阳家言。刘师培《西汉今文学多采邹衍说考》云："五行之言，惟齐为盛。管子《幼官》《四时》《五行》篇所述是也。"

幼官图第九　可能本来只有图，后来又写为书，故两篇重复。

五辅第十　此篇言王霸在人。

宙合第十一　先举若干句子，再具体解释。

枢言第十二　陈澧说："《枢言》篇云：'有名则治，无名则乱，治者，以其名。'《心术上》篇云：'督言正名，故曰圣人。'如此类者，名家之言也。"

八观第十三　此篇言观国之法。

法禁第十四　《七法》《法禁》《重令》《法法》《君臣》《任法》《明法》《七臣七主》等篇，多言法律、政令及其运用之术。

重令第十五　此篇讲安国在尊君，尊君在行令，行令在刑罚。

法法第十六　此篇杂凑而成。

兵法第十七　兵家之言。

大匡第十八　《大匡》、《中匡》、《小匡》及对桓公之问，已开苏、张游说之风。

中匡第十九　记管子事。

小匡第二十　"宰孔赐胙"一段与《左氏》大体相同。

王言第二十一　缺。

霸形第二十二　记管仲、隰朋说桓公之事。

霸言第二十三　多纵横家及兵家言。

问第二十四　列举有国者所当考问之事。

谋失第二十五　缺。

戒第二十六　与儒家言相似处多。

地图第二十七　兵家之言。

参患第二十八　兵家之言。

制分第二十九　《兵法》《制分》诸篇，是兵家之计谋。

君臣上第三十　言君臣之道。

君臣下第三十一　法家言居多，间有儒家言。

小称第三十二　明陈衍《槎上老舌》云："《小称》篇乃载桓公身后之事，其伪而不及检点者也。《史记·管仲传》并无著书立言之语。"

四称第三十三　记桓公问君臣有道与否，以及管仲的回答。

正言第三十四　缺。

侈靡第三十五　篇幅长，然论侈靡之语极少。

心术上第三十六　郭沫若认为《心术上》《白心》的作者是宋鈃，裘锡圭则认为是慎到、田骈学派的学者。

心术下第三十七　言哲学。

白心第三十八　此篇亦言哲学。

水地第三十九　以上四篇，实内圣外王之道。

四时第四十　阴阳家言。

五行第四十一　阴阳家言。

势第第四十二　此篇为道家言。

正第第四十三　篇中如"制断五刑，各当其名，罪人不怨"，"守慎正名，伪诈自止"等，都是正名之学。

九变第四十四　兵家之言。

任法第四十五

明法第四十六

正世第四十七　以上三篇皆为法家言。

治国第四十八　《治国》《地员》二篇，讲农家之本务。陈澧说："《地员》篇，则农家者流。《汉志》农家之书无存者，于此可见其大略。"

内业第四十九　儒家言。

封禅第五十　阴阳家言。

小问第五十一　篇首节言兵，次节言牧民。

七臣七主第五十二　此篇为法家言。

禁藏第五十三　此篇亦为法家言。其中杂有一节阴阳家言。

入国第五十四　言九惠之政。

九守第五十五　"修名而督实，按实而定名，名实相生，反相为情，名实当则治，不当则乱，名生于实，实生于德，德生于理，理生于智，智生于当。右督名。"是督名之学。

桓公问第五十六　言啧室之议。

度地第五十七　言治国之法，尤论治水。

地员第五十八　言地质及所宜之物，农家言也。

弟子职第五十九　章学诚《校雠通义·别裁》："《管子》道家言也，刘歆裁其《弟子职》篇入小学。"附于《孝经》家，本是子书而跻经部。

言昭第六十　缺。

修身第六十一　缺。

问霸第六十二　缺。

牧民解第六十三　缺。

形势解第六十四

立政九败解第六十五　陈澧说："《立政九败解》云：'人君唯毋听兼爱之说'云云，此后人所依托也。"

版法解第六十六

明法解第六十七　以上五解，说者疑为后人附益，实即小说家《伊尹说》《鬻子说》之类的书。

臣乘马第六十八

乘马数第六十九

问乘马第七十　缺。

事语第七十一

海王第七十二

国蓄第七十三

山国轨第七十四

山权数第七十五

山至数第七十六

地数第七十七

揆度第七十八

国准第七十九

轻重甲第八十　《傅子》曰："管仲之书，过半是后之好事者所为，轻重诸篇尤鄙俗。"

轻重乙第八十一

轻重丙第八十二　缺。

轻重丁第八十三

轻重戊第八十四

轻重己第八十五

轻重庚第八十六　缺。

《管子》书名最早见于《韩非子·五蠹》："今境内之民皆言治，藏商、管之法者家有之。"《史记》肯定《管子》为管仲之作："读管氏《牧民》《山高》《乘马》《轻重》《九府》……其书世多有之。"晋朝傅玄开始对《管子》一书的作者产生疑议，他说"管仲之书，过半是后之好事者所为，轻重诸篇尤鄙俗"，唐代孔颖达亦称"世有管子书者，或是后人所录"。朱熹则表示管仲不是有时间写书的人。《四库提要》云："今考其文，大抵后人附会多于仲之本书。"郭沫若认为《管子》中《心术上》《心术下》《白心》《内业》等篇为宋钘、尹文的著作。刘献廷《广阳杂记》卷三对是书称赞有加："《管子》虽不纯乎一家言，自是经世奇书……三代而后，欲经纶天下者，非颍上遗言，何从着手。诸葛孔明为千古一人，其学术全从此书出。"

焦竑《汉书艺文志纠谬》说："《管子》入道家为非，

改法家。"从《隋志》到《四库全书》，《管子》都入子部法家类。

《管子》向以古奥难懂著称，唐代房玄龄有注文，一说是尹知章。明代刘绩著有《管子补注》，清代王念孙、陈奂、丁世涵等学者都曾对《管子》一书进行考证工作。洪颐煊《管子义证》、戴望《管子校正》是研究管子的集大成著作。

接下来是四种解说老子的书。

《老子邻氏经传》四篇。姓李，名耳，邻氏传其学。

《老子》世传今本种类繁多，据元杜道坚《道德玄经原旨》张与材序云："《道德》八十一章，注者三千余家。"此说可能有点夸大。1927 年王重民著《老子考》，收录敦煌写本、道观碑本和历代木刻与排印本，共存目四百五十余种；1965 年严灵峰辑《无求备斋老子集成》，初编影印一百四十种，续编影印一百九十八种，补编影印十八种，总计三百五十六种，将其所集，辑于一书。

老子传本虽多，但时代不古，多属魏晋以后，汉代传本几乎绝迹。《汉志》著录的四种与老子相关的书，都已亡佚。严遵《老子指归》也残缺将半。

《汉志》著录了研读《老子》书的篇数，但疏忽了《老子》本书的篇数章数。章学诚《校雠通义·汉志诸子》指出："凡书有传注解义，诸家离析篇次，则著录者必以本书篇章原数登于首条，使读之者可以考其原委，如《汉志》六艺各略之诸经篇目，是其义矣。"

《老子》一书算是中国语言最深奥、最优美的著作。其当是战国初期的作品，先秦时期的《庄子》《列子》《韩非子》《吕氏春秋》等书均有征引。今存《道》《德》上下二篇，八十一章。亦有长沙马王堆三号汉墓出土《老子》帛书，有两种写本。据考证，甲本抄写时间当在汉高帝时期，乙本抄写年代当在惠帝或吕后时期。

王弼注本影响最广。《四库提要》说："弼以老、庄说《易》，论者互有异同，至于解《老》则用其所长。故是注，词义简远，妙得微契。《老子》注本，此为最古。"

《老子傅氏经说》三十七篇。述老子学。

已亡佚。

《老子徐氏经说》六篇。字少季，临淮人，传《老子》。

已亡佚。

《刘向说老子》四篇。

已亡佚。道本是天下所共由，当时儒、道之限未严，所以本是儒家学者身份的刘向也说《老子》。《文心雕龙·诸子》："鬻惟文友，李实孔师，圣贤并世，而经子异流矣。"诸子之分，缘于道术之裂。

《文子》九篇。老子弟子，与孔子并时，而称周平王问，似依托者也。

屈万里说："《艺文志》著录之书，班氏疑为依托或后人增益者，约近二十种。"①

　　章太炎《菿汉微言》："今之《文子》，半袭《淮南》，所引《老子》，亦多怪异，其为依托甚明。"② 梁启超更坚定，认为全书皆伪。王重民说："《文子》一书，为后人剽窃《淮南》《吕览》等书而成，殆无疑义。故清儒校理诸子，鲜及是书；而历代传刻，亦无善本。守山阁翻刻本，附有顾观光所撰《札记》，是正颇多。惜未见宋刻徐灵府注本，亦不无足资勘正之处。孙诒让称顾氏别有增订本，余尚未见。此卷子本仅存《道德》第五，共百五十六行，为天宝十载所写。持校今书，凡《淮南》《吕览》旧文，原书未误而《文子》误者，此卷犹多未误，则顾氏所勘验者，为尤有征矣。"③

　　今本十二篇，分为二卷，题《通元真经》。目次为：《道原第一》《精诚第二》《九守第三》《符言第四》《道德第五》《上德第六》《微明第七》《自然第八》《下德第九》《上仁第十》《上义第十一》《上礼第十二》。

　　敦煌遗书伯三七六八号为《文子》残卷。

　　1973 年在河北定县八角廊 40 号墓出土发现竹简《文子》，李学勤《试论八角廊简〈文子〉》一文"认为《文子》应与汉刘向、刘歆父子所见《文子》一致或类似，可能原分上经、下经，各包含若干篇"。④ 胡道静说："定县汉简的发现，其埋葬年代经判断在汉成帝时（公元前 32 ～

① 屈万里：《古籍导读》，上海辞书出版社，2015，第 38 页。
② 章太炎：《菿汉微言》，上海人民出版社，2015，第 52 页。
③ 王重民：《敦煌古籍叙录》，中华书局，2010，第 254 ～ 255 页。
④ 李学勤：《试论八角廊简〈文子〉》，《文物》1996 年第 1 期。

公元前7），则今本《文子》最少是源自西汉时代，绝非后人之所作伪。其词意之类《淮南内篇》者，就很难说是抄袭刘安的著作。反之，刘安的思想是否受《文子》的影响，值得考虑。"①

《蜎子》十三篇。名渊，楚人，老子弟子。

《汉书·古今人表》亦有蜎子，即环渊也。蜎、环音近，古通。《史记·甘茂传》有"楚王问于范蜎曰"，《战国策·楚策》作"范环"。于鬯《战国策注》："沈寿经明经邃谓'范环，即环渊也'，果然否？环渊固楚人"。

《史记·孟子荀卿列传》："慎到，赵人。田骈、接子，齐人。环渊，楚人。皆学黄老道德之术，因发明序其指意。故慎到著十二论，环渊著上下篇，而田骈、接子皆有所论焉。"

《史记·田敬仲完世家》："宣王喜文学游说之士，自如驺衍、淳于髡、田骈、接予、慎到、环渊之徒七十六人，皆赐列第，为上大夫，不治而议论。是以齐稷下学士复盛，且数百千人。"

《文选》卷三四枚乘《七发》："若庄周、魏牟、杨朱、墨翟、便蜎、詹何之伦，使之论天下之释微，理万物之是非。"李善注："詹子，古得道者也。《淮南子》曰：'虽有钩针芳饵，加以詹何、蜎蠉之数，犹不能与罔罟争得也。'高诱曰：'蜎蠉，白公时人。'宋玉集曰：'宋玉与登徒子

---

① 虞信棠、金良年编《胡道静文集·古籍整理研究》，上海人民出版社，2011，第240页。

偕受钓于玄渊。'《七略》曰：'蜎子，名渊，楚人也。'然三文虽殊，其一人也。"（李善注引《淮南子·原道训》）宋玉集之《钓赋》，见《太平御览》卷八三四《资产部·钓类》："宋玉与登徒子偕受钓于玄渊，退而见于楚襄王。登徒子曰：'夫玄渊之钓也，以三寻之竿，八丝之纶，饵以蚕螵，钓以细针，以出三尺之鱼于数仞之水中。'"李善认为便蜎、玄渊、蜎蠉三处文异，实系一人。

书已亡佚。

《关尹子》九篇。名喜，为关吏，老子过关，喜去吏而从之。

关，关令，官名。姓尹，名喜。《列仙传》："关令尹喜者，周大夫也。善内学，常服精华，隐德修行，时人莫知。老子西游，喜先见其气，知有真人当过，物色而遮之，果得老子。老子亦知其奇，为著书授之。后与老子俱游流沙，化胡，服苣胜实，莫知其所终。尹喜亦自著书九篇，号曰《关令子》。"

《隋志》《旧唐志》皆不著录。《四库提要》认为该书为唐五代间方士所依托，书中多法释氏及神仙方技家。

彭维新《老子关尹子合刻序》："《尹文》《关尹》《亢仓》诸书尤纯为伪书。窃谓《尹文》优于《亢仓》，而《亢仓》差优于《关尹》。按《汉书艺文志》'《关尹子》九篇'，今篇目虽符，而其书仅可与《化书》颉颃，高者雕镂字句而已，其下者类拾释氏之残唾而更失之芜陋，疑为隋唐人伪作，必非班氏所列之旧。"[1] 今存九篇：《宇篇》

---

① （清）彭维新：《墨香阁集》卷三，岳麓书社，2010，第66页。

《柱篇》《极篇》《符篇》《鉴篇》《匕篇》《釜篇》《筹篇》《药篇》。

《庄子》五十二篇。名周，宋人。

《别录》："庄子，宋之蒙人也。作人姓名，使相与语，寄辞于其人，故有寓言篇。"

庄子之学看起来与老子相似，但实际上有很大的差别。这一点，从《庄子·天下》中可窥其端倪。

陈柱《子二十六论》："以一身为主，爱由近始，推而至位天地、育万物者，孔子之道也。以人类为主，爱无差等，而欲天下无斗争者，墨子之道也。以动物为主，不食肉、不杀生，视动物为一体者，释迦摩尼之道也。以天地万物为一体，不大天地、不小毫末、不贵金玉、不贱粪溺，大小精粗漠然，莫不平等者，庄子之道也。"《老子》思考的中心是通过对宇宙之道的体验，追寻对天道、世道、人道的全面理解，《庄子》则偏重对"人"的内在精神的超越和对自由境界的探寻。庄子自然主义思想强调自然运行的统一性和自发性。

《四库全书》有晋郭象《庄子注》十卷，三十三篇，其中内篇七、外篇十五、杂篇十一。目次如下：《逍遥游》《齐物论》《养生主》《人间世》《德充符》《大宗师》《应帝王》《骈拇》《马蹄》《胠箧》《在宥》《天地》《天道》《天运》《刻意》《缮性》《秋水》《至乐》《达生》《山木》《田子方》《知北游》《庚桑楚》《徐无鬼》《则阳》《外物》《寓言》《让王》《盗跖》《说剑》《渔父》《列御寇》《天下》。

据陆德明《经典释文》所记，晋司马彪注本有五十二篇，为内篇七、外篇二十八、杂篇十四、解说三，则今本三十三篇除内篇七篇为足本外，外、杂两篇都有缺失，因此亦有佚文散见可辑。南宋王伯厚（应麟）就尝试做了辑佚的工作。他说："《庄子》逸篇十有九，《淮南鸿烈》多袭其语，唐世司马彪注犹存，《后汉书》《文选》《世说注》《艺文类聚》《太平御览》间见之。断圭碎璧，亦足为箧椟之珍，君子或有取焉。"王氏辑得三十九事，标曰《庄子逸篇》，收于他著的《困学纪闻》卷十之中。此草创本，并不周备。近世马叙伦有一极精备之辑本《庄子佚文》，刊于《天马山房丛著》中。

《列子》八篇。名圄寇，先庄子，庄子称之。

刘向《列子新书目录》说"列子者，郑人也"，先于庄子，与郑穆公同时。照理说，应该排在《庄子》前面，但因《列子》全书都称"子列子曰"，是列子后学追记，因此《汉志》把它列在《庄子》之后。

《吕氏春秋·不二》载"列子贵虚"。《尔雅疏》引《尸子·广泽》："墨子贵兼，孔子贵公，皇子贵衷，田子贵均，列子贵虚。"

陈国庆引马叙伦说："《列子》书早亡，故不甚称于作者。魏晋以来，好事之徒，聚敛《管子》《晏子》《论语》《山海经》《墨子》《尸佼》《韩非》《吕氏春秋》《韩诗外传》《淮南》《说苑》《新序》《新论》之言，附益晚说，成此八篇，假为向叙以见重。"《四库全书》有《列子》八卷，篇目为：《天瑞》《黄帝》《周穆王》《仲尼》《汤问》

《力命》《杨朱》①《说符》。

《老成子》十八篇。

已亡佚。《列子·周穆王》："老成子学幻于尹文先生，三年不告。老成子请其过而求退。尹文先生揖而进之于室，屏左右而与之言曰：'昔老聃之徂西也，顾而告予曰：有生之气，有形之状，尽幻也。造化之所始，阴阳之所变者，谓之生，谓之死。穷数达变，因形移易者，谓之化，谓之幻。造物者其巧妙，其功深，固难穷难终。因形者其巧显，其功浅，故随起随灭。知幻化之不异生死也，始可与学幻矣。吾与汝亦幻也，奚须学哉？'老成子归，用尹文先生之言，深思三月，遂能存亡自在，幡校四时；冬起雷，夏造冰；飞者走，走者飞。终身不著其术，固世莫传焉。"

郑樵《通志·氏族略第一》："古有贤人，为人所尊尚，号为老成子，其后为老成氏。"

《长卢子》九篇。楚人。

已亡佚。先秦道家的人物以楚人居多，长卢是其中一位。《邓析子·无厚》："楚之不溯流，陈之不束蔍，长卢之不士，吕子之蒙耻。"《史记·孟子荀卿列传》："楚有尸子、长卢……世多有其书。"

---

① 魏晋人的伪作，其中有早期杨朱一系资料的孑遗，可做杨朱思想的旁证。杨朱之"贵己""为我"，强调人个体存在的价值。

《王狄子》一篇。

已亡佚。

《公子牟》四篇。<small>魏之公子也，先庄子，庄子称之。</small>

《列子·仲尼》："中山公子牟者，魏国之贤公子也。好与贤人游，不恤国事，而悦赵人公孙龙。乐正子舆之徒笑之。"《说苑·敬慎》《庄子·秋水》《庄子·让王》《战国策·赵策三》也有记载他的相关事迹。

《孟子·告子》记载子莫执中与杨、墨同论，孙诒让认为"子莫"即"公子牟"，孙氏广征诸子之言，说子莫是战国诸子中之大人物。详参《清儒学案》卷一百九十二《籀顾学案》载孙诒让《子莫学说考》一文。

书已亡佚。马国翰、李峻之各有辑本。[①]

《田子》二十五篇。<small>名骈，齐人，游稷下，号天口骈。</small>

田子，即田骈。《吕氏春秋·不二》作"陈骈"。陈、田古音通，均属真部定纽字。稷下，在今山东省临淄县北，为春秋时齐国都城临淄的稷门。齐国曾在此设稷下学宫，招揽文学游士数千人，此处成为战国时的学术中心。《文选·宣德皇后令》注："齐田骈好谈论，故齐人为语曰'天口骈'，天口者，言田骈子不可穷其口，若事天。"《荀子·非十二子篇》："尚法而无法，下修而好作，上则取听于

---

① 见顾颉刚等编著《古史辨》第六册，上海古籍出版社，1982。

上，下则取从于俗，终日言成文典，反循察之，则偶然无所归宿，不可以经国定分；然而其持之有故，其言之成理，足以欺惑愚众，是慎到、田骈也。"

《尸子·广泽》："墨子贵兼，孔子贵公，皇子贵衷，田子贵均，列子贵虚，料子贵别囿，其学之相非也数世矣，而已皆弇于私也。"从零星的一些数据来看，彭蒙、田骈、慎到一系比较偏向于反智论，主张去除个人偏执，对万事万物的差异采取相对的"齐物"观，消解理性权威，摆脱枷锁，回归自由。田骈曾对齐宣王讲"道术"，倡"无政"之政。

钱穆《国学概论》第二章"先秦诸子"曰："荀子以慎到、田骈并举，《庄子·天下》篇以彭蒙、田骈、慎到三人并举。而《汉志》田子在道家，慎子在法家，则道家与法家相通。"

书已亡佚。马国翰、李峻之各有辑本。①

《老莱子》十六篇。楚人，与孔子同时。

《文选·天台山赋》注："老莱子，古之寿者。"《史记·老子韩非列传》："或曰：老莱子亦楚人也，著书十五篇，言道家之用，与孔子同时云。"《大戴礼记·卫将军文子》："德恭而行信，终日言不在尤之内，在尤之外，贫而乐也，盖老莱子之行也。"《战国策·楚四》："或谓黄齐曰：'人皆以谓公不善于富挚。公不闻老莱子之教孔子事君乎？示之其齿之坚也，六十而尽，相靡也。'"李零说："老莱子

---

① 见顾颉刚等编著《古史辨》第六册，上海古籍出版社，1982。

与老子实为一人，但《老子》和《老莱子》是两本书。"

《隋志》《唐志》已不见载，亡佚已久。马国翰有辑本一卷。

《黔娄子》四篇。齐隐士，守道不诎，威王下之。

刘向《列女传》卷二《贤明传·鲁黔娄妻》篇作"鲁黔娄"，记其妻事迹。皇甫谧《高士传·黔娄先生》："黔娄先生者，齐人也，修身清节，不求进于诸侯。鲁恭公闻其贤，遣使致礼，赐粟三千钟，欲以为相，辞不受。齐王又礼之，以黄金百斤聘为卿，又不就。著书四篇，言道家之务，号《黔娄子》，终身不屈，以寿终。"

书已亡佚。马国翰有辑佚一卷。

《宫孙子》二篇。

已亡佚。

《鹖冠子》一篇。楚人，居深山，以鹖为冠。

是书传为战国时期楚国隐士鹖冠子所作。"楚人，居深山，以鹖为冠。"[1]《风俗通义》佚文也说："鹖冠氏，楚贤人，以鹖为冠，因氏焉。鹖冠子著书。"

唐柳宗元作《辩鹖冠子》一文，认为此书"尽鄙浅言也，吾意好事者伪为其书"。后世多认同此为伪书。如钱穆《先秦诸子系年》认为今本是伪书，鹖冠即雉冠，"雉冠乃

---

[1] 《太平御览》卷六百八十五引《七略》文同。

赵之武服，庞暖而赵将。《汉志》兵权谋有《庞子》，岂暖书有论及鹖冠者，而后人因伪为《鹖冠子》，遂以为庞暖所师耶？将庞暖著书别题《鹖冠》，如范蠡书之名《计然》，而后人遂以计然为范蠡师者耶？"

吕思勉《先秦学术概论》指出："此书义精文古，决非后世所能伪为，全书多道、法二家论，与《管子》最相似。"1973 年，马王堆汉墓出土大量帛书，有学者研究发现，《鹖冠子》与帛书相合，证明此书并非伪书。①

《汉志》著录为一篇，《隋志》《旧唐志》《新唐志》《宋志》皆著录为三卷。内容以道家之言为主，而杂以法家刑名之说。也有天学、宇宙论等方面的内容。今本三卷十九篇，宋陆佃注。《四库全书》入杂家类。目次如下：《博选》《著希》《夜行》《天则》《环流》《道端》《近迭》《度万》《王铁》《泰鸿》《泰录》《世兵》《备知》《兵政》《学问》《世贤》《天权》《能天》《武灵王》。

清人王仁俊、孙志祖各有《鹖冠子》辑佚一卷。敦煌遗书有《鹖冠子》。傅增湘《藏园群书题记续集》卷二："《鹖冠子》上卷，唐人写卷子本，凡二十六纸，每纸二十八行，每行十七字，都七百二十行。末一纸后空八行，距书名后空一行低二格，题'贞观三年五月敦煌教授令狐衰传写'一行，十五字，卷中'民'字皆缺末笔。每纸接缝处，纸背钤有朱色花纹记。用笔秀劲，结体方博，微具褚虞遗范。开卷题'《鹖冠子》卷上'，次行顶格写本书，不

---

① 唐兰：《马王堆出土〈老子〉乙本卷前古佚书的研究》，《考古学报》1975 年第 1 期。

标篇名。以今本核之，自《博选》起，次《著希》，次
《夜行》，次《天则》，次《环流》，次《道端》，次《近迭》，
次《度万》，至《王铁篇》'上序其福禄而百事理，行畔者
不利'止，盖上卷为今本八篇有半也。第'行畔者不利'
下，寻绎文义未终，不知何以划断为卷，疑莫能明也。每段
下有注，注文仍大字顶格书，以别纸录之，凡得七十九条。
撰注者不著何人，以初唐人所书测之，则撰者当为隋以前人
矣。注文说理深挚，而笔势廉锐，大非陆农师循文敷衍可
比。今以《道藏》本校正文，开卷'道凡四稽，四曰命权'，
今本以命字断句矣。其下所谓'天者物理有情者也'，至
'博选者以五至为本者也'，乃命权以下四稽之注，今本则混
入正文矣。设非晡此唐写本，又乌能纠其失耶？此八九篇文
字，凡改定删乙增补，约近四百言。昔昌黎韩氏尝苦此书文
字脱缪，为之正订者凡七十余字；陆农师亦谓'其书虽具
在，然文字脱缪不可考者多矣'！因有'鱼鲁帝虎'之叹。
今据唐写本，足以正今本之失者至四百事，此固唐宋以来诸
人所欲见而不得者，学者倘执是而求之，其奇言奥旨，或有
显著于世之一日乎？然惜其存于世者，只此戋戋也。"①

《周训》十四篇。

颜师古注："人间小书，其言俗薄。"

已亡佚。李零说："北大汉简有《周训》。见《北京大
学出土文献研究所工作简报》总第 1 期（2009 年 10 月）、
第 2 期（2009 年 2 月）介绍。"

---

① 转引自王重民《敦煌古籍叙录》，中华书局，2010，180～181 页。

《黄帝四经》四篇。

已亡佚。《黄帝四经》可能是战国时人书。《隋志》道经部云:"汉道书之流,其《黄帝》四篇、《老子》二篇,最得深旨。"则隋唐间人犹能见到《黄帝四经》也。

长沙马王堆三号汉墓出土的西汉早年的帛书,除了《老子》(甲、乙两本)、《易经》和《战国纵横家书》的部分篇章有传世今本可自对比外,其余久已佚失的古籍有《经法》《十大经》《称》《道原》,这四种可能就是《汉志》所著录的《黄帝四经》,可能是西汉统治者用为治国之道的"新道家"的经典。

汉代崇尚道家言,必推本于黄帝。

《道藏》中有许多标名为"黄帝"的著作,学术界普遍认为属于兵书性质的《黄帝阴符经》出于唐代道士李筌之手。其他诸如占卜性质的《黄帝宅经》《黄帝金柜玉衡经》《黄帝授三子玄女经》,属于金丹术的《轩辕黄帝水经药法》等也都是后人之作。

《黄帝铭》六篇。

今存二篇。《金人铭》见《说苑·敬慎》《孔子家语·观周》,《巾几铭》见《路史·叔纥纪》。

陈柱认为,"《黄帝铭》,盖列国诸子所展转附益者,非其本也,故列于此"。

《黄帝君臣》十篇。起六国时,与《老子》相似也。

已亡佚。朱熹《答汪尚书书》云:"《列子》所引黄帝书，即《老子》‘谷神不死章’也。”马王堆汉墓出土的帛书《十六经》，有学者认为就是《汉志》所著录之《黄帝君臣》十篇。

《杂黄帝》五十八篇。六国时贤者所作。

已亡佚。

以上这四种黄帝书，应该是"黄老之学"的"新道家"的作品，可惜都失传了。

《力牧》二十二篇。六国时所作，托之力牧。力牧，黄帝相。

已亡佚。兵阴阳类有《力牧》十五篇。

《孙子》十六篇。六国时。

杨树达引梁玉绳之语说："孙子惟见《庄子·达生》篇，名休。按《人表》列此孙子于田太公和魏武侯之时，与春秋时孙武自别，亦与此言六国时相合。《庄子·达生》篇引其语，当出是书。"

书已亡佚。《北堂书钞》卷一百四、《太平御览》卷六百六引《别录》："孙子书，以杀青简编，以缥丝绳。"

《捷子》二篇。齐人，武帝时说。

"武帝时说"四字衍。书已亡佚。

捷子，战国时人。《古今人表》列于尸子之后、邹衍之前。《史记·孟子荀卿列传》："自驺衍与齐之稷下先生，如淳于髡、慎到、环渊、接子、田骈、驺奭之徒，各著书言治乱之事，以干世主，岂可胜道哉！……慎到，赵人。田骈、接子，齐人。环渊，楚人。皆学黄老道德之术，因发明序其指意。故慎到著十二论，环渊著上下篇，而田骈、接子皆有所论焉。"接、捷古字通。"接子"即"捷子"。《史记·田敬仲完世家》："宣王喜文学游说之士，自如驺衍、淳于髡、田骈、接予、慎到、环渊之徒七十六人，皆赐列第，为上大夫，不治而议论。"

《曹羽》二篇。楚人，武帝时说于齐王。

已亡佚。

《郎中婴齐》十二篇。武帝时。

已亡佚。颜师古注："故待诏，不知其姓，数从游观，名能为文。"

《诗赋略》有郎中臣婴齐赋十篇，次司马迁之后。《史记》记载，汉武帝时期，南越国第三代王是赵婴齐，是南越国第二代王赵眜之子，卒谥"明王"，是不是这里说的婴齐，还有待考察。

《臣君子》二篇。蜀人。

已亡佚。君子，"君平"之误。《臣君平》可能是严君平的《道德指归论》。"二篇"，可能是《道德指归论》十一篇中的一部分。陈直说："名次在曹羽、婴齐之后，确与君平在元成时代相当。"①

《四库全书》有《道德指归论》六卷，入子部道家类。

《郑长者》一篇。六国时。先韩子，韩子称之。

王应麟引袁淑《真隐传》："郑长者，隐德无名，著书一篇，言道家事。韩非称之，世传是长者之辞，因以为名。"

《韩非子·外储说》《难二》篇记有他的言论。《盐铁论·箴石》篇记载他说过一句和曾子一样的话："君子正颜色，则远暴慢；出辞气，则远鄙倍矣。"②

《隋志》《唐志》不载，是书亡佚已久。马国翰有辑佚一卷。

《楚子》三篇。

不详其人。书已亡佚。

《道家言》二篇。近世，不知作者。

已亡佚。古人读书喜抄撮精要，纂为一编，这是当时学者读道家书时抄撮群言而作。后面的《法家言》《杂家言》也是这一类的书。

右道三十七家，九百九十三篇。

今计三十七家，八百零一篇③，少一百九十二篇。

---

① 陈直：《汉书新证》，中华书局，2008，第224页。
② 类似言辞还可参见《论语·泰伯》。
③ 已计入《太公》二百三十七篇；《谋》《言》《兵》的篇数，乃《太公》篇数的分析，不能再计之。

道家者流，盖出于史官，历记成败存亡祸福古今之道，然后知秉要执本，清虚以自守，卑弱以自持，此君人南面之术也。合于尧之克攘，《易》之嗛嗛，一谦而四益，此其所长也。

道家的来源，相传出于史官。史官的设置很古远，道家托始于黄帝。然而先秦古书中仅称儒墨，司马谈《论六家要旨》："道家使人精神专一，动合无形，赡足万物。其为术也，因阴阳之大顺，采儒墨之善，撮名法之要，与时迁移，应物变化，立俗施事，无所不宜，指约而易操，事少而功多。"可见道家实际上是诸子中比较后起的一个混合学派。

君人，王念孙说当作"人君"。嗛嗛，颜师古注"嗛字与谦同"，谦逊貌。"四益"指天益、地益、神益、人益。

司马谈又说："道家无为，又曰无不为，其实易行，其辞难知。其术以虚无为本，以因循为用。无成势，无常形，故能究万物之情。不为物先，不为物后，故能为万物主。有法无法，因时为业；有度无度，因物与合。故曰'圣人不朽，时变是守。虚者道之常也，因者君之纲'也。群臣并至，使各自明也。其实中其声者谓之端，实不中其声者谓之窾。窾言不听，奸乃不生，贤不肖自分，白黑乃形。在所欲用耳，何事不成。乃合大道，混混冥冥。光耀天下，复反无名。凡人所生者神也，所托者形也。神大用则竭，形大劳则敝，形神离则死。死者不可复生，离者不可复反，故圣人重之。由是观之，神者生之本也，形者生之具也。不先定其神〔形〕，而曰'我有以治天下'，何由哉？"

　　葛兆光指出:"《汉志》这一段话在过去常常被视为比附,但是近年来,一些有关古道者言的简帛文书相继出土,使人们认识到道者一流与古代史官所执掌的天文历算知识之间的关系,也逐渐看到了作为整体知识背景的阴阳五行与道者思想的纠葛。史官在古代中国,既掌史事之记载,也要掌星历占卜之验证,对天人时空有深切的体验,正如《庄子·天道》所说,'古之明大道者,先明天而道德次之',它们体验宇宙变与不变的'道',然后把这个'道'推衍到社会与人类,这是道者的一个共同思路,换句话说,他们思路的起点是从'天道'开始的,然后才从这里推衍出一个知识系统。"①

　　传说老子是周之史官,而史官正是古代星历占卜之学的执掌者,他们对"天"有极深的了解。张尔田《史微》卷一《史学》:"史家无不兼道家宗旨矣。道家曰:'能知古始,是谓道纪。'《淮南·道应训》历引前言往行,诠释《老子》。道原于史,于此可证。道之大原出于天,清虚以自守,卑弱以自持,道家所以法天也。"

　　《隋志·道家类序》:"汉时,曹参始荐盖公能言黄老,文帝宗之,自是相传道学众矣。"可知汉初道家之学颇盛行,《史记·外戚世家》记载其盛行的情形说:"窦太后好黄帝、老子言,帝及太子诸窦不得不读黄帝、老子,尊其术。"于此可见黄老之学在汉初受官方重视之一斑。窦太后于汉武帝一朝之初期,还因此排斥赵绾、王臧等儒者。然

---

① 葛兆光:《中国思想史:七世纪前中国的知识、思想与信仰世界》,复旦大学出版社,2010,第111页。

而《汉志》对与此二类有关的汉代著述著录太少，在《老子邻氏经传》以下有四种及《捷子》以下有七种而已。

及放者为之，则欲绝去礼学，兼弃仁义，曰独任清虚可以为治。

放，荡也。抛弃儒门礼学和仁义，崇尚清虚之道。

【阴阳家】

阴阳家的学说范围很大，至少还涉及了天文、历算以及早期炼金术的学问。"阴阳家亦属宗教，而与墨子有殊。盖墨家言宗教，以善恶为祸福之标准；阴阳家言宗教，以趋避为祸福之标准。此其所以异也。"[1]

《宋司星子韦》三篇。景公之史。

这是宋阴阳家之书，今已亡佚。马国翰、李峻之各有辑本。[2]

子韦是春秋时代宋景公时期的司星，即观察天象的国师。《史记·天官书》《宋微子世家》、《论衡·变虚》、《新序·杂事》都有关于他的记载。

《吕氏春秋·制乐》："宋景公之时，荧惑在心。公惧，召子韦而问焉，曰：'荧惑在心，何也？'子韦曰：'荧惑者，天罚也；心者，宋之分野也，祸当于君。虽然，可移于宰相。'公曰：'宰相所与治国家也，而移死焉，不祥。'

---

① 章太炎：《蓟汉雅言札记》，上海人民出版社，2015，第 183 页。
② 分别见《玉函山房辑佚书·子编阴阳类》、《古史辨》第六册《吕氏春秋中古书辑佚》。

子韦曰：'可移于民。'公曰：'民死，寡人将谁为君乎？宁独死。'子韦曰：'可移于岁。'公曰：'岁害则民饥，民饥必死。为人君而杀其民以自活也，其谁以我为君乎？是寡人之命固尽已，子无复言矣。'子韦还走，北面载拜曰：'臣敢贺君。天之处高而听卑，君有至德之言三，天必三赏君，今昔荧惑其徙三舍，君延年二十一岁。'公曰：'子何以知之？'对曰：'有三善言，必有三赏。荧惑必三徙舍，舍行七星，星一徙当〔七〕〔一〕年，三七二十一，臣故曰君延年二十一岁矣。臣请伏于陛下以伺候之，荧惑不徙，臣请死。'公曰：'可。'是昔荧惑果徙三舍。"荧惑，火星之别名。心，是二十八宿之一。

《公梼生终始》十四篇。传邹奭《始终》书。

已亡佚。章学诚认为"邹奭"当作"邹衍"，传邹衍之学的书，按道理应该著录在《邹子终始》五十六篇之后。

姚振宗据邓名世《古今姓氏书辨证》引《汉志》"《公梼生终始》十四篇，传黄帝终始之术"，认为"传邹奭《始终》书"当作"传黄帝《终始》书"。姚振宗所说更可靠。

《公孙发》二十二篇。六国时。

已亡佚。

《邹子》四十九篇。名衍，齐人，为燕昭王师，居稷下，号谈天衍。

《史记·平原君虞卿列传》集解引刘向《别录》曰：

"齐使邹衍过赵，平原君见公孙龙及其徒綦毋子之属，论'白马非马'之辩，以问邹子。邹子曰：'不可。彼天下之辩有五胜三至，而辞正为下。辩者，别殊类使不相害，序异端使不相乱，杼意通指，明其所谓，使人与知焉，不务相迷也。故胜者不失其所守，不胜者得其所求。若是，故辩可为也。及至烦文以相假，饰辞以相惇，巧譬以相移，引人声使不得及其意。如此，害大道。夫缴纷争言而竞后息，不能无害君子。'坐皆称善。"

《史记·封禅书》："自齐威、宣之时，驺子之徒论著终始五德之运，及秦帝，而齐人奏之，故始皇采用之。……驺衍以阴阳主运显于诸侯，而燕齐海上之方士传其术不能通，然则怪迂阿谀苟合之徒自此兴，不可胜数也。"又《孟子荀卿列传》："驺衍睹有国者益淫侈，不能尚德，若《大雅》整之于身，施及黎庶矣。乃深观阴阳消息而作怪迂之变，《终始》《大圣》之篇十余万言。其语闳大不经，必先验小物，推而大之，至于无垠。"《索隐》："邹子书，有《主运》篇。"

《太平御览》卷五十四："《方士传》言邹衍在燕，有谷地美而寒，不生五谷，邹子居之，吹律而温气至，而生黍谷，今名黍谷。"

书已亡佚。马国翰、顾观光、王仁俊、李峻之各有辑本。[①] 阴阳家邹衍讲的这一套思想，见于《汉志》的两部书都丢失了，只字未传。现在要了解他的思想，只能从

---

① 分别见《玉函山房辑佚书·子编阴阳类》、《武陵山人遗稿·古书逸文》、《玉函山房辑佚书续编·子编阴阳类》、《古史辨》第六册《吕氏春秋中古书辑佚》。

《史记·孟子荀卿列传》中得到一点梗概。这篇传中，司马迁记载邹衍的文字比记载孟子、荀子两人还多。但他认为邹衍根本不能和孟子相比。

《邹子终始》五十六篇。

同是邹衍所说。五行相胜之说，终而复始，是为"终始"。

书已亡佚。马国翰有辑本。

《乘丘子》五篇。六国时。

已亡佚。《广韵·十八尤》"丘"字注、邵思《姓解》、郑樵《通志·氏族略》引本志，及沈钦韩等学者都指出"乘丘"当作"桑丘"。可能是因为隶书的"桑"与"乘"字字形相近而误。李零说："桑丘子是以地为氏。桑丘有二：一为燕地，在今河北徐水县；一为齐地，在今山东兖州市。"

《杜文公》五篇。六国时。

已亡佚。颜师古注引刘向《别录》："韩人也。"

以上两书都是五篇，叶长青《汉书艺文志问答》"疑专言五行阴阳，故以'五'纪篇耳"。

《黄帝泰素》二十篇。六国时韩诸公子所作。

已亡佚。颜师古注引刘向《别录》："或言韩诸公孙之所作也。言阴阳五行，以为黄帝之道也，故曰《泰素》。"

李零说："'泰素'是古代宇宙论的术语。《列子·天瑞》把道生天地万物分为四阶段：太易、太初、太始、太素。太易无气，太初有气，太始有形，太素有质。'泰素'即太素，《黄帝内经》的早期传本，有一种就叫《太素》。"

《南公》三十一篇。六国时。

已亡佚。南公是楚怀王时人。

袁淑《真隐传》："南公为楚人而居国南鄙，因以为号，著书言阴阳事。"则"南公"非姓名。仇兆鳌《杜诗详注》卷之二十三《奉赠李八丈曛判官》诗"垂白辞南翁"句说的就是他。

《史记·项羽本纪》载楚南公曰："楚虽三户，亡秦必楚。"《集解》引徐广言曰："楚人也，善言阴阳。"有点像后世的预言家。

《容成子》十四篇。

已亡佚。朱一新怀疑是六国时人作。

容成公是古代传说中的仙人，黄帝的臣子，是指导黄帝学习养生术的老师之一。曾经栖于太姥山炼药，后隐居崆峒山，年二百岁。其声名事迹载于《黄帝内经·素问》《神仙传》《列仙传》《史记·五帝本纪》。《神仙传》称其字宗黄，道中人。谯秀《蜀记》："蜀之八仙，首容成公，即鬼容区，隐于鸿蒙，今青城山也。"《列仙传》则称其为老子之师，其自称为黄帝之师，见于周穆王，擅补导之事，居太姥山修仙，后转徙崆峒山，年二百余岁，善导引之术，保精炼气，老而转少，面带幼容。又《云笈七签·轩辕本纪》曰："容成子善知音律，初为黄帝造律历，造笙以像凤鸣。"

此外，《汉志》还著录《容成阴道》二十六卷，《后汉书·艺文志》载《甘始容成阴道》十卷，《抱朴子·遗览》载《容成经》一卷。

《张苍》十六篇。丞相北平侯。

《汉书·张苍传》："（张苍）著书十八篇，言阴阳律历事。"比这里多两篇。书已亡佚。《汉书·高帝纪》："天下既定，命萧何次律令，韩信申军法，张苍定章程，叔孙通制礼仪，陆贾造《新语》。"《史记·孝文本纪》："是时北平侯张苍为丞相，方明律历。"《汉书·律历志》："汉兴，北平侯张苍首律历事。"

《邹奭子》十二篇。齐人，号曰雕龙奭。

已亡佚。邹奭，即驺奭。《史记·孟子荀卿列传》："驺奭者，齐诸驺子，亦颇采驺衍之术以纪文。"《集解》引刘向《别录》云："驺衍之所言五德终始，天地广大，尽言天事，故曰'谈天'。驺奭修衍之文，饰若雕镂龙文，故曰'雕龙'。"

《太平御览》卷四百六十四引《别录》："邹奭者，颇采邹衍之术，迂大而闳辩，文具难胜，齐人美之，颂曰谈天邹。"这里说邹奭为"谈天邹"，和《史记》说法不同，故通称二人为"谈天邹"。

《闾丘子》十三篇。名快，魏人，在南公前。

已亡佚。

《冯促》十三篇。郑人。

已亡佚。

《将巨子》五篇。六国时。先南公，南公称之。

已亡佚。既然"先南公"，书应该列在《南公》三十一篇之前才对。

将巨子，疑为"将具子彰"之误。《风俗通义·姓氏篇》："将具氏，齐大公子将具之后，见《国语》。"姚振宗说："应仲远所见《汉志》，则为将具子彰。今本作巨，似写误，又脱彰字。"

《五曹官制》五篇。汉制，似贾谊所条。

五曹，指尚书省下分职治事的五个官署。汉初置尚书五人，其一为仆射，四人分为四曹，常侍曹主丞相御史事，二千石曹主刺史二千石事，民曹主庶人上书事，主客曹主外国事。汉成帝时置五人，设三公曹主断狱事。《后汉书·应劭传》："辄撰具《律本章句》……《五曹诏书》及《春秋断狱》凡二百五十篇。"李贤注："成帝初置尚书员五人，《汉旧仪》有常侍曹、二千石曹、户曹、主客曹、三公曹也。"北周时期甄鸾编撰的算术书《五曹算经》以田曹、兵曹、集曹、仓曹、金曹①为"五曹",与《五曹官制》以五行来讲有所不同。

《汉书·贾谊传》:"谊以为汉兴二十余年,天下和洽,宜当改正朔,易服色制度,定官名,兴礼乐。乃草具其仪法,色上黄,数用五,为官名悉更,奏之。文帝谦让未皇也。"

书已亡佚。文廷式说《五曹官制》的内容与《管子·幼官》相仿佛,是古阴阳家的学说。章学诚认为此书当入于官礼,不当附于阴阳家。

《周伯》十一篇。齐人,六国时。

已亡佚。

《卫侯官》十二篇。近世,不知作者。

已亡佚。钱大昭曰:"侯,当作候。卫尉属官有诸屯卫候司马二十二官。佚其姓名,故但书其官。"

《于长天下忠臣》九篇。平阴人,近世。

于长,人名。颜师古注:"传天下忠臣。"书已亡佚。

章炳麟《说于长书》:"《汉志》有《于长天下忠臣》九篇,入阴阳家,自王应麟始发难,章学诚故竺信《七

① 田曹指田亩的计算,兵曹指关于征兵、军粮、布阵等方面的简单四则运算题,集曹指关于粮食换算的算术题,仓曹指关于仓库的计算问题,金曹指关于货币转换的计算问题。

略》，犹纚纚为异论。不睹其书，则《伊尹》《太公》在道家，《务成子》在小说，尚不可知，独是书耶？若征验他书，承意逆志，故确然昭晰也。古者言忠孝传诸五行，淮南王《泰族训》曰：澄列金、木、水、火、土之性，故立父子之亲而成家，斯既然矣。河间献王问温城董君曰：'《孝经》曰，夫孝地之义，何谓也？'对曰：'地出云为雨，起气为风，风雨者地之所为。地不敢有其功名，必上之于天命，若从天气者，故曰天风、天雨也，莫曰地风、地雨也。勤劳在地，名一归于天，非至有义，其孰能行此？故下事上，如地事天也，可谓大忠矣！土者火之子也，五行莫贵于土，土于四时无所命者，不与火分功名。木名春，火名夏，金名秋，水名冬，忠臣之义，孝子之行，取之土。土者五行最贵者也，其义不可以加矣。五声莫贵于宫，五味莫美于甘，五色莫盛于黄，此谓孝者地之义也。'（《繁露·五行对》篇）董生又曰：'木已生而火养之，金已死而水藏之，火乐木而养以阳，水克金而丧以阴，土之事天竭其忠，故五行者乃孝子忠臣之行也。五行之为言也，犹五行欤？是故以得辞也。圣人知之，故多其爱而少严，厚养生而谨送终，就天之制也。以子而迎，成养如火之乐木也，丧父如水之克金也，事君若土之敬天也，可谓有行人矣。'（《繁露·五行之义》篇）自驺衍以阴阳消息止乎君臣上下六亲之施，汉兴益著，至董生则比傅经义，以五行说忠臣；今《于长书》虽放失，拟仪其旨，以是为根株，故入阴阳家，无所惑也。"①

---

① 章太炎：《太炎文录初编》卷一，上海人民出版社，2014，第33~34页。

《公孙浑邪》十五篇。平曲侯。

已亡佚。《汉书·公孙贺传》："公孙贺字子叔，北地义渠人也。贺祖父昆邪，景帝时为陇西守，以将军击吴楚有功，封平曲侯，著书十余篇。"公孙昆邪即公孙浑邪，北地义渠即今甘肃庆阳、泾川一带。

公孙贺为汉武帝时期将领，官至太仆、丞相。见《史记·李将军列传》、《汉书·景武昭宣元成功臣表》及《李广传》。

《杂阴阳》三十八篇。不知作者。

《齐民要术》中多次征引的《杂阴阳书》，可能就是这里的《杂阴阳》。王毓瑚把此书列入《中国农学书录》中，并说："汉代盛行阴阳五行的学说，耕种的学术往往与医药、卜相并称，而农事又与天时息息相关，讲述农耕的方法而夹杂了阴阳五行的说法，原是很自然的。……从《要术》所引的那些文字来看，可能有些说法还是根据实践而来的。"

坊间流传不知作者之阴阳书多种，当非汉以前书。

右阴阳二十一家，三百六十九篇。

今计二十一家，三百六十八篇，少一篇。阴阳家二十一种书，无一存者。

阴阳有三层含义：第一，日月阴阳，所谓"钦若昊天，敬授民时"；第二，阴阳变化，也就是兵书上讲的阴阳，后面要讲到兵阴阳家；第三，五行阴阳，五行数术的阴阳。

阴阳家者流，盖出于羲和之官，敬顺昊天，历象日月星辰，敬授民时，此其所长也。

羲和，指羲氏、和氏，相传为唐虞时掌管天地四时之官。《尚书·尧典》载尧舜命官，以羲和为先："乃命羲和，钦若昊天，历象日月星辰，敬授人时。"《史记·天官书》："昔之传天数者：高辛之前，重、黎；于唐、虞，羲、和。"可知羲和最为重要。

昊天，皇天。

司马谈《论六家要旨》："阴阳之术，大祥而众忌讳，使人拘而多所畏；然其序四时之大顺，不可失也。"又说："夫阴阳四时、八位、十二度、二十四节各有教令，顺之者昌，逆之者不死则亡，未必然也，故曰'使人拘而多畏'。夫春生夏长，秋收冬藏，此天道之大经也，弗顺则无以为天下纲纪，故曰'四时之大顺，不可失也'。"

及拘者为之，则牵于禁忌，泥于小数，舍人事而任鬼神。

泥，滞也。舍，废也。

与五德终始之类的大数相对的是"小数"。

阴阳家与《数术略》中的天文、历谱、五行三类有关联。这里所谓"历象日月星辰"，即《数术略》之天文、历谱；所谓"牵于禁忌，泥于小数"，即五行、形法；所谓"舍人事而任鬼神"，即借蓍龟、杂占以行事也。

【法家】

　　《淮南子·要略》:"申子者,韩昭釐之佐;韩,晋别国也,地墽民险,而介于大国之间,晋国之故礼未灭,韩国之新法重出,先君之令未收,后君之令又下,新故相反,前后相缪,百官背乱,不知所用,故刑名之书生焉。"又说:"秦国之俗,贪狼强力,寡义而趋利,可威以刑,而不可化以善,可劝以赏,而不可厉以名,被险而带河,四塞以为固,地利形便,畜积殷富,孝公欲以虎狼之势而吞诸侯,故商鞅之法生焉。"据此,则法家之学含有救世之弊、应时而兴之意。

　　曾圣益在《汉书艺文志述论之西汉学术》一文中指出:"道家与法家在汉代相互为用,亦常有混淆之情形,如《史记·礼书》言'孝文好道家之学',《儒林传》则言'孝文帝本好刑名之言','道家'与'刑名之言'内容自是不同,汉文帝兼好二者,或是司马迁本不分二者,实难确知矣。"[1]

　　《李子》三十二篇。名悝,相魏文侯,富国强兵。

　　李克和李悝可能是同一人。顾实说:"《汉书·食货志》'李悝为魏文侯作尽地力之教',与《史记·货殖列

---

① 曾圣益:《汉书艺文志与书目文献论集》,台北文史哲出版社,2013,第96页。

传》‘当魏文侯时，李克务尽地力’正合。”

李悝相魏文侯，主张富国强兵，崇尚实业，属于法家中的尚实派。接着要讲到的商鞅也大抵持这样的主张。

张尔田《史微》卷六《宗旨》："李悝、商鞅旁及农战之令而不归于兵家与农家者，以其宗旨主立法也。"

《晋书·刑法志》："律文起自李悝。悝撰次诸国法，著《法经》六篇，商君受之以相秦。"《唐六典》刑部注："魏文侯师李悝集诸国刑书，造《法经》六篇，一盗法，二贼法，三囚法，四捕法，五杂法，六具法。"孙星衍据此认为《法经》就是《汉志》的《李子》三十二篇。《法经》，《隋志》已不载，清黄奭辑《李子法经》六篇。严可均辑《全上古三代文》载《韩非子·内储说上》引李悝习射令及《汉书·食货志》引尽地力之教二条。

《商君》二十九篇。名鞅，姬姓，卫后也，相秦孝公，有《列传》。

刘劭《人物志》："建国立制，富国强人，是谓法家。管仲、商鞅是也。"法家以富国强兵为己任，管仲、商鞅是其中卓然有成的代表人物。

《诸葛武侯集》中始有《商君书》之名，又称《商子》，《隋志》《旧唐志》《新唐志》《宋志》或著录《商君书》，或著录《商子》，皆曰五卷。现有二十六篇，其中第十六篇存目无文，第二十一篇有录无文，实存二十四篇。

《通志·艺文略》《郡斋读书志》都说今亡三篇，《直斋书录解题》则说今亡其一，可能是他们所见的版本不同，因而所记的缺佚篇数也不一样。《群书治要》

卷三十六引《商君书·六法》中一段，实际只有二十四篇半。《商君书》中《更法》《错法》《徕民》等多篇涉及商鞅死后之事，显非出自商鞅之手。

《四库提要》云"殆法家流，掇鞅余论，以成是编"，应是商鞅及其后学的著作汇编，其中着重论述了商鞅一派的变法理论和具体措施。今本篇目如下：《更法》《垦令》《农战》《去强》《说民》《算地》《开塞》①《壹言》《错法》《战法》《立本》《兵守》《靳令》《修权》《徕民》《刑约》《赏刑》《画策》《境内》《弱民》《御盗》《外内》《君臣》《禁使》《慎法》《定分》。

归有光说："商君之术，能强秦，亦秦之所以亡；能显身，亦身之所以灭。"大概在秦亡以后，学者耻谈商鞅其人，羞言其术，读《商君》书的人也少了。因此，《史记·商君列传》评论说："商君，其天资刻薄人也。迹其欲干孝公以帝王术，挟持浮说，非其质矣。且所因由嬖臣，及得用，刑公子虔，欺魏将卬，不师赵良之言，亦足发明商君之少恩矣。余尝读商君开塞耕战书，与其人行事相类。卒受恶名于秦，有以也夫！"

《商君书》有严万里校本，近人朱师辙有《商君书解诂定本》，王时润有《商君书集解》。

《申子》六篇。名不害，京人，相韩昭侯，终其身诸侯不敢侵韩。

《淮南子·要略》："申子者，韩昭釐之佐；韩，晋别

---

① 章学诚认为《开塞》《耕战》两篇当裁入兵权谋类。

国也，地墝民险，而介于大国之间，晋国之故礼未灭，韩国之新法重出，先君之令未收，后君之令又下，新故相反，前后相缪，百官背乱，不知所用，故刑名之书生焉。"

《史记·老子韩非列传》："申不害者，京人也，故郑之贱臣。学术以干韩昭侯，昭侯用为相。内修政教，外应诸侯，十五年。终申子之身，国治兵强，无侵韩者。申子之学本于黄老而主刑名。著书二篇，号曰《申子》。""京"在河南京县。

又《万石张叔列传》索隐："申子学，号曰刑名者，循名以责实，其尊君卑臣，崇上抑下，合于六经也。"

王棻《校雠通义节驳》："史迁云：'申子卑卑，施之于名实。'《申子》之为名家，信矣！但其学虽以名为主，其书必言法较多，故刘、班入之法家耳。"申不害是三晋时期法家思想的著名代表人物之一，以"术"著称于世，是法家中的尚术派。崇法和崇术有别，《韩非子·定法》："申不害言术，而公孙鞅为法。术者，因任而授官，循名而责实，操杀生之柄，课群臣之能者也，此人主之所执也。法者，宪令著于官府，刑罚必于民心，赏存乎慎法，而罚加乎奸令者也，此臣之所师也。"

韩灭郑二十五年后，申不害被韩昭侯起用为相，进行改革。他在韩为相十五年，使韩国走向国富兵强。公元前337年，申不害卒于韩都郑（今河南新郑，属郑州）。

《汉书·元帝纪》颜师古注："孝宣皇帝重申不害《君臣篇》，使黄门侍郎张子乔正其字。"《史记·老子韩非列传》索隐："今民间所有上书二篇、中书六篇，皆合二篇。"这里的"中书"指"秘书"。

张尔田《史微》卷六《宗旨》："韩非、申子皆学黄老之术而不列于道家者，以其宗旨主明法也。"

其书已亡佚。马国翰、严可均、顾观光、王仁俊、王时润、李峻之各有辑本。《群书治要》卷三十六有《大体篇》和部分佚文，《意林》《太平御览》也有佚文。

《处子》九篇。

已亡佚。《处子》，即《史记·孟子荀卿列传》所谓"赵有剧子之言"，司马迁说当时"世多有其书"。

《铜熨斗斋随笔》卷四曰："《元和姓纂》引《风俗通》'汉处兴为北郡太守'。《姓纂》入语处姓、陌剧皆引《艺文志》。《汉书》本亦有处、剧之不同乎？"

《慎子》四十二篇。名到，先申韩，申韩称之。

慎到，赵国人。早年学黄老道术，曾因在齐国稷下讲学而负盛名，受上大夫之禄。齐湣王十七年（前284）离齐至韩，为韩大夫，和田骈、接子、环渊同时。《庄子·天下》把他与田骈同归一派，后成为从道家分化出来的法家，主张"尚法"和"重势"。由"弃知去己"观点，提出"大君任法而弗躬，则事断于法矣"的法家政治主张，强调"官不私亲，法不遗爱"。同时重视"势治"，以为"贤智未足以服众，而势位足以蹴贤者"，权势者应"抱法处势"，"无为而治天下"。

《史记·孟子荀卿列传》称其著书十二论。《唐志》云《慎子》十卷，不言篇数。《崇文总目》言三十八篇。《通志·艺文略》：“《慎子》旧有十卷四十二篇，今亡九卷三十七篇。”现只存《威德》《因循》《民杂》《德立》《君人》五篇。今书亡三十五篇，存下的几篇也欠完整。《群书治要》有《知忠》《君臣》二篇。清人钱熙祚辑为七篇，刻入《守山阁丛书》。另有王仁俊、缪荃孙辑本。蒙文通《杨朱学派考》判定《吕氏春秋·贵因》本于慎到。①

按照《史记·孟子荀卿列传》及《荀子·非十二子篇》，慎到当列入道家。但《荀子·修身篇》杨倞注又说：“齐宣王时，处士慎到，其术本黄、老而归刑名。先申、韩，其意相似，多明不尚贤不使能之道。”据此，把《慎子》列入法家也是合适的。

钱熙祚《守山阁丛书》有《慎子》，并附有钱氏所辑佚文。

《韩子》五十五篇。名非，韩诸公子，使秦，李斯害而杀之。

韩非和李斯同学于荀子门下，李斯自愧不如韩非，据此韩非早期本属儒家。《韩非》一书有《解老》《喻老》，可见其学又本于道家。而韩非又习商鞅、申不害、慎到之术，终归结于法家。刘咸炘《子疏》论韩非之学颇为明晰，大抵说“韩非之术盖多变矣”。法家可分为尚实、尚术、尚法、尚势等派，而韩非子之学最为博杂，可谓集其大成。

《史记·老子韩非列传》云：“韩非者，韩之诸公子也。喜刑名法术之学，而其归本于黄老。非为人口吃，不

① 蒙文通：《古学甄微》，巴蜀书社，1985，第253页。

能道说，而善著书。与李斯俱事荀卿，斯自以为不如非。非见韩之削弱，数以书谏韩王，韩王不能用。于是韩非疾治国不务修明其法制，执势以御其臣下，富国强兵而以求人任贤，反举浮淫之蠹而加之于功实之上。以为儒者用文乱法，而侠者以武犯禁。宽则宠名誉之人，急则用介胄之士。今者所养非所用，所用非所养。悲廉直不容于邪枉之臣，观往者得失之变，故作《孤愤》《五蠹》《内外储》《说林》《说难》十余万言。然韩非知说之难，为《说难》书甚具，终死于秦，不能自脱。……人或传其书至秦。秦王见《孤愤》《五蠹》之书，曰：'嗟乎，寡人得见此人与之游，死不恨矣！'李斯曰：'此韩非之所著书也。'秦因急攻韩。韩王始不用非，及急，乃遣非使秦。秦王悦之，未信用。李斯、姚贾害之，毁之曰：'韩非，韩之诸公子也。今王欲并诸侯，非终为韩不为秦，此人之情也。今王不用，久留而归之，此自遗患也，不如以过法诛之。'秦王以为然，下吏治非。李斯使人遗非药，使自杀。韩非欲自陈，不得见。秦王后悔之，使人赦之，非已死矣。申子、韩子皆著书，传于后世，学者多有。余独悲韩子为《说难》而不能自脱耳。"

今本目次如下：

初见秦第一 作者求见秦王的上书。劝秦昭襄王用战争统一天下。

存韩第二 写于公元前233年出使秦国时，建议先伐赵，暂存韩。韩非上秦王政书；李斯上秦王政书；李斯上韩王安书。

难言第三 上韩王书，陈述臣下向君主进言之难。

爱臣第四 论臣下权势过大的危害。

主道第五 做君主的原则。"君道无为，臣道有为。"

有度第六 法度是治国的根本，不可或缺。

二柄第七 论君主掌握和运用赏罚这两种权柄的重要性。

扬权第八 韵文。宣扬君权。一说题名作"扬榷"，《文选·蜀都赋》刘逵注："韩非有《扬榷》篇。"

八奸第九 论防止内奸篡夺政权。

十过第十 论十种过错。告诫君主以史为鉴，避免重蹈历史的覆辙。

孤愤第十一 论述法家与当权重臣的矛盾与斗争。深得嬴政赞赏。

说难第十二 向君主进说之困难。

和氏第十三 论述实行法治之意义及所遇之困难。

奸劫弑臣第十四 论奸邪之臣、劫主之臣、弑君之臣。前半部分论防奸，后半部分批判"世之愚学"。最后一段，《战国策·楚策四》和《韩诗外传》卷四均作孙子（荀况）答春申君书，但这段文字与全文内容关系密切，文意相连，似为韩非原作。

亡征第十五 亡国之征兆。列举凡四十七种亡国之征兆，从政治、经济、文化、思想、军事、外交等方面进行了深入考察，对历史上许多政权的兴衰存亡进行了总结，以供借鉴。

三守第十六 心藏不露，独自决断，独揽权柄。

备内第十七 论君主如何防备儿子及后妃等人弑君

篡位。

南面第十八　论述君主治国的几项原则：明法、责实、变古。

饰邪第十九　整饬邪恶的行为。迷信鬼神、依恃大国和玩弄智巧，都是法治的大敌。

解老第二十　章学诚说《解老》与《喻老》当裁入道家《老子》经之后。

喻老第二十一　研究诸子学，最初也是最精的无过于《解老》和《喻老》。

说林上第二十二　说，历史故事和民间传说。林，数量大。上篇三十四则。

说林下第二十三　下篇凡三十七则。

观行第二十四　观察自己和他人的行为。

安危第二十五　"危道"有六，"安术"有七。

守道第二十六　守国之道。着重论述"法"的作用。

用人第二十七　论法家用人的原则：赏罚分明。"立可为之赏，设可避之罚。"

功名第二十八　阐述君主如何立功成名。顺天时，得人心，凭借技能，据有势位。

大体第二十九　整体和根本。

内储说上七术第三十　"储说"指积聚传说故事。历史传说和民间故事，分类汇编，阐述自己的法治观点。

内储说下六微第三十一　论述危害君权、破坏法治的六种隐蔽的情况，要求君主提高警惕，加强防范。

外储说左上第三十二　本篇共有六段经文和相应的说文。

外储说左下第三十三　本篇共有六段经文和相应的说文。

外储说右上第三十四　论述君主运用势、术、法控制臣下的道理。

外储说右下第三十五　本篇共分五段经文和相应的说文。

难一第三十六　诘问、辩驳。凡二十八则。

难二第三十七　凡七则。

难三第三十八　六个故事，两段议论。

难四第三十九　本篇体例和上面三篇不同，每节分三段，第一段叙述历史故事，第二段驳斥故事中的论点，第三段驳斥第二段中的论点。韩非通过层层辩驳，申述法治之主张。

难势第四十　"难"是辩难，"势"是权势。所谓"难势"，指围绕慎到的势治学说进行辩难。

问辩第四十一　"言行而不轨于法令者必禁。"

问田第四十二　标题出自首句"徐渠问田鸠曰"。全文分两段，首段通过徐渠和田鸠的对话，阐明了法家用人的主张，即选拔官吏必须经过基层实际工作的考验；第二段通过韩非和堂溪公的对话，指出当不避艰险推行法治。作品中称韩非为"韩子"，可能此文是韩非的门徒所作。

定法第四十三　论述法和术必须结合运用，这样才能加强君主集权。

说疑第四十四　君主对臣下各种难于辨认的迷惑不明的行径要善于识别。

诡使第四十五　君主采取的措施同应当贯彻执行的法

治原则相违背，是为"诡使"。

六反第四十六 六种"奸伪无益之民"，应该受到斥责反而得到称誉；六种"耕战有益之民"，应该得到称誉反而受到斥责。

八说第四十七 篇名来自首段。八种违背法治原则的道德说教。

八经第四十八 用八节文字论述君主治国的八项基本原则，全面阐述法、术、势相结合的主张。

五蠹第四十九 蠹即蛀虫。"五蠹"指"学者"（主要指儒家）、"言谈者"（纵横家）、"带剑者"（游侠）、"患御者"（逃避兵役的人）、"商工之民"（经营工商业的人）。韩非认为这五种人是法治的破坏者，如同国家的蛀虫，君主应加以清除。

显学第五十 批判当时作为显学的儒家与墨家。

忠孝第五十一 议论"孝悌忠顺之道"。

人主第五十二 论述君主掌握权势和任用人才的问题。

饬令第五十三 整顿、贯彻法令。

心度第五十四 论述民心与法度。

制分第五十五 实行法治，必用刑赏；运用刑赏，先要掌握刑赏的界限，而其中关键在于"去微奸"，识别"奸人"和"奸功"。为此必须建立制度，通过"连坐法"，让民众相互监督，使奸人无处容身。韩非强调，只有"任数不任人"，"去言而任法"，才能把"奸类"清除掉。

《汉志》著录"《韩子》五十五篇"，今本《韩非子》亦五十五篇，篇数同于汉朝的本子，故《韩非子》理应没有佚文，可是王先慎《韩非子集解》说："史志载《韩子》五十五篇，与今本合，似无残脱，而其佚文不下百余条。"今欲研究《韩非子》，除王书外，可以参阅张觉《韩非子校疏》① 一书。

《游棣子》一篇。

已亡佚。

《晁错》三十一篇。

《史记·太史公自序》："贾生、晁错明申、商。"《汉书·晁错传》："错又言宜削诸侯事，及法令可更定者，书凡三十篇。"《隋志》著录梁有晁氏《新书》二卷，亡。但《新唐志》《旧唐志》仍有著录，是晁错书在宋初犹存。

今已亡佚。马国翰《玉函山房辑佚书·子编法家类》、严可均辑《全汉文》卷十八各有辑佚。

曾圣益在《汉书艺文志述论之西汉学术》一文中指出："汉代之道家，多出入于法家之间，法家类著录之汉代著述仅《晁错》以下三种，盖汉代之法家又藉儒学而论其道也。"②

《燕十事》十篇。不知作者。

已亡佚。

---

① 张觉撰《韩非子校疏》，上海古籍出版社，2010。
② 曾圣益：《汉书艺文志与书目文献论集》，台北文史哲出版社，2013，第95页。

《法家言》二篇。不知作者。

已亡佚。古人读法家书时抄撮群言而作。

右法十家，二百一十七篇。

今计家数、篇数均不误。

《尹文子·大道上》："法有四呈：一曰不变之法，君臣上下是也；二曰齐俗之法，能鄙同异是也；三曰治众之法，庆赏刑罚是也；四曰平准之法，律度权量是也。"法家之名，含此四义，不仅仅是刑罚而已。

李零说："汉代，法家是道家之附庸，文、景后消亡。晁错是文、景之际人，乃最后的法家。目中书，几乎全是战国古书。比战国早，一本没有；比战国晚，只有《晁错》。"

诸子百家中，最重要的是儒、道、法、墨四家。而法家的情况相对还要特殊一点。儒家、道家、墨家以爱民为务，法家则以治国为本。

法家者流，盖出于理官，信赏必罚，以辅礼制。《易》曰"先王以明罚饬法"，此其所长也。

理官，指治狱之官。陈柱说："理字从玉，里声；里字从士声，故理官于古为士。"又说："法家盖起源于礼，正犹学校之内，先有种种应守之规则，而后乃有赏罚之规则也。礼不足治，而后有法，礼流而为法，故礼家流为法家，故荀卿之门人李斯、韩非皆流而为法家也。"

引《易》之言出自《易·噬嗑》的象辞。饬，今易作敕。

司马谈《论六家要旨》："法家严而少恩；然其正君臣上下之分，不可改矣。"

近代章太炎撰《訄书·商鞅》说："法家者流，则西方所谓政治家也，非胶于刑律而已。"诚通达之论。世俗腐儒徒知刀笔吏之可恶，而不知法家自有其可取之处，便一视法家就大加挞伐而摒弃，这确是狭隘之见。还有把法家讲的权、术、势当作整人的阴谋来运用的，这是走向了另外一个极端。

及刻者为之，则无教化，去仁爱，专任刑法而欲以致治，至于残害至亲，伤恩薄厚。

商鞅就属于"刻者"。

薄厚，对所厚者刻薄之意。

司马谈《论六家要旨》："法家不别亲疏，不殊贵贱，一断于法，则亲亲尊尊之恩绝矣。可以行一时之计，而不可长用也，故曰'严而少恩'。若尊主卑臣，明分职不得相逾越，虽百家弗能改也。"

【名家】

　　《汉志》的《诸子略》是以司马谈的《论六家要旨》为基础的，司马谈先讲名家，后讲法家。章学诚《校雠通义·汉志诸子》认为："名家之书当叙于法家之前，而今列于后，失事理之伦叙矣。盖名家论其理，而法家又详于事也。虽曰二家各有所本，其中亦有相通之原委也。"

《邓析》二篇。郑人，与子产并时。

　　《吕氏春秋·离谓》："洧水甚大，郑之富人有溺者。人得其死者，富人请赎之，其人求金甚多，以告邓析。邓析曰：'安之，人必莫之卖矣。'得死者患之，以告邓析。邓析又答之曰：'安之，此必无所更买矣。'"

　　《淮南子·诠言训》："公孙龙粲于辞而贸名，邓析巧辩而乱法，苏秦善说而亡国。"《荀子·不苟篇》："'山渊平'，'天地比'，'齐秦袭'，'入乎耳，出乎口'，'钩有须'，'卵有毛'，是说之难持者也，而惠施、邓析能之。"

　　王应麟引刘向《序》："臣所校雠中《邓析书》四篇，臣叙书一篇，凡中外书五篇，以相校，除复重为二篇。子产卒后，二十年而邓析死。传说或称子产诛邓析，非也。其论无厚者，言之异同，与公孙龙同类。"

　　鲁胜《墨辩注叙》："邓析至秦时，名家者世有篇籍，率颇难知，后学莫复传习，于今五百余岁，遂亡绝。"

　　《隋志》《唐志》《崇文总目》著录为一卷。《郡斋读书志》《直斋书录解题》著录为二卷。《四库全书》著录《邓析子》两卷，分《无厚》《转辞》两篇，入法家类。邓析之学盖兼名、法、道三家，《荀子·非十二子篇》将邓析与惠施并言。

《尹文子》一篇。说齐宣王。先公孙龙。

　　颜师古注："与宋钘俱游稷下。"

　　《庄子·天下》："不累于俗，不饰于物，不苟于人，不忮于众，愿天下之安宁以活民命，人我之养毕足而止，以此白心，古之道术有在于是者，宋钘、尹文闻其风而悦之。作为华山之冠以自表，接万物以别宥为始。语心之容，命之曰心之行，以聏合欢，以调海内，请欲置之以为主。见侮不辱，救民之斗；禁攻寝兵，救世之战。以此周行天下，上说下教，虽天下不取，强聒而不舍者也。故曰'上下见厌而强见也'。虽然，其为人太多，其自为太少。"

　　《新唐志》著录为一卷。《隋志》《旧唐志》《崇文总目》《玉海》引《中兴书目》《通考》均作二卷。《郡斋读书志》《直斋书录解题》作三卷。钱熙祚《守山阁丛书》有《尹文子》，并附有钱氏校勘记。

　　《四库全书》著录《尹文子》一卷，周尹文撰，入子部杂家类，和这里列《诸子略》名家类不同。《提要》云："大旨指陈治道，欲自处于虚静，而万事万物则一一核其实。故其言出于黄、老、申、韩之间。"凌稚隆《汉书评林》引沈津语云:"《尹文子》书大略学黄老而杂申韩者。"尹文子、宋钘在当时同为稷下学派。姚振宗据《玉海》载宋《中兴书目》引刘向语:"其学本于黄、老,大较刑名家也,居稷下,与宋钘、彭蒙、田骈等同学于公孙龙。"

《公孙龙子》十四篇。赵人。

《初学记》卷七引《别录》云:"公孙龙持白马之论以度关。"

《孔丛子》:"公孙龙者,平原君之客也,好刑名,以白马为非白马。"《庄子·天下》:"桓团、公孙龙辩者之徒,饰人之心,易人之意,能胜人之口,不能服人之心,辩者之囿也。"《史记·平原君虞卿列传》:"平原君厚待公孙龙。公孙龙善为坚白之辩,及邹衍过赵言至道,乃绌公孙龙。"

《唐志》《直斋书录解题》皆作三卷。今本《公孙龙子》三卷六篇,佚八篇,出于《道藏》,而《道藏》所收古书,均本诸宋刊。《四库全书》入杂家类。今本篇目如下:

迹府第一 弟子辑录其生平事迹,后人记公孙龙子言论的相关文字。

白马论第二 英国汉学家葛瑞汉(Angus C. Graham, 1919–1991)曾论证《公孙龙子》中仅有《白马论》和《指物论》两篇为原作,其余皆后人伪作。他认为这两篇"是中文哲学文献中少有的典范,它们达到了欧洲哲学那种从古希腊逻辑训练发展起来的、具有连续的系统性的推理论证"。①

指物论第三 《指物论》即《白马论》之结论,《白马论》只论马,此篇则推广而至一切名。

通变论第四 本篇言物质之通合无间。

坚白论第五 《论衡·案书》批评说:"公孙龙著《坚白》之论,析言剖辞,务折曲之言,无道理之较,无益于治。"

名实论第六 正反推理,非对话性文字,然极具论辩性。

自唐代以来,注说《公孙龙子》者有十余家,主要可以参考王琯《公孙龙子悬解》、谭戒甫《公孙龙子形名发微》、谭叶谦《公孙龙子译注》、吴毓江《公孙龙子校释》等。②

《公孙龙子》与《老子》可算是古代中国哲学的最高境界。今本存在"共相"③(universals)与具体事物的区别的论述。

《成公生》五篇。与黄公等同时。

已亡佚。成公生,姓成公。邓析子、尹文子、成公生、

---

① 参见 A. C. Graham, "The Composition of the Gongsuen Long Tzyy," *Asia Major*, vol. 5, part 2, pp. 147 – 183; *idem.*, *Later Mohist Logic*, *Ethics and Science*, Hong Kong, The Chinese University Press, 2003 [reprint], pp. 457 – 468。何莫邪(Christopher Harbsmeier)、冯耀明(FungYiu ming)等认同此说。

② 王琯:《公孙龙子县解》,中华书局,1992;谭戒甫:《公孙龙子形名发微》,武汉大学出版社,2006;谭叶谦:《公孙龙子译注》,中华书局,1997;吴毓江:《公孙龙子校释》,上海古籍出版社,2001。

③ 如"白""马""坚"等。

惠施、公孙龙等都是先秦名家的人物。成公生与黄公（黄疵）及李斯的儿子李由同时。李由是秦朝的名将，曾任三川太守。

《庄子·徐无鬼》："庄子谓惠子曰：'儒、墨、杨、秉四，与夫子为五。'"这里的"夫子"指惠施。公孙龙字子秉。《天下》："辩者以此与惠施相应，终身无穷。桓团、公孙龙辩者之徒……"据此，则惠施是名家的别派，而成公生当是传公孙龙之学者，所以《汉志》将《成公生》排在《惠子》之前。

《惠子》一篇。名施，与庄子并时。

惠子，即惠施（约前370～前310），宋国人。战国时哲学家。曾任梁相。有辩才，与庄周友善，和公孙龙并为名家的代表。研究万物同异关系，提出小同、大同、小同异、大同异等概念，及至大无外谓之大一、至小无内谓之小一等命题。著作多已亡佚，其言行学说片段散见于《庄子》《荀子》《韩非子》《吕氏春秋》《战国策》《说苑》中。

《庄子·天下》说"惠施多方，其书五车，其道舛驳，其言也不中"，著述之富可以想见。这里记载仅仅一篇，可见到西汉时，惠施之书已基本亡佚。惠施之学不能传之久远，可能是因为他的学术"以反人为实，而欲以胜人为名，是以与众不适也"。《荀子·解蔽篇》批评说"惠子蔽于辞而不知实"。

已亡佚。马国翰、李峻之各有辑本。① 钱基博有《惠

---

① 见顾颉刚等编著《古史辨》第六册，上海古籍出版社，1982。

子征文记》，见《无锡国学专修学校丛书·名家五种校读记》。马氏辑本得四十节，钱氏所得仅四节，唯其中据《荀子·不苟篇》所引一节为马本所无。今欲研究可以参考钱穆《墨子惠施公孙龙》、杨俊光《惠施—公孙龙评传》、黄克剑《名家琦辞疏解——惠施公孙龙研究》等。①

《黄公》 四篇。名疵，为秦博士，作歌诗，在秦时歌诗中。

已亡佚。日本学者稻叶一郎在《秦始皇的思想专制》一文中指出："被列为名家的黄疵，其实是以诗歌闻名之人……秦博士不但网罗了儒学以外其他各派学术，而且还包括以创作诗歌见长的专家。"② 秦一统天下之后的诗赋，除了《黄公》四篇之外，可考的篇目有以下几种。

《博士仙真人诗》，见《史记》："（秦始皇）三十六年……使博士为《仙真人诗》，及行所游天下，传令乐人歌弦之。"可能是神仙家言。

《长城名歌》，见《水经·河水注》引杨泉《物理论》："始皇起骊山之冢，使蒙恬筑长城，死者相属，民歌曰：'生男慎勿举，生女哺用脯，不见长城下，尸骸相支拄。'"这是很早的五言诗。

秦时杂赋九篇，见《文心雕龙·诠赋》："秦世不文，

———————————

① 钱穆：《墨子惠施公孙龙》，九州出版社，2011；杨俊光：《惠施—公孙龙评传》，南京大学出版社，2011；黄克剑：《名家琦辞疏解——惠施公孙龙研究》，中华书局，2010。

② 〔日〕佐竹靖彦主编《殷周秦汉史学的基本问题》，中华书局，2008，第321页。

颇有杂赋。"

《毛公》九篇。赵人，与公孙龙等并游平原君赵胜家。

已亡佚。毛公，即《史记·魏公子列传》中提到的赵
处士毛公。

《汉志》名家一类著录七种名家书，奇怪的是，没有著
录汉代的名家著述，究其原因，曾圣益在《汉书艺文志述
论之西汉学术》一文中推测说："此盖因汉代名家之学与法
家已相结合，成为'刑名之学'，《史记·张叔列传》司马
贞《索隐》案云：'刘向《别录》云：申子学号曰刑名家
者，循名以责实，其尊君卑臣，崇上抑下，合于六经也。
说者云：刑名家即太史公所说六家之二也。'诸子之学，至
汉代，实已互相掺渗。名、法家与道家相互为用，更与儒
家有相当程度之融合。"①

右名七家，三十六篇。

今计家数、篇数不误。李零说："这里的书皆属汉以
前，汉代的书一本也没有，可见名家已经消亡。"

张尔田《史微》卷二《原名》："名家之学，百家莫不
兼治之，《荀子》有《正名》篇矣，则儒家之有名也。《墨
子》有《辨经》及《大取》、《小取》矣，则墨家有名也。
韩非子曾言刑名参同矣，则法家有名也。《吕氏春秋》亦有
《正名》篇矣，则杂家之有名也。"

---

① 曾圣益：《汉书艺文志与书目文献论集》，台北文史哲出版社，2013，第96页。

陈柱《诸子概论》："名家起源于礼官，而法家起源于理官，'信赏必罚，以辅礼制。'礼与法近，故名、法两家亦多混。"

名家者流，盖出于礼官。古者名位不同，礼亦异数。孔子曰："必也正名乎！名不正则言不顺，言不顺则事不成。"此其所长也。

异数，差别的意思。

引孔子的话出自《论语·子路》，意谓欲为政，必先正名。名，指名号、爵位。

司马谈《论六家要旨》："名家使人俭而善失真；然其正名实，不可不察也。"

《隋志》："名者，所以正百物，叙尊卑，列贵贱，各控名而责实，无相僭滥者也。《春秋传》曰：'古者名位不同，节文异数。'《孔子》曰：'名不正则言不顺，言不顺则事不成。'《周官·宗伯》'以九仪之命，正邦国之位，辨其名物之类'是也。"

正名是周秦诸子要讨论的问题，但只有荀子发展出了系统的逻辑理论。其他学派如名家主要的兴趣仍旧在社会或道德方面，荀子对此却别有浓厚兴趣，在古中国的哲学流派中，算是最接近逻辑的一支。

《尹文子·大道上》："有形者，必有名；有名者，未必有形。形而不名，未必失其方圆白黑之实。名而不可不寻，名以检其差，故亦有名以检形。形以定名，名以定事，事以检名，察其所以然，则形名之与事物，无所隐其理矣。"而名有三科："一曰命物之名，方圆白黑是也；二曰毁誉之名，善恶贵贱是也；三曰况谓之名，贤愚爱憎是也。"

及礐者为之，则苟钩釽析乱而已。

礐（jiào），吹毛求疵的意思。

这里对名家的批评可能是受了司马谈的影响，《论六家要旨》："名家苛察缴绕，使人不得反其意，专决于名而失人情，故曰'使人俭而善失真'。若夫控名责实，参伍不失，此不可不察也。"

《隋志》指出："拘者为之，则苛察缴绕，滞于析辞而失大体。"与此意相同。

韩非子认为名家之学是无益之辩，《韩非子·外储说左上》："兒说，宋人，善辩者也。持'白马非马也'服齐稷下之辩者。乘白马而过关，则顾白马之赋。故籍之虚辞则能胜一国，考实按形不能谩于一人。"《庄子·天下》："惜乎！惠施之才，骀荡而不得，逐万物而不反，是穷响以声，形与影竞走也。悲夫！"《荀子·不苟篇》又指出："'山渊平'，'天地比'，'齐秦袭'，'入乎耳，出乎口'，'钩有须'，'卵有毛'，是说之难持者也，而惠施、邓析能之。然而君子不贵者，非礼义之中也。"综合以上三家意见，就可以知道名家之学在后世衰落的原因了。

【墨家】

诸子思想为后世两千余年学者努力所不及者，不可能无泉无源，凭空而起。

《淮南子·要略》："墨子学儒者之业，受孔子之术，以为其礼烦扰而不说，厚葬靡财而贫民，〔久〕服伤生而害事，故背周道而用夏政。禹之时，天下大水，禹身执虆垂，以为民先，剔河而道九岐，凿江而通九路，辟五湖而定东海。当此之时，烧不暇撌，濡不给扢，死陵者葬陵，死泽者葬泽，故节财、薄葬、闲服生焉。"

墨家和名家是试图建立基本科学逻辑体系的两家。墨家带有强烈的政治倾向，并形成了一定的规模，相比较而言，名家则逊色得多。但墨家在战国末年就已经完全被各种社会事件所湮没了。

《尹佚》二篇。周臣，在成、康时也。

尹佚，姞姓，也叫尹逸①、史佚②。周朝初年的太史，

---

① 参见《逸周书·克殷解》《说苑·政理》。
② 参见《左传》"僖公十五年""文公十五年""襄公十四年"。

尹国的建国者。辅佐周武王、周成王、周康王。《国语·晋
语四》记文王"访于辛、尹",辛甲与尹佚都是周太史。

周武王灭商朝,即位策由尹佚宣读:"殷末孙受德,迷
先成汤之明,侮灭神祇不祀,昏暴商邑百姓,其章显闻于
昊天上帝。"(《逸周书·克殷解》)周成王少年时对他的弟
弟叔虞有过封国的承诺,日后尹佚和周公都要求成王履行
承诺,遂封唐叔虞于唐国,为"桐叶封弟"的典故。"非
我族类,其心必异"① 也是出自尹佚之口。

墨家出于"清庙之守",据《史记·周本纪》正义
"尹佚读策书祝文以祭社",则尹佚正是清庙之守,《汉志》
追溯墨学之源,所以列《尹佚》二篇于墨家之首。

《隋志》已不著录,是书亡佚已久。马国翰有辑本
一卷。

《田俅子》三篇。先韩子。

俅、鸠音近,田俅即田鸠,又名田系②、田俅子。战国
时齐国人③,墨子的学生。曾向楚王解释墨子"其言多而
不辩"④ 的道理。

《汉志》把《田俅子》著录在《墨子》之前,殊不
可解。

《新唐志》与《旧唐志》已不载,是书亡佚已久,马

---

① 参见《左传·成公四年》。
② 钱穆:《先秦诸子系年》,河北教育出版社,2002,第387页。
③ 参见《吕氏春秋·首时》《淮南子·道应》。
④ 《韩非子·外储说左上》。

国翰、劳格、顾观光、王仁俊、孙诒让各有辑本。

《我子》一篇。

已亡佚。应劭曰："我子，六国时人。"颜师古注引刘向《别录》："为墨子之学。"既然如此，那么就该著录在《墨子》之后。

《随巢子》六篇。墨翟弟子。

既然是"墨翟弟子"，就该著录在《墨子》之后。《隋志》《新唐志》都著录为一卷。宋已亡佚，明有归有光辑评本（见《诸子汇函》卷十三），清有马国翰、劳格、孙诒让、王仁俊、顾观光等人所辑多种辑佚本。

随巢子是战国时期随县（今湖北随州）人。近代许多学者提出《山海经》作者的新假说，卫聚贤《山海经的研究》和蒙文通《略论〈山海经〉的写作时代及其产生地域》等文认为，根据书中地名、物名、神怪图像，以及称书为"经""藏"等，推断此书很可能是从印度至中国各地的旅途记录。而这一记录者，就是战国时墨子的学生——印度人随巢子。

《胡非子》三篇。墨翟弟子。

叶德辉说"其书大旨与《贵义》《尚同》相近"。

胡非子是墨子的弟子，"胡非"为复姓，齐国人，墨子游楚后有很长时间在齐国活动，《吕氏春秋》记载，墨子在齐国所收的弟子除胡非子外还有高何与县子硕。钱穆在

《先秦诸子系年》中认为《墨子》中没有胡非子和随巢子的记载，故认为胡非子和随巢子可能不是墨子亲传弟子。既然说是"墨翟弟子"，那么就应该著录在《墨子》之后。

已亡佚。明归有光①，清马国翰、孙诒让②、顾观光③等各有《胡非子》辑佚一卷。

《汉志》著录墨子弟子，止于六国时人，据此推测墨学绝于汉代。

《墨子》七十一篇。名翟，为宋大夫，在孔子后。

《史记·孟子荀卿列传》："墨翟，宋之大夫，善守御，为节用。或曰并孔子时，或曰在其后。"一般认为墨子姓墨名翟。④ 也有人认为墨子姓翟名乌。⑤ 钱穆《墨子传略》认为"墨"是取自刑罚的名称。

在汉以前，儒、墨两家是显学，从公元前5世纪到公元前3世纪，他们一直主宰着知识界，而且彼此互相激烈抨击。

《韩非子·显学》："自墨子之死也，有相里氏之墨，有相夫氏之墨，有邓陵氏之墨。"《墨子》的《尚贤》《尚同》篇都有上、中、下三篇，俞樾据此说三墨之传本至今尚存。

《庄子·天下》："相里勤之弟子五侯之徒，南方之墨者苦获、已齿、邓陵子之属，俱诵《墨经》，而倍谲不同，

---

① 参见《诸子汇函》卷十三。

② 参见《墨子闲诂·墨子后语下》。

③ 参见《武陵山人遗稿》。

④ 参见《吕氏春秋》《淮南子》。

⑤ 参见南齐孔稚圭《北山移文》，元伊世珍《琅环记》，清周亮工《固树屋书影》、江瑔《读子卮言》。

相谓别墨。"《吕氏春秋·去私》:"墨者有巨子腹䵍,居秦。"又《上德》:"墨者巨子孟胜,善荆之阳城君。"此"巨子"即墨子所谓"巨子"也。康有为制有《墨子弟子后学表》①,可参考。

《韩非子·五蠹》:"儒以文乱法,侠以武犯禁。"陈澧《东塾读书记》:"墨子之学,以死为能事,战国侠烈之风,盖出于此。"两汉间的游侠,也都可列入墨家。

墨子语必尊古昔,称先王,言尧舜禹汤文武者六,言禹汤文武者四,言文王者三,至《明鬼》篇述祝史之源流则曰:"昔者虞夏商周三代之圣王,其始建国营都日,必择国之正坛,置以为宗庙;必择木之修茂者,立以为菆位;必择国之父兄慈孝贞良者,以为祝宗;必择六畜之胜腯肥倅毛,以为牺牲;必择五谷之芳黄,以为酒醴粢盛。"观其以虞夏与商周三代并言,亦可见墨子之学无常师矣。所以韩非子说:"孔子、墨子俱道尧舜,而取舍不同。"

张尔田《史微》卷二《原墨》:"墨家学术之宗旨可一言以蔽之,亦曰顺天而已矣。"

墨家之学一度终绝,最重要的原因是墨学与中国社会的家族本位传统不相适应。

范文澜《中国通史简编》说墨子代表中产阶级(手工业者),郭沫若《十批判书》说墨子代表"王公大臣",阶级属性竟差别如此之大。汪中治墨学,将墨子与孔子平视,认为"孔子鲁之大夫也,而墨子宋之大夫也,其位相埒"。然而墨子与制礼作乐的孔子在思想上有很大的差异。孔子主

---

① 康有为:《孔子改制考》卷六,中华书局,2012,第146~154页。

张久丧厚葬，"食不厌精，脍不厌细"，但墨子生活极简朴，"量腹而食，度身而衣"，"节用、节葬、非乐"，墨者"短褐之衣，藜藿之羹，朝得之，则夕弗得"。

晚清以来学界对墨学的重视，源于其功利主义精神。西方对墨学的关怀，显然有鉴于"泛爱"等思想与基督精神在表面上有相似之处。不管如何，研究古中国思想史，不可绕过墨家。

《隋志》《唐志》著录为十五卷。《郡斋读书志》著录为五十卷，可能是"十五卷"之误。《馆阁书目》云《墨子》六十一篇，已亡《节用》《节葬》《明鬼》《非乐》《非儒》等九篇，比今书又亡多矣。陈国庆曰："今存两种版本，一《道藏》本，五十三篇；一《四库》本，六十三篇。"此书由墨子和墨家门徒逐渐增补而成，是研究墨子和墨家学说的基本材料。今本目次如下：

亲士第一

修身第二

所染第三　此上三篇皆儒家言。

法仪第四　此篇为天志之说。

七患第五　论节用，又论守御。

辞过第六　与《节用》篇同义。

三辩第七　以上为第一卷。

尚贤上第八

尚贤中第九

尚贤下第十　以上为第二卷。

尚同上第十一

尚同中第十二

尚同下第十三　以上为第三卷。以上三篇，中篇最详，上篇最略。

兼爱上第十四　此篇较略。

兼爱中第十五　兼爱是墨家的根本义。

兼爱下第十六　以上为第四卷。

非攻上第十七

非攻中第十八

非攻下第十九　以上为第五卷。

节用上第二十

节用中第二十一

节用下第二十二　缺。

节葬上第二十三　缺。

节葬中第二十四　缺。

节葬下第二十五　以上为第六卷。

天志上第二十六　古之哲学家，以墨子宗教性格最强，倡导天志。

天志中第二十七

天志下第二十八　以上为第七卷。

明鬼上第二十九　缺。

明鬼中第三十　缺。

明鬼下第三十一

非乐上第三十二　以上为第八卷。

非乐中第三十三　缺。

非乐下第三十四　缺。

非命上第三十五　墨子从侠义的命运来观察，与儒家、道家从与宇宙全体相关的人之禀赋与功能来论命不一样。

非命中第三十六

非命下第三十七

非儒上第三十八　缺。

非儒下第三十九　以上为第九卷。此篇主要是非儒之丧服及丧礼。

经上第四十

经下第四十一

经说上第四十二

经说下第四十三　以上为第十卷。

大取第四十四　墨家主兼爱，爱有不可得兼，不得不有所取，取有大有小，故有《大取》《小取》也。

小取第四十五　胡适说《经上》《经下》《经说上》《经说下》《大取》《小取》六篇有无数精义。

耕柱第四十六　或为墨子后学所为。以上为第十一卷。

贵义第四十七　以上两篇杂论墨子之言。

公孟第四十八　或为墨子后学所为。以上为第十二卷。

鲁问第四十九　此篇多非攻之论，亦及劝学、贵义、明鬼。

公输第五十　以上为第十三卷。

□□第五十一　缺。

备城门第五十二

备高临第五十三

□□第五十四　缺。

□□第五十五　缺。

备梯第五十六

□□第五十七　缺。

备水第五十八

□□第五十九　缺。

□□第六十　缺。

备突第六十一

备穴第六十二

备蛾傅第六十三　以上为第十四卷。

□□第六十四　缺。

□□第六十五　缺。

□□第六十六　缺。

□□第六十七　缺。

迎敌祠第六十八

旗帜第六十九

号令第七十

杂守第七十一　以上为第十五卷。

故书旧记中所引《墨子》语，有不见于今本的，故孙诒让《墨子闲诂》后面附辑有《墨子佚文》。除孙氏书外，今可参考吴毓江《墨子校注》、岑仲勉《墨子城守各篇简注》、王焕镳《墨子集诂》等。①

右墨六家，八十六篇。

今计家数、篇数均不误。

---

① 吴毓江：《墨子校注》，中华书局，2008；岑仲勉：《墨子城守各篇简注》，中华书局，1958；王焕镳：《墨子集诂》，上海古籍出版社，2005。

墨家者流，盖出于清庙之守。

《诗经·清庙》郑笺云："清庙者，祭有清明之德者之宫也。谓祭文王也。天德清明，文王象焉，故祭之而歌此诗也。"《正义》引贾逵《左传》注云："肃然清净，谓之清庙。"清庙，指肃然清静之宗庙。

据宋翔凤《过庭录》及余嘉锡《四库提要辨证》，"守"当作"官"。这里说墨家出于清庙之官，可能是有依据的。

《吕氏春秋·当染》："鲁惠公使宰让请郊庙之礼于天子，桓王使史角往，惠公止之。其后在于鲁，墨子学焉。"墨家的起源似乎和儒家一样，也与仪礼之学有关，可能都是生活在具有浓郁学术氛围的邹鲁之地，因此学术渊源颇为相近。《淮南子·要略》："墨子学儒者之业，受孔子之术。"同书《主术》篇也记载"孔丘、墨翟修先圣之术，通六艺之论"，都透露了这方面的信息。

潘雨廷说："《汉书·艺文志》言百家出周官，错，事实是百家出孔子（墨子亦出孔子，因孔子言禹无间然）。"[1]

茅屋采椽，是以贵俭；养三老五更，是以兼爱；选士大射，是以上贤；宗祀严父，是以右鬼；顺四时而行，是以非命；以孝视天下，是以上同：此其所长也。

采椽，以柞木为椽。

---

① 张文江记述《潘雨廷先生谈话录》，复旦大学出版社，2012，第212页。

三老五更，古时设三老五更，以父兄之礼养之。

右鬼，指信鬼神。

非命，言无吉凶之命。

及蔽者为之，见俭之利，因以非礼，推兼爱之意，而不知别亲疏。

王念孙说"非礼"当是"非礼乐"。

【纵横家】

《淮南子·要略》:"晚世之时,六国诸侯,溪异谷别,水绝山隔,各自治其境内,守其分地,握其权柄,擅其政令,下无方伯,上无天子,力征争权,胜者为右,恃连与国,约重致,剖信符,结远援,以守其国家,持其社稷,故纵横修短生焉。"

张尔田《史微》卷三《原从横》:"战国者,从横之世也,岂特陈轸、甘茂诸人为从横专家哉?即儒、墨、名、法,其出而问世,无不兼从横之学也。章实斋言:'九流之学承官曲于六典,及其出而用世,必兼从横,所以文其质也。古之文质合于一,至战国而各具之,质当其用也,必兼从横之辞以文之,周衰文弊之效也。'故孟子历聘齐梁,荀卿三为祭酒,墨子胼胝以救宋,韩非《说难》以存韩,公孙龙说平原以止邯郸之封,尉缭子说秦王以乱诸侯之谋,商君争变法,李斯谏逐客,其与结驷连骑抵掌华屋者何以异耶?亦可见从横一术,战代诸子人人习之,无足怪者。后世迂儒既不知从横出于行人之官,又以苏秦、张仪为深耻,而后古人专对之材始为世所诟病矣。"

章学诚《校雠通义·汉志诸子》结合时代背景,把纵横家和后世的文辞联系起来，他说"纵横者，词说之总名也"。在战国之时，一些纵横家"抵掌揣摩，腾说以取富贵，其辞敷张而扬厉，变其本而加恢奇焉，不可谓非行人辞命之极也"，这就是说，纵横家的学说既具有兵权谋的内容，又用"纵横之辞以文之"，以达"辞命之极"的效果。这也成为纵横家著书的特点。因为这个特点，苏秦、蒯通等人的著述也可兼入兵家，邹阳、严安、徐乐等人除了有关纵横的著述之外，还留下不少文学作品。

《苏子》三十一篇。名秦，有《列传》。

苏秦、苏代、苏厉三兄弟都以游说诸侯而显名，他们通权变之术。《苏子》三十一篇应该出于苏秦之手，又杂有苏代、苏厉之言。

陈国庆曰："诸家皆以《鬼谷子》即苏秦书。盖刘向《别录》原题《鬼谷子》，《班志》本《七略》，从其核实题名《苏子》。"

《四库全书》著录《鬼谷子》一卷。《简目》云："旧本题鬼谷子撰。《唐志》则以为苏秦撰。莫能详也。其书为纵横家之祖，原本十四篇，今佚其二。旧有乐壹等四家注，今并不传。"

《史记·苏秦列传》索隐："鬼谷，地名也。扶风池阳、颍川阳城并有鬼谷墟，盖是其人所居，因为号。又乐壹注《鬼谷子》书云：'苏秦欲神秘其道，故假名鬼谷。'"这正是《汉志》不著录《鬼谷子》的原因。

《苏子》今存十二篇。篇次如下：《捭阖第一》《反应第二》《内揵第三》《抵巇第四》《飞钳第五》《忤合第六》《揣篇第七》《摩篇第八》《权篇第九》《谋篇第十》《决篇第十一》《符言第十二》。

马国翰有《苏子》辑佚一卷。

《柳宗元集》卷四《辩鬼谷子》："元冀好读古书，然甚贤《鬼谷子》，为其指要几千言。《鬼谷子》要为无取，汉时刘向、班固录书，无《鬼谷子》。《鬼谷子》后出，而险鷙峭薄，恐其妄言乱世，难信，学者宜其不道，而世之言纵横者，时葆其书。尤者，晚乃益出《七术》，怪谬异甚，不可考校，其言益奇，而道益狭，使人狙狂失守，而易于陷坠。幸矣，人之葆之者少。今元子又文之以指要，呜呼，其为好术也过矣！"

《张子》十篇。名仪，有《列传》。

已亡佚。纵横家起源于战国，张仪、苏秦是其主要代表人物，所以这里讲纵横家时放在前面。《史记·张仪列传》云："张仪者，魏人也。始尝与苏秦俱事鬼谷先生，学术，苏秦自以不及张仪。……三晋多权变之士，夫言从衡强秦者大抵皆三晋之人也。夫张仪之行事甚于苏秦，然世恶苏秦者，以其先死，而仪振暴其短以扶其说，成其衡道。要之，此两人真倾危之士哉！"

《庞暖》二篇。为燕将。

已亡佚。《史记·燕召公世家》："十二年，赵使李牧攻燕，拔武遂、方城。剧辛故居赵，与庞暖善，已而亡走燕。燕见赵数困于秦，而廉颇去，令庞暖将也，欲因赵弊攻之。问剧辛，辛曰：'庞暖易与耳。'燕使剧辛将击赵，赵使庞暖击之，取燕军二万，杀剧辛。"又《赵世家》："三年，庞暖将，攻燕，禽其将剧辛。四年，庞暖将赵、楚、魏、燕之锐师，攻秦蕞，不拔。"又《廉颇蔺相如列传》："赵悼襄王元年，廉颇既亡入魏，赵使李牧攻燕，拔武遂、方城。居二年，庞暖破燕军，杀剧辛。"

兵权谋亦有《庞暖》三篇。

《阙子》一篇。

《后汉书·献帝纪》注引《风俗通义》："阙氏，承阙党童子之后。纵横家有阙子著书。"[1] 书已亡佚。

据王应麟说，《太平御览》引《阙子》云："任公子冬罗鲤于山阿。"又云："吴章、庄吉之调。"又云："鲁人有好钓者，以桂为饵，黄金为钩，垂翡翠之纶。"《艺文类聚》引《阙子》云："宋景公使弓工为弓，九年来见。其余力逸劲，饮羽于石梁。"又云："宋之愚人得燕石于梧台之东，归而藏之，以为宝。"

马国翰、严可均各有辑本一卷。

《国筮子》十七篇。

已亡佚。李零说国筮子可能是齐人。

---

① 转引自《世本八种》卷七下，孙冯翼辑本，中华书局，2008，第325页。

《秦零陵令信》一篇。难秦相李斯。

已亡佚。严可均说《文选·吴都赋》刘渊林注引《秦零陵令上始皇帝书》，即此。① 章太炎《秦献记》也持此说："从横家有《零陵令信》一篇，难丞相李斯。"② 洪亮吉《晓读书斋二录》则认为《上始皇帝书》与《难秦相李斯》，别是一书。③

《蒯子》五篇。名通。

《隋志》《唐志》已不载，亡佚已久，诸书亦无征引。《汉书》本传载其说徐公、韩信诸人之文，马国翰以为当是自序之本文，爰据辑录。

《汉书》本传："论战国时说士权变，亦自序其说，凡八十一首，号曰《隽永》。"章学诚《校雠通义·汉志诸子》："蒯通之书，自号《隽永》，今著录止称《蒯子》；且传云'自序其说八十一首'，而著录仅称五篇；不为注语以别白之，则刘、班之疏也。"

为什么这里不著录为《隽永》？余嘉锡指出："盖《汉志》著录之例，只以著书之人题其书，而不别著书名，《老子》不名《道德经》，《淮南》不名《鸿烈》，《蒯子》不名《隽永》，故《太公》之书不名《六韬》《阴谋》《金匮

---

① （清）严可均辑《全秦文》卷一，中华书局，1958，第247页。
② 章太炎：《太炎文录初编》卷一，上海人民出版社，2014，第34页。
③ （清）孙楷撰，徐复订补《秦会要订补》卷十《学校上·图书》，中华书局，1959，第141页。

兵法》等也，至《隋志》乃著之耳。"①

《邹阳》七篇。

邹阳，《汉书》有传，载有《谏吴王书》一篇、《狱中上梁王书》一篇。

书已亡佚，有马国翰、严可均辑本。

《主父偃》二十八篇。

主父偃，《汉书》有传。《说苑》引主父偃曰："人而无辞，安所用之。昔子产修其辞，而赵武致其敬，王孙满明其言，而楚庄以惭。"

余嘉锡说："《主父偃传》云：'上书所言九事，其八事为律令，一事谏伐匈奴。'而传独载其谏伐匈奴一事，盖九事即分九篇，故《艺文志》有《主父偃》二十八篇，是亦汉人上书以一事为一篇之证也。"②

书已亡佚，有马国翰、严可均辑本。③ 马氏从本传采得谏伐匈奴文等四则，严氏辑本缺置朔方议一则。

《徐乐》一篇。

徐乐，《汉书》有传。《史记·平津侯主父列传》、《汉书·徐乐传》、《全汉文》卷二十六载其《上武帝书言世

---

① 余嘉锡：《四库提要辨证》卷十一"六韬六卷"条，中华书局，2007，第589页。
② 余嘉锡：《四库提要辨证》卷十"新书十卷"条，中华书局，2007，第548页。
③ 分别见《玉函山房辑佚书·子编纵横家类》、《全汉文》卷二十七。

务》一篇。

书已亡佚，有马国翰、严可均辑本。[①] 两家所辑相同。

《庄安》一篇。

庄安，即严安。原姓庄，班氏因避东汉明帝刘庄讳，有时称严。陈直说："《汉书》对于庄字，有避有不避。……用变形字体，已隐含有避讳之义。"[②]《汉书》有严安的传。

《史记·平津侯主父列传》载严安上书，拜为郎中。

书已亡佚，马国翰、严可均有辑本。[③] 两家所辑相同。

《待诏金马聊苍》三篇。赵人，武帝时。

已亡佚。金马，金马门。王观国《学林》卷三"聊胶"条："《前汉·严助传》曰：'武帝得东方朔、枚皋、胶苍、终军等，并在左右。'又《艺文志》，纵横家《待诏金马聊苍》三篇。颜师古注曰：'《严助传》作胶苍，而《志》作聊。《志》《传》不同，未知孰是。'观国按：《广韵》聊字落萧切，语助也，亦姓也。《风俗通》有聊苍，为汉侍中，著子书。又有聊氏为颍川太守，著《万姓谱》。以此观之，则《艺文志》云聊苍者是也。《广韵》者，陆法言等诸贤士裒集古今氏姓谱牒，天文地理，经史百家之书而类之，为可信也。胶姓亦有胶鬲，当是班固假借用字。

---

① 分别见《玉函山房辑佚书·子编纵横家类》、《全汉文》卷二十六。
② 陈直：《汉书新证》，中华书局，2008，第225页。
③ 分别见《玉函山房辑佚书·子编纵横家类》、《全汉文》卷二十七。

然聊、胶二字，音与义皆不同，于假借为难合，惟姓与名虽有假借字，当专呼一音。"①

右从横十二家，百七篇。

今计家数、篇数均不误。

从横家者流，盖出于行人之官。

"行人之官"即当时的外交使节，《周礼》秋官之属有大行人、小行人。行人之官，掌使之官，相当于现代的外交家。

章学诚《文史通义·诗教》上篇和下篇指出当时文学的发达同纵横家在当时政治斗争中的活动有关，刘师培《论文杂记》也指出春秋战国文学的发达同当时统治阶级中"行人之官"的活动有关。"复杂的政治斗争丰富了他们的经验，增加了他们的见识，锻炼了他们的才能，因此他们能写出那样好的文章诗赋。"②

《隋志》："纵横者，所以明辩说，善辞令，以通上下之志者也。"

孔子曰："诵《诗》三百，使于四方，不能专对，虽多亦奚以为？"又曰："使乎，使乎！"言其当权事制宜，受命而不受辞，此其所长也。

这里引述了孔子两句话，前一句见《论语·子路》，意

---

① （宋）王观国撰，田瑞娟点校《学林》，中华书局，1988，第109页。
② 宗白华：《美学散步》，上海人民出版社，2017，第47页。

思是说为使不达于事，诵《诗》虽多，亦无所用。

《公羊传·庄公十九年》："聘礼，大夫受命不受辞。"

荀悦《汉纪》曰："游说之本生于使乎四方，不辱君命。出境有可以安社稷、利国家则专对解结，辞之绎矣，民之慕矣。以正行之者谓之辨智，其失之甚者主于为诈给徒众矣。"张尔田《史微》卷三《原纵横》认为《汉纪》"所言与《汉志》相符，悦虽深恶纵横末流之蔽，而未尝不详其渊源之所自，此汉学所为近古也。后儒则异是已"。又："考《周礼》大行人掌大宾之礼及大客之仪，以亲诸侯，若有四方之大事，则受其币、听其辞。小行人掌邦国宾客之礼，籍以待四方之使者，合六币以和诸侯之好，故春秋二百四十年之间，名公巨卿皆娴词令，交聘赋诗，折衷于樽俎之间，此真与邻国交之要务也。自天子失官，六国交争，行人辞命之学流为专家，当此之时，虽有道德，不得施谋，孟子、孙卿儒术之士弃捐于世，而游说权谋之徒见贵于俗，于是苏秦、张仪由此生焉。……学术成立皆由世需，纵横原于行人，而独流衍于战国，盖时为之也。"

及邪人为之，则上诈谖而弃其信。

诈谖，诈言。在《汉志》看来，苏秦、张仪之流，最是典型。

【杂家】

　　杂家是战国末至汉初折中和糅合各派学说的学派，为九流之一。此派代表著作有《吕氏春秋》和《淮南子》。郭沫若《中国史稿》第三编第一章第三节说："《荀子》摄取诸家之说，创立自己的理论，已有杂家的气味。但真正说得上杂家的，还是《吕氏春秋》……书中力图综合先秦诸子，'兼儒墨'，'合名法'，以'见王治之无不贯'。"后来《四库提要》的《杂家序》分杂家之学为六类："杂之义广，无所不包……以立说者谓之杂学，辨证者谓之杂考，议论而兼叙述者谓之杂说，旁究物理胪陈纤琐者谓之杂品，类辑旧文涂兼众轨者谓之杂纂，合刻诸书不名一体者谓之杂编。"

　　《孔甲盘盂》二十六篇。黄帝之史，或曰夏帝孔甲，似皆非。

　　兼儒、墨、名、法之学，惜书已亡佚。《汉书·田蚡传》："田蚡，孝景王皇后同母弟也，生长陵。……辩有口，学《盘盂》诸书，王皇后贤之。"

　　蔡邕《铭论》："黄帝有巾机之法，孔甲有盘盂之诫。"《文选·新刻漏铭》注引《别录》："《盘盂书》者，其传言孔甲为之。孔甲，黄帝之史也。书盘盂中为诫法，或于鼎，名曰铭。"班固不同意这个看法，他说："黄帝之史，或曰夏帝孔甲，似皆非。"

《大众》三十七篇。传言禹所作，其文似后世语。

"众"即《说文·内部》"禹"字的古文写法。

书已亡佚。《新书·修政语上》引《大禹》曰："民无食也，则我弗能使也，功成而不利于民，我弗能劝也。"

《五子胥》八篇。名员，春秋时为吴将，忠直遇谗死。

五子胥，即伍子胥。《史记·孙子吴起列传》正义引《七录》佚文："《越绝》十六卷，或云伍子胥撰。"陈直说："《隶释》卷二《孙叔敖碑》云：'继高阳、重黎、五举、子文之说。'盖以五举作伍举，与本志正同。又按：《离骚》云：'五子用失乎家巷。'淮南王《离骚传》解作伍子胥，可证伍子胥当时有省写作五子胥者，否则不能在《五子之歌》外别出新解。又《汉印文字征》第八、五页，有'伍博'、'伍永'、'伍崇'三印，可证伍字在姓氏上，仍以作伍为正写，与伍聪、伍被，体例正同。"[1]

顾实疑《五子胥》即《越绝书》。

兵技巧类有《五子胥》十篇。

《子晚子》三十五篇。齐人，好议兵，与《司马法》相似。

已亡佚。《子晚子》可能是兵家之学，误录于此。

---

[1]　陈直：《汉书新证》，中华书局，2008，第 225 页。

《由余》三篇。戎人，秦穆公聘以为大夫。

书亡佚已久，马国翰有辑本。

《尉缭（子）》二十九篇。六国时。

《尉缭子》五卷二十四篇，较《汉志》已亡五篇。

焦竑《汉书艺文志纠谬》说："《尉缭子》入杂家为非，改兵家。"《通志·校雠略·见名不见书论》："《尉缭子》兵书也，班固以为诸子类，置于杂家，此之谓见名不见书！隋唐因之，至《崇文总目》始入兵书类。"章学诚《校雠通义·焦竑误校汉志》则认为《七略》和《汉志》的杂家有《尉缭子》二十九篇，兵形势有《尉缭子》三十一篇，班固没有因其重复而并省，可以证明并不相重，而是不同的两部书，应该分开著录。

王重民《校雠通义通解》："章学诚没有再追究一步，颜师古《汉书注》引刘向《别录》云'缭为商君学'，《史记·始皇本纪》又有'大梁人尉缭来说秦王'的记载，与兵家说梁惠王的尉缭，时代相距甚远，可能不是一人，大概后来杂家的《尉缭子》亡佚，只剩下兵家的《尉缭子》，《隋》《唐志》兵家的《尉缭子》正是《汉志》兵书略形势所著录的，这样，郑樵、焦竑想把杂家的《尉缭子》改兵家，就更不对了。"

《尸子》二十篇。名佼，鲁人，秦相商君师之。鞅死，佼逃入蜀。

《史记·孟子荀卿列传》集解引刘向《别录》曰："楚

有尸子，疑谓其在蜀。今按尸子书，晋人也，名佼，秦相卫鞅客也。卫鞅商君谋事画计，立法理民，未尝不与佼规之也。商君被刑，佼恐并诛，乃亡逃入蜀。自为造此二十篇书，凡六万余言。卒，因葬蜀。"

《隋志》《旧唐志》《新唐志》著录为二十卷，《宋志》著录为一卷。该书至南宋而散佚。鲁人，王先谦说当为"晋人"之讹。施之勉引钱穆之语说："其时晋已不国，而魏沿晋称，尸佼殆为魏人。"尸佼是秦相卫鞅上客，卫鞅死，尸佼恐并诛，逃至蜀国，后来尸佼对法家思想进行反思，并取各家之长，著成《尸子》一书，兼儒、墨、名、法、阴阳。其中如"节葬""非乐"是墨家思想。

《尸子》提出"四方上下曰宇，往古来今曰宙"，今日"宇宙"一词导源于此。刘向《荀子书录》说尸子著书"非先王之法，不循孔氏之术"。三国时已亡佚一半，宋末王应麟称《尸子》只存一卷，在《群书治要》中找到十三篇佚文。清惠栋、孙星衍、孙志祖各有辑本，任兆麟有《校订尸子》，汪继培有《尸子校正》，收录于《湖海楼丛书》。吕思勉在《经子解题》中称汪辑本"实最善之本"。后有张之纯据汪辑本进行评注，见《评注诸子菁华录·杂家三种》，唯于汪辑下卷有所删略。

或说《尸子》有鲁《尸子》与楚《尸子》二书，分别是两位尸姓作者所撰，鲁《尸子》早亡佚，今存辑本是楚《尸子》。[①]

---

① 参见徐文武《〈尸子〉辨》，《孔子研究》2005 年第 4 期。

《吕氏春秋》二十六篇。秦相吕不韦辑（集）智略士作。

《史记·太史公自序》称是书为《吕览》，章学诚《校雠通义·辨嫌名》："《吕氏春秋》有《十二纪》《八览》《六论》，不称《吕氏春秋》而但曰《吕览》，盖书名本全而援引者从简略也。此亦足以疑误后学者已。"如依今本，则太史公当称是书为"《吕纪》"。

书今存，二十六篇细分为一百六十篇。周秦诸子书，《吕氏春秋》最为晚出，与《淮南子》同是杂家集大成的代表作，先秦遗言多备于此二书之中。徐复观认为《吕氏春秋》"是对先秦经典及诸子百家的大综合"，并约略地统计了《吕氏春秋》引《诗》《书》《易》《春秋》《论语》《孝经》等典籍以及提到孔子（24 次）、墨子（6 次）、老子（4 次）、庄子（2 次）、列子（2 次）、黄帝（11 次）的次数。① 杂家之学之可贵在于能熔儒墨名法于一炉，折中诸家，扬其所长，弃其所短。

采百家之学，舍短取长，能综合而成一家者，当属《吕氏春秋》。彭维新《书吕氏春秋》："秦氏之书，惟此为盛。此书为战国诸子之终，实为历代类书之始，但其所类殊不觉其为类，此秦人之文所以异于后世之分门隶事，使人一望即可指目其为类书者。"②

---

① 徐复观：《两汉思想史》卷二《吕氏春秋及其对汉代学术及政治的影响》，台北学生书局，1976，第 2 页。另可参见李峻之《吕氏春秋中古书辑佚》，见《古史辨》第六册，上海古籍出版社，1982，第 321～339 页；王范之《吕氏春秋研究》，内蒙古大学出版社，1993。
② （清）彭维新：《墨香阁集》卷六，岳麓书社，2010，第 117 页。

今有许维遹集释、梁运华整理《吕氏春秋集释》。①

蒙文通《杨朱学派考》认为《贵因》篇是慎到所作。

《淮南内》二十一篇。王安。

王安，淮南王刘安。刘安召八公之徒著述二十一篇，凡二十余万言，题《淮南鸿烈解》。章学诚《校雠通义·辨嫌名》："《淮南鸿烈解》删去'鸿烈解'而但曰《淮南子》……盖书名本全而援引者从简略也。此亦足以疑误后学者已。"

《淮南子》一书大抵皆采摭诸书而成，要本文子，绍述老、列、庄，而兼及孔墨名法诸家。扬子云视其"字直千金"，刘知几称为"牢笼天地，博极古今"。然清儒彭维新《读淮南子》斥是书"意指杂陈，概未有创见独解者，其文辞骈俪涣漫，虽奇句警语往往间出，而谋篇之善无有焉，乃遽自侪于诸子，是仍一僭王尔矣"。②

虽然此书杂取诸子百家之言，是刘安与宾客合作的结果，但其中不乏深得圣人精义的东西。书今存，今本正是二十一篇：《原道训》《俶真训》《天文训》《地形训》《时则训》《览冥训》《精神训》《本经训》《主术训》《缪称训》《齐俗训》《道应训》《泛论训》《诠言训》《兵略训》《说山训》《说林训》《人间训》《修务训》《泰族训》《要略》。

最后一篇是《要略》，相当于全书的"序"，古书的

---

① 许维遹集释，梁运华整理《吕氏春秋集释》，中华书局，2009。

② （清）彭维新：《墨香阁集》卷六，岳麓书社，2010，第106页。

"序"通常放在书的最后。如《太史公自序》之于《史记》,《天下》之于《庄子》。要读《淮南子》,先得从这篇《要略》入手。最后一段说:"若刘氏之书,观天地之象,通古今之事,权事而立制,度形而施宜,原道之心,合三王之风,以储与扈冶,玄眇之中,精摇靡览,弃其畛挈,斟其淑静,以统天下,理万物,应变化,通殊类,非循一迹之路,守一隅之指,拘系牵连之物,而不与世推移也,故置之寻常而不塞,布之天下而不窕。"

现在我们有机会看到许多出土文献,从这些内容来看,《淮南子》里面有不少内容都属于先秦。

《淮南外》三十三篇。

已亡佚。《淮南内》论道德,《淮南外》是杂说。

《东方朔》二十篇。

《汉书·东方朔传·赞》曰:"刘向言少时数问长老贤人通于事及朔时者,皆曰朔口谐倡辩,不能持论,喜为庸人诵说,故令后世多传闻者。而杨雄亦以为朔言不纯师,行不纯德,其流风遗书蔑如也。然朔名过实者,以其诙达多端,不名一行,应谐似优,不穷似智,正谏似直,秽德似隐。非夷齐而是柳下惠,戒其子以上容:'首阳为拙,柱下为工;饱食安步,以仕易农;依隐玩世,诡时不逢。'其滑稽之雄乎!朔之诙谐,逢占射覆,其事浮浅,行于众庶,童儿牧竖莫不眩耀。而后世好事者因取奇言怪语附著之朔,故详录焉。"

又引刘向所录："朔之文辞，此二篇最善。其余有《封泰山》、《责和氏璧》及《皇太子生禖》、《屏风》、《殿上柏柱》、《平乐观赋猎》，八言、七言上下，《从公孙弘借车》，凡刘向所录朔书具是矣。"

是书今残缺。《汉书补注》引叶德辉之言曰：《北堂书钞》卷百五十八引《嗟伯夷》，《文选·海赋》注引《对诏》，《艺文类聚·灾异部》引《旱颂》、《人部》引《诫子》，凡四篇。

《伯象先生》一篇。

书已亡佚。《太平御览》卷八百十一："公孙敖问伯象先生曰：'今先生收天下之术，博观四方之日久矣，未能裨世主之治，明君臣之义，是则未有异于府库之藏金玉，筐箧之囊简书也。"

《通志·氏族略》引《风俗通义》："白马氏。微子乘白马朝周，因氏焉。白象氏。白象先生，古隐者。"

《荆轲论》 五篇。轲为燕刺秦王，不成而死，司马相如等论之。

《史记·刺客列传》索隐引刘向之言曰："丹，燕王喜之太子。"

书已亡佚。班氏自注说"司马相如等论之"，《文心雕龙》也说"相如属笔，始赞荆轲"，据此可知《荆轲赞》就是《荆轲论》，出自司马相如之手。五篇之旨，应属史赞之类。

《吴子》一篇。

已亡佚。兵权谋有《吴起》四十八篇，非同一书。

《公孙尼》一篇。

可能与儒家的公孙尼子是同一个人。书已亡佚。

《博士臣贤对》一篇。汉世，难韩子、商君。

已亡佚。

《臣说》三篇。武帝时（所）作赋。

已亡佚。说，人名，读"悦"。

《解子簿书》三十五篇。

已亡佚。

《推杂书》八十七篇。

已亡佚。李零说："'杂'有两种意思，一种是小而杂，不好归类，一种是大而全，也不好归类。"

《杂家言》一篇。王伯，不知作者。

已亡佚。"王伯"即"王霸"，指王霸之道。古人读杂家书时抄撮群言而作。

右杂二十家，四百三篇。入兵法。

今计二十家，三百九十三篇，少十篇。入兵法，其上脱"出蹴鞠"三字（《汉书补注》引陶宪曾说）。

杂家者流，盖出于议官。

议官，《周礼》无议官。《隋志》以为出于史官。

兼儒、墨，合名、法，知国体之有此，见王治之无不贯，此其所长也。

杂家之书，《道藏》中只收录了《淮南子》，未收《吕氏春秋》。《道藏》的编纂者，对"兼儒、墨，合名、法"的意见不予参考，而是看具体的杂家之书，究竟倾向于哪一家。观察的结果是：《淮南子》以黄老学说为主导，而《吕氏春秋》实际上宗奉儒家思想，所以《吕氏春秋》就被排斥出了《道藏》。至于六朝时的杂家著作《刘子》亦被收录，则是因为从思想内容上看，《刘子》属于道家。

"此"指杂家之言。

"王治之无不贯"，言王者之治，于百家之道无不贯综。

及荡者为之，则漫羡而无所归心。

荡，放荡。漫羡，犹漫衍。

【农家】

  农家是战国时期反映农业生产和农民思想的学术派别。其主张劝耕桑，以足衣食。叶长青说："自儒家至杂家，皆推政治之往迹，而托之空言。农家多致耕桑之实事，与上述诸家截然不同。"所以次于杂家之后。

  《尚书》之《无逸》、《诗经》之《七月》、《大戴礼记》之《夏小正》、《小戴礼记》之《月令》、《尔雅》之《释草》、《管子》之《牧民》、《吕氏春秋》之《任地》诸篇都属于农家之学。

  《神农》二十篇。六国时，诸子疾时怠于农业，道耕农事，托之神农。

  颜师古引刘向《别录》："疑李悝及商君所说。"王毓瑚《中国农学书录》认为本书主要是讲农耕技术的。

  《淮南子·修务训》："世俗之人，多尊古而贱今，故为道者必托之于神农、黄帝而后能入说。乱世暗主，高远其所从来，因而贵之。"

  《隋志》不著录，可见《神农》书早已亡佚。马国翰辑《神农书》一卷，王毓瑚指出这个辑本的"内容主要采自唐朝的《开元占经》，其余则杂录自《管子》《吕氏春秋》《淮南子》《刘子新论》等书，大都是五行占卜迷信的说法，也有一些关于重农和农政的议论，只是完全没有属于农耕技术性质的文字"。

《群书治要》《六韬·虎韬》引《神农之禁》曰："春夏之所生，不伤不害。"《文子·上义》《淮南子·齐俗训》引"神农之法"。《开元占经》卷一百十一引《神农书》《神农占》。《庄子·天运》引有焱氏颂曰："听之不闻其声，视之不见其形，充满天地，苞裹六极。"《经典释文》云"焱"亦作"炎"。

《野老》十七篇。六国时，在齐、楚间。

应劭说："年老居田野，相民耕种，故号'野老'。"王毓瑚《中国农学书录》："此书早已失传，不过可以相信，内容主要必是讲的农业生产技术。因为先秦时期的农家者流大约都是像《孟子》上面所记载的许行那样，讲究身体力行，具有真实的生产知识的。不过这十七篇也同许多先秦时期的著作一样，未必完全出于一人之手。"又认为"马国翰根据马骕《绎史》里面'盖古农家野老之言而吕（不韦）述之'一句话，辑录了《吕氏春秋·士容论》中的《上农》《任地》《辩土》《审时》四篇，合为一卷，题名为'《野老书》'，收入《玉函山房辑佚书》里"是不妥当的，因为"《绎史》上所说的'野老'，只是泛指农民说的，并不就是《汉志》中这十七篇的作者"。

《宰氏》十七篇。不知何世。

书已亡佚。王毓瑚说："原注说'不知何世'。唐马总

《意林》说，计然姓辛，字文子，葵邱濮上人。宋郑樵《通志·氏族略》'宰氏'条注引《范蠡传》说，范蠡师事计然，姓宰氏，字文子，大约就是根据的《意林》。清马国翰以为'辛'是'宰'字的误文，《汉志》农家《宰氏》十七篇或者就是计然的著作，因而辑成《范子计然》三卷，收入《玉函山房辑佚书》中，列在《野老书》和《尹都尉书》之间，显然是把它看作十七篇的遗文。姚振宗《汉书艺文志条理》也觉得马氏的说法'亦颇近似'。按：《汉志》农家类共九家，各书的内容似乎大都是讲究农耕技术方法的。关于计然，据《史记·货殖列传》以及《吴越春秋》、《越绝书》等书所记载的，几乎完全是阴阳五行的话，马国翰的推测未必正确。本书的真正作者已难查考。又按：《齐民要术》卷三曾引过《范子计然》，这应当是一部古书，或者到后魏时期还流傅。但《隋书·经籍志》上已不见。《旧唐书·经籍志》载五行家有《范子问计然》十五卷，注曰：'范蠡问，计然答。'《新唐书·艺文志》农家类有《范子计然》一种，卷数和注文都与《旧志》相同，必然是同一部书。马总《意林》说：'《范子》十二卷，并是阴阳历数。'宋高似孙《子略》也给以'极阴阳之变，穷历数之微'的评语。据此说来，《旧唐志》把它列入五行家内，是比较妥当的。古代目录学家规定农家著作的范围往往不太严格，或者是因为计然谈到天时与饥穰的关系，就把他认作农家者流，那就未免失当。……历来的书目很多是把它归入农家著述之中，马国翰又以为就是《汉志》中的《宰氏》十七篇，所以顺便在这里加以辩释。"①

---

① 王毓瑚：《中国农学书录》，中华书局，2006，第4~5页。

《董安国》十六篇。汉代内史，不知何帝时。

早已亡佚。《汉书·百官公卿表上》："内史，周官，秦因之，掌治京师。景帝二年分置左内史。右内史武帝太初元年更名京兆尹，属官有长安市、厨两令丞，又都水、铁官两长丞。左内史更名左冯翊。"又《百官公卿表下》有关于"内史董赤"的记载。姚振宗《汉书艺文志条理》及陈直《汉书新证》据此推测"安国"可能是董赤的字，且"赤心奉国，义亦相应，安国掌治京师，殆亦如氾胜之教田三辅"。王毓瑚《中国农学书录》说："汉文帝力行重农政策，对京畿以内，必然特加重视，以为首倡；京都地区的长官因此而编写农书，也是极可能的。如果姚氏的猜测正确的话，这部书的内容必有可观。"

《尹都尉》十四篇。不知何世。

尹，姓。都尉，官名。书已亡佚。《新唐书·艺文志》农家类有《尹都尉书》三卷，不知是否就是这里的《尹都尉》十四篇。《艺文类聚》卷八二，《太平御览》卷九七八、九八〇的农家类都引过刘向《别录》："尹都尉有种瓜篇，种芥、葵、蓼、薤、葱诸篇。"可能是一部讲述园艺蔬菜作物的专著。马国翰据此从《齐民要术》中辑得种瓜、葵、蓼、薤、葱诸条，而成《尹都尉书》一卷，收入《玉函山房辑佚书》中。马氏又根据《氾胜之书》记载的"验美田至十九石、中田十三石、薄田一十石、尹泽取减法、神农复加之"一段话，推测"尹泽"就是尹都尉的姓名，而且一定是汉成帝以前时代的人。姚振宗也持这样的说法。

王毓瑚《中国农学书录》认为马国翰"失之武断"，又说"《齐民要术》的作者大约不曾见过此书，原书早失亡了"。

《赵氏》五篇。不知何世。

已亡佚。姚振宗以为是赵过的书。赵过，西汉农学家，对中国古代的农业有巨大的贡献。汉武帝末年，赵过被任命为搜粟都尉。他发明了代田法，又研发出了新的农具：耦（ǒu）犁和耧（lóu）车。代田法是指在一亩地里作三条沟、三条垄，沟和垄的位置每年互换，这样可使土地轮番得到休耕，在肥料不足的情况下，自然恢复地力。赵过推行的"代田法"，是科技下乡的前驱。他先在小范围内进行试验，证实确比"旁田"增收，然后再对县令长、乡村中的"三老"、"力田"和有经验的老农进行技术训练，最后全面推广。《汉书·食货志》记载了他在农业生产动力、技术和工具三个方面的创造和贡献。

《氾胜之》十八篇。成帝时为议郎。

陈直说："氾、范两姓，在两汉区别很严。《金石萃编》卷十四《张迁碑》阴题名，有'故吏氾定国'，又有'范文宗'、'范世节'题名，同在一碑中，两姓截然不同。又《汉印文字征》第十一、八页，有'氾寄'、'氾丁'、'氾壬'、'氾建'、'氾嘉'五私印，与范姓之印不同，并可证氾氏在两汉为习见之姓。"[1]

---

[1] 陈直：《汉书新证》，中华书局，2008，第225页。

《隋志》所说的《氾胜之书》、陆德明《尔雅释文》说到的《氾胜之种植书》，以及李善《文选注》所称的《氾胜之田农书》，就是这里说的《氾胜之》。

颜师古引刘向《别录》曰："使教田三辅，有好田者师之，徙为御史。"氾胜之是西汉时期的农业家，今山东曹县氾水人，生卒年份不详。氾胜之本姓凡，秦乱时避地氾水，因改姓氾。汉成帝（公元前32～公元前7）时为议郎，曾任劝农使者和轻车使者，在都城长安附近（今陕西关中地区）指导农业生产，后升任为御史。他总结黄河流域的农业生产经验，创造精耕细作的区田法，另还有溲种法、穗选法、嫁接法等。《晋书·食货志》："昔汉遣轻车使者氾胜之督三辅种麦，而关中遂穰。"著有《氾胜之书》共十八篇，是中国最早而且比较完整的农学著作，也是继《吕氏春秋·任地》等三篇以后最为重要的农学著述。唐朝的贾公彦在《周礼疏》中说："汉时农书数家，氾胜为上。"可惜书在北宋时已亡佚，后世从《齐民要术》《太平御览》等书中辑录出来三千多字。主要有洪颐煊、马国翰、宋葆淳三家辑本。马氏从《齐民要术》中辑得十六篇，又将从《艺文类聚》《文选注》《太平御览》等书所摘引的片段缀为杂篇上下，凑足十八篇，收入《玉函山房辑佚书》中。诸辑本以洪颐煊所辑为最优。

从目前的残本来看，该书不只是农学（主要是以下三个方面：耕作栽培、作物栽培、区田法）著作，对经济思想方面也有一定的贡献。王毓瑚《中国农学书录》："原书早已不见，但是可以相信，书的精华却藉了《齐民要术》保存下来。……汉代农书大都失传，而这样比较重要的一部竟然基本上保存下来，总还算是不幸中之大幸。"今人的研究成果主要有石声汉《氾胜之书今释》、万国鼎《氾胜之书辑释》。①

《王氏》六篇。不知何世。

《王氏》书大概亡佚于东汉末年。王毓瑚《中国农学书录》："不但后世从来没有人加以称引，就是在汉代人的著作中也全无消息可寻。原书的内容及作者的名字、身世，可以说全无可考。"

《蔡癸》一篇。宣帝时，以言便宜，至弘农太守。

已亡佚。"蔡"或作"祭"。颜师古注引刘向《别录》说是"邯郸人"。《汉书·食货志上》："蔡癸以好农使劝郡国，至大官。"大概因蔡癸精通农学，而以专家的资格奉使巡行郡国，教民耕种。

王毓瑚《中国农学书录》："他的著作一定也很有内容，只是也同其他几种农书一样，原来收藏在中央官府，大约在东汉末年董卓之乱中都失掉了。"又说："《太平御览》引后汉崔寔《政论》说，汉宣帝使蔡癸教民耕植，那段文字与《齐民要术》所引同书记述赵过的事迹相同。马国翰根据这一点，相信蔡癸的书里讲的就是赵过的方法，而后来由崔寔加以转引；并且更进一步认为蔡癸当时教给

---

① 石声汉：《氾胜之书今释》，科学出版社，1956；万国鼎：《氾胜之书辑释》，中华书局，1957。

农民的就是'代田法'，因而辑录了《要术》的引文作为《蔡癸书》，又附上《汉书·食货志上》记述赵过的一段文字，列为《玉函山房辑佚书》中农家的一种。按：蔡癸和赵过二人，从时代来说，前后相及，也许蔡癸曾做过赵过的属史。无论如何，他的农学师承赵过是可能的。不过这究竟只是一种猜测。崔寔的《政论》原书早已失传，后世征引难保没有错误。如果前面的《赵氏》五篇确是出于赵过或其子姓吏士之手，内容必然是以'代田'为主。蔡癸固然可能宣传'代田法'，但如果著书，必然多少有所发明，而不会是完全抄袭，否则《汉志》中又何至于二书并举。马氏致力于辑佚，其功自不可没，只是往往失之牵强。又姚振宗《汉书艺文志条理》以为《汉志》农家九家，《蔡癸》列在最末，因而猜想其人或者是死在氾胜之以后，这也是错误的。氾氏的活动是在成帝时期，而蔡氏则在宣帝朝已仕至大官，论其年辈，实在是早于氾氏的。姚氏大约是以为《汉志》所举农家诸人的书是依年代前后排列的，实则班书《艺文志》著录各家著作的次序，并非严格地依照年代的前后，农家应当也不例外。"

右农九家，百一十四篇。

今计家数、篇数均不误。关于农家的内容，可参考今人王毓瑚的《中国农学书录》。

农家者流，盖出于农稷之官。

《吕氏春秋·任地》："后稷曰：'子能以窦为突乎？子

能藏其恶而揖之以阴乎?’”

播百谷，劝耕桑，以足衣食，故八政一曰食，二曰货。孔子曰“所重民食”，此其所长也。

“所重民食”，引自《论语》载孔子的话。意谓为君之道，当重视民食。

及鄙者为之，以为无所事圣王，欲使君臣并耕，悖上下之序。

“以为无所事圣王”，谓不需圣王，天下自治。

“欲使君臣并耕”等句，《孟子·滕文公上》曰：“陈相见孟子，道许行之言曰：‘滕君则诚贤君也，虽然，未闻道也。贤者与民并耕而食，饔飧而治。……’”

【小说家】

　　小说家为古代"九流十家"之一，乃采集民间传说议论，借以考察民情风俗之士。

　　"小说"一名，最早见于《庄子·外物》。庄子在讲完"任公子钓东海"一事后，评述曰："已而后世轻才讽说之徒，皆惊而相告也。夫揭竿累，趣灌渎，守鲵鲋，其于得大鱼难矣；饰小说以干县令，其于大达亦远矣。是以未尝闻任氏之风俗，其不可与经于世亦远矣。"这个故事正是"小说"的模型。"小说"是谈说之小者，《荀子·正名篇》所谓"小家珍说"，《淮南子》有《说山训》《说林训》，《列子》有《说符》，这些"说"与《庄子》讲的"小说"，意思相同。

　　饶宗颐有一个说法："陆机《文赋》云：'说炜晔而谲诳。'李善云：'说以感动为先，故炜晔而谲诳。'谲诳可看作寓言，炜晔可看作卮言；则《庄子》之书，实亦'说'之一种型态。谲诳即神话（Myth）部分；炜晔是极尽夸饰之能事，非 grand style 不足以当之。《庄子》之书，可算是'说'之巨观。至于小说，则取材于其小焉者。桓谭《新论》云：'小说家合丛残小语，近取譬论，以作短书。''小说'和'小语'、'短书'是同样性质的。……《汉书·艺文志》著录小说十五家共千三百八十篇，而纵横家只收十二家百七篇，可见小说数量之富。虽然许多被班《志》加上不好评语，如'其语浅薄'、'荒诞依托'等等，但小说家的东西，可能是（纵横家）说客的粮食，亦可能是史料的剩余（如《周考》七十六篇是'考周事也'）。小说的内涵也包括了神话、传说、史事、寓言，尤其小说在'干县令'时每还用 ironic 的技巧来说服人。它表现的方式花样，和今天所谓小说的体裁虽不相同，可是本质上是没有二致的。"①

章太炎《与人论文书》："小说者，列在九流十家，不可妄作。上者宋鈃著书上，上说下教，其意犹与黄、老相似，晚世已失其守。其次曲道人物、风俗、学术、方技，史官所不能志，诸子所不能录者，比于拾遗，故可尚也（宋人笔记尚多如此，犹有江左遗意）。其下或及神怪，时有目睹，不乃得之风听，而不刻意构画其事。其辞坦迤，淡乎若无味，恬然若无事者，《搜神记》《幽明录》之伦，亦以可贵。唐人始造意为巫蛊媟嬻之言（苻秦王嘉作《拾遗记》，已造其端，嘉本道士，不足论，唐时士人乃多为之），晚世宗之，亦自以小说名，固非其实。夫蒲松龄、林纾之书，得以小说署者，亦犹《大全》《讲义》诸书，传于六艺儒家也。"②

《伊尹说》二十七篇。其语浅薄，似依托也。

已亡佚。鲁迅《中国小说史略》："《汉志》道家有

---

① 《饶宗颐二十世纪学术文集》卷十一《文学》，中国人民大学出版社，2009，第633页。
② 章太炎：《太炎文录初编》卷二，上海人民出版社，2014，第172页。

《伊尹说》五十一篇，今佚；在小说家之二十七篇亦不可考。《史记·司马相如传》注引《伊尹书》曰：'箕山之东，青鸟之所，有卢橘夏熟。'当是遗文之仅存者。《吕氏春秋·本味》篇述伊尹以至味说汤，亦云'青鸟之所有甘栌'，说极详尽，然文丰赡而意浅薄，盖亦本《伊尹书》。伊尹以割烹要汤，孟子尝所详辩，则此殆战国之士所为矣。"鲁迅所说不对，《汉志》道家首列《伊尹》，并非《伊尹说》。

顾实说："道家名《伊尹》，此名《伊尹说》，必非一书。礼家之《明堂阴阳》与《明堂阴阳说》为二书，可比证。然亦可明道家小说家一本矣。"袁行霈《汉书艺文志小说家考辨》认为《伊尹说》就是《伊尹书》。[①] 《伊尹说》成书的年代不可考，大致在秦汉之际。《史记·司马相如列传》索隐引应劭的话来注解，可见东汉后期此书还没有亡佚，但今本《风俗通义》不载，这可能是宋以后《风俗通义》缺失太多所致。魏晋以后，不见有人引述《伊尹说》，可见宋以后该书已经亡佚了。

《鬻子说》十九篇。后世所加。

已亡佚。鲁迅《中国小说史略》："《汉志》道家有《鬻子》二十二篇，今仅存一卷，或以其语浅薄，疑非道家言。然唐宋人所引逸文，又有与今本《鬻子》颇不类者，则殆真非道家言也。"

---

① 袁行霈：《汉书艺文志小说家考辨》，《文史》1979 年第 7 期。

《周考》七十六篇。考周事也。

已亡佚。非"考周事也"，详参本书《周官经》条。

《青史子》五十七篇。古史官记事也。

青史子是晋太史董狐之子。《大戴礼记·保傅》《风俗通义·祀典》均引《青史子》。此书到梁时仅存一卷，今已亡佚。刘勰《文心雕龙·诸子》说："青史曲缀于街谈。"说明《青史子》是民间故事的渊薮。

鲁迅《中国小说史略》："青史子为古之史官，然不知在何时。其书隋世已佚，刘知几《史通》云：'《青史》由（曲）缀于街谈者'，盖据《汉志》言之，非逮唐而复出也。遗文今存三事，皆言礼，亦不知当时何以入小说。"

《师旷》六篇。见《春秋》，其言浅薄，本与此同，似因托之。

书已亡佚。师旷，字子野，是晋平公的乐师，《韩非子·十过》《论衡·感虚》《论衡·纪妖》等记载他精乐律、擅乐器。

《说苑》一书多记师旷与晋平公的对话，如《建本》："臣闻之，少而好学，如日出之阳；壮而好学，如日中之光；老而好学，如炳烛之明。炳烛之明，孰与昧行乎?"《善说》："智不知其士众，不智也；知而不言，不忠也；欲言之而不敢，无勇也；言之而不听，不贤也。"《君道》："人君之道清净无为，务在博爱，趋在任贤；广开耳目，以察万方；不固溺于流俗，不拘系于左右；廓然远见，踔然独立；屡省考绩，以临臣下。此人君之操也。"《潜夫论·志氏姓》也记载："女色赤白，女声清汗，火色不寿。"这些言论应该都出自《师旷》。《后汉书·方术列传》："师旷之书，纬候之部，钤决之符，皆所以探抽冥赜，参验人区，时有可闻者焉。"

兵阴阳亦有《师旷》八篇。鲁迅《中国小说史略》："兵阴阳家有《师旷》八篇，是杂占之书；在小说家者不可考，惟据本志注，知其多本《春秋》而已。《逸周书·太子晋》篇记师旷见太子，聆声而知其不寿，太子亦自知'后三年当宾于帝所'。其说颇似小说家。"

《务成子》十一篇。称尧问，非古语。

务成子，即巫成，又称务成昭，是上古诸侯国务国的国君。相传为尧舜师，《白虎通·辟雍》："帝尧师务成子。"《荀子·大略篇》："舜学于务成昭。"

务成子集众家之学于一身，《务成子》十一篇为小说家言，后面还会谈到《务成子阴道》三十六卷，是有记载的房中术中卷数最多的一种。其又是道家人物，《抱朴子·内篇·明本》有"务成子炼丹法"，与"赤松子、王乔、琴高、老氏、彭祖、务成、郁华，皆真人，悉仕于世，不便遐遁"。马王堆医书《十问》："巫成以四时为辅，天地为经。巫成与阴阳皆生，阴阳不死。"他对汉代及以后盛行的道家、房中术等都有很大影响。务成子还有其他方面的不少成就，可惜这些著作均已失传。

《宋子》十八篇。孙卿道宋子，其言黄老意。

宋子，即宋鈃，又作宋荣子。战国时宋人，生卒年不详。与齐宣王同时，孟轲、庄周都很敬重他，称他为"先生"或"宋子"。其思想接近墨家，主张崇俭、非斗，尝欲以利游说秦楚罢兵，孟子劝他舍利而言仁义。

《韩非子·显学》："宋荣子之议，设不斗争，取不随仇，不羞囹圄，见侮不辱，世主以为宽而礼之。"《庄子·天下》："上说下教，虽天下不取，强聒而不舍者也。"荀子以墨翟、宋鈃并称，而这里将宋鈃列入小说家，可见诸子有相通处。桓谭说"小说家合丛残小语，近取譬论，以作短书"，既然"近取譬论"，可能与佛家之《百喻经》相类。① 顾颉刚举《吕氏春秋》中的"窃铁""攫金"等故事，谓即出自《宋子》。②

已亡佚。马国翰有辑本。

《天乙》三篇。天乙谓汤，其言非殷时，皆依托也。

已亡佚。

《黄帝说》四十篇。迂诞依托。

已亡佚。汉代的方士多喜称黄帝，《史记·五帝本纪》："百家言黄帝，其文不雅驯，荐绅先生难言之。"潘雨廷说：

---

① 参见朱希祖《汲冢书考》，中华书局，1960。
② 顾颉刚：《论宋鈃宜入小说家》，见《史林杂识初编》，中华书局，1963，第33页。

"《汉书·艺文志》最好，因时代风气，刘向不得不以六艺为标准，抖开来全部是黄老的东西。"[1]

《封禅方说》十八篇。武帝时。

已亡佚。方说，方士言方之说。

《待诏臣饶心术》二十五篇。武帝时。

颜师古注："饶，齐人也，不知其姓，武帝时待诏，作书名曰《心术》也。"书已亡佚。

《管子·七法》："实也、诚也、厚也、施也、度也、恕也，谓之心术。"《荀子·非相篇》："相形不如论心，论心不如择术。……则形相虽恶而心术善，无害为君子也。"

《待诏臣安成未央术》一篇。

安成，人名，道家。未央术，即长生术。兼黄老之学。书已亡佚。陈直说："长生未央为西汉人之习俗语，不但宫殿瓦当用之，即空心砖、方砖亦多采用，安成既为道家，未央术当为长生术之歇后语。"[2]

《臣寿周纪》七篇。项国圉人，宣帝时。

圉，县名。故属项国，汉属淮阳国。臣寿，实为淮阳国圉人（施之勉说）。

① 张文江记述《潘雨廷先生谈话录》，复旦大学出版社，2012，第302页。
② 陈直：《汉书新证》，中华书局，2008，第226页。

章太炎《诸子学略说》认为《臣寿周纪》"与近世杂史相类"。① 书今已亡佚。

《虞初周说》九百四十三篇。河南人，武帝时以方士侍郎号黄车使者。

已亡佚。虞初，姓虞，名初。洛阳人。其说以《周书》为本。九百四十三篇，是部头很大的书，当是杂纂、杂抄一类的书。

《百家》百三十九卷。

已亡佚。姚振宗："刘中垒《说苑叙录》曰：'除去与《新序》复重者，其余者浅薄不中义理，别集以为百家。'似即此《百家》。盖《说苑》之余，犹宋李昉等既撰集《太平御览》，复裒录《太平广记》也。"杨树达："《艺文类聚》七十四引《风俗通》说门户铺首引《百家书》，即此。"

《风俗通义》："门户铺首。谨案：《百家书》云：公输般之水上，见蠡，谓之曰：'开汝匣，见汝形。'蠡适出头，般以足画图之，蠡引闭其户，终不可得开，般遂施之门户，欲使闭藏当如此周密也。"② 又："城门失火，祸及池中鱼。俗说：司门尉姓池，名鱼，城门火，救之，烧死，故云然

---

① 参见郑振铎编《晚清文选》卷下，中国人民大学出版社，2012。

② 见《艺文类聚》卷七四、《历代名画记》卷四、《太平御览》卷一八八、《营造法式·总释上》、《演繁露》卷六、《日闻录》、《古今事物考》卷七、《天中记》卷五七。

耳。谨案：《百家书》：'宋城门失火，因汲取池中水以沃灌之，池中空竭，鱼悉露见，但就取之，喻恶之滋，并中伤良谨也。'"① 李零说："此书以卷计，看来是帛书。"鲁迅《中国小说史略》说，《百家》为浅薄不中义理的东西，"殆为故事之无当于治道者"。

右小说十五家，千三百八十篇。

今计十五家，一千三百九十篇，多十篇。小说家言，多浅薄妄言，故皆亡佚。鲁迅《中国小说史略》："右所录小说十五家，梁时已仅存《青史子》一卷，至隋亦佚；惟据班固注，则诸书大抵或托古人，或记古事，托人者似子而浅薄，记事者近史而悠谬者也。"又曰："今审其书名，依人则伊尹、鬻熊、师旷、黄帝，说事则封禅养生，盖多属方士假托。惟青史子非是。又务成子名昭，见《荀子》。《尸子》尝记其'避逆从顺'之教。宋子名钘，见《庄子》，《孟子》作宋牼，《韩非子》作宋荣子，《荀子》引子宋子曰：'明见侮之不辱，使人不斗。'则'黄老意'，然俱非方士之说也。"

小说家者流，盖出于稗官。街谈巷语，道听涂说者之所造也。

曹植《与杨修书》："街谈巷说，必有可采。"从《隋

---

① 见《艺文类聚》卷八〇、九六，《意林》，《广韵·五支》，《事类赋》卷八，《太平御览》卷八六九、九三五，《太平广记》卷四六六，《类说》卷三六，《五色线》上，《群书通要》十六，《资治通鉴·梁纪》卷十六。

书·经籍志》一直到明清间的学者，都沿用了这一说法。"小说"二字，最早见于《庄子》，《荀子·正名篇》称作"小家珍说"。需要注意的是，小说出于"官"，但造者是老百姓。"君子"不作小说，但又消灭不了。直到鲁迅著《中国小说史略》，才做了较为全面的分类，列出鬼神志怪、传奇、话本、讲史、神魔、人情、讽刺等或依内容，或依体裁，或依用意而并不一致的分类。

这里说小说家出于稗官①，如淳说稗官是搜集街谈巷议的小官。但是看小说家类所录的《伊尹说》《鬻子说》《周考》《青史子》等，或依托古人，或记古事，并不像"街谈巷语，道听涂说者之所造也"。后世的《艺文志》《经籍志》也都有小说一门，又增入晋代以来传鬼神、述典故的杂书。西洋文学传入以来，小说的重要性得到体现，故纸堆中的那些被正统派学者弃之不顾的通俗小说益加得到重视。余嘉锡《小说家出于稗官说》认为"小说家所出之稗官，为指天子之士"。

《论语·阳货》中记孔子说："道听而涂说，德之弃也。"清儒焦循著有《里堂道听录》，是他读"经史子集以至小说词曲，心有所契"的手录，书名即取自《论语》本章。马融注"道听涂说"："闻之于道路，则传而说之。"相当于《诗经·大雅·桑柔》："大风有隧，贪人败类。听言则对，诵言如醉。"在路上听到传言就到处去传播，这是抛弃道德的人。

---

① 颜师古注："稗音稊稗之稗……稗官，小官。"翟灏《通俗编》卷五《仕进》："俚俗嗤流外小官曰'芝麻官'，盖即稊稗之义。"

德必从内心实修而后可得。《荀子·劝学篇》："君子之学也，入乎耳，著乎心；小人之学也，入乎耳，出乎口。"又《不苟篇》："'入乎耳，出乎口'，'钩有须'，'卵有毛'是说之难持者也。"

孔子曰："虽小道，必有可观者焉，致远恐泥，是以君子弗为也。"然亦弗灭也。闾里小知者之所及，亦使缀而不忘。如或一言可采，此亦刍荛狂夫之议也。

引文为今《论语·子张》篇载子夏语。颜师古以为此是《论语》载孔子之言，可能他根据的是《齐论语》或《古论语》，而今《论语》则是《鲁论语》。李零说："《子张》篇皆弟子语，很多话，表面上是弟子说，其实是接闻于夫子，汉代视为孔子语。"

刍荛，割草打柴的人。

子部的书多涉及议论思辨方面，小说家乃古之稗官野史，小说属于记人记事之文学。

凡诸子百八十九家，四千三百二十四篇。出《蹴鞠》一家，二十五篇。

家数这个说法，始见于《墨子·尚同下》"天下为家数也甚多"。

今计为一百八十八家，四千三百二十一篇。少三篇。

《蹴鞠》小道，所以列为小说家。

读《诸子略》，有必要与《史记》中的部分列传相参看，如现存《管子》《荀子》等书的叙录，尤其是《管子》的叙录，几乎全篇抄自《管晏列传》。又如《孟子荀卿列传》《老子韩非列传》等也都是必然要参阅的篇目，这些资料对理解诸子的师授渊源、学术宗旨有帮助。章学诚《校雠通义》："《艺文》一志，实为学术之宗，明道之要，而列传之与为表里发明，此则用史翼经之明验也。"

诸子十家，其可观者九家而已。

"可观者九家而已"，一般认为是去小说家。罗焌《诸子学述》对比了《隋志》等书，认为自隋朝以后，历代史志中的子部，都没有阴阳家，因此小说家是可观的，当去掉的是阴阳家。

皆起于王道既微，诸侯力政，时君世主，好恶殊方，是以九家之术蜂出并作，各引一端，崇其所善，以此驰说，取合诸侯。其言虽殊，辟犹水火，相灭亦相生也。仁之与义，敬之与和，相反而皆相成也。

杨树达说："政读为征，力征谓以力相征伐。"
李零说："'学'和王官无法对号入座，'术'和王官有一定对应性。先秦学术是以子学为中心，汉代学术是以经学为中心，两者不同。本来，六艺是诸子共享，汉代变成儒家专利。本来，儒家是诸子之一，汉代变成诸子之领袖。"

《易》曰："天下同归而殊涂，一致而百虑。"今异家者各推所长，穷知究虑，以明其指，虽有蔽短，合其要归，亦《六经》之支与流裔。使其人遭明王圣主，得其所折中，皆股肱之材已。

引文见《易·系辞下》。

异家，各相异之家。

流裔，如水之下流，衣之末裔。

罗焌《诸子学述》："六艺之文，藏在太史，自孔子删述以后，儒家者流，始奉以为经。至汉世表章六艺，罢黜百家，凡未经孔子手订，及其后之著书立说者，皆属诸子传记。由是经与子显分轩轾矣。乌知子之与经，固同出而异名者乎？《庄子·天下》篇云：'《诗》以道志，《书》以道事，《礼》以道行，《乐》以道和，《易》以道阴阳，《春秋》以道名分。其数散于天下，而设（施）于中国，百家之学，时或称而道之。'是诸子皆称道六经者也。……今异家者，各推所长，穷知究虑，以明其指；虽有蔽短，合其要归，亦六经之支与流裔。是诸子皆归本六经者也。"① 诸子学与经学的关系，可以通过以下四个方面来考察：诸子书引用经书、诸子学采入经书、诸子学合乎经义、诸子学可证经义。

---

① 罗焌：《诸子学述》，华东师范大学出版社，2008，第88页。

仲尼有言："礼失而求诸野。"方今去圣久
远，道术缺废，无所更索，彼九家者，不犹愈
于野乎? 若能修六艺之术，而观此九家之言，
舍短取长，则可以通万方之略矣。

"礼失而求诸野"，在中国文化系统中，上层阶级和下
层阶级之间互有关联。上层文化失落后，即转移到了下层
阶级。天运循环，无往不复，足够的时间推移后，又从底
层返回到高层。

索，求也。舍，废也。

"则可以通万方之略矣"，凌稚隆《汉书评林》："叙尾
合有'叙诸子为十种'六字，疑衍。"

诸子百家各执一端，各有长短，若舍短取长，则效用
广大。《汉志》的经典观与司马谈《论六家要旨》一脉相
通。不同的是，《汉志》没有把兵家、天文、历谱等归入
诸子。

诗 赋 略

　　基于两汉诗赋创作之繁荣，数量之庞大，将诗赋从《六艺略》中的《诗》类析出，而有《诗赋略》，后来逐步演变为集部，属于纯文学。

　　诗是歌诗，赋是辞赋，两者都押韵。《释名》："赋，敷也；敷布其义谓之赋。"班固说："赋者，古诗之流也。"至于赋和古诗的分别，班固也说得很清楚："不歌而诵谓之赋。"《文心雕龙》给赋下了更为精确的定义："赋，铺也；铺采摛文，体物写志也。"陆机《文赋》指出"赋体物而浏亮"。

　　枚皋说"为赋乃俳，见视如倡"①，方师铎引孙次舟之言曰："战国末年，纯文艺家没有地位。文人起于春秋战国之间，那时政论家已经取得独立的社会地位，但纯文艺家则毫无地位。这种情形到战国末年——屈宋时代还是一样，就是西汉也还没有多大改变，所以东方朔、郭舍人、枚皋一流人都'见视如倡'；司马相如虽有点政治才能，仍靠辞赋为晋身之阶；甚至连司马迁都叹道'固主上所戏弄，倡

① 见《汉书·贾邹枚路传》。

优畜之'。"① 这一点，在《史记》中也可得到印证，如《史记》中虽有《儒林列传》《循吏列传》《酷吏列传》，并有《货殖列传》《游侠列传》《佞幸列传》，但没有《文苑列传》。《文苑传》在《汉书》中也没有，直到《后汉书》，才出现了《文苑列传》。这就说明，在东汉以前，文人的地位并不高。

如上所述，诗赋的篇目数量应该不会太多，但事实是，《汉志》记载的诗赋数量并不少，根本原因在于汉代的统治者正是从文人的辞赋中来窥见他们对太平政治的颂扬，以及诗赋娱情养性的功能的。诗赋的作用，正如班固《两都赋序》的评价："斯事虽细，然先臣之旧式，国家之遗美，不可阙也。"②

《诗赋略》依体裁来分类，分为屈原赋、陆贾赋、荀卿赋、杂赋、歌诗，共五种。和其他各略不同的是，《诗赋略》仅有总序，而无小序。章学诚《校雠通义·汉志诗赋》："《汉志》分艺文为六略，每略又各别为数种，每种始叙列为诸家，犹如《太玄》之经，方州部家，大纲细目，互相维系，法至善也；每略各有总序，论辨流别，义至详也。惟诗赋一略区为五种，而每种之后更无叙论，不知刘、班之所遗耶，抑流传之脱简耶？今观《屈原赋》二十五篇以下，共二十家为一种；《陆贾赋》三篇以下，共二十一家为一种；《孙卿赋》十篇以下，共二十五家为一种；名类相同，而区种有别，当日必有其义例。今诸家之赋，十逸八

---

① 方师铎：《传统文学与类书之关系》，天津古籍出版社，1986，第51页。
② （清）严可均辑《全上古三代秦汉三国六朝文·全后汉文》卷二十四，中华书局，1958，第1204页。

九，而叙论之说，阙焉无闻，非著录之遗憾与？若杂赋与杂歌诗二种，则署名既异，观者犹可辨别；第不如五略之有叙录，更得详其源委耳。"

按义例，应该先著录诗，后著录赋，但《诗赋略》五种的顺序，却是把三种赋、杂赋排在歌诗的前面。后来萧统编《文选》，也承袭了这样的颠倒次序的错误。

照《汉志》的体例，每略之后有略序，每略之中的小类有类序，但《诗赋略》只有略序而无类序，究其原因，曾圣益推测："盖即因于《诗赋略》乃依著作形式分类，因其以形式，故屈原以下三种赋、杂赋、歌诗，各有各的内容，无法如《六艺略》、《诸子略》述其流变，甚至连如兵书、数术、方技各类，论述其作用均有困难，否则以班固乃东汉著名赋家，岂有不作类序之理。盖学术内容可以述其主张，而以著作形式分类，则无法论述其学术思想，亦不容易论述其流变。"①

---

① 曾圣益：《汉书艺文志与书目文献论集》，台北文史哲出版社，2013，第37页。

【屈原赋】

班固《两都赋序》说汉成帝时奏御的赋，千有余篇，可见数量之多。今从《汉志》著录可得其梗概。

这是第一部分，以屈原赋开头。

屈原赋二十五篇。楚怀王大夫，有《列传》。

《汉书·地理志》："寿春、合肥受南北湖皮革、鲍、木之输，亦一都会也。始楚贤臣屈原被谗放流，作《离骚》诸赋以自伤悼。后有宋玉、唐勒之属慕而述之，皆以显名。汉兴，高祖王兄子濞于吴，招致天下之娱游子弟，枚乘、邹阳、严夫子之徒兴于文、景之际。而淮南王安亦都寿春，招宾客著书。而吴有严助、朱买臣，贵显汉朝，文辞并发，故世传《楚辞》。"把《离骚》称为"赋"，与这里称屈原赋正可印证。吴乔《围炉诗话》卷二："《汉书》云《屈原赋》二十五篇，《史记》云作《怀沙之赋》，则《骚》亦赋也。"

沈约说："自汉至魏四百余年，辞人才子，各相慕习，原其飙流所始，莫不同祖《风》《骚》。"这话很对，但实际上已经不只是梁朝而已，以今日方式究心于古典文学的人，哪一个不受到《诗经》和《楚辞》的影响？其他如历史学、语言学、考古学、戏曲、音乐等领域，也都与《楚辞》有莫大关系。

陆懋修《寈翁文钞·屈原论》说屈原"不过为一骄且咎之人耳"。

《汉志》将诗、赋并列，赋大部分是楚辞。从《隋志》以后，集部以《楚辞》为首，自成一类。在文学上，《楚辞》与《诗经》有同等重要的历史地位。"楚辞"之名始见于《史记·酷吏列传》，又见于《汉书·朱买臣传》及《王褒传》。

赋今存。据王逸《楚辞章句》，篇目如下：

离骚一篇 司马迁《屈原贾生列传》："离骚者，离忧也。"尤得正解。其首先叙家世，类似自传。他的思想和品格从中也有显现。

屈原与经术有关系。王逸《离骚章句叙》称之为《离骚经》，《汉书·淮南王传》："（淮南王）安入朝，献所作《内篇》。新出，上爱秘之。使为《离骚传》。"《文心雕龙·辨骚》："汉宣嗟叹，以为皆合经术；扬雄讽味，亦言体同诗雅。四家举以方经。"扬雄《法言·吾子》："君子事之为尚。事胜辞则优；辞胜事则赋；事、辞称则经。"而王逸又用经学家离章析句的方法去整理，加"章句"二字。后之周必大、朱子也就延续这个看法，称之为《离骚经》。饶宗颐说："屈原的文章吸收了经书的词语，屈原的学问，会通了经学，而他的思想跟儒家思想的主要部分，有相承关系。不过他不是像一个章句之儒，只会在一章一句里讨生活。他对经学有深度的造诣，并且接受了若干主要思想。因此，可以说他深受儒家影响。虽不能说他完全是儒家，如果用汉人扬雄称经的标准去衡量他的文章的话，《离骚》称经大致不会有问题的。至于他的学问究竟属于哪一类，明方以智在他的《象环寱记》论庄子、孟子与屈原有这么一句话：'扇扬大成药肆者也。'屈原是大成药肆的扇扬者。"① 萧统在《文选》中专立"骚"为一类，刘勰《文心雕龙·辨骚》则以"骚"来统全部楚辞。后世的文学作品中也有骚体。

九歌十篇 《东皇太一》《云中君》《湘君》《湘夫人》《大司命》《少司命》《东君》《河伯》《山鬼》《国殇》。王逸说："沅湘之间，其俗信鬼而好祀，其祠必作乐鼓舞以乐诸神。屈原放逐，窜伏其域。……见其词鄙陋，因为作《九歌》之曲，上陈事神之敬，下以见己之冤。"胡适说《九歌》大概是最古之作，是当时湘江民族的宗教舞歌。

天问一篇 英国学者 Arthur Waley 编选 *The Temple and Other Poems*，认为《天问》像试题。苏雪林讥讽 Arthur Waley："强把'升学南针'的'考题汇刊'来看《天问》未免太可笑了。"饶宗颐则认为这种"发问形态"的文学作品，与印度古经典《吠陀经》和伊斯兰《火教经》，以及《圣经·旧约·乔布传》中的某些句型类似。这是对于神话的追寻（quest myth）。

九章九篇 《惜诵》《涉江》《哀郢》《抽思》《思美人》《惜往日》《橘颂》《悲回风》《怀沙》。九篇非一时之作。梁启超称《惜诵》《思美人》似作于放逐前，《哀郢》作于放逐时，《涉江》是南迁极远时作，《怀沙》作于临终

---

① 《饶宗颐二十世纪学术文集》卷十一《文学》，中国人民大学出版社，2009，第10页。

之际，其余诸篇，不可深考。

远游一篇 王逸："屈原履方直之行，不容于世。……章皇山泽，无所告诉。乃深惟元一，修执恬漠。思欲济世，则意中愤然。文采秀发，遂叙妙思；托配仙人，与俱游戏。周历天地，无所不到，然犹怀念楚国，思慕旧故。"

卜居一篇 两种矛盾的人生观。

渔父一篇 自我意志的抉择。

大招一篇 廖平《楚辞讲义》认为《楚辞》是秦时的《仙真人诗》，《大招》《招魂》为道家神游说，与屈原无关。这个看法不正确。

此二十五篇绝非一人所作。《离骚》称"经"，《九歌》以下称"传"。经是屈原所作，传不一定是屈原所作，但可称为"屈原赋"，这是古代著作的通例。古人著作通常自称"子"，《卜居》《渔父》直名屈原，可见非屈原所作。

梁启超《屈原研究》："屈原以前的文学，我们看得着的只有《诗经》，三百篇好的作品，都是写实感。实感自然是文学主要的生命，但文学还有第二个生命，曰想象力。从想象力中活跳出实感来，才算极文学之能事。就这一点论，屈原在文学史的地位，不特前无古人，截到今日止，仍是后无来者。因为屈原以后的作品，在散文或小说里头，想象力比屈原优胜的或者还有；在韵文里头，我敢说还没有人比得上他。"[1]

---

[1] 夷夏编《梁启超讲演集》，河北人民出版社，2004，第183页。

唐勒赋四篇。楚人。

已亡佚。《史记·屈原贾生列传》："屈原既死之后，楚有宋玉、唐勒、景差之徒者，皆好辞而以赋见称；然皆祖屈原之从容辞令，终莫敢直谏。"《论衡·超奇》："唐勒、宋玉、亦楚文人也，竹帛不纪者，屈原在其上也。"《汉书·地理志》："始楚贤臣屈原被谗放流，作《离骚》诸赋以自伤悼。后有宋玉、唐勒之属慕而述之，皆以显名。"

李零说："《唐勒赋》四篇，佚，银雀山汉简有《唐勒》，非此书。银雀山汉简《唐勒》与《宋玉赋》有关，但不能叫《宋玉赋》，也不能叫《唐勒赋》，《唐勒》是简书自题，只能叫《唐勒》。"

饶宗颐有《唐勒及其佚文：〈楚辞〉新数据》①一文，考订详审。李学勤有《〈唐勒〉、〈小言赋〉和〈易传〉》一文，并可参考。

宋玉赋十六篇。楚人，与唐勒并时，在屈原后也。

今存。宋玉，屈原弟子。《隋志》载《宋玉集》三卷，现已亡佚。姚明辉《汉志注解》："今考《楚辞》载《九辨》九篇，《招魂》一篇。《文选》载《风赋》《高唐赋》《神女赋》《登徒子好色赋》四篇。《古文苑》载《笛赋》《大言赋》《小言赋》《讽赋》《钓赋》五篇，凡十九篇。"

宋玉辞赋抒发寒士不平之鸣，触及了楚国的黑暗统治，

---

① 饶宗颐：《唐勒及其佚文：〈楚辞〉新资料》，载日本九州大学中国文学会编《中国文学论集》第九号，1980。

间以穷愁失志的悲吟、怀才不遇的哀叹。铺陈排比，辞意婉转，对汉代辞赋创作有很大影响。

赵幽王赋一篇。

《汉书·高五王传》载歌一篇，疑即此赋。

庄夫子赋二十四篇。名忌，吴人。

《楚辞》有《哀时命》一篇，即庄夫子所作（参考王逸注）。饶宗颐《选堂赋话》说："《汉志》列严夫子赋二十四篇，在贾谊之前，即吴人庄忌著《哀时命》，尝为梁孝王客。《史记·司马相如传》：'会景帝不好辞赋，是时梁孝王来朝，从游说之士齐人邹阳、淮阴枚乘、吴庄忌夫子之徒，相如见而说之。'忌子助有赋三十五篇。又常侍郎庄忽奇赋十一篇，其人与枚皋同时。颜师古引《七略》云：'忽奇者，或言庄夫子子，或言族家子，庄助昆弟也，从行至茂陵造作赋。'知西汉初年，赋以庄氏一家为最盛。助又荐朱买臣，盖皆会稽郡吴人，并传习楚辞。《汉书·朱买臣传》：'（方）会邑子严（庄）助贵幸，荐买臣。召见，说《春秋》，言楚辞，（武）帝甚悦之，拜买臣为中大夫，与严助俱侍中。'又《地理志》：'吴有严助、朱买臣显贵。汉朝文辞并发茂，故世传楚辞，其失巧而少信。'是楚辞之学出于吴，盖本自庄忌也。"[1]

---

[1] 《饶宗颐二十世纪学术文集》卷十一《文学》，中国人民大学出版社，2009，第333页。

贾谊赋七篇。

《史记·屈原贾生列传》集解引刘向《别录》："因以自谕自恨也。"

今存五篇：《惜誓》、《吊屈原赋》、《鵩鸟赋》、《旱云赋》及《簨赋》残篇。

子部儒家类有《贾谊》五十八篇。

枚乘赋九篇。

今存三篇：《七发》《柳赋》《梁王菟园赋》。①

司马相如赋二十九篇。

《隋志》载其集一卷，两《唐志》二卷，严可均《铁桥漫稿》卷六："长卿集，魏晋时早有散亡，隋、唐之二卷当是六朝重辑，其多出于今本者仅仅耳。"

今存六篇。《子虚赋》《哀二世赋》《大人赋》等三篇见《史记·司马相如列传》，有赖于司马迁的记载而得以保存下来。《文选》收录《长门赋》，又分《子虚赋》下篇为《上林赋》。另外在《古文苑》中收录有《美人赋》。

淮南王赋八十二篇。

《北堂书钞》卷一百三十五、《太平御览》卷七百十一：

---

① 依次见《文选》《西京杂记》《古文苑》。

"淮南王有《熏笼赋》。"《艺文类聚》今存《屏风赋》。

淮南王群臣赋四十四篇。

今存《招隐士》一篇。饶宗颐引王逸《招隐士序》称："《招隐士》者，淮南小山之所作也。淮南王安好古爱士。招致宾客。客有八公之徒，分造诗赋，以类相从，或称大山，或称小山，如诗之有大雅、小雅焉。"王应麟也说是淮南小山之作。饶宗颐《选堂赋话》进一步说："自屈赋以来，为辞赋之分类总集者，似以此为最早。《汉志》有淮南王赋八十二篇，又有淮南王群臣赋四十四篇。谓之小山、大山者，叔师云犹言小雅、大雅。雅者正也，言王政事谓之雅（《释名·释典艺》）。山之为言宣也（《说文》）、产也（《释名》），以山为书名，亦如三坟、九丘之比。坟，分也；丘，区也。以地理名书，古有此例。《淮南王》有《说山训》，高诱注：'说道之旨，委积若山，故曰说山。'循是言之，小山、大山，乃书名而非人名。若何点何胤，人称大小山，此又别例。"[1]

太常蓼侯孔臧赋二十篇。

陈国庆说："《孔丛子·连丛子》上《叙书》云：'在官数年著书十篇而卒。先时尝为赋二十四篇。别不在集。似其幼时之作也。'或即《谏格虎赋》《杨柳赋》《鸮赋》

---

① 《饶宗颐二十世纪学术文集》卷十一《文学》，中国人民大学出版社，2009，第333页。

《蓼虫赋》四篇。"

阳丘侯刘隁赋十九篇。

已亡佚。阳丘，《汉书·王子侯表》作"杨丘"，他是齐悼惠王之孙，杨丘共侯刘安之子。陈直说："隁即郾字变体，《隶释》卷五《唐扶颂》云：'颍川郾人也。'盖与偃字相通，并非误文。"①

吾丘寿王赋十五篇。

已亡佚。《隋志》："梁有汉光禄大夫《虞丘寿王集》二卷。"《艺文类聚》卷五十九有《骠骑论》《功论》，而赋不传。

子部儒家类载《吾丘寿王》六篇。

蔡甲赋一篇。

已亡佚。

上所自造赋二篇。

今存。颜师古注为武帝所作。章学诚《校雠通义·汉志诗赋》："刘向为成帝时人，其去孝武之世远矣。武帝著作当称孝武皇帝，乃使后人得以考定。……窃意'上所自造'四字，必武帝时人标目，刘向从而著之，不与审定称

———————

① 陈直：《汉书新证》，中华书局，2008，第226页。

谓，则谈《七略》者疑为成帝赋矣。"

《汉书·外戚传》有《伤李夫人赋》一篇，《文选》有《秋风辞》一篇，《沟洫志》有《瓠子之歌》二章。

《隋志》著录《汉武帝集》一卷。《唐志》著录为二卷。

兒宽赋二篇。

已亡佚。

光禄大夫张子侨赋三篇。与王褒同时也。

已亡佚。子侨见《萧望之传》，别作子蟜。

阳成侯刘德赋九篇。

已亡佚。

刘向赋三十三篇。

《太平御览》卷七百七："刘向有《芳松枕赋》。"又卷七百十七："向有《合赋》。"

今存而不全。《楚辞》载有《九叹》九篇，《古文苑》载有《请雨华山赋》一篇，本书《高帝纪》有《高祖颂》一篇，凡十一篇。

王褒赋十六篇。

残。《楚辞》有《九怀》九篇。《史记·屈原贾生列传》有《圣主得贤臣颂》一篇。《文选》有《洞箫赋》一篇。严可均辑《全汉文》有《甘泉宫颂》《碧鸡颂》二篇。凡十三篇。

右赋二十家，三百六十一篇。

今计家数、篇数均不误。顾实曰："此屈原赋之属，盖主抒情者也。"

屈原赋大部分是抒情之作。

【陆贾赋】

这是《诗赋略》的第二部分，以陆贾赋开头。

陆贾赋三篇。

已亡佚。陆贾有《孟春赋》[①]，或是此三篇之一。
子部儒家类有《陆贾》二十三篇。

枚皋赋百二十篇。

已亡佚。《汉书·枚乘传》附《枚皋传》："其文骫骳，曲随其事，皆得其意，颇诙笑，不甚闲靡。凡可读者百二十篇，其尤嫚戏不可读者尚数十篇。"又提及《平乐馆赋》《皇太子生赋》《立皇子禖祝》，卫皇后立时，枚皋为《戒终赋》。

朱建赋二篇。

已亡佚。《史记》和《汉书》都有传。

常侍郎庄忽奇赋十一篇。枚皋同时。

已亡佚。颜师古注"《七略》云：'忽奇者，或言庄夫

---

① 《文心雕龙·才略》："汉室陆贾，首发奇采，赋《孟春》而选典诰。"

子子，或言族家子庄助昆弟也。从行至茂陵，（造作）〔诏造〕赋。'"

严助赋三十五篇。

已亡佚。子部儒家类有《庄助》四篇。

朱买臣赋三篇。

已亡佚。朱买臣，《汉书》有传。字翁子，会稽吴人。家贫好学，以卖薪自给，妻羞之，改适他人，后买臣显贵，妇惭，自缢而死。买臣官至丞相长史，因与张汤相倾轧，遭诛杀。

宗正刘辟强赋八篇。

已亡佚。刘辟强，楚元王刘交之孙，刘向之祖，见《汉书·楚元王传》。

司马迁赋八篇。

生平可参《史记·太史公自序》《汉书·司马迁传》。
存有《悲士不遇赋》一篇，见《艺文类聚》卷三十，又收录在《全汉赋》中。

郎中臣婴齐赋十篇。

已亡佚。道家有《郎中婴齐》十二篇，可能是同一人所作。陈直说："以婴齐为名始于春秋。新郑出土王子婴次卢，又假借作婴次。《经义述闻》卷二十三《春秋名字解诂》，引楚公子婴齐字子重，见宣十一年《左传》注。郑罕婴齐字子蠢，见昭十六年《左传》注。王引之谓名字不相比属，未有解诂，余疑为应作婴儿齐齿解，《说文》：'齓，男八月生齿，八岁而齓，女七月生齿，七岁而齓。'楚公子字子重，谓重生齿也。郑罕字子蠢，谓齿不正也。汉代名婴齐者，除本文外，《史记·仓公传》有齐郎中婴齐，及本志道家有《郎中婴齐》十二篇（疑郎中婴齐，与本文婴齐，并非一人，因郎中最通常之官，婴齐尤为最普遍之名，钱大昭之说，未可尽从）。又按：《汉印文字征》第十、八页，有'陈婴齐'、'张婴齐'，九页有'焦婴齐'等印。西安汉城出土有'陈婴齐'、'臣婴齐'封泥，下至晋代尚有沿用以为名者，见洛阳出土永宁二年士孙松墓志。"①

臣说赋九篇。

《郎中臣说赋》，已亡佚。"说"音"悦"。

臣吾赋十八篇。

《郎中臣吾赋》，已亡佚。

辽东太守苏季赋一篇。

已亡佚。

① 陈直：《汉书新证》，中华书局，2008，第 226～227 页。

萧望之赋四篇。

已亡佚。杨树达说："班固《两都赋序》：'故言语侍从之臣，若司马相如、虞丘寿王、东方朔、枚皋、王褒、刘向之属，朝夕论思，日月献纳；而公卿大臣，御史大夫倪宽、太常孔臧、太中大夫董仲舒、宗正刘德、太子太傅萧望之等，时时间作。或以抒下情而通讽谕，或以宣上德而尽忠孝，雍容揄扬，著于后嗣，抑亦雅颂之亚也。故孝成之世，论而录之，盖奏御者千有余篇，而后大汉之文章，炳焉与三代同风。'树达按：司马相如、虞丘寿王、枚皋、刘向、倪宽、孔臧、刘德、萧望之八家之赋，并见于《诗赋略》，东方朔亦有赋，《诗赋略》中未见者，以统括在杂家《东方朔》二十篇中，此犹儒家《扬雄》三十八篇，中有乐四，不入于六艺乐类，箴二不入《诗赋略》，以人统括各类，不复细分也。"

河内太守徐明赋三篇。字长君，东海人，元、成世历五郡太守，有能名。

已亡佚。

给事黄门侍郎李息赋九篇。

已亡佚。

淮阳宪王赋二篇。

已亡佚。淮阳宪王名钦，是汉宣帝之子。

扬雄赋十二篇。

今存。顾实："后注云'入扬雄八篇'，盖《七略》据雄传，言作四赋，止收《甘泉赋》《河东赋》《校猎赋》《长杨赋》四篇，班氏更益八篇，故十二篇也。其八篇，则本传《反离骚》《广骚》《畔牢愁》三篇，《古文苑》之《蜀都赋》《太玄赋》《逐贫赋》三篇，又有《核灵赋》①《都酒赋》② 二篇，凡八篇。然若益以《解嘲》《解难》《赵充国颂》《剧秦美新》诸篇，则溢出十二篇之数矣，岂此诸篇不在内耶？"

待诏冯商赋九篇。

《艺文类聚》卷八十引刘向之言曰："待诏冯商作《镫赋》。"已亡佚。

博士弟子杜参赋二篇。

已亡佚。杜参，杜陵人。死于汉成帝阳朔元年（公元前24），寿二十余。

车郎张丰赋三篇。张子侨子。

已亡佚。

---

① 见《文选》《太平御览》。
② 即《酒箴》，亦作《酒赋》，收录在清严可均辑《全上古三代秦汉三国六朝文》，中华书局，1958。

骠骑将军朱宇赋三篇。

"骠骑将军"下脱一"史"字。书已亡佚。

右赋二十一家，二百七十四篇。入扬雄八篇。

今计二十一家，二百七十五篇，多一篇。顾实曰："此陆贾赋之属，盖主说辞者也。"

本部分基本上是说理赋。

【荀卿赋】

这是《诗赋略》的第三部分，以孙卿赋开头。

孙卿赋十篇。

今存。章学诚认为孙卿赋居第三种之首，"当日必有取义"。

顾实说："十篇，盖十一篇之误。《荀子》有《赋篇》《成相篇》，《成相》亦赋之流也。《赋篇》有《礼》《知》《云》《蚕》《箴》五赋，又有《佹诗》一篇，凡六篇；《成相篇》载有五篇，共有十一篇。"

严可均有辑本，见《全上古三代文》卷九。

秦时杂赋九篇。

已亡佚。李零说："可能是四言体或成相体，但不入下杂赋类。"

李思《孝景皇帝颂》十五篇。

已亡佚。王棻《校雠通义节驳》认为虽然改称为"颂"，实际上仍旧是赋。

《文心雕龙·颂赞》："容告神明谓之颂……颂主告神，义必纯美。鲁国以公旦次编，商人以前王追录，斯乃宗庙之正歌，非宴飨之常咏也。"

广川惠王越赋五篇。

已亡佚。刘越为汉景帝第十一子，谥为广川惠王，《汉书》有传。

长沙王群臣赋三篇。

已亡佚。长沙王，指吴芮。

魏内史赋二篇。

已亡佚。陈直说："魏内史赋，西汉无封魏之王，次于长沙群臣赋之后，或为魏王豹之内史。以此类推，长沙王则指吴芮而言。"[1]

东暆令延年赋七篇。

已亡佚。东暆（yí），县名。初属临屯郡，临屯郡罢后则属乐浪郡。陈直说："《武帝纪》元封三年（前108），臣瓒注引《茂陵书》，'临屯郡治东暆县，去长安六千一百三十八里，十五县'。《茂陵书》所纪为武帝开乐浪、临屯、玄菟、真番四郡时情况。临屯郡罢废以后，东暆县即属乐

---

① 陈直：《汉书新证》，中华书局，2008，第227页。

浪郡。西安汉城遗址出土有'□睢□印'残封泥，当即为东睢令印。《地理志》应劭注，睢音移，颜师古注，睢音弋支反，皆甚正确，惟臣瓒注睢字从肉不从日，疑景祐本之误刻。东睢设县在武帝时，则延年之时代，亦不得早于武帝时。王先谦谓延年亦见《沟洫志》（原文为齐人延年上书），延年在西汉为最通常之名，似不应混为一人。"① 施之勉也指出王氏之说无据。

卫士令李忠赋二篇。

已亡佚。据《汉书·百官公卿表》，卫士令，官名，属卫尉。

张偃赋二篇。

已亡佚。张偃，祖父张耳，母亲是汉高祖刘邦和吕后的女儿鲁元公主，被外祖母吕后封为第一代鲁王，后改为南宫侯。

贾充赋四篇。

已亡佚。

张仁赋六篇。

已亡佚。

---

① 陈直：《汉书新证》，中华书局，2008，第 227 页。

秦充赋二篇。

已亡佚。

李步昌赋二篇。

已亡佚。子部儒家有《钩盾冗从李步昌》八篇。可能与此同一人所作。

侍郎谢多赋十篇。

已亡佚。

平阳公主舍人周长孺赋二篇。

已亡佚。

雒阳錡华赋九篇。

已亡佚。陈直说："《汉印文字征》第十四、二页，有'錡隆'、'錡海'、'錡缠'、'錡奉'、'錡满'、'錡贤'七印，足证錡姓为两汉习见之姓。"①

睦弘赋一篇。

已亡佚。睦弘，即睦孟。

别栩阳赋五篇。

已亡佚。别栩阳，姓别，名栩阳。② 然据庾信《哀江

① 陈直：《汉书新证》，中华书局，2008，第227页。
② 参见顾炎武《日知录》、钱大昭《汉书辨疑》。

南赋》"栩阳亭有离别之赋"，则"栩阳"非人之名，而是亭的名字。

臣昌市赋六篇。

已亡佚。

臣义赋二篇。

已亡佚。

黄门书者假史王商赋十三篇。

已亡佚。

侍中徐博赋四篇。

已亡佚。

黄门书者王广、吕嘉赋五篇。

已亡佚。

汉中都尉丞华龙赋二篇。

已亡佚。华龙，见《汉书·萧望之传》，汉宣帝时与张子蟜等待诏。

左冯翊史路恭赋八篇。

已亡佚。陈直说："史谓掾史，路恭为人名，因《百官表》历任左冯翊无史路恭其人。"①

右赋二十五家，百三十六篇。

今计家数、篇数不误。顾实曰："此荀卿赋之属，盖主效物者也。"主要是咏物诗。

以上分别讲了赋的三家，章学诚《文史通义·诗教下》说："赋家者流，犹有诸子之遗意，居然自命一家之言者，其中又各有其宗旨焉，殊非后世诗赋之流，拘于文而无其质，茫然不可辨其流别也。是以刘、班诗赋一略，区分五类，而屈原、陆贾、荀卿定为三家之学也。"

接着讲杂赋。

---

① 陈直：《汉书新证》，中华书局，2008，第228页。

【杂赋】

前面将赋分为三部分，分别以屈原赋、陆贾赋、孙卿赋开头。不好归类的，就归入杂赋。这一类，除了第一种和最后一种，书名都有"杂"字。总共十二种，全部亡佚。

《客主赋》十八篇。

扬雄《长杨赋》有子墨，客卿；翰林，主人。盖用其体。

饶宗颐《释主客——论文学与兵家言》："《汉书·艺文志》有《客主赋》。赋之为体，肇基于此，惜其文不可睹。然以意揣之，必立主客之分而为对问之体，以曼衍其辞。战国时人著书，惯用对话，近出马王堆佚书，若《伊力》《九主》《十大经》，无不如此，自是一时风气使然。至于'客主'之名，原出兵家，继乃演而为赋体。"① 又《论战国文学》："《汉志》有《主客赋》篇，此后发展成为赋在开端的惯例，而且形成杂文一类中对问的新文体。自宋玉设问以后，如东方朔、班固之流，皆沿袭之。汉赋如

---

① 《饶宗颐二十世纪学术文集》卷十一《文学》，中国人民大学出版社，2009，第611页。

《两都》《两京》皆以主客开端，都是受到主客方法的影响。"①

《杂行出及颂德赋》二十四篇。

已亡佚。

《杂四夷及兵赋》二十篇。

已亡佚。

《杂中贤失意赋》十二篇。

"中"当作"忠"。董仲舒有《士不遇赋》，当即此类。

《杂思慕悲哀死赋》十六篇。

《楚辞》所载东方朔《七谏》，似即此类。

《杂鼓琴剑戏赋》十三篇。

饶宗颐《选堂赋话》："琴之有赋，滥觞甚早。《汉志》已有《杂鼓琴剑戏赋》十三篇，刘向有《雅琴赋》，傅毅、蔡邕皆继而有作，至嵇叔夜而叹观止矣。"②

———————

① 《饶宗颐二十世纪学术文集》卷十一《文学》，中国人民大学出版社，2009，第631页。
② 《饶宗颐二十世纪学术文集》卷十一《文学》，中国人民大学出版社，2009，第346页。

《杂山陵水泡云气雨旱赋》十六篇。

《古文苑》有董仲舒《山川颂》、公孙乘《月赋》,《全上古三代秦汉三国六朝文》又有东方朔《旱颂》。

《杂禽兽六畜昆虫赋》十八篇。

已亡佚。《古文苑》有路乔如《鹤赋》一篇,《全上古三代秦汉三国六朝文》有公孙诡《文鹿赋》一篇。

《杂器械草木赋》三十三篇。

已亡佚。

《(文)〔大〕杂赋》三十四篇。

已亡佚。

《成相杂辞》十一篇。

杨倞《荀子注》:“《成相》盖亦赋之流也。”朱子《楚辞后语》以为“杂陈古今治乱兴亡之效,托之风诗,以讽时君”,可见这里的“杂辞”不仅是赋。《隐书》之下颜师古引刘向《别录》云:“《隐书》者,疑其言以相问,对者以虑思之,可以无不谕。”章学诚推论:“二书之体,乃是战国诸子流别,后代连珠韵语之滥觞也。法当隶于诸子杂家,互见其名,为说而附于歌诗之后可也。”

李慈铭曰:“《荀子·成相篇》,卢抱经氏引《礼记》治乱以相,相乃乐器,所谓春牍,古者瞽必有相,审此篇音节，即后世弹词之祖，篇首称‘如瞽无相何伥伥’，其义已明。《汉艺文志》‘《成相杂辞》十一篇’，大约托于瞽蒙讽诵之词，亦古诗之流也。按卢说甚确。《尔雅》和乐谓之节，即书之搏拊。古用以为歌舞之节，故曰节；以其相乐之成，故曰相；以其可拊而击，故曰拊。郑君注《书》及《周礼》俱曰拊形如小鼓，盖犹后世之鼓板。古者瞽蒙讽诵，皆取法戒之语，为有韵之文，以音节感人，使其易入。《礼》言瞽之无相伥伥何之，后世皆解为相师之人，古说盖不如是。太师少师所属者隶于公家，其散在民间者，亦如今之以讽诵觅食。其以相者，犹今之或以弦，或以鼓，非此则人不得知，故曰伥伥何之。若云相师之人，师始有相，瞽不能皆有相也。此篇《成相》三章，第一章首云‘请成相’，末云‘成相竭，辞不蹶’；第二章首云‘请成相，道圣王’，中云‘愿陈辞’，末云‘治乱是非亦可识，托于成相以喻意’；第三章首云‘请成相，言治方’；则相自为乐名。成相盖古有斯语，犹铙歌鼓曲之比。刘子政《叙录》言孙卿遗春申君书，刺楚国，因为歌赋，以遗春申君，歌即《成相篇》，赋即此篇下之《赋篇》也。杨注及卢说皆引《汉志》《成相杂辞》为拟，可谓切证，而王氏引之驳之，以成相为成治，斯不辞矣。”[1]

秦简《为吏之道》有韵文八首，如“审民能，以任吏。非以官禄使助治。不任其人，及官之暋岂可悔”，就是用成相句式押韵而来，可助记忆。《成相杂辞》可能就是这

---

[1]（清）李慈铭撰，由云龙辑《越缦堂读书记》，中华书局，2006，第30页。

类内容。这种文体后世仿作的非常少。

《隐书》十八篇。

参阅上一条。宋初，袁淑辑《诽谐文》十五卷，见两《唐志》（《隋志》作十卷）。宋沈宗之又有《诽谐文》（隋时亡佚），"谐隐"这个文体也就成为一格。

《文心雕龙》中有《谐讔》篇："讔者，隐也。遁辞以隐意，谲譬以指事也。昔还社求拯于楚师，喻智井而称麦曲；叔仪乞粮于鲁人，歌佩玉而呼庚癸；伍举刺荆王以大鸟，齐客讥薛公以海鱼；庄姬托辞于龙尾，臧文谬书于羊裘。隐语之用，被于纪传。大者兴治济身，其次弼违晓惑。盖意生于权谲，而事出于机急，与夫谐辞，可相表里者也。汉世《隐书》，十有八篇，歆、固编文，录之赋末。"

右杂赋十二家，二百三十三篇。

今计家数、篇数不误。顾实说："此杂赋尽亡不可征，盖多杂诙谐如庄子寓言者欤？"

刘师培《左盦集·汉书艺文志书后》："十二家，皆为总集，萃众作为一编，故姓氏未标。余均别集。其区为三类者，盖屈平以下二十家，均缘情托兴之作也，体兼比兴，情为里而物为表；陆贾以下二十一家，均骋辞之作也，聚事征材，旨诡而词肆；荀卿以下二十五家，均指物类情之作也，侔色揣声，品物毕图，舍文而从质。此古赋区类之大略也。"

【歌诗】

诗有两种，不歌而颂谓之赋，从《高祖歌诗》二篇以下是可歌之诗，即配有乐谱可以歌唱的乐府诗。

《汉志》详细地著录了有关赋的内容，而著录歌诗方面的数据则较为简略。章学诚在《校雠通义·汉志诗赋》中举了两个例子："帝王之作，有高祖《大风》《鸿鹄》之篇，而无《瓠子》《秋风》之什（或云《秋风》即在《上所自造赋》内）；臣工之作，有《黄门倡车忠等歌诗》，而无苏李《河梁》之篇。"

《汉志》著录歌诗以时代为序，没有风、雅、颂的分别。

《高祖歌诗》二篇。

今存。二篇为《大风歌》《鸿鹄歌》①，收录在《先秦汉魏晋南北朝诗》。

《史记·高祖本纪》："高祖还归，过沛，留。置酒沛宫，悉召故人父老子弟纵酒，发沛中儿得百二十人，教之

---

① 《大风歌》见《史记·高祖本纪》，《鸿鹄歌》见《汉书·张良传》《新序·善谋》。

歌。酒酣，高祖击筑，自为歌诗曰：'大风起兮云飞扬，威加海内兮归故乡，安得猛士兮守四方！'令儿皆和习之。高祖乃起舞，慷慨伤怀，泣数行下。"

《泰一杂甘泉寿宫歌诗》十四篇。《宗庙歌诗》五篇。

《史记·天官书》张守节《正义》："泰一，天帝之别名也。"

《泰一杂甘泉寿宫歌诗》十四篇，与《宗庙歌诗》五篇，两者合为十九章，即汉武帝《郊祀歌》十九章，收录于《先秦汉魏晋南北朝诗》。

《史记·乐书》："至今上即位，作十九章，令侍中李延年次序其声，拜为协律都尉。通一经之士不能独知其辞，皆集会《五经》家，相与共讲习读之，乃能通知其意，多尔雅之文。"

《汉书·礼乐志》："至武帝定郊祀之礼，祠太一于甘泉，就乾位也；祭后土于汾阴，泽中方丘也。乃立乐府，采诗夜诵，有赵、代、秦、楚之讴。以李延年为协律都尉，多举司马相如等数十人造为诗赋，略论律吕，以合八音之调，作十九章之歌。以正月上辛用事甘泉圜丘，使童男女七十人俱歌，昏祠至明。夜常有神光如流星止集于祠坛，天子自竹宫而望拜，百官侍祠者数百人皆肃然动心焉。"

《汉兴以来兵所诛灭歌诗》十四篇。

王先谦疑即汉鼓吹铙歌诸曲。凡十八曲，收录在《先秦汉魏晋南北朝诗》。

《出行巡狩及游歌诗》十篇。

书已残。王先谦推测可能是武帝《瓠子》《盛唐》《枞阳》等歌。汉《铙歌·上之回曲》当亦在内。收录于《先秦汉魏晋南北朝诗》。

《临江王及愁思节士歌诗》四篇。

已亡佚。沈钦韩说："当为临江闵王荣作。《李太白集》有《拟临江王节士歌》。"

《李夫人及幸贵人歌诗》三篇。

已亡佚。沈钦韩说："《外戚传》有《是耶非耶诗》。王子年《拾遗记》有《落叶哀蝉曲》，未审其真伪。"

《诏赐中山靖王子哙及孺子妾冰未央材人歌诗》四篇。

已亡佚。中山靖王，刘胜，景帝之子。其子哙不见于侯表。陈直说："《景十三王传》中山靖王有子百二十余人，子哀王昌嗣，靖王支子为侯者共二十人，刘哙独不见于《侯表》。孺子盖王侯庶妾有号位者之称，冰为孺子之名。未央材人，即才人，为妃嫔之号，此诗作者是未央材人，经汉廷赏赐与中山王子哙及其妾冰，上列二人非作家也。《礼乐志》云：'内有掖庭材人，外有上林乐府，皆以郑声施于朝廷。'未央材人当包括在掖庭材人之内。"①

《吴楚汝南歌诗》十五篇。

吴国，西汉吴县，今江苏吴中区。楚国，今江苏徐州市铜山区。汝南，今河南汝阳县。

应劭说："楚歌者谓《鸡鸣歌》也。"王先谦也指出："郭茂倩《乐府》有《鸡鸣歌》，《鸡鸣歌》即《汝南歌诗》也。"顾实说："沈约曰：'凡乐章古辞，今之存者，并汉世街陌谣讴，《江南可采莲》《乌生十五子》《白头吟》之属也。'是亦吴楚歌诗之可征者欤？"

《燕代讴雁门云中陇西歌诗》九篇。

已亡佚。

《邯郸河间歌诗》四篇。

已亡佚。崔豹《古今注》："《陌上桑》，邯郸女名罗敷作，疑即其辞。《琴操》有《河间杂歌》二十一章。"

西汉邯郸，今河北邯郸境内。河间，今河北献县。陈直说："《急就篇》云：'邯郸河间沛巴蜀。'以上四字连文，为西汉人之习俗语。"②

---

① 陈直：《汉书新证》，中华书局，2008，第 228 页。
② 陈直：《汉书新证》，中华书局，2008，第 228 页。

《齐郑歌诗》四篇。

已亡佚。齐国，西汉临淄县，今山东临淄。郑国，西汉新郑县，今河南新郑市。

《淮南歌诗》四篇。

已亡佚。西汉淮南国，秦之九江郡治寿春邑，今安徽寿县。

《左冯翊秦歌诗》三篇。

已亡佚。西汉左冯翊郡，今陕西西安高陵区西南一里。

《京兆尹秦歌诗》五篇。

已亡佚。西汉时之京兆，在今陕西西安长安区西北十三里。

《河东蒲反歌诗》一篇。

当作《河东蒲坂歌诗》。书已亡佚。西汉蒲坂，在今山西永济市东。

《黄门倡车忠等歌诗》十五篇。

已亡佚。陈直说："黄门倡为倡技之巧，车忠为人姓名，与车郎张丰不同。《召信臣传》，又奏省乐府黄门倡优诸戏，本文简称为黄门倡也，与《礼乐志》称黄门名倡丙疆景武之属并同。"① 《乐府诗集》有《黄门倡歌》一首、《俳歌辞》一首。

《杂各有主名歌诗》十篇。

已亡佚。

《杂歌诗》九篇。

已亡佚。

《雒阳歌诗》四篇。

已亡佚。西汉时期的雒阳，在今河南洛阳市东北二十里。

《河南周歌诗》七篇。

已亡佚。西汉时的河南县，故周王城，在今河南洛阳市西郊。

《河南周歌声曲折》七篇。

已亡佚。章炳麟《国故论衡·辨诗》："汉世所谓歌诗者，有声音曲折，可以弦歌，如《河南周歌声曲折》七篇，《周谣歌诗声曲折》七十五篇是也。故《三侯》《天马》诸篇，太史公悉称诗。盖《乐府》外无称歌诗者。"

---

① 陈直：《汉书新证》，中华书局，2008，第 228 页。

《周谣歌诗》七十五篇。

已亡佚。

《周谣歌诗声曲折》七十五篇。

已亡佚。声曲折，相当于现在的乐谱。王先谦说："此上诗声、篇数并同。声曲折，即歌声之谱，唐曰乐句，今曰板眼。"

姚振宗说："《河南周歌诗》《周谣歌诗》，此两家皆有声律曲折，《隋书·王劭传》所谓曲折其声，有如歌咏是也。《河南周歌诗》，指东周人而言也。《周谣歌诗》，则合东西两周，故篇数多于东周十倍有余也。"

《诸神歌诗》三篇。

已亡佚。

《送迎灵颂歌诗》三篇。

已亡佚。

《周歌诗》二篇。

已亡佚。周地的歌诗在《汉志》中著录的有《雒阳歌诗》四篇、《河南周歌诗》七篇、《河南周歌声曲折》七篇、《周谣歌诗》七十五篇、《周谣歌诗声曲折》七十五篇，以及《周歌诗》二篇，总共是一百七十篇，而声曲折就达八十二篇，可推想当时多么重视音乐歌唱，可惜这些作品都亡佚而不传。周地歌诗的风行，与当时周地成为商业重镇，商业的繁盛有关，比如吕不韦就以阳翟大贾的身份往来贩卖于邯郸。

《南郡歌诗》五篇。

已亡佚。

右歌诗二十八家，三百一十四篇。

今计二十八家，三百一十六篇，多二篇。

凡诗赋百六家，千三百一十八篇。入扬雄八篇。

今计一百零六家，一千三百二十一篇，多三篇。

传曰："不歌而诵谓之赋，登高能赋可以为大夫。"言感物造耑，材知深美，可与图事，故可以为列大夫也。

颂是诗的一体，刘向说"不歌而颂谓之赋"，《汉志》作"不歌而诵谓之赋"。章太炎说："《韩诗外传》说孔子游景山上曰'君子登高必赋'。子路、子贡、颜渊，各为谐语，其句读参差不齐。次有屈原、荀卿诸赋，篇章闳肆。此则赋之为名，文繁而不可被管弦也。其事比于简阅甲兵，簿录车乘，贵其多陈胪，而声歌依咏鲜用。故周乐与三百篇，皆无赋矣。"①

① 章太炎：《检论》卷二，上海人民出版社，2014，第 397 页。

屈赋中有颂，所谓"三闾《橘颂》，情采芳芬，比类寓意，覃及细物"。有的赋像颂，比如王褒的《洞箫赋》，也叫《洞箫颂》。有的颂像赋，比如刘勰所说："马融之《广成》《上林》，雅而似赋。"后来，颂成了独立的文体。本来，诗、骚、赋三者应该分开，但《汉志》把骚纳入赋中，入《诗赋略》，到了刘勰作《文心雕龙》，则分撰《明诗》《诠赋》《辨骚》加以厘定，这是正确的。

颜师古曰："耑，古端字也。因物动志，则造辞义之端绪。"

《毛诗·卫风·定之方中传》："建邦能命龟，田能施命，作器能铭，使能造命，升高能赋，师旅能誓，山川能说，丧纪能诔，祭祀能语，君子能此九者，可谓有德音，可以为大夫也。"

古者诸侯卿大夫交接邻国，以微言相感，当揖让之时，必称《诗》以谕其志，盖以别贤不肖而观盛衰焉。故孔子曰"不学《诗》，无以言"也。

微言，隐语之类，无非欲隐约以见其志（顾实说）。

此引《论语·季氏》载孔子告诫儿子孔鲤（伯鱼）学《诗》的重要性。

春秋之后，周道浸坏，聘问歌咏不行于列国，学《诗》之士逸在布衣，而贤人失志之赋作矣。

逸，遗逸之意。古时一般人民，不是耆老，不能穿丝帛，所以一般称布衣。

屈原、孙卿等人正是"失志"之贤人。

大儒孙卿及楚臣屈原离谗忧国，皆作赋以风，咸有恻隐古诗之义。

离，遭也。

"作赋以风"，王念孙说"风"下原有"谕"字，而今本脱之。

其后宋玉、唐勒，汉兴枚乘、司马相如，下及扬子云，竞为侈丽闳衍之词，没其风谕之义。

饶宗颐《选堂赋话》："夫词之闳衍，实出于庄生之卮言与寓言，故不持一端之觭见，为孟浪之语，相待而两行，故因以曼衍，而以寓言为广。"①

是以扬子悔之，曰："诗人之赋丽以则，辞人之赋丽以淫。如孔氏之门人用赋也，则贾谊登堂，相如入室矣，如其不用何！"

辞人，言后代之为文辞者。

王念孙《读书杂志》说"孔氏之门人"当作"孔氏之门"。

---

① 《饶宗颐二十世纪学术文集》卷十一《文学》，中国人民大学出版社，2009，第335页。

自孝武立乐府而采歌谣，于是有代赵之讴，秦楚之风，皆感于哀乐，缘事而发，亦可以观风俗，知薄厚云。

所谓汉乐府，即古者十五国风之遗意，乡土情味浓厚。当时的文学主流，不在风诗，而在骚赋。

《汉书·礼乐志》："孝惠二年，使乐府令夏侯宽备其箫管，更名曰安世乐。"则当在孝惠帝之时也。又云："至武帝定郊祀之礼，祠太一于甘泉，就乾位也；祭后土于汾阴，泽中方丘也。乃立乐府，采诗夜诵，有赵、代、秦、楚之讴。"

〔序〕诗赋为五种。

章炳麟《国故论衡·辨诗》："《七略》次赋为四家，一曰屈原赋、二曰陆贾赋、三曰孙卿赋、四曰杂赋。屈原言情，孙卿效物，陆贾赋不可见。其属有朱建、严助、朱买臣诸家，盖纵横之变也。扬雄赋本拟相如，《七略》相如赋与屈原同次。班生以扬雄赋隶陆贾下，盖误也。"

刘师培《刘申叔遗书·论文杂记》曰："叙诗赋为五种，而赋则析为四类。……《客主赋》以下十二家皆汉代之总集也，余则皆为分集。而分集之赋复分三类。有写怀之赋，有骋辞之赋，有阐理之赋。写怀之赋屈原以下二十家是也。骋辞之赋陆贾以下二十一家是也。阐理之赋荀卿以下二十五家是也。写怀之赋其源出于《诗经》，骋辞之赋其源出于纵横家，阐理之赋其源出于儒道两家。观《班志》之分析诗赋，可以知诗歌之体与赋不同，而骚体则同于赋体。至《文选》析赋骚为二，则与《班志》之义迥殊矣。"

兵 书 略

时当战国之世，干戈相寻，惨酷至其极。游士以智术诡谲争逐于利害之场，无所不用其至，兵家之学由是而兴。和平时期，更注重文学；动乱之际，更注重兵书。

贡师泰《武经总要序》："昔黄帝以兵战涿鹿，汤、武以师克暴乱，然皆本之以道德，行之以仁义，非若后世出奇设伏，以变诈相倾覆而已。自春秋、战国，干戈相寻，孙武、吴起之流，始各以知谋相角胜，以暴横相吞噬。迨至秦、汉以来，撰述愈多，其所为书，见称于东方朔者已二十二万言，载之西汉《艺文志》者至八百余卷。况历世渐远，其诡异、庞杂、假托、附会，固不可究极矣。"[1]

章学诚《校雠通义·校雠条理》："《七略》以兵书、方技、数术为三部，列于诸子之外者，诸子立言以明道，兵书、方技、数术皆守法以传艺，虚理实事，义不同科故也。至四部而皆列子类矣。"换句话说，诸子是哲学书籍，讲的是道，兵书、数术、方技是科学技术书籍，讲的是器，因此校书的人也必须是懂科学技术的专家。

张尔田《史微》卷三《原兵》："孙武、吴起总纶兵

---

① 李修生主编《全元文》卷一三九八，凤凰出版社，2005。

要，真兵学权谋之家也；《司马法》亦在权谋家，班固省入军礼。尉缭详于禁舍开塞，真兵学形势之家也；《风后握奇经》专言风角占验，真兵学阴阳之家也。"

《兵书略》以作用来分类，分为兵权谋、兵形势、兵阴阳、兵技巧，共四种。章学诚对此推崇备至，他在《校雠通义》中说："郑樵言任宏部次有法，今可考而知也：权谋，人也；形势，地也；阴阳，天也。孟子曰：'天时不如地利，地利不如人和。'此三书之次第也。权谋，道也；技巧，艺也。以道为本，以艺为末，此始末之部秩也。"章氏认为，《兵书略》不仅在分类上已经对学术之轻重有所辨别，而且首尾呼应，道艺流别而成系统。

《兵书略》的小序与各略相比最为简短，只说明类名的意义而已。

【兵权谋】

权，权变；谋，谋略。兵权谋家，即兵战略家。注重战略，是兵家灵魂精神之所在。

《吴孙子兵法》八十二篇。图九卷。

即孙武兵法。《史记·孙子吴起列传》引阖庐曰："子之十三篇，吾尽观之矣。"与今本《孙子兵法》相同。《四库全书》著录《孙子》一卷，无图，入子部兵家类。《简目》云："兵家书之传于今者，惟此本为最古。"目录如下：《始计第一》《作战第二》《谋攻第三》《军形第四》《兵势第五》《虚实第六》《军争第七》《九变第八》《行军第九》《地形第十》《九地第十一》《火攻第十二》《用间第十三》。

《齐孙子》八十九篇。图四卷。

齐孙子，即孙膑。《史记·孙武传》下有附传。《史记·太史公自序》："孙子膑脚，而论兵法。"《汉书·司马迁传》："孙子膑脚，兵法修列。"其书早年失传，《隋志》已不见著录。1972 年 4 月，山东临沂银雀山一座西汉前期墓葬中发现《孙膑兵法》(《齐孙子》)十六篇，已整理出版。

黄德宽说："《孙膑兵法》简本不全，残存 16 篇，《汉书·艺文志》称《齐孙子》，是一部不传于世的兵书。银雀山汉墓是汉武帝初年墓葬，竹书字体属早期隶书风格，可能抄写于文、景至武帝初期这段时间。《擒庞涓》为《孙膑兵法》的一篇，简的编号从 234 至 246 号，234 号简背上方题有篇名《禽庞涓》。本篇共有完简 10 枚，每简字数为 34 至 39 字不等，据 246 号简末所记，本篇总字数为'四百六'，可推算出全篇应为 12 简，只残损两简。"①

《公孙鞅》二十七篇。

已亡佚。公孙鞅即商君，也叫卫鞅。《荀子·议兵篇》："秦之卫鞅，世俗所谓善用兵者也。"法家之《商君》与这里的《公孙鞅》是否同一书，《汉志》没有记载。

《吴起》四十八篇。有《列传》。

吴起（前 440～前 381），战国时卫人。仕魏文侯，领兵击秦，拔五城，拜西河守。后被谮奔楚，为楚悼王相，楚日益强盛。因主张废公族之疏远者以养战士，遂招怨贵戚大臣，后被射死。李克亦称起贪而好色，然用兵，司马穰苴不能过。

《隋志》："《吴起兵法》一卷，今本三卷六篇。"《四库全书》著录《吴子》一卷，入子部兵家类，《简目》以为

---

① 黄德宽：《古文字学》，上海古籍出版社，2015，第 376 页。

"真古书"。今本六篇是唐陆希声的节选本，顾实说："今本六篇，成一首尾，辞意浅薄，必非原书。"郭沫若也断定为伪书，他在《青铜时代·述吴起》说："现在的《吴子》，仅有《图国》《料敌》《治兵》《论将》《应变》《励士》共六篇，总计不上五千字。半系吴起与魏文武二侯之问答。非问答之辞者，率冠以'吴子曰'。辞意浅屑，每于无关重要处袭用孙子兵法语句。……故今存《吴子》，实可断言为伪，以笔调觇之，大率西汉中叶时人之所依托。"

《吕氏春秋·慎小》："吴起治西河，欲谕其信于民，夜日置表于南门之外，令于邑中。"《韩非子·内储说》引吴起南门令、西门令、攻秦令。

《范蠡》 二篇。越王句践臣也。

已亡佚。生平可参阅《史记·货殖列传》及《越王句践世家》对范蠡的记载。

董增龄《国语正义序》曰："《国语》叙事虽不尽有年月，然未尝越次。今上卷已书'越灭吴'，下卷复从句践即位三年起，他国无此例。《内传》无范蠡姓名，《外传》止《吴语》一见，在五大夫之列，旅进旅退而已。至此卷乃专载蠡策，若灭吴之事，蠡独任之，殊非事实。《艺文志·兵权谋》，有《范蠡》二篇，此殆其一。但搀入当在刘向以前。"

《大夫种》 二篇。与范蠡俱事句践。

已亡佚。《大夫种》与《范蠡》是越兵书。

《李子》十篇。

已亡佚。可能是李悝（李克）之书，属于魏兵书。李悝，战国时经济学者。事魏文侯，主持变法，推行尽地之力，创平籴法，使农民精耕以增加产量。魏国因而富强，成为战国初期强国之一。

这里的"李子"也可能是李牧，《史记》有《李牧传》。

《婞》一篇。

已亡佚。"婞"（shuì）是人名。

《兵春秋》一篇。

已亡佚。李零说："可能是集《左传》中的战例为一书。战例对兵学很重要。欧洲传统，就是以古典时代的战史为兵书。明陈禹谟有《左氏兵略》、清胡林翼有《读史兵略》，都是类似之作。"

《庞暖》三篇。

已亡佚。李零说："《庞暖》，赵兵书。今《鹖冠子》之《近迭》《兵政》《武灵王》三篇是与庞暖有关的兵书，或即此书。"

《兒良》一篇。

已亡佚。兒良，或作倪良。《吕氏春秋·不二》："王廖贵先，兒良贵后。"贾谊《过秦论》："吴起、孙膑、带佗、倪良、王廖、田忌、廉颇、赵奢之伦制其兵。”《焦氏易林·益之临》：“带佗、倪良，明知权兵，将帅合战，敌不可当，赵魏以强。”

《广武君》一篇。李左车。

已亡佚。李左车是楚汉战争期间的人物，见《史记·淮阴侯列传》。

《韩信》三篇。

已亡佚。《论衡·命禄》：“韩信与帝论兵。”《史记·太史公自序》：“韩信申军法。”[①] 即此书。咸丰《清河县志》卷十三《艺文》“韩信三篇”小注云：“汉成帝令任宏论次兵书，为四种，其权谋中有《韩信》三篇。前、后《汉书·艺文志》皆载之。且云：‘汉兴，张良、韩信序次兵法，凡百八十一家，删取要用，定著三十五家。诸吕用事而盗取之。’盖淮阴人著书之最古者。”

右兵权谋十三家，二百五十九篇。省伊尹、太公、管子、孙卿子、鹖冠子、苏子、蒯通、陆贾、淮南王二百五十九种，出《司马法》入礼也。

“二百五十九种”当作“二百五十九篇”。所谓“省”，指《七略》两入，而《汉志》省其一。所谓“出”，指《七略》在此，而《汉志》移入彼。诸子之书，取数篇以

---

① 又见《汉书·高帝纪》及《汉书·司马迁传》。

入兵书，与《管子》的《弟子职》在《孝经》家同理。

今计十三家，二百七十篇。多十一篇。当补"图十三卷"。

章学诚认为这是"互注法"，《校雠通义·互著》说："兵书权谋家有伊尹、太公、管子、孙卿子、鹖冠子、苏子、蒯通、陆贾、淮南王九家之书，而儒家复有荀卿子、陆贾二家之书，道家复有伊尹、太公、管子、鹖冠子四家之书，纵横家复有苏子、蒯通二家之书，杂家复有淮南王一家之书；兵书技巧家有墨子，而墨家复有墨子之书。惜此外之重复互见者不尽见于著录，容有散逸失传之文。此之十家一书两载，则古人之申明流别，独重家学，而不避重复著录明矣。自班固并省部次，而后人不复知有家法，乃始以著录之业，专为甲乙部次之需尔。"在同书《郑樵误校汉志》中，章学诚又说："省伊尹、太公诸家，不过为之删省重复而已，非故出于兵而强收于道也。"当以后说为是。①

权谋者，以正守国，以奇用兵，先计而后战，兼形势，包阴阳，用技巧者也。

"以正守国，以奇用兵"见《老子》第五十七章。"先计而后战"，出《孙子兵法》。顾实说："《老子》曰：'以正守国，以奇用兵。'《孙子》曰：'凡战者，以正合，以奇胜。'故道家、兵家通也。"

---

① 详参王重民《校雠通义通解》，上海古籍出版社，2009，第17～20页。

【兵形势】

兵形势，主要讲战术的运用。《孙子兵法》中有《军形》和《兵势》。

《楚兵法》七篇。图四卷。

已亡佚。

《蚩尤》二篇。见《吕刑》。

《管子·五行》："昔者黄帝得蚩尤而明于天道，得大常而察于地利，得奢龙而辩于东方，得祝融而辩于南方，得大封而辩于西方，得后土而辩于北方。黄帝得六相而天地治，神明至。"可见黄帝六相中有蚩尤。

《世本·作篇》："蚩尤作五兵，戈、矛、戟、酋矛、夷矛，黄帝诛之涿鹿之野。"李零说："五兵都是青铜兵器。"

《隋志》著录有《黄帝蚩尤兵法》一卷。书已亡佚。

《孙轸》五篇。图二卷。

已亡佚。

《繇叙》二篇。

已亡佚。繇叙，即由余，见《汉书·古今人表》。李筌《太白阴经》说秦由余有阵图。

《王孙》十六篇。图五卷。

已亡佚。《国语·吴语》有吴王孙雄，姚振宗疑即这里的"王孙"。上面的《诸子略》杂家类有《王孙子》。

《尉缭》三十一篇。

尉缭，战国末人。

《隋志》《崇文总目》《郡斋读书志》《直斋书录解题》均作五卷。《唐志》《宋志》作六卷。《四库全书》著录《尉缭子》五卷，入子部兵家类。凡二十四篇。李零说："银雀山汉简有《尉缭子》，又有《兵令》篇（在《守法令十三篇》内），也与今《尉缭子·兵令》相合。"

今本已残缺。此书与杂家之《尉缭子》同名而异实。

《魏公子》二十一篇。图十卷。名无忌，有《列传》。

据《史记·高祖本纪》，刘邦十分推崇魏公子无忌。又《魏公子列传》："魏王见公子，相与泣，而以上将军印授公子，公子遂将。魏安釐王三十年，公子使使遍告诸侯。诸侯闻公子将，各遣将将兵救魏。公子率五国之兵破秦军于河外，走蒙骜。遂乘胜逐秦军至函谷关，抑秦兵，秦兵不敢出。当是时，公子威振天下，诸侯之客进兵法，公子皆名之，故世俗称《魏公子兵法》。"

《史记·魏公子列传》集解引《七略》作："《魏公子兵法》二十一篇，《图》七卷。"今已亡佚。

《景子》十三篇。

已亡佚。景子，即景阳。

《李良》三篇。

已亡佚。见《史记·张耳陈余列传》。

《丁子》一篇。

已亡佚。可能是丁固。据《史记·季布栾布列传》，他是西汉大将季布同母异父的弟弟，但司马贞《史记索隐》认为他是季布的舅舅，西楚霸王项籍的武将。

《项王》一篇。名籍。

已亡佚。姚明辉说："《韩信》，权谋；《项王》，形势。以形势敌权谋，宜其败也。"

右兵形势十一家，九十二篇，图十八卷。

今计十一家，一百零二篇，多十篇；图二十一卷，多三卷。

形势者，雷动风举，后发而先至，离合背乡，变化无常，以轻疾制敌者也。

李零说："'形势'，指兵力配置。'形'是己所固有万变不离其宗的可见之形；'势'是因敌变化令人高深莫测的人为态势。前者指投入战场前的一切准备，后者是针对战场形势对兵力的调动和再分配。这两个字合在一起，是指战术对策，今语叫'战术'。"

"以轻疾制敌"，《孙子》曰："兵闻拙速，未睹巧之久也。""后人发，先人至。""兵之情，主速，乘人之不及。"皆言兵贵神速。

【兵阴阳】

兵阴阳实际上是在阴阳五行学支配下的多种术数形式在军事理论和实践中的运用。这门学问和天文、气象、地形、地貌有关。

《太一兵法》一篇。

已亡佚。《武经总要续集》卷十八《占候三》："太一者，天帝之神也。其星在天一之南，总十六神，知风雨水旱，金革凶馑。阴阳二局存诸秘式，星文之次舍，分野之灾祥，贵于先知，逆为之备。用军行师，主客胜负，盖天人之际相参焉。"

《天一兵法》三十五篇。

已亡佚。天一，星名。见《史记·天官书》《汉书·天文志》。

《神农兵法》一篇。

已亡佚。

《黄帝》十六篇。图三卷。

罗焌说："道家不讳言兵，故黄帝有兵谋、有兵法；太公有《兵法》、有《六韬》，《管子·外言》亦有《兵法》篇也。"①

已亡佚。《开元占经》卷八、二十一、二十二引《黄帝兵法》，卷五引《黄帝用兵要法》，卷十一引《黄帝用兵要诀》。《五行大义》第五篇引《黄帝兵诀》。《太平御览》卷三百三十八引《黄帝出军诀》。

汪启明说："陈直先生的《史记新证》《五帝本纪第一》，以金文为证，以为黄帝的传说'事或有征'。但无论如何，类似黄帝的英雄定是有的。至于把他说成是集政治家、思想家、军事家、科学家于一身，乃至有多至二十八种重要发明，《汉书·艺文志》著录百家托名黄帝的著作有二十一种四百多卷。虽然刘班雠校，多云依托，但这种附会就是古代英雄的放大效应。"②

《封胡》五篇。黄帝臣，依托也。

已亡佚。"封胡"即"大封"。《汉书·郊祀志》："公玉带曰：黄帝时虽封泰山，然风后、封臣、岐伯令黄帝封东泰山，禅凡山，合符然后不死焉。"这里的"封臣"疑当作"封巨"，"胡""巨"皆大也。《汉书·古今人表》列封胡为上中仁人。

---

① 罗焌：《诸子学述》，华东师范大学出版社，2008，第 280 页。
② 汪启明：《汉小学文献语言研究丛稿》，巴蜀书社，2003，第 331 页。

《风后》十三篇。图二卷，黄帝臣，依托也。

已亡佚。相传为黄帝三公之一。或说帝遇之于海隅，举以为相，或说为黄帝之师。《太平御览》卷一五引《志林》："黄帝与蚩尤战于涿鹿之野……黄帝乃令风后法斗机，作指南车以别四方。"

《四库全书》子部兵家类著录《握奇经》一卷。《简目》云："旧本题风后撰，汉公孙弘解，晋马隆述赞。《汉志》《隋志》《唐志》皆不载。《宋志》始著录。详考其文，盖因唐独孤及《八阵图记》而依托为之。"

《力牧》十五篇。黄帝臣，依托也。

《白虎通·辟雍》："黄帝师力牧。"《列子·黄帝》："黄帝既寤，怡然自得，召天老、力牧、太山稽。"《淮南子·览冥训》："昔者黄帝治天下，而力牧、太山稽辅之。"严可均辑《全后周文》卷十三庾信《周大将军司马裔碑》："逢蒙射法，力牧兵书。"①

力牧，敦煌出土木简有"己不闻者何也，力墨对曰：官"凡十一字，"墨"与"牧"古音同，"力墨"即"力牧"，王国维说简出塞上，当是兵家之力牧，而非道家之力牧。② 马王堆三号汉墓出土帛书《十大经》中有"力黑"，即"力墨"之省文，亦力牧是也。

此书是数术在兵学上的推广和运用。与道家之《力牧》

---

① 又见清李兆洛《骈体文钞》卷二十四。

② 见《流沙坠简考释》。

同名异实。已亡佚。

《鵊冶子》一篇。图一卷。

已亡佚。

《鬼容区》三篇。图一卷。黄帝臣，依托。

已亡佚。《史记·孝武本纪》《汉书·古今人表》有"鬼臾区"，臾、容声相近，颜师古注认为就是鬼容区。

《地典》六篇。

已亡佚。陶潜《圣贤群辅录·黄帝七辅》："地典受州络。"

《孟子》一篇。

已亡佚。李慈铭说："阅杭大宗《道古堂集》。大宗之文，雅赡富丽，不愧宏词之选，惟其考据则多不确。如谓刘歆列《孟子》于兵家，盖据《汉志》兵家阴阳有《孟子》一篇，而不知儒家自有《孟子》十一篇，班氏自注名轲、邹人，子思弟子甚明，兵家之《孟子》列《力牧》《鬼容区》之后，《师旷》《苌宏》之前，盖三代以上人，其详不可考，安得混之。"[1] 据李慈铭说，则此书与儒家之《孟子》同名而异实，但李零说："此书也有可能是《孟

---

[1] （清）李慈铭撰，由云龙辑《越缦堂读书记》，中华书局，2006，第 744 页。

子》中的论兵之作。因为孟子对战争多有讨论，特别是他讲'天时不如地利，地利不如人和'（《孟子·公孙丑下》）一段，更是专门讨论天时地利与用兵之关系，正合此类。"

《东父》三十一篇。

已亡佚。

《师旷》八篇。晋平公臣。

师旷为春秋时晋国乐师。

已亡佚。小说家类中有《师旷》六篇，与此同名而异实。洪颐煊《经典集林》辑录有《师旷占》一卷，里面的十七条中有十条是与农学相关的，王毓瑚《中国农学书录》列为农书。

《苌弘》十五篇。周史。

已亡佚。苌弘是周灵王之史，《史记·天官书》中谈到"昔之传天数者"有苌弘等人，"天数"即天文。又《封禅书》："苌弘以方事周灵王，诸侯莫朝周，周力少，苌弘乃明鬼神事，设射狸首。狸首者，诸侯之不来者。依物怪欲以致诸侯。诸侯不从，而晋人执杀苌弘。周人之言方怪者自苌弘。"①

《庄子·胠箧》："苌弘胣。"又《外物》："苌弘死于

---

① 又见《汉书·郊祀志》。

蜀,藏其血三年,化而为碧。"① 《淮南子·泛论训》:"昔者苌弘,周室之执数者也。天地之气,日月之行,风雨之变,律历之数,无所不通。然而不能自知,车裂而死。"又《说山训》:"苌弘知周之所存,而不知身所以亡。知远而不知近。"

《别成子望军气》六篇。图三卷。

已亡佚。望气,《墨子·迎敌祠》:"凡望气,有大将气,有小将气,有往气,有来气,有败气。能得明此者,可知成败吉凶。"《史记·孝文本纪》:"(十五年)赵人新垣平以望气见,因说上设立渭阳五庙。"《汉书·郊祀志上》:"赵人新垣平以望气见上,言'长安东北有神气,成五采,若人冠冕焉。……天瑞下,宜立祠上帝,以合符应。'于是作渭阳五帝庙。"

《隋志》著录有《用兵秘法云气占》一卷、《望气书》七卷。

《太平御览》卷十五引《抱朴子》佚文:"军上气黑如楼,将军移军必败。其将勇则气如火,火势如张弩,云如日月,赤气绕之,所见之地大胜,不可攻也。"又卷三二八引:"凡战,观云如走鹿形者,败军之气也。"又卷八七八引:"若霜气有围城,或入于城,则外兵得入。若霜气从内出,主人出战。"此葛洪自言望气之可考者。

《通典·兵十五·风云气候杂占》:"太公曰:'凡兴军动众陈兵,天必见其云气,示之以安危,故胜败可逆

① 又见《吕氏春秋·必己》。

知也。'其军中有知晓时气者，厚宠之，常令清朝若日午，察彼军及我军上气色，皆须记之。若军上气不盛，加警备守，辄勿轻战，战则不足，守则有余。察气者，军之大要，常令三五人参马登高若临下察之，进退以气为候。"

《辟兵威胜方》七十篇。

已亡佚。焦循《易余钥录》卷十九："《抱朴子·仙药》篇云：'茯苓名为威喜。'今以茯苓黄蜡为丸，名威喜丸。以此，薛雪《扫叶山房诗话》以诗之澹而无味者为如服威喜丸。雪素习医，世所传薛生白，即其字。以威喜丸中有蜡，味如嚼蜡耳。"

徐文助《汉书艺文志诸子略与兵书略通考》指出"威胜"是合威喜、巨胜为一词，都是古代的仙药。李零《兰台万卷》进一步考证，指出威喜是琥珀，巨胜是胡麻。"琥珀可以辟邪、辟兵。"

陈直说："《急就篇》云：'高辟兵。'汉有'除凶去央，辟兵莫当'压胜泉。又有'辟兵龙蛇玉印'（歙县黄氏藏）。辟兵二字，盖为秦汉人之习俗语。"[①]

右阴阳十六家，二百四十九篇。图十卷。

这里的"阴阳"字上缺"兵"字。

今计十六家，二百二十七篇，少二十二篇，图十卷。

---

① 陈直：《汉书新证》，中华书局，2008，第229页。

兵阴阳家之书多依托之作。

阴阳者，顺时而发，推刑德，随斗击，因五胜，假鬼神而为助者也。

刑，十二辰；德，十日。①"刑德"略见《尉缭子·天官》《淮南子·天文训》。《天文训》："北斗之神有雌雄，十一月始建于子，月从一辰，雄左行，雌右行，五月合午谋刑，十一月合子谋德。"又说："北斗所击，不可与敌。"此斗、击之说不可解。

五胜，五行相胜。

《孙子十一家注》杜牧曰："《淮星经》曰：'岁星所在之分，不可攻，攻之反受其殃也。'《左传·昭三十二年》：'夏，吴伐越，始用师于越也。史墨曰：不及四十年，越其有吴乎！越得岁而吴伐之，必受其凶。'注曰：'存亡之数，不过三纪。岁星三周，三十六岁，故曰不及四十年也。此年岁在星纪。星纪，其分也，岁星所在，其国有福；吴先用兵，故反受其殃。'哀二十二年，越灭吴，至此三十八岁也。"

---

① 见《淮南子·兵略训》高注。

【兵技巧】

兵技巧的要点一在于人，二在于兵器。另外，城市、关塞、营垒等军事性建筑在战争中的作用，亦为兵家所注重，更为兵技巧家所看重。

《鲍子兵法》十篇。图一卷。

可能是齐国兵书。

书已亡佚。钱大昭说："闽本十作一。案兵技巧本百九十九篇，此作一篇，止得百九十八篇，尚少一篇。"

《五子胥》十篇。图一卷。

《五子胥》，即《伍子胥》，但与杂家的《五子胥》八篇同名而异实。已亡佚。

李零说："吴兵书，讲水战法。《太白阴经·水战具》：'水战之具，始自伍员，以舟为车，以楫为马。'《史记·南越列传》集解引臣瓒说：'伍子胥书有戈船，以载干戈，因谓之戈船也。'《文选·七命》李善注引、《太平广记》卷三一五引《伍子胥水战法》。"

《公胜子》五篇。

已亡佚。公胜，即公乘。乘、胜古音同。《说苑·善说》："魏文侯与大夫饮酒，使公乘不仁为觞政。"《史记》与《汉书》中的《陈余传》都谈及富人公乘氏以其女妻陈余事。

《苗子》五篇。图一卷。

已亡佚。

《逢门射法》二篇。

已亡佚。逢门，也作"蜂门"① "逢门子"② "蜂蒙"。逢蒙曾从后羿学射。《韩非子·问辩》："羿、逢蒙以五寸的为巧。"《汉书·叙传》："逢蒙绝技于弧矢。"《孟子·离娄下》："逢蒙学射于羿，尽羿之道，思天下惟羿为愈己，于是杀羿。"

《阴通成射法》十一篇。

已亡佚。

《李将军射法》三篇。

已亡佚。李将军，即李广，善射。《史记·李将军列传》："李将军广者，陇西成纪人也。其先曰李信，秦时为

---

① 见《荀子·王霸篇》。
② 见《汉书·王褒传》。

将，逐得燕太子丹者也。故槐里，徙成纪。广家世世受射。"《汉书·李广苏建传》："广世世受射。"

《宋志》著录《李广射评要录》一卷，入子部杂艺术类。《郡斋读书志》、《直斋书录解题》及《玉海》卷七五引《中兴书目》均作《射评要略》，《绍兴书目》与《通志》作《射诀要略》，则《宋志》误矣。今已亡佚。

《唐志》等著录王琚《射经》一卷，《宋志》著录王坚道《射诀》一卷，与此是同一类的书。

《魏氏射法》六篇。

已亡佚。魏氏，疑为魏不害（陈直说）。李零说："从排列位置看，可能是汉代射法。"

《强弩将军王围射法》五卷。

已亡佚。王围，郁郅人（见《赵充国传》）。

《望远连弩射法具》十五篇。

王应麟引《武经总要》曰："弩者，中国之劲兵，四夷所畏服也。古者有黄连、百竹、八檐、双弓之号，绞车、擘张、马弩之差。今有三弓、合蝉、手射、小黄，皆其遗法。若乃射坚及远，争险守隘，怒声劲势，遏冲制突者，非弩不克。然张迟难以应卒，临敌不过三发四发，而短兵已接，故或者以为战不便于弩。然则非弩不便于战，为将者不善于用弩也。"李零说："连弩以机械控弦，射程远，可三十臂控一弦，一发而俱发。其射程远，故曰'望远连弩'。"

《护军射师王贺射书》五篇。

已亡佚。护军射师，当为护军都尉之属官。这是汉代兵书。

《蒲苴子弋法》四篇。

或作"蒲且子"。《列子·汤问》："詹何曰：'臣闻先大夫之言。蒲且子之弋也，弱弓纤缴，乘风振之，连双鸧于青云之际。用心专，动手均也。臣因其事，放而学钓，五年始尽其道。'"

《淮南子·览冥训》："蒲且子之连鸟于百仞之上，而詹何之鹜鱼于大渊之中，此皆得清净之道，太浩之和也。"

已亡佚。李零说："弋，是用带绳的箭射猎禽鸟，射出的箭可以收回来。"

《剑道》三十八篇。

已亡佚。剑道也是一门学问。《史记·太史公自序》："自司马氏去周适晋，分散，或在卫，或在赵，或在秦。其在卫者，相中山。在赵者，以传剑论显，蒯聩其后也。""非信廉仁勇不能传兵论剑，与道同符。"

《汉书·司马相如传》记相如"少时好读书，学击剑"，《东方朔传》记东方朔"十五学击剑"，《尹翁传》记尹翁"喜击剑"。《东观汉记》载"马严从其故门生肆都学击剑，习骑射"。《后汉书·酷吏列传》记"阳球能击剑，习弓马"。

《手搏》六篇。

已亡佚。《汉书·哀帝纪》"时览卞射、武戏"，颜师古注："手博为卞，角力为武戏。"

《杂家兵法》五十七篇。

已亡佚。集众人所论兵家之学。

《蹴鞠》二十五篇。

已亡佚。"蹴鞠"，中国古代的一种马球运动，属于军事体育。颜师古曰："鞠以韦为之，实以物，蹴蹋之以为戏也。蹴鞠，陈力之事，故附于兵法焉。蹴音子六反。鞠音巨六反。"

刘向《别录》曰："蹴鞠者，传言黄帝所作，或曰起战国时，记黄帝《蹴鞠兵势》也。所以练武士，知有才也，今军无事，得使蹴鞠，有书二十五篇。"

章太炎说："古者蹴鞠列于技巧；《汉·艺文志》兵家有《蹴鞠》二十五篇。棋势、皇博列于术艺。《隋·经籍志》兵家有《棋势》四卷，《皇博法》一卷，此犹近世之兵棋尔。不知者以为娭戏，其知者以为民性有兵，不能常用于寇，故小作其杀机，以导其性。与儒者之乡射，其练民气则同。"①

右兵技巧十三家，百九十九篇。省《墨子》重，入《蹴鞠》也。

今计十六家，多三家；二百零七篇，多八篇；宜补"图三卷"。

---

① 章太炎：《菿汉雅言札记》，上海人民出版社，2015，第 182 页。

王先谦引陶宪曾之语曰："省《墨子》重者，盖《七略》《墨子》七十一篇，入墨家，又择其中言兵技巧者十二篇，重收入此，而班省之也。《蹴鞠》本在诸子，班氏出之入此。"

技巧者，习手足，便器械，积机关，以立攻守之胜者也。

姚明辉说："习手足，如手搏、蹴鞠是也。便器械，如射、弋是也。积机关，如连弩是也。"

凡兵书五十三家，七百九十篇，图四十三卷。省十家二百七十一篇重，入《蹴鞠》一家二十五篇，出《司马法》百五十五篇入礼也。

今计五十六家，多三家；八百零六篇，多十六篇；图四十七卷，多四卷。

兵书中，汉代的著述约有十家左右，其中兵权谋类著录《韩信》三篇，兵技巧类著录《李将军射法》三篇以下十种，兵形势和兵阴阳类则没有关于汉代的著述。从中可知《汉志》所著录的兵书，在汉武帝以后所求的书十分有限。

兵家者，盖出古司马之职，王官之武备也。

王官，王朝之官。司马是王官的一种。古司马之职见《周礼·夏官》。《穀梁传·襄公二十五年》："古者虽有文事，必有武备。"李零说："古代的军事长官，商代叫

'马'，周代叫'司马'，都和马政有关。"

《洪范》八政，八曰师。孔子曰为国者"足食足兵"，"以不教民战，是谓弃之"，明兵之重也。

"足食足兵"，《论语·颜渊》载孔子之言，谓无兵无食，不可以为国。

"以不教民战，是谓弃之"，见于《论语·子路》载孔子之言。此意在批评不素习武备。

《易》曰"古者弦木为弧，剡木为矢，弧矢之利，以威天下"，其用上矣。

引文见《易·系辞下》。弧，木弓。剡（yǎn），削也。

后世耀金为刃，割革为甲，器械甚备。下及汤武受命，以师克乱而济百姓，动之以仁义，行之以礼让，《司马法》是其遗事也。

《史记·司马穰苴列传·赞》说《司马法》"闳廓深远"，当是确评，此所以为三代之文也。在《孙子吴起列传》中，司马迁对《孙子》十三篇略而不论。牛运震《史记评注》卷七推测说："殆于其诈谋数术之道，有所不满也。"

自春秋至于战国，出奇设伏，变诈之兵并作。

所谓"出奇"，指出奇计、用奇计。语本《孙子·兵势》："凡战者，以正合，以奇胜。故善出奇者，无穷如天地，不竭如江河。"《史记·田单传》太史公曰："兵以正合，以奇胜。善之者，出奇无穷。"

设伏，指布置伏兵，设置伏击。

变诈，诡变巧诈。《荀子·议兵篇》："兵之所贵者势力也，所行者变诈也。"

接下来，《兵书略》的小序论述汉代整理兵书之成就。相较于其他各略的小序，应该说更为清楚详尽。

汉兴，张良、韩信序次兵法，凡百八十二家，删取要用，定著三十五家。诸吕用事而盗取之。

《史记·高祖本纪》："韩信申军法。"王应麟引李靖曰："张良所学，《六韬》《三略》是也。韩信所学，穰苴、孙武是也。然大体不出三门四种而已。"

诸吕，指汉代吕后的亲信吕产、吕禄等。

盗取，指盗取秘府所藏兵书。

武帝时，军政杨仆捃摭遗逸，纪奏兵录，犹未能备。

捃摭，采集。《史记·十二诸侯年表》："荀卿、孟子、公孙固、韩非之徒，各往往捃摭春秋之文以著书，不可胜纪。"也作"捃拾""捃采"。

"兵录"就是"兵书目录"，记图书目录为"录"，始见于此。单独说叫作"录"，复称叫作"目录"。

至于孝成，命任宏论次兵书为四种。

"论次"就是上文说的"序次"，有"编次目录"的意思。根据上面关于"张良、韩信序次兵法"、杨仆"纪奏兵录"的记载，可见在《汉志》以前就已经有目录了。[①]

王应麟引秦观曰："此四术者，以道用之则为四胜，不以道用之则为四败，事同而功异，不可不察也。何以知其然耶？昔孙膑伏万弩于马陵之下，魏军至而伏发，庞涓死焉；王恢伏车骑材官三十万于马邑之旁，匈奴觉之而去，恢以自杀，此则用权谋之异也。马服君救阏与，既遣秦间，卷甲而趋之，二日一夜，遂破秦军；曹公追刘先主一日一夜，行三百里，败于乌林，此则用形势之异也。西伯将猎，卜之曰获霸王之辅，果得太公，望而克商；汉武卜诸将，贰师最吉，因以为将，卒降匈奴，此则用阴阳之异也。申公巫臣教吴以车战，吴是以始通上国；房琯用车以抗禄山，贼投刍而火之，王师奔溃，此用技巧之异也。岂非以道用之则为四胜，不以道用之则为四败乎？虽然，所谓道者，何也？治心养气而已矣。"

---

① 参见姚名达《中国目录学史·溯源篇》，上海古籍出版社，2002。

数 术 略

  "数术"是古人通过观测天象、气象、物候等来推断人事之吉凶祸福的一套办法。在汉代最为流行，内容也五花八门，考古发掘也表明，在当时的书籍里，这类书籍占有很大的比重。

  《四库全书》称"数术"为"术数"，《清史稿·艺文志》及彭国栋《重修清史艺文志》因之。1912～1914年，王国维和罗振玉编纂的《流沙坠简》，是汉简研究的开山之作。他们把敦煌汉简分为三大类，第一类是小学、术数、方技书。"术数"是第一类中的第二小类。[①] 在汉代，"数术"与"术数"二词并存，同时使用，然其指涉不同，学者通常混淆两者，甚至视为同义词。仔细考察汉人的用法，必须说，当作"数术"为是，写作"术数"，是误用。[②]

  周秦诸子的儒家重视道德修养，而法家则讲求"术数"，他们认为这是国君驾驭臣民的方法，虽然技巧是其重点，但实际包含思想及技巧的一整套完整的概念，其出

---

① 参见罗振玉、王国维《流沙坠简》，中华书局，1993，第75～99页。
② 详参曾圣益《"数术"与"术数"之名义辨析》，载《汉书艺文志与书目文献论集》，台北文史哲出版社，2013，第60～74页。

现的时代，应该在"儒术""墨术""法术""王术""诈术"等名称之前。而《汉志》这里，当作"数术"为是。"数"指由计算或者数字引申出各种征兆，并根据这些征兆来推算和预测结果。"术"指技术或方法。二者结合在一起，推测其大意，"数术"是由征兆来推算吉凶祸福的技术。

《数术略》可能是以职业来分类的，分为天文、历谱、五行、蓍龟、杂占、形法，共六种。《数术略》的各篇小序侧重于评骘是非，对于学术源流、学者传授，不复说明。

诚如葛兆光所指出的："天象星占、择日龟卜、医方养生、兵家阴阳的知识在古代随葬文献中的数量，表明它实际上在生活世界中占了相当大的分量，也常常是古代思想的知识背景：比如占卜中所依据的阴阳五行的技术操作方法，与古代中国人对大宇宙和小宇宙的观念有关；医药学中的很多知识，也与古代中国人的感觉体验有关；而天象地理之学，更是古代中国思想合理性的基本依据。很多古代中国人的思想、宗教、生活与文学中的观念，常常是由这些知识，经过'隐喻'、'象征'和'转义'衍生或挪移而来的，不从考古发现中采撷和解释这些看似'形而下'的知识，就不能真的理解经典文本上那些'形而上'的思想。"①

数术之学在刘向、刘歆父子及班固等看来已经是小道。古来精通数术的人，有不少不得善终，对这个问题，朱一

---

① 葛兆光：《中国思想史·导论》，复旦大学出版社，2010，第102~103页。

新《无邪堂答问》卷二"答问古来精术数者"条指出："巧者，造物之所忌；泄阴阳之秘者，必干鬼神之诛。古圣仰观俯察，皆所以前民利用，非斤斤于祸福也。术士事事欲求前知，则足以杀其躯而已矣！人惟七情具而后可以为人，若事事前知，则喜怒哀乐皆无所用，仍顽然一物耳，何所取乎？"

【天文】

古代天文学，掌于羲和卜筮之官。

《泰一杂子星》二十八卷。

已亡佚。泰一，星名。见《汉书·天文志》。世传《甘石星经》中有图，就是根据《泰一杂子星》与《五残杂变星》两书而来。

《五残杂变星》二十一卷。

已亡佚。李零说："五残，一种凶星；杂变星，指五残的各种变星。"

章学诚认为《泰一杂子星》与《五残杂变星》之属都是"所谓器也"的书籍，应该补充著录"《宣夜》《周髀》《浑天》诸家，下逮《谈天》之说"等"所谓道也"的书籍，这样的话才能"道器合一"。[①] 章氏补入的《宣夜》《周髀》《浑天》诸家都是西汉末年以前专门论天的书籍，

[①] 参见（清）章学诚撰，叶瑛校注《校雠通义·补校汉艺文志》，中华书局，1985。

《谈天》是邹衍的学说。

蔡邕《表志》："言天体者有三家：一曰《周髀》，二曰《宣夜》，三曰《浑天》。《宣夜》之学绝无师法。《周髀》数术具存，考验天状，多所违失，故史官不用。唯《浑天》者近得其情，今史官所用候台铜仪，则其法也。立八尺圆体之度，而具天地之象，以正黄道，以察发敛，以行日月，以步五纬。精微深妙，万世不易之道也。官有其器而无本书，前志亦阙而不论。臣求其旧文，连年不得。在东观，以治律未竟，未及成书。"[①]

《黄帝杂子气》三十三篇。

已亡佚。孙星衍《问字堂集》卷六《天官书补目序》："《天官书》云：'昔之传天数者：殷商，巫咸；在齐，甘公；魏，石申。'书中亦多用石氏《星经》，班固《天文志》兼用甘氏、石氏语。张守节引《七录》云甘氏'楚人，战国时作《天文星占》八卷'，'石申，魏人，战国时作《天文》八卷也'。郑康成注《周礼》引甘氏《岁星经》，《后汉书·郎颧传》引石氏《经》，《汉艺文志》多本《七录》，不著录巫咸、甘、石书，殊不可解。惟天文家载《黄帝杂子气》三十三篇。《隋经籍志》有《黄帝五星占》六卷，未知即是《黄帝占》否也。刘昭注《续汉志》亦引《黄帝占》，今其文及三家星占具见唐瞿昙悉达所辑《开元占经》中。按黄帝、巫咸、甘、石所载恒星名数，多出《天官书》《天文志》之外，而其书皆在先秦，不知迁、固

---

① 见《后汉书·天文志》。

何以不载。"

《常从日月星气》二十一卷。

已亡佚。常从，也作常、常枞、商容。《淮南子·缪称训》载"老子学商容"，商容即常枞。徐锴《说文系传》卷十一引此作"老子师常枞子"，并引李暹注："言如枞之常不凋。"《古今人表》同，音俱相近。

《文子·上德》："老子学于常枞，见舌而守柔，仰视屋树，退而目川，观影而知持后，故圣人曰无因循，常后而不先，譬若积薪燎，后者处上。"

《说苑·敬慎》："常枞有疾，老子往问焉，曰：'先生疾甚矣，无遗教可以语诸弟子者乎？'常枞曰：'子虽不问，吾将语子。'常枞曰：'过故乡而下车，子知之乎？'老子曰：'过故乡而下车，非谓其不忘故耶？'常枞曰：'嘻，是已。'常枞曰：'过乔木而趋，子知之乎？'老子曰：'过乔木而趋，非谓敬老耶？'常枞曰：'嘻，是已。'张其口而示老子曰：'吾舌存乎？'老子曰：'然。''吾齿存乎？'老子曰：'亡。'常枞曰：'子知之乎？'老子曰：'夫舌之存也，岂非以其柔耶？齿之亡也，岂非以其刚耶？'常枞曰：'嘻，是已。天下之事已尽矣，无以复语子哉！'"

《荀子·大略篇》："武王始入殷，表商容之闾，释箕子之囚，哭比干之墓，天下乡善矣。"

天文一类的书如《史记·天官书》的《索隐》《集解》，以及《开元占经》引《常从日月星气》最多。

《皇公杂子星》二十二卷。

已亡佚。

《淮南杂子星》十九卷。

已亡佚。是淮南王之宾客的占星说。

《泰一杂子云雨》三十四卷。

已亡佚。

《国章观霓云雨》三十四卷。

已亡佚。国章，人姓名。

《泰阶六符》一卷。

已亡佚。颜师古引李奇曰："三台谓之泰阶，两两成体，三台故六，观色以知吉凶。故曰符。"

《汉书·东方朔传》："愿陈《泰阶六符》，以观天变。"孟康曰："泰阶，三台也。每台二星，凡六星。符，六星之符验也。"应劭曰："《黄帝泰阶六符经》曰：'泰阶者，天之三阶也。上阶为天子，中阶为诸侯公卿大夫，下阶为士庶人。上阶上星为男主，下星为女主。中阶上星为诸侯三公，下星为卿大夫。下阶上星为元士，下星为庶人。三阶平则阴阳和，风雨时，社稷神祇咸获其宜，天下大安，是为太平。三阶不平，则五神乏祀，日有食之，水润不浸，稼穑不成，冬雷夏霜，百姓不宁，故治道倾。天子行暴令，好兴甲兵，修宫榭，广苑囿，则上阶为之奄奄疏阔也。'以孝武皆有此事，故朔为陈之。"

《金度玉衡汉五星客流出入》八篇。

已亡佚。金度，铜度。玉衡，北斗第三星。五星：岁星（木星）、荧惑（火星）、太白（金星）、辰星（水星）、镇星（土星）。"出入"，指五星、客星、流星的出入。

《汉五星彗客行事占验》八卷。

已亡佚。彗、客，二星名。

《汉日旁气行事占验》三卷。

已亡佚。与后隔一书同名，而不是一书。《随志》中的《魏氏日旁气图》即从此书而来。

《汉流星行事占验》八卷。

已亡佚。

《汉日旁气行占验》十三卷。

已亡佚。"行"字下夺一"事"字。《汉书·高惠高后文功臣表》："成帝时，光禄大夫滑堪日旁占验曰：'邓弱以长沙将兵侯。'"《天文志》云："正朔所候，决于日旁。日旁云气，人主象，皆如其形以占。"

《隋志》著录《夏氏日旁气》一卷（许氏撰）、《魏氏

《日旁气图》一卷。

《汉日食月晕杂变行事占验》十三卷。

已亡佚。《汉书·五行志》："凡汉著纪十二世，二百一十二年，日食五十三，朔十四，晦三十六，先晦一日三。"又《楚元王传》："汉兴讫竟宁，孝景帝尤数，率三岁一月而一食。臣向前数言日当食，今连三年比食。自建始以来，二十岁间而八食，率二岁六月而一发，古今罕有。"

以上五种"行事占验"书，与后面的六种"海中"数术书同属一系统。称"行事占验"或"行占验"，当用于"行"，即交通活动中。吕子方认为"所谓'汉'应指大陆"①，似为确解。云"汉"者，可能亦为出海者对海外人而言。推想前五种以"汉"字标识者可能是出海前占问用书，后六种可能是航海途中用书。

《海中星占验》十二卷。

已亡佚。《后汉书·天文志》注引《海中占》，即此书。《隋志》有《海中星占》，即张衡所谓海人之占，应该也是这本书。

后人为了方便阅读该书，绘有《星图海中占》一卷，见《隋志》。

《旧唐志》："开元十二年，诏太史交州测景，以八月

① 吕子方：《汉代海上占星术》，载《中国科学技术史论文集》下册，四川人民出版社，1984，第217页。

自海中南望老人星殊高。老人星下，众星粲然，其明大者甚众，图所不载，莫辨其名。”

海中，刘昭《续汉天文志注》引张衡《灵宪》说是"海人之占"，可能是指区别于陆地之占验。姚明辉说"海中"对"汉"言之，疑是四夷事。

《海中五星经杂事》二十二卷。

已亡佚。

《海中五星顺逆》二十八卷。

已亡佚。

《海中二十八宿国分》二十八卷。

已亡佚。《淮南子·天文训》："星部地名：角、亢，郑，氐、房、心，宋，尾箕、燕，斗、牵牛、越，须女、吴，虚、危齐，营室、东壁、卫，奎、娄、鲁，胃、昴、毕、魏，觜嶲、参赵，东井、舆鬼、秦，柳、七星、张、周，翼、轸、楚。"

《海中二十八宿臣分》二十八卷。

已亡佚。

《海中日月彗虹杂占》十八卷。

已亡佚。

以上六种海中数术书，共计一百三十六卷，其内容可能即张衡《灵宪》所谓"海人之占"，已无从详考。王子今说："其篇幅数量之繁博，一方面反映海上航行之艰险，需要以神秘主义方式在凶象丛生时增强出航者的自信，另一方面，又说明当时的航海人员已经积累了较为丰富的海上航行的经验，可以总结为'占验'之书进行出航前景的预测。"①

《隋志》著录《海中星占》一卷、《星图海中占》一卷，又有两种《海中仙人占灾祥书》三卷，以及《海中仙人占体瘾及杂吉凶书》三卷，《海中仙人占吉凶要略》二卷。《开元占经》中也多有"海中占曰"的内容，然而难以判定其中是否有汉代海中数术书的遗存。

沈钦韩《汉书疏证》："海中混茫，比平地难验，著海中者，言其术精，算法亦有《海岛算经》。"

《图书秘记》十七篇。

已亡佚。书中可能有图。

李零说这里的"图书"指的是"以天文星象、阴阳五行造作预言的图谶之书"。又说"秘记"和"秘书"意思差不多，这里指的是"方士传授图谶、符命、鬼神等神秘内容的书"。

姚明辉引沈祖绵之言说："图即河图，书即洛书，古人谶纬皆从河洛而生。"

---

① 王子今：《秦汉交通史稿》，中国人民大学出版社。2013，第218页。

右天文二十一家，四百四十五卷。

今计二十二家，多一家。四百一十九卷，少二十六卷。

天文者，序二十八宿，步五星日月，以纪吉凶之象，圣王所以参政也。《易》曰："观乎天文，以察时变。"然星事凶悍，非湛密者弗能由也。

《数术略》的第一部分多为占星术，与古天文学相类。

二十八宿，亦称"二十八舍"是古代一种恒星分群系统。周天四方各有七宿，东方曰苍龙，有角、亢、氐、房、心、尾、箕七宿，北方曰玄武，有斗、牛、女、虚、危、室、壁七宿，西方曰白虎，有奎、娄、胃、昴、毕、觜、参七宿，南方曰朱雀，有井、鬼、柳、星、张、翼、轸七宿。

《周礼·春官·保氏》注："五星有赢缩圜角，日有薄蚀晕珥，月有亏盈朓侧匿之变。七者右行列舍，天下祸福变移所在皆见焉。"

《隋书·经籍志》："天文者，所以察星辰之变，而参于政者也。"

引《易》之文见《贲卦》彖辞。

由，用也。

夫观景以谴形，非明王亦不能服听也。以不能由之臣，谏不能听之王，此所以两有患也。

明王，圣明的君主。《书经·说命中》："明王奉若天道，建邦设都。"

陈国庆说："本书《京房传》，房事梁人焦延寿，延寿常曰：'得我道以亡身者，必京生也。'其说长于灾变，房用之又精。永光、建昭间，西羌反，日蚀，又久青无光，阴雾不晴。房数上疏，先言其将然，近数月，远一岁，所言屡中，天子说之。是时中书令石显颛权，房尝宴见谏帝，比石显于竖刁赵高，谓帝即位以来，日月失明，星辰逆行，山崩泉涌，地震石陨，夏霜冬雷，春凋秋荣，陨霜不杀，水旱螟虫，民人饥疾，盗贼不禁，刑人满市，《春秋》所记灾异尽备。为信任石显故。显疾房欲远之，乃言于帝，以为魏郡太守，房知其故，忧惧，又上封事，谏用石显。月余，显告房非谤政事，归恶天子，竟征下狱弃市。此即以不能由之臣，谏不能听之主，两有所患之一例。"

从天文、历谱以及五行三类的类序中可以明显窥见其与《诸子略》中的阴阳家之间的关系。

【历谱】

历谱序时，本属天文。

罗振玉与王国维合编的《流沙坠简》中有七种"历谱"：《元康三年历谱》《神爵三年历谱》《五凤元年八月历谱》《永光五年历谱》《永元六年历谱》《永兴元年历谱》《干支谱》。他们定名的根据，是《汉志》的"历谱"。

李零说："《汉志》所谓'历谱'，主要属于历算类。它可以分得更细，包括历法、行度、谱牒、日晷、算数五类。这五类，除日晷类，都有出土实例。'历谱'的'历'是历法或历术，'谱'是谱表，包括世表、年表、月表等不同形式的表。这些表都以历法、历术为基础。"①

历谱类的古书与史书关系密切，"历"和"史"密不可分。史学必讲时间、地点、人物、事件，四项缺一不可，尤其是编年史，最重视时间。

《黄帝五家历》三十三卷。

书已亡佚。《史记·天官书》太史公曰："自初生民以

---

① 李零：《视日、日书和叶书——三种简帛文献的区别和定名》，载《北大中文学刊2009》，北京大学出版社，2009，第147页。

来，世主曷尝不历日月星辰？及至五家、三代，绍而明之，内冠带，外夷狄，分中国为十有二州，仰则观象于天，俯则法类于地。”《索隐》：“谓五纪，岁、月、日、星辰、历数，各有一家颛学习之，故曰‘五家’也。”《正义》：“五家，黄帝、高阳、高辛、唐虞、尧舜也。三代，夏、殷、周也。言生民以来，何曾不历日、月、星辰，及至五帝、三王，亦于绍继而明天数阴阳也。”

《汉书·律历志》：“元凤三年，太史令张寿王上书言：‘历者天地之大纪，上帝所为。传黄帝《调律历》，汉元年以来用之。今阴阳不调，宜更历之过也。’……寿王及待诏李信治黄帝《调历》，课皆疏阔，又言黄帝至元凤三年，六千余岁。丞相属宝、长安单安国、安陵杅育治《终始》，言黄帝以来三千六百二十九岁，不与寿王合。寿王又移《帝王录》，舜、禹年岁不合人年。寿王言化益为天子代禹，骊山女亦为天子，在殷周间，皆不合经术。寿王历乃太史官殷历也。寿王猥曰安得五家历，又妄言《太初历》亏四分日之三，去小余七百五分，以故阴阳不调，谓之乱世。”

《颛顼历》二十一卷。

书已亡佚。《史记·五帝本纪》：“颛顼载时以象天。”《索隐》：“言行四时以象天。”《后汉书·律历志》：“黄帝造历，元起辛卯，而颛顼用乙卯，虞用戊午，夏用丙寅，殷用甲寅，周用丁巳，鲁用庚子。汉兴承秦，初用乙卯，至武帝元封，不与天合，乃会术士作《太初历》，元以丁丑。王莽之际，刘歆作《三统》，追《太初》前世一元，得五星会庚戌之岁，以为上元。"

《颛顼五星历》十四卷。

已亡佚。《续汉书·律历中》："《颛顼历术》曰：'天元正月己巳朔旦立春，俱以日月起于天庙营室五度。'"《全后汉文》卷八十《月令篇名》："《颛顼历术》曰：'天元正月己巳朔旦立春，日月俱起于天庙营室五度。'"注云："《本集》'颛顼'以下多误，今从《续汉·律历志》中注补引改。"

《日月宿历》十三卷。

已亡佚。

《夏殷周鲁历》十四卷。

已亡佚。《汉书·律历志》："三代既没，五伯之末史官丧纪，畴人子弟分散，或在夷狄，故其所记，有黄帝、颛顼、夏、殷、周及鲁历。"

王应麟引《书》正义云："古时真历遭战国及秦而亡。汉存六历，虽详于五纪之论，皆秦汉之际假托为之。"又引《诗》正义云："今世有周历、鲁历，盖汉初为之，其交无迟速盈缩，考日食之法，而年月往往参差。"

《天历大历》十八卷。

已亡佚。杨树达说："《晋书·束皙传》记《汲冢书》有《大历》二篇，云：'邹子《谈天》类也。'疑即此书。"

《汉元殷周谍历》十七卷。

已亡佚。谍历，犹今之纪元。《汉元殷周谍历》，以汉元上推殷、周之年，如言汉元前某年。

《史记·三代世表》："余读谍记，黄帝以来皆有年数。稽其历谱谍终始五德之传，古文咸不同，乖异。"又《十二诸侯年表》："太史公读《春秋历谱谍》，至周厉王，未尝不废书而叹也。"

《耿昌月行帛图》二百三十二卷。

已亡佚。耿昌，《汉书·宣帝纪》与《食货志》并作"耿寿昌"。

"月"上疑脱一"日"字。中国历法最重月行。

帛图，画在帛上之图。或当作"度图"。

多达二百三十二卷，可见已是专门精考之专家之学。

《后汉书·律历志》："甘露二年，大司农中丞耿寿昌奏，以图仪度日月行，考验天运状。"可见他的图是有用的。姚振宗认为："似前二百余卷为图，后二卷为说。"

《耿昌月行度》二卷。

《后汉书·律历志》载贾逵论曰："甘露二年，大司农中丞耿寿昌奏，以图仪度日月行，考验天运状，日月行至牵牛、东井，日过一度，月行十五度，至娄、角，日行一度，月行十三度，赤道使然，此前世所共知也。"

已亡佚。李零说该书"讲月行行度，可能是前者的图说"。

《傅周五星行度》三十九卷。

傅周，姓傅，名周。

王应麟引《春秋正义》："以古今历书推步五星，金、水日行一度，土三百七十七日，行星十二度，火七百八十日，行星四百一十五度，四者皆不得十二年而一终。唯木三百九十八日，行星三十三度，十二年而强一周。举其大数，十二年而一终。"

此书讲五行行度，已亡佚。

《律历数法》三卷。

已亡佚。姚明辉说："日冬至则黄钟之气应，夏至则蕤宾之气应，春分则夹钟应，秋分则南吕应，律数应历数，律分应晷景，律历相表里也。"

《自古五星宿纪》三十卷。

讲自上古以来的五星、二十八宿的学问。已亡佚。

《太岁谋日晷》二十九卷。

已亡佚。古人把黄道附近一周天分为十二等份，并分别予以命名，而岁星（即木星）由西向东绕日运行，正好十二年一周，因此古人以岁星所在的部分为岁名，但岁星的运行方向与将黄道分为十二支的方向正好相反，为避免不便，古代的天文学家便设想出一个与真岁星运行方向相反的假岁星，称之为"太岁"。

王引之说"谋"当为"谍"。李零认为"是合《太岁谍》和《日晷》为一书"。日晷，本义指日影，是使用太阳的位置来测量时间的一种设备，由一根投射太阳阴影的指针、承受指针投影的投影面（即晷面）和晷面上的刻度线组成。

《帝王诸侯世谱》二十卷。

已亡佚。世谱，世表、谱书的别名，是记载家族世系的簿册。据说始自黄帝，不过当时谱书仅限于帝王诸侯的记录而已，直到秦朝，才有私人谱书的出现。欧阳修《泷冈阡表》："乃列其世谱，具刻于碑。"谱书，早期只记世系，到明代中期，才将家族大事一并记入谱书中。自黄帝到民国的谱书名称很多，有谱牒、谱例、谱录、谱系、谱学、大同谱、统谱、会谱德庆编、家模汇编、家谱、家乘、清芬志、系谱、乡贤录、真谱、传芳集、世本、世牒、世典、世恩录、族谱、宗谱、私谱、源流考、渊源录等。

《古来帝王年谱》五卷。

已亡佚。年谱，以编年体裁记载人物生平事迹的著作，也称为年表。

李零说："《史记》，是以世系为主，年代是靠他的十表。他作《十二诸侯年表》，曾说作表之难，在于取材多源，'儒者断其义，驰说者骋其辞，不务综其终始，历人取其年月，数家隆于神运，谱谍独记世谥，其辞略，欲一观诸要难'。他所谓'表'，包括世表、年表、月表，这种东西，其实就是'谱'。《史记》的'世表'、'年表'，就是《汉志·数术略》的'世谱'、'年谱'。"①

《帝王诸侯世谱》、《古来帝王年谱》与《世本》十五篇同类，应该与《世本》放在一起。

《日晷书》三十四卷。

已亡佚。王应麟引司马公《日景图》云："日行黄道，每岁有差，地中当随而转移，故周在洛邑，汉在颍川、阳城，唐在汴州、浚仪。"

《许商算术》二十六卷。

已亡佚。《汉书·沟洫志》："博士许商治《尚书》，善为算，能度功用。"

《杜忠算术》十六卷。

已亡佚。钱宝琮说《许商算术》《杜忠算术》这两本书"应该是东汉初编纂的《九章算术》的前身，它们的主要教材应当被保存于《九章算术》各章之内"。② 现在我们

---

① 李零：《视日、日书和叶书——三种简帛文献的区别和定名》，见《北大中文学刊2009》，北京大学出版社，2009，第150页。
② 转引自李零《兰台万卷：读〈汉书·艺文志〉》，生活·读书·新知三联书店，2011，第181页。

考察出土的相关文献，可以知道秦代、西汉的算术书，与《九章算术》的关系非常密切，这些内容大部分来源于先秦。

《流沙坠简》中有《九九术》，是算术书，也属于"历谱"。

右历谱十八家，六百六卷。

今计十八家，五百六十六卷，少四十卷。

历谱者，序四时之位，正分至之节，会日月五星之辰，以考寒暑杀生之实。

《数术略》的第二部分为推历之术，与古历算之学相关。

四时，指春、夏、秋、冬；分至，指春分、夏至、秋分、冬至。

《后汉书·律历志》："日月之行，则有冬有夏；冬夏之间，则有春有秋。是故日行北陆谓之冬，西陆谓之春，南陆谓之夏，东陆谓之秋。日道发南，去极弥远，其景弥长，远长乃极，冬乃至焉。日道敛北，去极弥近，其景弥短，近短乃极，夏乃至焉。二至之中，道齐景正，春秋分焉。日周于天，一寒一暑，四时备成，万物毕改，摄提迁次，青龙移辰，谓之岁。岁首至也，月首朔也。至朔同日谓之章，同在日首谓之蔀，蔀终六旬谓之纪，岁朔又复谓之元。是故日以实之，月以闰之，时以分之，岁以周之，章以明之，蔀以部之，纪以记之，元以原之。然后虽有变化万殊，赢朒无方，莫不结系于此而禀正焉。"

故圣王必正历数，以定三统服色之制，又以探知五星日月之会。凶厄之患，吉隆之喜，其术皆出焉。此圣人知命之术也，非天下之至材，其孰与焉！

三统，古历法名。汉成帝绥和二年（公元前7），刘歆作《三统历》及谱，以夏正建寅为人统，商正建丑为地统，周正建子为天统。

道之乱也，患出于小人而强欲知天道者，坏大以为小，削远以为近，是以道术破碎而难知也。

姚明辉说："'非天下之至材'，不能与于此，故小人不可强知。天道全体，至远至大，得其一端者为方术，得其全体者为道术。坏大为小，削远为近，皆方术之所为。今之星命家，皆所谓小人而强欲知天道者。"

【五行】

陈梦家《五行之起源》："古器铭上，最早有五行之记载者，厥为战国时之《玉柲铭》。铭文絜于玉制之剑柲上，拓片见《三代吉金文存》卷二十页四九。铭凡十二行，行三字，共三十六字，外重文九，合四十五字。"[①] 五行出于律历，是天官之学，本是天文的一个支流。

《流沙坠简》中有《吉凶宜忌残简》，罗振玉称为"阴阳书"，属于《汉志》的"五行"。

李零说："阴阳五行说，是中国的宇宙论和自然哲学。选择时日的书，和阴阳五行说关系最大。讲日也好，讲月也好，不管时间怎么分，总是为了趋吉避凶。这类书，古人最笼统的叫法是'阴阳书'，后世仍用这个名称。《汉志·数术略》把这类书收在'五行类'。中国后来的数术书，分类有很多变化，但选择一直是'阴阳五行'书的主体。"[②]

---

① 《陈梦家学术论文集》，中华书局，2016，第202页。
② 李零：《视日、日书和叶书——三种简帛文献的区别和定名》，见《北大中文学刊2009》，北京大学出版社，2009，第150页。

《泰一阴阳》二十三卷。

已亡佚。沈钦韩说："《隋志》五行家载太一占甚多，今存者《太一龙首式经》一卷。"

《黄帝阴阳》二十五卷。

已亡佚。

《黄帝诸子论阴阳》二十五卷。

已亡佚。

《诸王子论阴阳》二十五卷。

已亡佚。

《太元阴阳》二十六卷。

太元，当作"泰元"。书已亡佚。

《三典阴阳谈论》二十七卷。

已亡佚。

《神农大幽五行》二十七卷。

已亡佚。

《四时五行经》二十六卷。

已亡佚。

《猛子闾昭》二十五卷。

已亡佚。

《阴阳五行时令》十九卷。

已亡佚。

《堪舆金匮》十四卷。

已亡佚。《汉书·扬雄传》："属堪舆以壁垒兮，梢夔
魖而抶獝狂。"张晏曰："堪舆，天地总名也。"孟康曰：
"堪舆，神名，造图宅书者。木石之怪曰夔，夔神如龙，有
角，人面。魖，耗鬼也。獝狂亦恶鬼也。今皆梢而去之。"
师古曰："堪舆，张说是也。属，委也，以壁垒委之。"

《周礼》疏引《堪舆经》"黄帝问天老事"，似言历象
之书。《史记·日者列传》以堪舆为占家之一。世俗专以谈
地理者为堪舆，不对。李零说："汉代堪舆，与后世的所谓
风水家不一样，是选择术的一种。"

《务成子灾异应》十四卷。

已亡佚。务成子，即务成昭，《吕氏春秋》说他是尧的
老师。

《十二典灾异应》十二卷。

已亡佚。

《钟律灾异》二十六卷。

已亡佚。沈钦韩说：“此盖京房之术。”见《续汉书·律历志》。章学诚认为以下四书当与《六艺略》乐经诸书互注。

《钟律丛辰日苑》二十三卷。

已亡佚。日苑，即日书。星命家以五行生克占日吉凶，称为“丛辰”，是五行家占日的一个支派。《史记·日者列传》褚先生曰：“建除家曰不吉，丛辰家曰大凶。”李零认为：“丛辰是一种选择术，出土日书，前面常有建除表、丛辰表。”

《钟律消息》二十九卷。

已亡佚。消息，荣枯盛衰。《易经·丰卦》：“天地盈虚，与时消息。”

《黄钟》七卷。

已亡佚。

《天一》六卷。

已亡佚。《大戴礼记·易本命》：“天一，地二，人三，三三而九。九九八十一，一主日，日数十，故人十月而生。八九七十二，偶以承奇，奇主辰，辰主月，月主马，故马十二月而生。七九六十三，三主斗，斗主狗，故狗三月而

生。六九五十四，四主时，时主豕，故豕四月而生。五九
四十五，五主音，音主猿，故猿五月而生。四九三十六，
六主律，律主禽鹿，故禽鹿六月而生也。三九二十七，七
主星，星主虎，故虎七月而生。二九十八，八主风，风主
虫，故虫八月化也。其余各以其类也。"

《泰一》二十九卷。

已亡佚。泰一，北辰神名。

《刑德》七卷。

已亡佚。《管子·四时》："刑德者，四时之合也。刑
德合于时，则生福；诡则生祸。"《淮南子·兵略训》："明
于奇正赍、该阴阳、刑德、五行、望气、候星、龟策、机
祥，此善为天道者也。"《庄子·说剑》："制以五行，论以
刑德，开以阴阳。"《鹖冠子·王铁》："调以五音，正以六
律，纪以度数，宰以刑德。"

《风鼓六甲》二十四卷。

已亡佚。风鼓，王先谦认为遁甲演于风后，"风鼓"疑
"风后"之讹。

天干地支相配计算时日，其中有甲子、甲寅、甲辰、甲
午、甲申、甲戌，故称为"六甲"。《汉书·食货志上》："八
岁入小学，学六甲五方书计之事，始知室家长幼之节。"六
甲后来变成一种五行方术，可据以隐遁或辟除神鬼。南朝徐
陵《答诸求官人书》："五行有驿马之言，六甲有官鬼之说。"

《风后孤虚》二十卷。

已亡佚。龚自珍《己亥杂诗》第六十一首所谓"轩后孤虚纵莫寻"是也。

孤虚，以十天干顺次与十二地支相配为一旬，所余之两地支称为孤，与"孤"相对者为"虚"。古代常用以推算吉凶祸福及事之成败。孤谓六甲之孤辰，若甲子旬中，戌亥无干，是为孤也，对孤为虚。戌亥称为"孤"，辰巳称为"虚"，传说中这个日子不利嫁娶。又如俗言某方利、某方不利之类也是这方面的内容。

《史记·龟策列传》："日辰不全，故有孤虚。"《尉缭子·武议》："今世将考孤虚，占咸池，合龟兆，视吉凶，观星辰风云之变，欲以成胜立功，臣以为难。"《吴越春秋·勾践十一年》："原阴阳者，物贵贱也；明孤虚者，知会际也。"元石君宝《秋胡戏妻》第一折："不甫能就三合天地婚，避孤虚日月轮，望十载功名志，感一朝雨露恩。"也作"空亡"。

今传世有《风后握奇经》一卷，系唐以后人伪作。

《六合随典》二十五卷。

已亡佚。六合，指的是子与丑合，寅与亥合，卯与戌合，辰与酉合，巳与申合，午与未合。

《转位十二神》二十五卷。

已亡佚。黄辉说："《班志》所载《转位十二神》之书既不可见，以其名义与《论衡》所载参证之，疑十二神者，本以配十二辰之方向，故亦称为十二辰也。占卜者准以干支，应以诸神。其取名也，或以星辰，或以旧占吉凶之语，定之时令之说，疑五行之家所演出也。即以加时论之，《吴越春秋》《龙首经》《晋书·艺术·戴洋传》所载，多不相同。两汉以来，人各为说，弥失古旨。"[1]

《羡门式法》二十卷。

《汉书·郊祀志》："始皇遂东游海上，行礼祠名山川及八神，（来）〔求〕仙人羡门之属。"颜师古注引应劭曰："羡门名子高，古仙人也。"

书已亡佚。《周礼·春官·太史》："抱天时与太师同车。"郑司农云："大出师，则太史主抱式，以知天时，处吉凶。"这里的"式"与《汉书·王莽传》所记"天文郎按栻于前，日时加某，莽旋席随斗柄而坐"的"栻"同义[2]，即古代用来观察天体位置和测量高度，形状像罗盘的一种天文仪器。

《羡门式》二十卷。

已亡佚。较上面的《羡门法式》书名只少一"法"字，顾实认为卷数相同，而不同书。陈国庆说"只差一法

---

[1] （汉）王充著，黄辉撰《论衡校释·难岁篇》，中华书局，1990，第1023页。

[2] 参见（宋）王应麟撰，张三夕、杨毅点校《汉制考》卷二，中华书局，2011，第40页；（清）桂馥撰，赵智海点校《札朴》卷三"栻"，中华书局，1992，第103页。

字，应是传写之误"。

《文解六甲》十八卷。

已亡佚。

《文解二十八宿》二十八卷。

已亡佚。陈国庆说："数术诸书，多以图著，章学诚辨之很详。六甲十八卷，二十八宿二十八卷，必都有图，有图必有解说，解说须用文字，故又各有文解单行，姑记之，待考。"

《五音奇胲用兵》二十三卷。

《淮南子·兵略训》："明于星辰日月之运，刑德奇该之数，背乡左右之便，此战之助也。"

已亡佚。章学诚认为此书当与《兵书略》阴阳家互注。

《五音奇胲刑德》二十一卷。

已亡佚。王念孙《读书杂志》说"奇胲"即"奇赅"，非常也。章学诚认为此书当与《兵书略》阴阳家互注。

《五音定名》十五卷。

已亡佚。《论衡·诘术》："宅有五音，姓有五声。宅不宜其姓，姓与宅相贼，则疾病死亡，犯罪遇祸。"《白虎通·论姓》："古者圣人吹律定姓，以记其族。人含五常而生，正声有五：宫、商、角、徵、羽。转而相杂，五五二十五，转生四时异气，殊音悉备，故姓有百也。"《太平御览》卷十六引《易是类谋》："圣人兴起，不知姓名，当吹律听声，以别其姓。律者，六律也。"又引《孝经援神契》："圣王吹律定姓。"卷三百六十二引《易是类谋》："黄帝吹律以定姓。"《潜夫论·卜列》："亦有妄传姓于五音，设五宅之府第，其为诬也甚矣。古有阴阳，然后有五行。五帝右据行气，以生人民，载世远，乃有姓名敬民。[①]名字者，盖所以别众猥而显此人尔，非以纪五音而定刚柔也。今俗人不能推纪本祖，而反欲以声音言语定五行，误莫甚焉。"

右五行三十一家，六百五十二卷。

今计三十一家，六百五十四卷，多二卷。

五行者，五常之形气也。

《数术略》的第三部分是阴阳刑德、五行灾异之术，包括堪舆、钟律、刑德、式占等。

《白虎通·五行》："言行者，欲言为天行气之义也。"《吕氏春秋·应同》："黄帝土气胜，禹木气胜，汤金气胜，文王火气胜。"陈梦家《五行之起源》："四时各有气，各时依其方郊迎焉。四时异气，犹四时异火，送气迎气犹出火入火，皆共认于某一时期内，宇宙间某一成分之原素最

---

① 按："敬民"二字有误。

占优势，而为支配此一时期之主力也。"①

《书》云"初一曰五行，次二曰羞用五事"，言进用五事以顺五行也。貌、言、视、听、思心失，而五行之序乱，五星之变作，皆出于律历之数而分为一者也。其法亦起五德终始，推其极则无不至。而小数家因此以为吉凶，而行于世，浸以相乱。

引《书》见《周书·洪范》。梅赜本"羞"作"敬"。

"五行"指木、金、火、土、水。

"五常"指仁、义、礼、智、信。

"五事"指貌、言、视、听、思。

"律历之数"，指天数。"律历之学"即天数之学。五行各家皆分于律历而自为一家。

陈梦家《五行之起源》："五行之兴，大约在孟子前，而盛于邹衍，孟子之卒与邹衍之生适同在纪元前305前后。阴阳之学倡于齐人，而五行与阴阳两不可分，其说亦兴于齐地。齐滨海多航行，故必须有天文地理之知识，而五行即此种知识之别流也。邹衍当时及其前辈，凡辩者皆兼为地理与历物之学，故五行至邹衍而大成，实地域与时代有以促成之也。"②

---

① 《陈梦家学术论文集》，中华书局，2016，第211页。
② 《陈梦家学术论文集》，中华书局，2016，第210页。

【蓍龟】

蓍草与大龟，均为古人卜筮时所用，故用以指占卜。《易·系辞上》："探赜索隐，钩深致远，以定天下之吉凶，成天下之亹亹者，莫大乎蓍龟。"

蓍草，是菊科蓍属的多年生草本植物。叶互生，阔线形。花似菊，色白或淡红。古时取其茎以为占卜之用。《说文》："蓍，蒿属。生千岁，三百茎。《易》以为数。天子蓍九尺，诸侯七尺，大夫五尺，士三尺。从艸，耆声。"

龟占为通天之媒介，是天官所掌。

《流沙坠简》中有《占书》。开头第一字是"旅"，罗振玉以之为旅卦，定为"筮书"，即算卦的书。筮书属于《汉志》的"蓍龟"。

《龟书》五十二卷。

已亡佚。《隋志》有《龟经》一卷，晋掌卜大夫史苏撰。

《夏龟》二十六卷。

已亡佚。贾公彦《仪礼疏》云："凡草之灵，莫善于蓍；凡虫之智，莫善于龟。"

《南龟书》二十八卷。

已亡佚。南，或疑为"商"之误。刘师培、陈直都认为南、商形近，《南龟书》即《商龟书》之误字。① 李零说："这个思路很对，但字误之说不确。《礼记·缁衣》：'南人有言，曰：'人而无恒，不可以为卜筮。古之遗言与？龟筮犹不能知也，而况于人乎？'孔颖达疏：'南人，殷掌卜之人……'其实，南人是宋人，宋为殷遗。郭店楚简《缁衣》和上博楚简《缁衣》，'南人'正作'宋人'。卫灵公夫人叫南子，也是宋女。可见'南龟'是宋龟。"

《史记·龟策列传》："一曰北斗龟，二曰南辰龟。"笔者怀疑"南辰龟"就是这里的《南龟书》。

《巨龟》三十六卷。

已亡佚。

《杂龟》十六卷。

已亡佚。

《蓍书》二十八卷。

已亡佚。据《易纬·乾凿度》引古《经》说："蓍生地，于殷凋殒一千岁。一百岁方生四十九茎，足承天地数，五百岁形渐干实，七百岁无枝叶也，九百岁色紫如铁色，

---

① （清）刘师培：《连山归藏考》，《左盦集》卷一，中国书店，2008。

一千岁上有紫气，下有灵龙神龟伏于下。"《说文解字》也说蓍草"生千岁（才）三百茎"。这些传说无疑给蓍草罩上了一层神秘的外衣。古时占卜，将其烧来作卦，跟龟壳的作用一样。远古先民们求卦为何习惯用蓍草，而不用其他演算工具（如树枝、谷粒、棋子等）呢？这与先民对蓍草的崇拜和神话有关。

《周易》三十八卷。

已亡佚。钱大昭说"周易"下当有脱字。或说这里的"易"当作"占"解，这里的《周易》是占卜的数术《易》。

《周易明堂》二十六卷。

已亡佚。明堂阴阳之学，在《礼记》中记载最多。《大戴礼记·明堂》："明堂者，古有之也。凡九室，一室而有四户八牖，三十六户，七十二牖。以茅盖屋，上圆下方。……明堂月令，赤缀户也，白缀牖也。二九四七五三六一八。堂高三尺，东西九筵，南北七筵，上圆下方。九室十二堂，室四户，户二牖，其宫方三百步。在近郊，近郊三十里。或以为明堂者，文王之庙也。"

《周易随曲射匿》五十卷。

已亡佚。射匿，即射覆。射覆是古时数术家为了提高自己的占卜技能而玩的一种高超而又有趣的游戏，汉时皇宫中流行射覆游戏。《汉书·东方朔传》："上尝使诸数家射覆。"颜师古注曰："于覆器之下而置诸物，令暗射之，故云射覆。"

　　唐朝时期，射覆是考核天文郎的主要考试内容之一。《隋志》有两种《易射覆》，一种二卷，一种一卷。

《大筮衍易》二十八卷。

　　已亡佚。

《大次杂易》三十卷。

　　已亡佚。杨树达引全祖望之言曰："《春秋传》中有卜筮不引《易》文，据所见杂占而言之者，见杜预、刘炫之说，所谓《杂易》者欤。"

《鼠序卜黄》二十五卷。

　　已亡佚。鼠序，即鼠卜。《抱朴子·对俗》："鼠寿三百岁，满百岁则色白，善凭人而卜，名曰仲，能知一年中吉凶及千里外事。"[①]

　　卜黄，即鸡卜。《汉书·郊祀志》："粤巫立粤祝祠，安台无坛，亦祠天神帝百鬼，而以鸡卜。上信之，粤祠鸡卜自此始用。"

《於陵钦易吉凶》二十三卷。

　　已亡佚。於陵钦，可能是人名。於陵，源于妫姓，出

---

① 　胡煦《卜法详考》卷二引《玉策记》文同。

自战国时期齐国贤哲陈仲子之后裔，属于以居邑名称为氏。《风俗通义·姓氏篇》记载："於陵氏，陈仲子，齐世家也，辞爵灌园，居于於陵，因氏焉，汉有议郎於陵钦。"《荆州府志》也有记载："周有於陵子。"

《任良易旗》七十一卷。

已亡佚。任良，京房弟子。

李零说："'易旗'，疑读易棋。《隋书·经籍志》子部五行家有《十二灵棋卜经》，正属易占类。此书，旧名不一，《日本国见在书目》叫《灵易》，宋以来叫《灵棋经》。其占卜方法，是以棋子十二枚，以所掷面背相乘，得一百二十四卦，各有繇辞。《灵棋经》，旧体汉东方朔撰，据宋刘敬叔《异苑》，又有黄石公授张良，晋襄城道人法味传之等说，学者疑为法味所托。所谓'张良'，也可能是'任良'之讹。"

《易卦八具》。

已亡佚。八具，八级，以八卷计。

右著龟十五家，四百一卷。

今计十五家，四百八十五卷（包括《易卦八具》八卷），多八十四卷。

著龟者，圣人之所用也。

《数术略》的第四部分是筮龟即易占之学，这是历史非常久远的古代预测方法。

《书》曰："女则有大疑，谋及卜筮。"《易》曰："定天下之吉凶，成天下之亹亹者，莫善于蓍龟。""是故君子将有为也，将有行也，问焉而以言，其受命也如向，无有远近幽深，遂知来物。非天下之至精，其孰能与于此！"

引文见《尚书·周书·洪范》。卜筮，龟曰卜，蓍曰筮。

引《易》的话见《系辞上》。连续而不倦怠，精进前行叫作"亹亹"，也可叫作"亹亹不卷""亹亹不倦"，见周辉《清波杂志》卷三。

及至衰世，解于齐戒，而娄烦卜筮，神明不应。故筮渎不告，《易》以为忌；龟厌不告，《诗》以为刺。

《易·蒙卦》之辞曰："初筮吉，再三渎，渎则不告。"高亨《周易古经今注》云："言求筮者初来求筮，则为之筮，而告以休咎。若不信初筮，反复多疑，而再三求筮，是狎辱筮人，则不为之筮也。"

《诗·小雅·小旻》曰："我龟既厌，不我告犹。"意思是说龟甲已厌恶我们，占卜不出什么吉凶来了。

【杂占】

古时称卜筮之外的占卜术为"杂占"。

《黄帝长柳占梦》十一卷。

已亡佚。《墨子·所染》："范吉射染于长柳朔、王胜。"孙诒让《墨子闲诂》："此长柳朔、王胜，即张柳朔、王生，《吕览》与《左传》同。长柳，古复姓，《汉书·艺文志》有《长柳占梦》。但据《左传》，则朔、生乃范氏之贤臣，朔并死范氏之难，与此书异，或所闻不同。"

《太平御览》卷八百七十二引《春秋考异邮》："黄帝将兴，有黄雀赤头立于日旁。黄帝曰：'黄者，土精；赤者，火荧；爵者，赏也。余当立大功乎！黄雀者，集也。'"《艺文类聚》卷九十九引作"黄帝占曰：黄者，玉精；赤者，火荧；雀者，赏也。余当立"。

《史记正义》："《帝王世纪》云：黄帝梦大风吹，天下之尘垢皆去。又梦人执千钧之弩，驱羊万群。帝寤而叹曰：'风为号令，执政者也。垢去土，后在也。天下岂有姓风名后者哉？夫千钧之弩，异力者也。驱羊万群，能牧民为善者也。天下岂有姓力名牧者哉？'于是依二占而求之，得风后于海隅，登以为相。得力牧于大泽，进以为将。"

《甘德长柳占梦》二十卷。

已亡佚。公元前 370 年至公元前 270 年，出现了甘德《天文占星》和石申《天文》两部重要的占星学著作，但两书亡佚已久，其中的一些片段在后世的某些著述中有引用。

《武禁相衣器》十四卷。

已亡佚。"武禁"是人之姓名。《论衡·讥日》："裁衣有书，凶日制衣有祸，吉日有福。"

《嚏耳鸣杂占》十六卷。

《隋志》："梁有《嚏书》《耳鸣书》各一卷。"已亡佚。

嚏，喷嚏。杨树达曰："今俗，人嚏，则云人道我，此古之遗语也。"

于省吾《甲骨文字释林·释耳鸣》："甲骨文耳鸣之占屡见，文多残缺，其比较完整的为：'庚戌卜，朕耳鸣，虫（有）钾于且庚，羊百虫（又）□五十八……'（乙五四〇五）今将典籍中关于耳鸣之书和耳鸣的事例，择要加以引述。姚振宗所辑《七略·数术略》佚文，有'《嚏、耳鸣杂占》十六卷'，《汉书·艺文志》同。又姚氏《汉书艺文志条理》：'《隋志》五行家梁有《嚏书》《耳鸣书》《目瞤书》各一卷，亡。'姚氏依据陆贾之说，谓'是类之书在汉初已有之矣'。《楚辞·九叹·远逝》'耳聊啾而惝慌'，王注：'聊啾，耳鸣也。'《说文》：'聊，耳鸣也。从耳卯声。'蔡邕《广连珠》：'目瞤耳鸣，近夫小戒也。'又《居延汉简甲编》一四一三，有'耳鸣得事'和'耳鸣望行事'的记载。"

《祯祥变怪》二十一卷。

已亡佚。灾异，在古代被认为是由于统治者德行有失，"天"所给予的惩罚，俗称天谴。但"灾"一般指自然灾害，如《左传·宣公十六年》："凡火，人火曰火，天火曰灾。"而"祯祥""变怪"则属于"异"。

祯祥，吉兆、瑞兆。《礼记·中庸》："国家将兴，必有祯祥。"

变怪，指各种灾变怪异。《汉书·张敞传》："月朓日蚀，昼冥宵光，地大震裂，火生地中，天文失度，祅祥变怪，不可胜记。"

《人鬼精物六畜变怪》二十一卷。

已亡佚。《论衡·祭意》："经传所载，贤者所纪，尚无鬼神，况不著篇籍。"《史记·留侯世家》："太史公曰：学者多言无鬼神，然言有物。"杨树达说"物"借为"彪"，或作"魅"，《说文·鬼部》："彪，老精物也。"李零说："'人鬼'是冤魂孽鬼，'精物'是山精树怪，'六畜变怪'是牲畜变成的妖怪。"

《变怪诰咎》十三卷。

已亡佚。李零说："睡虎地秦简《日书》甲种《诘》

篇有所谓'诘咎'，其中提到'告如诘之'，'告'即这里的'诰'，'诘'是禁止之义。"

《执不祥劾鬼物》八卷。

已亡佚。《后汉书·方术传》记载"编盲意，亦与鬼物交通"，又记载："河南有曲圣卿，善为丹书符劾，厌杀鬼神而使命之。""章帝时有寿光侯者，能劾百鬼众魅，令自缚见形。"曲圣卿与寿光侯都是掌握了劾鬼物之术的人。

《请官除訞祥》十九卷。

已亡佚。颜师古注："訞字与妖同。"

《禳祀天文》十八卷。

已亡佚。颜师古注："禳，除灾也，音人羊反。"

章学诚《校雠通义·汉志数术》说杂占家之《禳祀天文》《请雨止雨》《泰一杂子候岁》《子赣杂子候岁》《神农教田相土耕种》诸书，即后世所谓"田家五行"，当与《诸子略》农家互注。

《请祷致福》十九卷。

已亡佚。姚振宗："《周礼》，大宗伯之属都宗人，掌都宗祀之礼，凡都祭祀，致福于国。国有大故，则令祷祠。家宗人，掌家祭祀之礼。凡祭祀致福，国有大故，则令祷祠。"

《请雨止雨》二十六卷。

未详何人所作。《史记·儒林列传》："以《春秋》灾异之变推阴阳所以错行，故求雨闭诸阳，纵诸阴，其止雨反是。行之一国，未尝不得所欲。"《艺文类聚》卷一百、《太平御览》卷三十五并引《神农求雨书》，则其来久矣。《春秋繁露》有《求雨》篇，又同书《同类相动》篇："欲致雨则动阴以起阴，欲止雨则动阳以起阳，故致雨非神也，而疑于神者，其理微妙也。"

《隋志》和《唐志》都不见记载，可见亡佚已久，马国翰有《请雨止雨书》辑佚一卷。

《泰一杂子候岁》二十二卷。

已亡佚。《世本·作篇》："后稷作占岁之法。"《史记·天官书》："夫自汉之为天数者，星则唐都，气则王朔，占岁则魏鲜。"

《子赣杂子候岁》二十六卷。

已亡佚。子赣，即子贡。王先谦引叶德辉曰："此因子贡货殖依托而作。"

《五法积贮宝臧》二十三卷。

已亡佚。臧，当作"藏"。

《神农教田相土耕种》十四卷。

已亡佚。杨树达说："《吕氏春秋》卷二十六有《任地》《辨土》二篇，是此相土耕种之类也。"

严可均《全上古文》："《开元占经》一百十一引《神农书》十五条，《神农占》十条。"姚振宗以为《开元占经》所引的二十五条都在《八谷占》篇中，可能就是本书的佚文。王毓瑚《中国农学书录》："似乎本书内容纯属占候性质。像《开元占经》所引的辞句，大都近于神秘，与后世的农谚不同，因此显然失传。"

《昭明子钓种生鱼鳖》八卷。

姚振宗《隋书经籍志考证》说，这是已经散佚的古《养鱼经》片段。王毓瑚《中国农学书录》认为："也许是同《师旷占》一样，形式虽然是古书，内容却包括了捉捕水生动物的有用的经验。昭明子不知是何许人，编写的时代大约是西汉。"顾实认为是"《农书》之主占候者"。书已亡佚，不得其详。

《隋志》子部农家类著录："梁有陶朱公《养鱼法》一卷，亡。"两《唐志》和《宋志》并作《养鱼经》一卷。按：范蠡辅佐越王勾践灭吴，乘扁舟浮于江湖，之陶，为朱公，事见《史记·越王句践世家》。其生平事迹又可参阅太史公《货殖列传》。此书盖托名为之。《说郛》卷一百七及《古今说部丛书》第一集有范蠡《养鱼经》一卷，实则一节，取自《齐民要术》，唯于首增"朱公居陶，齐"五字，而《齐民要术》引陶朱公作鱼池法则未载。马国翰、顾观光各有辑本一卷，见《玉函山房辑佚书·子编农家类》《武陵山人遗稿·古书逸文》。马氏即采《齐民要术》所引二节，顾氏则缺采一节。

《种树藏果相蚕》十三卷。

秦烧书所不去者，医药、卜筮、种树之书。

藏，当作"藏"。已亡佚。姚振宗说《齐民要术》中种树诸篇以及所引《食经》的"藏果法"数十条，都是出于此书。王毓瑚《中国农学书录》："东汉郑玄注《周礼》所引的《蚕书》，好像就是这十三卷中的'相蚕'部分，而后世所传的《淮南王蚕经》三卷，或者也是从这部书来的。当然这也只是臆说。书的内容包括三个互不相关的方面，不知当初为何编在了一起。"

右杂占十八家，三百一十三卷。

今计十八家，三百一十二卷，少一卷。

杂占者，纪百事之象，候善恶之征。《易》曰："占事知来。"众占非一，而梦为大，故周有其官。

《数术略》的第五部分是物验杂占之学。

征，证也。

"占事知来"，见《易·系辞下》。

周有其官，师古曰："谓太卜掌三梦之法，又占梦中士二人，皆宗伯之属官。"

《隋志》有《占梦书》三卷，京房撰。《汉志》不著录。

王应麟引真德秀曰："《周官》'六梦'之占，独所谓'正梦'者，不缘感而得。余虽所因不同，大抵皆感也。感者何？中有动焉之谓也。其动也，有真有妄，梦亦随之。虽昔圣贤不能无梦，惟其私欲销泯，天理昭融，兆朕所形，亦莫非实。高宗之得说，武王之克商，皆是物也。常人则不然，方寸之灵莫适为主，欲动情胜扰扰万端，故厌劳慕佚，则徒步而梦舆马矣；恶馁思饫，则霍食而梦粱肉矣。若是者，皆妄也。至于因梦而获，若主父苦荣之歌，叔孙竖牛之兆，似有其实矣，而卒以基莫大之祸。梦其果可凭耶？非梦之不可凭也，感之妄故梦亦妄也。"

而《诗》载熊罴虺蛇众鱼旐旟之梦，著明大人之占，以考吉凶，盖参卜筮。

引《诗》见《小雅·斯干》《无羊》。熊罴虺蛇之梦，吉祥之梦，而生男女。众鱼之梦，为丰年之应。旐（zhào）旟（yú）之梦，为多盛之象。

大人之占，谓以圣人占梦之法占之。

《春秋》之说訞也，曰："人之所忌，其气炎以取之，訞由人兴也。人失常则訞兴，人无衅焉，訞不自作。"故曰："德胜不祥，义厌不惠。"桑谷共生，大戊以兴；鸲雉登鼎，武丁为宗。

引《春秋》之语见《左传·庄公十四年》："人弃常，则妖兴。"

失常，指反五常之德。衅，瑕也。

厌，厌恶。惠，顺也。

大戊，商代国王，太庚之子。见《汉书·郊祀志》。

武丁，商代国王，在位五十九年，后称为高宗。见《汉书·五行志》。

然惑者不稽诸躬，而忌訞之见，是以《诗》刺"召彼故老，讯之占梦"，伤其舍本而忧末，不能胜凶咎也。

稽，考也。躬，自身。

引《诗》见《小雅·正月》。故老，元老。

【形法】

形法主要包括堪舆、骨相等方术，是数术之一种。本是地理学，古与天文不分。

《山海经》十三篇。

刘歆说原本有三十二篇，他改定为十八篇。据清毕沅考证，它起初有三十四篇，西汉时合为十三篇，刘歆又增加五篇，才变成十八篇。①

今本十八篇，约三万一千字，大概是宋代尤袤重新校定的。有"山经"五篇（南、西、北、东、中），称"五藏山经"；"海经"八篇，分"海内经"与"海外经"，各有南、西、北、东四篇；另有"大荒经"东、南、西、北四篇和"海内经"一篇。

章学诚《校雠通义·汉志数术》："《山海经》宜出地理专门，而无其部次，故强著之形法也。"

王国维研究殷墟卜辞所记殷代帝王世系，发现《山海经》所记人物，很多并非后人杜撰。如书中十六次提到帝

---

① （清）毕沅：《山海经古今篇目考》，载《经训堂丛书》本《山海经新校正》卷首。

俊，即卜辞中多次提到的"夋"或"夒"，也即古书中一再说及的帝喾，为殷族始祖。又如《大荒东经》记载王亥被有易氏所杀，仆牛被夺，卜辞记录祭祀王亥用牛多至三百头，证明其也是殷代先祖。王国维在《观堂集林》卷九《殷卜辞中所见先公先王考》一文中说："其事虽未必尽然，而其人则确非虚构，可知古代传说存于周、秦之间者，非绝无根据也。"

《宋志》著录郭璞《山海经》十八卷，入子部五行类。钱大昕《廿二史考异》："按：《山海经》古书，郭氏为之注，非郭所撰。且下文即有'《山海图经》十卷，郭璞序，不著姓名'。谓非自相矛盾乎？《汉志》虽以《山海经》列于形法家，要是地理家之权舆。《志》既以《山海经赞》入地理类，而此复入之五行类，似未尝寓目此书者，大可怪矣。"

《四库》著录《山海经》十八卷，入子部小说家。《简目》云："是书或称夏禹撰，或称伯益撰，其中乃有帝启，周文王及秦、汉地名，则妄不待辨。然司马迁已称之，则亦周、秦以来古书也。其注为晋郭璞作。《隋志》以来，皆列地理之首。然侈谈神怪，百无一真，是直小说之祖耳，入之史部未允也。"

《国朝》七卷。

已亡佚。沈钦韩、周寿昌等疑为刘向"志地理"之书。李零疑"国朝"指宫殿。

《宫宅地形》二十卷。

已亡佚。应该是讨论风水方位的书。

王应麟引范氏曰："考古卜地之法，周始居豳，相其阴阳，观其流泉，度其隰原，择地利以便人事而已。其作新邑也，卜涧水东，瀍水西，又卜瀍水之东，则推其不能决者，而令之龟，其法盖止于此。彼风水向背，附著之说，圣人弗之详焉。虽然，甲子作于大挠，尚矣。宣王搂日以田，既吉戊，又吉庚午，则枝干固有吉凶。保章氏以星土辨九州之封域，以观妖祥，则方隅固有休咎，圣人弗之详而未尝废其说。"

《相人》二十四卷。

已亡佚。《荀子·非相篇》曰："古者有姑布子卿，今之世梁有唐举。"陶弘景《相经序》："相者，盖性命之著乎形骨，吉凶之表乎气貌，亦犹事先谋而后动，心先动而后应，表里相感，莫知所以然。"

《隋志》著录《相书》四十六卷。

刘知几《史通》："许负《相经》，当时所圣，见传流俗。"

《相宝剑刀》二十卷。

已亡佚。李零说此书专讲相刀剑，属于小序所说的"形器物之形容"。新出居延汉简有《相宝剑刀》。①

《相六畜》三十八卷。

已亡佚。《庄子·徐无鬼》记载徐无鬼见魏武侯，谈及

---

① 甘肃省文物考古研究所编《居延新简》，文物出版社，1990，第 98 页。

相狗、相马。《吕氏春秋·士容》谈及"齐有善相狗者"。《吕氏春秋·精通》与《论衡·订鬼》同载"伯乐学相马",《吕氏春秋·观表》《战国策·赵策》《文子·上仁》《淮南子·说山训》也谈及相马术。银雀山汉简有《相狗方》。《荀子·儒效篇》:"曾不如相鸡狗之可以为名也。"《史记·日者列传》记黄直"相马",当包括在"相六畜"内。《世说新语·汰侈》注引《相牛经》曰:"《牛经》出宁戚,传百里奚,汉世河西薛公得其书以相牛,千不失一。"《隋志》有伯乐《相马经》,《唐志》农家有宁戚《相牛经》一卷。《崇文总目》有《周穆王相马经》。《流沙坠简》中有《相马法》。这些书与这里的《相六畜》是一类的书。

陈直指出,汉世"六畜主要在马"。① 《三国志·魏书·夏侯玄传》裴松之注引《魏氏春秋》也说到"本出汉世"之《马经》。马王堆帛书有《相马经》,约有 5200 字。② 其绝大部分内容为今本所无,其抄写年代,大致为汉高祖时期至汉文帝初年。

王毓瑚《中国农学书录》曰:"古籍中往往记载着相马、相牛、相彘、相狗、相鸡等的人和故事,一定也曾有人把这种种法术记录下来,编成专书。据魏晋时代的人说,汉时有《相马经》,但《汉志》著录的独有此书,似乎这三十八卷中包括的有关于各种家畜的相法在内,所以书名

① 陈直:《汉代的马政》,载《文史考古论丛》,天津古籍出版社,1988,第 328 页。
② 马王堆汉墓帛书整理小组:《马王堆汉墓帛书〈相马经〉释文》,《文物》1977 年第 8 期,第 17 ~ 22 页。

为《相六畜》。大约后来又分别传写，各成专书，原来的总题名就消失了。"

黄博思《东观余论》内有一篇《跋慎汉公藏〈相鹤经〉后》说："按《隋书·经籍志》《唐书·艺文志》，《相鹤经》皆一卷。今完书逸矣，特自马总《意林》及李善《文选注》、鲍照《舞鹤赋》抄出大略，今真静陈尊师所书即此也。"这部辑佚本的《相鹤经》，今存于陶宗仪《说郛》内。

右形法六家，百二十二卷。

今计六家，一百二十二卷。

形法者，大举九州之势以立城郭室舍，形人及六畜骨法之度数、器物之形容，以求其声气贵贱吉凶。犹律有长短，而各征其声，非有鬼神，数自然也。

中华书局本的标点为："形法者，大举九州之势以立城郭室舍形，人及六畜骨法之度数、器物之形容以求其声气贵贱吉凶。"这种断句有问题，这里重新做了标点。

《数术略》的第六部分是形法之学，包括异域地理、相宅相物等。

《论衡》有《骨相》篇，可见这种学说很早就有了，但有巫术与科学之差别，王充论"骨法"，可以理解为"格局"。

然形与气相首尾，亦有有其形而无其气，有其气而无其形，此精微之独异也。

顾实曰："此以形气言相，非专门名家难言之。然以《山海经》次其间，则其驳也。"

凡数术百九十家，二千五百二十八卷。

朱一新说"百九十家"当作"百九家"。今计一百一十家，多一家；二千五百五十八卷，多三十卷。

数术者，皆明堂羲和史卜之职也。

"数术"这类技术在汉代包罗万象，是人们普遍接受的知识，流传极其广泛。由此也可见，古代的思想文化绝不是我们想象的只有经典般的"高雅"。

史官之废久矣，其书既不能具，虽有其书而无其人。《易》曰："苟非其人，道不虚行。"

关于史官，周寿昌说"史，是史巫之史；官，则太卜"。引《易》文见《系辞下》，言"道由人行"。

春秋时鲁有梓慎，郑有裨灶，晋有卜偃，宋有子韦。

《史记·天官书》有更为详细的记载："昔之传天数者：高辛之前，重、黎；于唐、虞，羲、和；有夏，昆吾；

殷商，巫咸；周室，史佚、苌弘；于宋，子韦；郑则裨灶；在齐，甘公；楚，唐昧；赵，尹皋；魏，石申。"

《晋书·天文志》："其诸侯之史，则鲁有梓慎，晋有卜偃，郑有裨灶，宋有子韦，齐有甘德，楚有唐昧，赵有尹皋，魏有石申夫，皆掌著天文，各论图验。"

梓慎，见《左传·襄公十五年》。

裨灶，见《左传·襄公二十八年》。

卜偃，见《左传·闵公元年》。

子韦，宋景公之史。

六国时楚有甘公，魏有石申夫。

甘公，即甘石，战国时天文学家。

石申夫，战国时天文学家。

汉有唐都，庶得粗觕。

唐都，汉代天文学家。粗觕，粗略。

陈寿说谯周"以术知之"，能预知自己的死期。这个"术"就是数术，《三国志》记载周群、张裕、杜琼等人也都很擅长这一套。

盖有因而成易，无因而成难，故因旧书以序数术为六种。

顾实说："此明数术之学，出于古史，则今之江湖医卜星相之流，皆其苗裔也。然其授受比诸古史世传，则又迥异也。梓慎（襄十五年）、裨灶（襄二十八年）、卜偃（闵元年），见《左传》。子韦见前阴阳家，甘公、石申夫详《天文志》。唐都，详《律历志》。"

《汉志》的略序和类序可以帮助我们辨章学术，考镜源流。章学诚凭借《汉志》的略序和类序，畅发学术流变之旨，深得其要。余嘉锡后来居上，更上一层楼。孙德谦等则欲借书目考辨学术源流，但受限于目录本身，所以虽殚思竭虑去创发全书义例，最终却难以达到其目的，徒增烦扰而已。

方 技 略

六艺在当时被认为最能切中要点，因此在排序时排在最前，以示尊奉。诸子学次之，接下来是《诗赋略》《兵书略》《数术略》，排在最后的是《方技略》。其排列的顺序，是按照重要性来进行的。

汉立国之初，文帝和景帝皆好黄老之学，同时也热衷于阴阳五行家的学说。赵同和邓通在文帝时期即以星气、占梦得宠。到了汉武帝，则沉迷于神仙之学。《史记·孝武本纪》就记载李少君、少翁、栾大皆以方术、鬼神受宠于武帝，其求仙、祈神，出游四方、东巡海上以求祀鬼神，不计其数，足见当时神仙、方术之说之盛行。

《方技略》包括医卜星相各种技术，分类兼体裁作用，分为医经、经方、房中、神仙四种。从整体上说明治病的道理的，是医经。讲怎样保持身体健康的，属于医方。第三部分是房中术，第四部分讲怎样修炼成神仙。神仙列入方技，而不入数术，盖亦为养生之道也。

《方技略》的各类小序和《数术略》相似，侧重评骘是非，对学术源流、学者传授，没有进一步说明。另外值得注意的是，和其他各略综述古学而进行评述相比，《方技略》的总序又最为简略。

方技的授受有秘密性，难成显学。

【医经】

　　医经部分讲的是医学，经方讲的是药物学。医经和经方实际上是一家。

《黄帝内经》十八卷。

　　晋初皇甫谧《甲乙经·序》："按《七略》《艺文志》：《黄帝内经》十八卷，今有《针经》九卷、《素问》九卷，二九十八卷，即《内经》也。"书今残。王应麟《汉志考证》引王冰云："《素问》《灵枢》，乃其数内。"

　　《四库全书》有《黄帝素问》二十四卷、《灵枢经》十二卷。《提要》云："《汉书·艺文志》载《黄帝内经》十八篇，无《素问》之名。后汉张机《伤寒论》引之，始称《素问》。晋皇甫谧《甲乙经序》，称《针经》九卷、《素问》九卷，皆为《内经》，与《汉志》十八篇之数合，则《素问》之名起于汉、晋间矣，故《隋书·经籍志》始著录也。"《简目》云："其书云出上古，固未必然。然亦必周、秦间人传述旧闻，著之竹帛。故通贯三才，包括万变，虽张、李、刘、朱诸人，终身钻仰，竟无能罄其蕴奥焉。"

　　《黄帝内经》是后世托名的著述，绝非黄帝所著。司马光《传家集·与范景仁第四书》："谓《素问》为真黄帝之书则恐未可。黄帝亦治天下，岂可终日坐明堂，但与岐伯论医药针灸耶？此周汉之间，医者依托以取重耳。"唐彪《读书作文谱》："凡书之托名者甚多，苟其书真善美，不必问是其人所著否也。人之有大学识者，其淑世之心，每不能自已。笔之于书，又恐不行于世，故托前世圣贤以名之，无害其善也。后之人，辨而赞美之可也，端知其伪，不言其美，令无知者信吾言，而鄙弃其书，则辨之者之过矣。惟真庸陋之书，则辟之自不容已也。"

有人说《黄帝内经》成书于西汉，有人说成书于东汉，但根据一些出土文献来看，里面的很多内容都属于先秦，包括马王堆西汉早期墓中出土的那些医书，必属先秦无疑。

《外经》三十七卷。

《扁鹊外经》，已亡佚。

《扁鹊内经》九卷。

扁鹊，姓秦，名越人，战国时人。

《周礼·天官·疾医》疏引刘向语："扁鹊治赵太子暴疾，尸蹶之病，使子明炊汤，子仪脉神，子术按摩。"《说苑·辨物》："子容捣药，子明吹耳，阳仪反神，子越扶形，子游矫摩。"

已亡佚。顾实曰："《千金方》《外台秘要》皆有引扁鹊法，或为此《内经》《外经》之遗文。"

《外经》十二卷。

已亡佚。《四库全书》著录《难经本义》二卷。《简目》云："周秦越人撰，元滑寿注。越人撰《难经》八十一篇，发明《内经》之旨，词义古奥，猝不易通，笺释多失其本意。寿以文士而精于医，故其注较诸家所得为多。"

《白氏内经》三十八卷。

已亡佚。姚振宗："白氏不详何人，自来医家罕见著录，其书大抵亦本《黄帝》《扁鹊内外经》而申说之，故其《内经》卷数倍多于前。"

《外经》三十六卷。

书已亡佚。黄帝、扁鹊、白氏皆有内、外经，其为一家之学，自不必言。但医经分内、外，其编次之义，取决于医书本身的性质。医学本有理论与实用两个层面，习医者当兼习其书。所谓"内经"，主旨在阐明医学理论，考今《素问》《灵枢》《难经》可知。下面要讲到的"经方"也是医学中必不可缺的部分，在《方技略》中之所以别为一种，是因为经方本为治某病之方，且内容多，流布广，经方十一家的内容明显多于医经。

《旁篇》二十五卷。

已亡佚。姚振宗："《旁篇》者，旁通问难之属也。或统于白氏。"

右医经七家，二百一十六卷。

今计七家，一百七十五卷，少四十一卷。

医经者，原人血脉经落骨髓阴阳表里，以起百病之本，死生之分，而用度针石汤火所施，调百药齐和之所宜。

医经是推阐医理之书。"原"指推其所由来。

经落，经络。针石，即石针。"所施"上当有"之"字（王念孙说）。

此论医之道，可与《史记·扁鹊仓公列传》相参："使圣人预知微，能使良医得蚤从事，则疾可已，身可活也。人之所病，病疾多；而医之所病，病道少。故病有六不治：骄恣不论于理，一不治也；轻身重财，二不治也；衣食不能适，三不治也；阴阳并，藏气不定，四不治也；形羸不能服药，五不治也；信巫不信医，六不治也。有此一者，则重难治也。"

至齐之得，犹慈石取铁，以物相使。拙者失理，以愈为剧，（以死为生）〔以生为死〕。

慈石，今作磁石。

王先谦曰："官本作'以生为死'，义两通。"杨树达："以死为生，与以愈为剧不类，此毛本误文，王云义两通，非也。景祐本作'以生为死'。"

【经方】

中医称记载药剂的书为经方。《汉志》著录经方十一家。中医上也称汉代之前的临床著作为"经方"，称汉以后医家所定的方剂为"时方"，通常指张机《伤寒论》《金匮要略》中所记载的方剂。

《五藏六府痹十二病方》三十卷。

已亡佚。痹（bì），风湿病。

《五藏六府疝十六病方》四十卷。

已亡佚。疝（shàn），心腹气病。

《五藏六府瘅十二病方》四十卷。

已亡佚。《广韵·平声·寒韵》："瘅，火瘅，小儿病也。"瘅（dān），小儿热病。

《风寒热十六病方》二十六卷。

已亡佚。

《泰始黄帝扁鹊俞拊方》 二十三卷。

胡应麟《史书占毕》卷六："医家二扁鹊，一黄帝时人，一战国时人。……战国秦越人明洞医道，世以其与黄帝时扁鹊类，因以为号。今所传《难经》乃秦越人作，非扁鹊也。宋雷敩撰《炮灸》三卷，人多不知其名，但以《素问》有雷公，为黄帝弟子，遂以《炮灸》即黄帝时雷公撰。其人与事酷类有如此者。今二书盛行，黄帝时扁鹊、宋之雷公殊没，因详识此以例其余。案：《隋志》有雷公注《神农本草》四卷，此当是伪托黄帝时者，非宋人也。《汉志》经方类有《泰始、黄帝、扁鹊、俞拊方》三十卷，此当是黄帝时扁鹊，然亦依托，未必真也。"①

《史记·扁鹊仓公列传》："上古之时，医有俞跗，治病不以汤液醴洒，镵石挢引，案扤毒熨，一拨见病之应，因五藏之输，乃割皮解肌，诀脉结筋，搦髓脑，揲荒爪幕，湔浣肠胃，漱涤五藏，练精易形。"

《说苑·辨物》："中古之为医者曰俞柎，俞柎之为医也，搦脑髓，束肓莫，炊灼九窍而定经络，死人复为生人，故曰俞柎。"

《五藏伤中十一病方》 三十一卷。

已亡佚。中，指内脏。《素问·诊要经终论》："凡刺胸腹者，必避五藏。中心者，环死；中脾者，五日死；中肾者，七日死；中肺者，五日死；中鬲者，皆为伤中，其

① 杭世骏《订讹类编》卷四、阮葵生《茶余客话》卷十五亦称引。

病虽愈，不过一岁必死。刺避五藏者，知逆从也。所谓从者，鬲与脾肾之处，不知者反之。刺胸腹者，必以布憿著之，乃从单点上刺，刺之不愈，复刺。刺针必肃，刺肿摇针，经刺勿摇，此刺之道也。"

《客疾五藏狂颠病方》十七卷。

已亡佚。

五藏，即五脏。狂颠病，精神失常症。《素问·脉解》："所谓甚则狂巅（颠）疾者，阳尽在上，而阴气从下，下虚上实，故狂巅（颠）疾也。"

《金创疭瘲方》三十卷。

已亡佚。即今之刀伤药。疭瘲，当作痵瘲（chì）疭（zòng），即今小儿之角刀反张病，俗名"抽风"。

杨树达："《潜夫论·贵志》云：'哺乳太多，则必掣纵而生痫。'掣纵与疭瘲同。"

《妇人婴儿方》十九卷。

妇科、儿科自古有专书，可惜此书已亡佚。《颅囟经》为儿科医宗，有人民卫生出版社 1956 年刊行影印本。

宋代陈自明撰于嘉熙元年（1237）的《妇人大全良方》是中国现存最早、具有系统性的妇产科专著，凡二十四卷。分为调经、众疾、求嗣、胎教、妊娠、坐月、产难、产后八门。

《汤液经法》三十二卷。

已亡佚。《内经·素问》有《汤液醪醴论》。《事物纪原》："《汤液经》出于商伊尹。"《汉书·郊祀志》："莽以方士苏乐言，起八风台于宫中。作乐其上，顺风作《液汤》。"皇甫谧曰："仲景论《伊尹汤液》为十数卷。"

《神农黄帝食禁》七卷。

已亡佚。禁，与"药"字近似而误。周寿昌说，疑《神农黄帝食药》即《隋志》《唐志》所录《神农本草》之所由托也。

右经方十一家，二百七十四卷。

今计十一家，二百九十五卷，多二十一卷。

经方者，本草石之寒温，量疾病之浅深，假药味之滋，因气感之宜，辩五苦六辛，致水火之齐，以通闭解结，反之于平。

姚明辉说："经方者，乃上古相传之医方，后世莫能出其范围，故冠以经名也。"

五苦，指黄连、苦参、黄芩、黄檗、大黄。

六辛，指干姜、附子、肉桂、吴萸、蜀椒、细辛。

水火之齐（剂）：制剂有水、火之分。火制四：煅、煨、炙、炒。水制三：浸、泡、洗。水火共制：蒸、煮。

及失其宜者，以热益热，以寒增寒，精气内伤，不见于外，是所独失也。故谚曰："有病不治，常得中医。"

《黄帝内经》说"圣人不治已病治未病"，这里说的"有病不治"，就是说不治已病。陈直说："古代语曰、谚曰皆用韵语，本文'治'读如'辞'，与医合韵。"[①] 钱大昭《汉书辨疑》："今吴人犹云不服药为中医。"就是说，到今天为止，吴地的人仍以不服药为中医。中医不以服药为主的理念可能在清代相当盛行。曾国藩的儿子身体比较虚弱，在家书里他告诉儿子："治心病以'广大'二字为药，治身病要以'不药'二字为药。"

---

① 陈直：《汉书新证》，中华书局，2008，第230页。

【房中】

古人称男女性交的方术及其性文化图书类目为"房中术",简称为"房术"或"房中"。陶宗仪《辍耕录·房中术》:"今人以邪僻不经之术,如运气、逆流、采战之类,曰'房中术'。"

为了达到某种效果,一些修炼者长期修炼练气术、日疗术、导引术和房中术。房中术曾受到儒家和佛教的强烈反对,在今天看来却相当有意思,有兴趣的可以参阅李零《中国古代房内考》和《中国古代房内续考》。由于阴阳理论已被普遍接受,他们认为人类的两性关系与整个宇宙机制具有密切关系,两性关系对长生不老能起到重要的作用,因此,这种技术属于"阴阳养生之道",目的是促进阴阳二体之间的互相滋养,尤其是对阳的滋养。

尽管道士、方士在讲房中术时强调要节欲、养生、保气,但能掌握其精髓者极少,是以褚人获《坚瓠五集·戒好色》指责"房术误人不少"。

《容成阴道》二十六卷。

容成,《汉书·古今人表》列为上中仁人。《列仙传》:

"容成公者，自称黄帝师，见于周穆王，能善辅导之事。取精于玄牝，其要谷神不死，守生养气者也。发白更黑，齿落更生。事与老子同，亦云老子师也。亹亹容成，专气致柔。得一在昔，含光独游。道贯黄庭，伯阳仰俦。玄牝之门，庶几可求。"《淮南子·修务训》《吕氏春秋·勿躬》都记载"容成造历"。

阴道，指御妇人之术。《后汉书·方术传》："冷寿光者，行容成公御妇人之法。"又载："甘始、东郭延年、封君达三人者，皆方士也。率能行容成御妇人术。"

《务成子阴道》三十六卷。

已亡佚。《数术略》五行家有《务成子灾异应》十四卷。

《尧舜阴道》二十三卷。

已亡佚。

《汤盘庚阴道》二十卷。

已亡佚。

《天老杂子阴道》二十五卷。

已亡佚。《论语摘辅象》："黄帝七辅，天老受天箓。"

《天一阴道》二十四卷。

已亡佚。天一，即天乙，商汤之名，错杂出之（沈钦韩说）。

《黄帝三王养阳方》二十卷。

已亡佚。

《三家内房有子方》十七卷。

已亡佚。焦循《易余钥录》卷十四：“《汉志》有房中八家，托之于黄帝、三王、尧、舜、汤、盘庚、天老等。后世但得传容成之术，其末一家名《三家内房有子方》。然则所云阴道者，为有子言之也。古圣人重生，则成男成女之道，必有以讲明之，不惮宣示万民，使天下知所以有子之道，及有子所以分男女之道，以蕃嗣续而增丁壮也。乃古人造微之学，与《素问》《本草》同一经济。黄帝以下，其所为阴道者不传，度传之必有由也。古人重生民嗣续，则凡所以保胎育婴之术，宜无不详。”

《千金翼方》卷五《行房法》：“妇人月信断，一日为男，二日为女，三日为男，四日为女，以外无子。”

右房中八家，百八十六卷。

今计八家，一百九十一卷，多五卷。

房中之书，《史记》和《汉书》无所记录。周寿昌《汉书注校补》云：“房中各书，虽鲜传录，玩《志》所阐述，大约容成玉女之术，而伪托于黄帝尧舜，尤为谬妄。至于养阳有子诸方，辞不雅驯，搢绅之士所不道，而歆校入《七略》，何也？盖歆仕当孝成时，成帝溺志色荒，祸水召孽。歆校书其间，特为编尘乙览，导引逢欲，卒使成帝殒命殄嗣，歆之罪不可逭矣。班氏虽以制乐禁情，强作理语，未能铲除此门，徒使艺文留玷，亦一恨事。"周氏大概认为房中诸书，似刘歆专为汉成帝搜罗者。

房中者，性情之极，至道之际，是以圣王制外乐以禁内情，而为之节文。

顾实说："《千金方》中，尚略存房中术。"

"性情"，或作"情性"。

修炼房中术的其中一种方法是在射精的时刻压迫阴囊和肛门之间的会阴，从而使精液转入膀胱，道家认为这样能把精液导入大脑，进而还精补脑。但事实上，这一过程中，精液和尿一起被排出了体外。这种方法，印度人也使用过。

在修炼房中术的时候，季节、气候、月相、星象等问题也是道家认为必须要关注的问题，这些禁忌让修炼者受到很多限制。

关于房中术还有一点是必须说一说的，这些修炼者除了通常的婚姻即私人修炼之外，还举行公开的性交仪式。这一类型的仪式起源于2世纪，到了公元400年左右时很通行。通常而言，他们先跳舞，然后是两个领祭者当着会众的面进行交合，或者是会众各自在庙宇场院四周的房间进行交合。

传曰："先王之作乐，所以节百事也。"乐而有节，则和平寿考。及迷者弗顾，以生疾而陨性命。

引文见《左传·昭公元年》。是秦国的名医医和对晋平公所说的话。

不明此理的人，就是"迷者"。只知寻乐，弗顾自家身心性命，不知节制，以致身染疾病。

【神仙】

　　《史记·封禅书》：“自齐威、宣之时，驺子之徒论著终始五德之运，及秦帝而齐人奏之，故始皇采用之。而宋毋忌、正伯侨、充尚、羡门高最后皆燕人，为方仙道，形解销化，依于鬼神之事。驺衍以阴阳主运显于诸侯，而燕齐海上之方士传其术不能通，然则怪迂阿谀苟合之徒自此兴，不可胜数也。”据此，则神仙之术起于战国，尤以齐国最为兴盛。齐地处东方，后世方士多传其术。

　　《汉书·王莽传》：“郎阳成修献符命，言继立民母，又曰：‘黄帝以百二十女致神仙。’莽于是遣中散大夫、谒者各四十五人分行天下，博采乡里所高有淑女者上名。”仲长统《卜居论》：“安神闺房，思老氏之玄虚；呼吸精和，求至人之仿佛。”据此，则神仙与房中是一家。

《宓戏杂子道》二十篇。

　　已亡佚。《帝王世纪》：“宓戏画八卦以通神明之德，类万物之情，所以六气、六腑、五脏、五行、阴阳、水火、升降，得以有象，百病之理，得以类推。炎、黄因斯乃尝味百药而制九针。”

《上圣杂子道》二十六卷。

已亡佚。

《道要杂子》十八卷。

已亡佚。

《黄帝杂子步引》十二卷。

已亡佚。葛兆光说："在《汉书·艺文志》的兵书、数术、方技类中都有相当多以'黄帝'为名的书，虽然这里有一大部分是《淮南子》所说的'为道者'的攀附和伪托……在战国时代，可能就已经有以黄帝为名的技术类著述，近年银雀山出土的汉简本《黄帝伐赤帝》《地典》，马王堆汉简本《十问》、帛书《十大经》，都是黄帝之学，但是有的属于兵阴阳，有的属于阴阳刑德，有的属于方技中的房中，大约它们的成书年代都要早于入葬年代，那么秦汉之前就已经有了这一类关于具体知识与技术的黄帝书，而秦汉以来各种数术和方技之所以攀附和伪托'黄帝'，就是因为它们之间的知识谱系接近。"①

《黄帝岐伯按摩》十卷。

已亡佚。沈钦韩曰："《唐六典》：'太医令属官按摩博

---

① 葛兆光：《中国思想史：七世纪前中国的知识、思想与信仰世界》，复旦大学出版社，2010，第113页。

士一人，置按摩师、按摩工佐之，教按摩生。'"当然，这个按摩和现在大街小巷挂牌的所谓"按摩"不一样。

《孟子·梁惠王上》"为长者折枝"，赵注："摩折手节。"

《黄帝杂子芝菌》十八卷。

已亡佚。芝菌，即灵芝。

《黄帝杂子十九家方》二十一卷。

已亡佚。

《泰一杂子十五家方》二十二卷。

已亡佚。

《神农杂子技道》二十三卷。

已亡佚。

《泰一杂子黄冶》三十一卷。

已亡佚。黄冶，道家说冶炼丹砂以生变化，可铸作黄金。《全唐文》卷七一〇有李德裕《黄冶论》："或问黄冶变化。余曰：'未之学也，焉知无有？然天地万物，皆可以至理索之。夫光明砂者，天地自然之宝，在石室之间，生雪床之上，如初生芙蓉，红苞未拆，细者环拱，大者处中，有辰居之象，有君臣之位，光明外澈，采之者寻石脉而求，此造化之所铸也。倘至人道奥者，用天地之精，合阴阳之粹，济以神术，或能成之。若以药石镕铸术则疏矣。昔人问杨子铸金，而得铸人，以孔圣镕冶颜子，至于殆庶几，未若造化之铸丹砂矣。方士固不足恃。刘向、葛洪，皆下士上达，极天地之际，谓之可就，必有精理。刘向铸作不成，得非天意密此神机，不欲世人皆知之矣。'"

姚振宗说："《抱朴子·金丹》篇云：'金液，大乙所服而仙者也。'则神仙家有自名大乙者，似即此泰一也。"

右神仙十家，二百五卷。

今计十家，二百零一卷，少四卷。

这里著录的十部著述，大抵皆依托之书，姚振宗说："前三家杂论神仙之道，后七家言步引、按摩、芝菌者各一，言服食方者各一，言技道黄冶者各一，自始至终，条理井然如此。"

神仙者，所以保性命之真，而游求于其外者也。聊以荡意平心，同死生之域，而无怵惕于胸中。

怵惕，敬畏、戒惧。

如何保持性命之真呢？

首先，"聊以荡意平心"。人心常混乱，心意不平会引起疾病。所谓"荡意平心"，就是要扫除种种胡思乱想。

其次，"同死生之域"，要认识到整个宇宙的规律是有生有死，当参透之后，就不会贪生怕死。《吕氏春秋》说

"勿以贵生而害生",可见保养也要讲求"自然之道"。欧阳修给《无仙子删正黄庭经》一书写的序很值得一看,他说:"自古有道无仙,而后世之人知有道而不得其道,不知无仙而妄学仙,此我之所哀也。"又说:"道者,自然之道也,生而必死,亦自然之理也。"因此,他提出"以自然之道养自然之生",批评那些老想着长生不死的道家之人,比如说炼丹和服丹,都是抗拒自然之道的行为。

最后,"无怵惕于胸中"。所谓"怵惕",就是紧张、害怕,神经太紧张,对身体有害。君子坦荡荡,要减少欲望。

如果能做到这三点,就是神仙了。服丹饮药不见得能成神仙,调整精神状态,保持身心的平和就好。

然而或者专以为务,则诞欺怪迂之文弥以益多,非圣王之所以教也。

诞,大言。

孔子曰:"索隐行怪,后世有述焉,吾不为之矣。"

引文见《礼记·中庸》。原句作:"素隐行怪,后世有述焉,吾弗为之矣。"谓求索隐暗之事,而行怪迂之道,后世妄从祖述,我不为之。

凡方技三十六家,八百六十八卷。

今计三十六家,八百六十二卷,少六卷。

方技者，皆生生之具，王官之一守也。

《方技略》总序中对方技的学术渊源、作用等做了简要总结，指出它们的作用是"生生之具"，被列为"王官之一守"。这些书现大都已亡佚，但从中可窥见当时医学著述已相当丰富。

维持生命的方法就是"生生"。有生生之具，也有生生之理，二者结合在一起成为中国传统文化核心内容之一的"生生"之学。

太古有岐伯、俞拊。

岐伯、俞拊，相传为黄帝之臣。

中世有扁鹊、秦和。

扁鹊、秦和，春秋战国时人。见《史记 · 扁鹊仓公列传》。

盖论病以及国，原诊以知政。

依《汉志》的意见，则方技之用大矣。顾实曰："《晋语》赵文子曰：'医及国家乎？'秦和对曰：'上医医国，其次医疾，固医官也。'盖古医字亦作'毉'，上世从巫史社会而来，故医通于治国之道耳！"

汉兴有仓公。

仓公，姓淳于，名意。曾为太仓长，故称仓公。《史记 ·

扁鹊仓公列传》记载："（仓公）少而喜医方术。高后八年，更受师同郡元里公乘阳庆。庆年七十余，无子，使意尽去其故方，更悉以禁方予之，传黄帝、扁鹊之脉书，五色诊病，知人死生，决嫌疑，定可治，及药论，甚精。受之三年，为人治病，决死生多验。然左右行游诸侯，不以家为家，或不为人治病，病家多怨之者。"

今其技术晻昧，故论其书，以序方技为四种。

《史记·扁鹊仓公列传》中记载公乘阳庆授学之事，其中记载了多种医籍，如阳庆让淳于意（仓公）"尽去其方书，非是也。庆有古先道遗传黄帝、扁鹊之脉书，五色诊病，知人生死，决嫌疑，定可治，及药论书，甚精……受其脉书《上下经》《五色诊》《奇咳术》《揆度阴阳外变》《药论》《石神》《接阴阳禁书》，受读解验之"。后来，仓公又转授其弟子宋邑、高期、王禹、冯信、社信、唐安诸人。而且，仓公"所诊者，皆有诊籍"。"诊籍"于此创制可知。

秦焚书，但医卜、种树之书不烧。萧何入关，尽收秦室典籍贮之石渠。通过《史记》等文献的记载，可知到两汉时期，医学之发达，医书之丰富，肯定超越了《汉志》所记载。也就是说，到汉成帝诏侍医李柱国校定方技诸书时，医书的流行与《汉志》的记载不尽相符。

今《素问》《灵枢》中所引的书有二十多种，都是讲医学理论的典籍。如《上经》《下经》《揆度》《奇恒》

《刺法》《比类》《从容》《诊经》等。现《素问》《灵枢》中的有些篇名，也应该是早期的书名。

1973 年马王堆 3 号墓出土医书 14 种，约 3 万字，其中有帛书 5 张，抄写 10 种医书；竹木简 200 枚，抄写医书 4 种。马王堆出土医书与《汉志·方技略》的医经、经方、房中、神仙四类的记载相近。

大凡书，六略三十八种，五百九十六家，万三千二百六十九卷。入三家，五十篇，省兵十家。

大凡，总之。

各家统计各有出入，王充《论衡》说是"六略之录，万三千篇"；《广弘明集》所引《七略》为 38 种，603 家，13219 卷；顾实《汉书艺文志讲疏》是 677 家，12994 卷。

今计 599 家，多 3 家；13038 篇（包括图 47 卷），少 231 篇。

陈国庆说："至于今日现存之书，包括疑似待考在内，依《志》原有卷数计之，仅六艺二十八家，诸子二十六家，诗赋二十家，兵书三家，数术四家，方技三家，共计八十五家，二千三百一十五卷。若按现存实数计之，则恐不满二千卷。都六百三十二种。清姚振宗撰《汉书艺文志拾补》，广搜条录，收集散佚，又增加三十四种，二百八十五家，三百一十七部，上古载籍名目，如此而已。"

中国国古代的图书分类，以四分、七分为两条主要脉络。七分法始于刘歆的《七略》，比欧洲第一个正式的图书分类表 1545 年德国吉士纳（Konard Nesner）《万象图书分类法》（*Bibliotheca Universals*）早 1500 余年；四分法由魏郑默《中经》开其端，晋荀勖《中经新簿》继其后。到南北朝时期，从四分者，有谢灵运《元嘉八年秘阁四部目录》、王俭《宋元徽元年四部书录》，从七分的，有王俭《七志》、阮孝绪《七录》，形成了"七略"与"四部"互竞格局，亦即"七略"和"四部"大体系。

据叶长青统计："本志各略作者之地域分布，当以山东为出发点，计七十二人；河南次之，四十五人；山西二十六人，河北二十一人，浙江十九人，江苏十五人，陕西十三人，安徽六人，四川五人，甘肃四人，江西、湖南、朝鲜各一人焉。"

参考书目

一　关于《汉书·艺文志》的直接材料

（汉）班固著，（唐）颜师古注《汉书》，中华书局，1962。

（汉）班固著，施丁主编《汉书新注》，三秦出版社，1994。

（宋）王应麟著，张三夕、杨毅点校《汉艺文志考证》，中华书局，2011。

（清）刘光蕡：《前汉书艺文志注》，《二十五史补编》第二册，中华书局，1955。

（清）钱大昭：《汉书辨疑》，《二十五史三编》第三册，岳麓书社，1994。

（清）沈钦韩：《汉书疏证》，《续修四库全书》第266册，上海古籍出版社，2006。

（清）史学海：《汉书校证》，徐蜀《两汉书订补文献汇编》，北京图书馆出版社，2004。

（清）王仁俊著，尹承整理《汉书艺文志考证校补》，《二十五史艺文经籍志考补萃编》第一卷，清华大学出版社，2014。

（清）姚振宗：《汉书艺文志条理》，《二十五史补编》第二册，中华书局，1983。

（清）周寿昌：《汉书注校补》，《二十五史三编》第三册，岳麓书社，1994。

（清）朱一新：《汉书管见》，《二十五史三编》第三册，岳麓书社，1994。

陈朝爵：《汉书艺文志约说》，《二十五史艺文经籍志考补萃编》第五卷，清华大学出版社，2012。

陈国庆：《汉书艺文志注释汇编》，中华书局，1983。

陈直：《汉书新证》，中华书局，2008。

顾实：《汉书艺文志讲疏》，上海古籍出版社，1987。

李零：《兰台万卷：读〈汉书·艺文志〉》，生活·读书·新知三联书店，2013。

孙德谦：《汉书艺文志举例》，民国四益宧刻本。

徐建委：《文本革命：刘向、〈汉书·艺文志〉与早期文本研究》，中国社会科学出版社，2017。

杨树达：《汉书窥管》，上海古籍出版社，2013。

姚明辉：《汉书艺文志注解》，上海大中书局，1933。

叶长青：《汉书艺文志问答》，华东师范大学出版社，2015。

尹江海：《汉书艺文志辑论》，西南交通大学出版社，2013。

余嘉锡：《〈汉书艺文志索隐稿〉选刊（序、六艺)》，收录在彭林主编《中国经学》第二、三辑，广西师范大学出版社，2008。

曾圣益：《汉书艺文志与书目文献论集》，台北文史哲出版社，2013。

张舜徽：《汉书艺文志通释》，湖北教育出版社，1990。

二　其他参考文献

（汉）范晔撰，（唐）李贤等注《后汉书》，中华书局，2000。

（汉）司马迁撰，（唐）司马贞索引、（唐）张守节正义《史记》，中华书局，1982。

（唐）陆德明：《经典释文》，中华书局，1983。

（唐）魏徵：《隋书》，中华书局，1997。

（唐）虞世南辑录，（清）孔广陶校注《北堂书钞》，学苑出版社，1998。

（宋）李昉：《太平御览》，中华书局，2000。

（宋）李焘：《续资治通鉴长编》，中华书局，2004。

（宋）王观国撰，田瑞娟点校《学林》，中华书局，1988。

（宋）王应麟：《汉制考》，中华书局，2011。

（明）胡应麟：《少室山房笔丛》，上海书店出版社，2001。

（清）戴震著，赵玉新点校《戴震文集》，中华书局，1980。

（清）段玉裁：《说文解字注》，上海古籍出版社，1988。

（清）管庭芬：《渟溪日记》，中华书局，2013。

（清）桂馥著，赵智海点校《札朴》，中华书局，1992。

（清）杭世骏：《订讹类编续补》，中华书局，1997。

（清）洪颐煊辑佚《氾胜之书》，收录于《问经堂丛书》，1811年刻本。

（清）洪颐煊：《洪颐煊集》，上海古籍出版社，2018。

（清）黄以周著，王文锦点校《礼书通故》，中华书局，2007。

（清）惠栋著，郑万耕点校《周易述》，中华书局，2007。

（清）惠栋：《古文尚书考》，收录在北京大学《儒藏》编纂与研究中心编《儒藏精华编》卷一六，北京大学出版社，2016。

（清）康有为：《孔子改制考》，中华书局，2012。

（清）李慈铭撰，由云龙辑《越缦堂读书记》，中华书局，2006。

（清）凌廷堪著，王文锦点校《校礼堂文集》，中华书局，2006。

（清）刘师培：《刘申叔遗书》，江苏古籍出版社，1997。

（清）马国翰：《玉函山房辑佚书》，广陵书社，2005。

（清）彭维新：《墨香阁集》卷六，岳麓书社，2010。

（清）皮锡瑞：《经学通论》，中华书局，1954。

（清）钱大昕：《廿二史考异》，上海古籍出版社，2004。

（清）沈家本著，邓经元、骈宇骞点校《历代刑法考》，中华书局，1985。

（清）宋葆淳：《汉氾胜之遗书》，1819 年辑录。

（清）孙楷撰，徐复订补《秦会要订补》，中华书局，1959。

（清）孙诒让：《周礼正义》，中华书局，1987。

（清）孙诒让：《大戴礼记斠补》，中华书局，2010。

（清）唐晏：《两汉三国学案》，中华书局，1986。

（清）王鸣盛：《十七史商榷》，上海书店出版社，2005。

（清）王念孙：《读书杂志》，江苏古籍出版社，2000。

（清）王聘珍：《大戴礼记解诂》，中华书局，1983。

（清）吴乘权等辑，施意周点校《纲鉴易知录》，中华书局，1960。

（清）谢启昆：《小学考》，汉语大词典出版社，1997。

（清）严可均辑《全上古三代秦汉三国六朝文》，中华书局，1958。

（清）章学诚著，叶瑛校注《文史通义》，中华书局，2004。

（清）章学诚著，王重民通解《校雠通义通解》，上海古籍出版社，2009。

（清）钟文烝著，骈宇骞、郝淑慧点校《春秋穀梁经传补注》，中华书局，2009。

（清）朱一新：《无邪堂答问》，中华书局，2000。

（清）朱彝尊著，林庆彰等点校《经义考》，上海古籍出版社，2010。

〔荷兰〕高罗佩：《琴道》，宋慧文、孔维锋、王建欣译，中西书局，2013。

〔日〕西山尚志：《古书新辨——先秦出土文献与传世文献相对照研究》，上海古籍出版社，2015。

〔日〕本田成之：《中国经学史》，孙俍工译，漓江出版社，2013。

〔日〕佐竹靖彦主编《殷周秦汉史学的基本问题》，中华书局，2008。

〔瑞典〕高本汉：《中国语言学研究》，贺昌群译，《贺昌群译著五种》，国家图书馆出版社，2010。

陈梦家：《陈梦家学术论文集》，中华书局，2016。

陈乐素：《宋史艺文志考证》，广东人民出版社，2014。

陈柱：《诸子概论》，中国书籍出版社，2006。

陈柱：《子二十六论》，广西师范大学出版社，2008。

陈铁民：《王维集校注》，中华书局，1997。

程树德：《论语集释》，中华书局，1990。

杜国庠：《杜国庠文集》，人民出版社，1962。

方师铎：《传统文学与类书之关系》，天津古籍出版社，1986。

甘肃省文物考古研究所编《天水放马滩秦简》，中华书局，2009。

高明：《大戴礼记今注今译》，台湾商务印书馆，1984。

葛兆光：《中国思想史：七世纪前中国的知识、思想与信仰世界》，复旦大学出版社，2010。

顾颉刚主编、王煦华整理《古籍考辨丛刊》，社会科学文献出版社，2009。

郭彧：《京氏易源流》，华夏出版社，2007。

黄侃：《黄侃论学杂著》，上海古籍出版社，1980。

黄侃：《黄侃国学讲义录》，中华书局，2006。

黄德宽：《古文字学》，上海古籍出版社，2015。

金克木：《蜗角古今谈》，《金克木集》第五卷，生活·读书·新知三联书店，2011。

梁启超：《饮冰室合集》，中华书局，1989。

刘汝霖：《周秦诸子考》，北平文化学社，1929。

柳曾符、柳定生选编《柳诒徵史学论文续集》，上海古籍出版社，1991。

刘咸炘：《续校雠通义》，《推十书》，上海科学技术文献出版社，2008。

刘又辛：《汉语汉字答问》，商务印书馆，2012。

吕思勉：《经子解题》，华东师范大学出版社，1996。

陆宗达：《说文解字通论》，中华书局，2015。

罗焌：《诸子学述》，华东师范大学出版社，2008。

马昌仪：《古本山海经图说》，山东画报出版社，2001。

马王堆汉墓帛书整理小组编《战国纵横家书》，文物出版社，1976。

蒙文通：《古学甄微》，巴蜀书社，1985。

骈宇骞：《银雀山汉墓竹简〈晏子春秋〉校释》，书目文献出版社，1988。

骈宇骞：《武经七书》，中华书局，2007。

钱穆：《国学概论》，商务印书馆，1997。

钱穆：《先秦诸子系年》，商务印书馆，2001。

钱穆：《孔子传》，生活·读书·新知三联书店，2005。

钱穆：《墨子惠施公孙龙》，九州出版社，2011。

钱穆：《中国史学名著》，九州出版社，2011。

乔衍琯：《中国历代艺文志考评稿》，台北文史哲出版社，2008。

屈万里：《古籍导读》，上海辞书出版社，2015。

饶宗颐：《饶宗颐二十世纪学术文集》，中国人民大学出版社，2009。

《十三经注疏》整理委员会编《十三经注疏》，北京大学出版社，2000。

石声汉：《氾胜之书今释》，科学出版社，1956。

谭正璧：《国学概论新编》，台北广文书局，1982。

万国鼎：《氾胜之书辑释》，中华书局，1957。

王国维：《观堂集林》，河北教育出版社，2003。

王国维、罗振玉：《流沙坠简》，中华书局，1993。

王毓瑚：《中国农学书录》，中华书局，2006。

王重民：《敦煌古籍叙录》，中华书局，2010。

王子今：《秦汉交通史稿》，中国人民大学出版社。2013。

汪启明：《汉小学文献语言研究丛稿》，巴蜀书社，2003。

吴宓著，吴学昭整理注释《吴宓日记》，生活·读书·新知三联书店，1998。

夏承焘：《天风阁学词日记》，《夏承焘集》第七册，浙江古籍出版社，1997。

徐梵澄：《孔学古微》，李文彬译，孙波校，华东师范大学出版社，2015。

徐鼎一主编《艺衡》第三辑，国家图书馆出版社，2010。

杨树达：《论语疏证》，上海古籍出版社，2006。

杨伯峻：《论语译注》，中华书局，1980。

杨朝明主编《孔子学刊》第二辑，上海古籍出版社，2011。

姚名达：《中国目录学史》，上海古籍出版社，2002。

叶德辉：《书林清话》，中华书局，1957。

夷夏编《梁启超讲演集》，河北人民出版社，2004。

银雀山汉墓竹简整理小组编《银雀山汉墓竹简：孙子兵法》，文物出版社，1976。

虞信棠、金良年编《胡道静文集·古籍整理研究》，上海人民出版社，2011。

袁珂：《山海经校注》（增补修订本），巴蜀书社，1993。

余嘉锡：《四库提要辨证》，中华书局，2007。

曾宪通编《容庚杂著集》，中西书局，2014。

章太炎：《检论》，上海人民出版社，2014。

章太炎：《太炎文录初编》，上海人民出版社，2014。

章太炎：《菿汉雅言札记》，上海人民出版社，2015。

张世林编《为学术的一生》，广西师范大学出版社，2005。

张志聪：《黄帝内经集注》，浙江古籍出版社，2002。

张文江记述《潘雨廷先生谈话录》，复旦大学出版社，2012。

中华书局编辑部编《魏源集》，中华书局，2009。

宗白华：《美学散步》，上海人民出版社，2017。

朱维铮等编《章太炎选集》，上海人民出版社，1981。

图书在版编目(CIP)数据

《汉书·艺文志》讲要 / 温浚源著 . --北京:社
会科学文献出版社,2018. 12(2023. 4 重印)
ISBN 978 - 7 - 5201 - 3819 - 2

Ⅰ. ①汉… Ⅱ. ①温… Ⅲ. ①古籍 - 图书目录 - 中国
- 西汉时代②《汉书艺文志》 - 研究 Ⅳ. ①Z812. 34

中国版本图书馆 CIP 数据核字(2018)第 257272 号

《汉书·艺文志》讲要

著　　者 / 温浚源

出 版 人 / 王利民
项目统筹 / 曹义恒
责任编辑 / 曹义恒　程丽霞
责任印制 / 王京美

出　　版 / 社会科学文献出版社·政法传媒分社 (010)59367126
　　　　　　地址:北京市北三环中路甲 29 号院华龙大厦　邮编:100029
　　　　　　网址:www. ssap. com. cn
发　　行 / 社会科学文献出版社 (010)59367156
印　　装 / 三河市东方印刷有限公司

规　　格 / 开　本:880mm × 1230mm　1/32
　　　　　　印　张:17. 875　字　数:383 千字
版　　次 / 2018 年 12 月第 1 版　2023 年 4 月第 2 次印刷
书　　号 / ISBN 978 - 7 - 5201 - 3819 - 2
定　　价 / 99. 00 元

读者服务电话:4008918866